Hedgefonds für Einsteiger

Ursula Fano-Leszczynski

Hedgefonds für Einsteiger

Erstellung der Charts: Wilhelm Holzer und Rainer Aster

Springer

Ursula Fano-Leszczynski
BA Worldwide Fund Management Ltd.
Operngasse 6
1010 Wien
Österreich
ursula.fano@ba-ca.com
ursula.fano@primeofund.com

Bibliografische Information Der Deutschen Bibliothek
Die Deutsche Bibliothek verzeichnet diese Publikation in der Deutschen Nationalbibliografie; detaillierte bibliografische Daten sind im Internet über <http://dnb.ddb.de> abrufbar.

ISBN 3-540-22695-8 Springer Berlin Heidelberg New York

Springer ist ein Unternehmen von Springer Science+Business Media

springer.de

Printed in Germany

Umschlaggestaltung: design & production GmbH, Heidelberg

SPIN 11308898 42/3130-5 4 3 2 1 0 – Gedruckt auf säurefreiem Papier

Für Prof. Adam Zielinski,
in der Hoffnung, dass er mein Leben noch viele Jahre prägen wird

Für Peter Radel – weiterhin

Geleitwort

Die Enttäuschung aus der dreijährigen Aktienbaissse von 2000 bis 2003 sitzt noch immer tief. Mit den drastischen Vermögenseinbußen ging so manche Illusion verloren, und die Ansprüche der Investoren wurden realistischer. Das Anlegerverhalten und die Investmentkultur haben sich geändert. Hatten sich die Investoren gerade erst in das Risk/Return-Kalkül eingewöhnt und das Stock Picking und die Meinungskäufe nach und nach den Fondsmanagern überlassen, gerieten die „effizienten Märkte" mitsamt ihren Benchmarks selbst ins Trudeln. Die historisch niedrige Rendite von Anleihen konnte nur einen schwachen Trost bieten. In diesem Umfeld musste die Grundidee der Hedgefonds auf fruchtbaren Boden fallen, nämlich möglichst losgelöst von den „unberechenbaren" Marktschwankungen „absolute Returns" zu erzielen.

Dies ist im Grunde ein seriöser Ansatz, wenn er auf Kapitalvermehrung bei Verringerung des Risikos abzielt, wie sie in höheren Sharpe-Ratios zum Ausdruck kommt. Was vor Jahren noch dem Eigenhandel der Banken vorbehalten war, ist mittlerweile durch Fondskonstruktionen zum Produkt geworden - und Schritt für Schritt zu einer Anlagealternative sui generis. Derivate und vor allem das Short Selling eröffneten zum einen die Möglichkeit, das „systematische" Marktrisisko zu neutralisieren, zum anderen die Chance, aus der Arbitrage von Preis-Ineffizienzen sowie der Ausnutzung von Marktasymmetrien Profit zu ziehen.

Hier tut sich eine faszinierende bunte Welt auf. Die Anlage- und Tradingstrategien sind sehr „sophisticated", ob diskretionär oder automatisiert, und es haftet ihnen noch immer ein wenig „Alchimismus" an. Dieser Eindruck wird durch die Usancen der neuen Branche verstärkt: Die Manager sitzen nicht nur off-shore unter Palmen, sondern beanspruchen Unabhängigkeit, Lock-up-Fristen und hohe Freiheitsgrade im Rahmen der vereinbarten Investment-Stile. Dies ist zu einem guten Teil systembedingt.

Natürlich ist auch die Jagd nach dem „Alpha" (in den Begriffen der alten Benchmark-Welt ausgedrückt) nicht ohne Risiken, aber es sind andere Risiken. Zum Beispiel erfordern Handelsstrategien, die auf minimale Preisunterschiede zielen, mehr oder weniger Leverage, um spürbar zu werden. Unabhängig davon sind mit dieser hochtechnisierten und wissensbasierten Industrie neue operationale Risiken verbunden. Und nach wie vor müssen in jedem Portfolio noch der laufende Ertrag und die Liquidität sichergestellt werden. Die Welt wird also keineswegs ohne „Betas" bleiben. Die Beimischung von Hedgefonds kann bei niedriger Korrelation zu den Märkten aber einen wichtigen Beitrag zur Portfolioeffizienz leisten.

Die neuen Hedgefondsprodukte haben das Anlageuniversum bereichert und sind von nun an auch für Privatpersonen ohne wesentliche Einstiegshürden zu haben. Das ist gut so. Der Markterfolg der in etwa vergleichbaren Garantieprodukte belegt den Bedarf an absolute Return-Produkten. Dennoch werden Hedgefonds von der traditionellen Wertpapierbranche (wegen ihres Derivate-Charakters) noch immer argwöhnisch betrachtet und auf Anlegerseite teilweise mit übertriebenen Renditeerwartungen verbunden. Beides gilt es aufzuklären.

Frau Dr. Fano-Leszczynski ist als Geschäftsführerin der BA Worldwide Fund Management seit Jahren mit großem und nachhaltigen Anlageerfolg für die Bank Austria Creditanstalt tätig und hat sich durch Publikationen und auf Fachtagungen als Hedgefonds-Expertin einen Namen gemacht.

Das vorliegende Buch ist eine praxisnahe und kritische Darstellung der Hedgefonds und ihrer Rolle im Anlageuniversum. Ich wünsche ihm im Interesse der Sache eine gute Aufnahme und eine breite Leserschaft unter Anlegern und Beratern, sowie in der interessierten Öffentlichkeit.

Gerhard Randa

Gerhard Randa ist Mitglied des Konzernvorstands und COO der Bayerischen Hypo- und Vereinsbank AG, München, und Vorsitzender des Aufsichtsrats der Bank Austria Creditanstalt AG, Wien.

Inhaltsverzeichnis

EINFÜHRUNG

Seit dem Niedergang der Aktienmärkte im Jahre 2000 haben viele Investoren und deren Finanzberater angefangen, so manche bis dato als bewährt geltende Regeln für die Asset Allokation und Diversifizierung, die ihre Investmententscheidungen jahrelang bestimmten, in Frage zu stellen. Manche Investmenttheorien, die die Grundlage vieler Investmentstrategien bildeten, waren zunehmend der Herausforderung der volatilen Märkte nicht gewachsen. Dies hatte zur Folge, dass immer mehr vor allem institutionelle aber auch private Investoren sich den alternativen Investmentstrategien zugewandt haben. Eine immer größere Zahl der Investoren begann sich für jene Strategien zu interessieren, die Investments abseits der traditionellen Assetklassen boten: Private Equity, Venture Capital und allen voran die Hedgefonds. Manche Investoren erkannten die Bedeutung der alternativen Strategien bereits in den neunziger Jahren, obwohl die Aktien und Anleihen ihre historisch größten Zuwachsraten erzielten. Allerdings war die Mehrheit der Anleger mit den Aktiengewinnen so beschäftigt, dass sie kaum Interesse für Diversifizierung oder Absicherung erübrigten – mehr noch, manche kamen von der disziplinierten Anlagepolitik ab, als ob sie künftig nur weitere Steigerungen der Aktienkurse erwarteten. Diese Investoren traf die Rezession der Jahre 2000-2002 am stärksten. Auch die darauffolgende Verlagerung der Investments von den Aktien zu den Anleihen während des gleichzeitigen Verfalls der Aktienkurse und der Zinssätze könnte potentiell mit ähnlichen, wenn auch nicht so hohen Verlusten enden, falls eine nachhaltige Erholung der Aktienmärkte mit gleichzeitiger Zinserhöhung eintreffen würde. Wie wir in den letzten Jahren gesehen haben, sind Märkte nicht immer effizient – speziell kurzfristig; Aktien outperformen nicht immer die Anleihen und die Kurse können auch fallen, nicht nur steigen.

Bedauerlicherweise, haben viele Investoren während dieser schwierigen Phase gelernt, dass ihre Portfoliomanager kaum Mittel hatten, um sie vor den Verlusten zu schützen. Die traditionellen Aktienstrategien, deren Aktienauswahl auf der relativen Performance im Vergleich zum Index basierte, erfuhren absolute Verluste – relativ gesehen waren sie aufgrund der Marktlage leicht erklärbar und vielleicht sogar akzeptabel. In absoluten Zahlen hingegen waren diese Verluste signifikant bis dramatisch für alle Investoren. Aber schon zu dieser Zeit haben immer mehr Anleger das neue Investmentparadigma der alternativen Strategien begeistert angenommen. Besonders interessant sind in diesem Zusammenhang die Hedgefonds und speziell solche, die marktneutrale Strategien verfolgen und absolute Erträge – unabhängig von der Marktlage – anpeilen.

Das abrupte Ende der Hausse auf den Aktienmärkten am Beginn des Jahres 2000 und die negative Konjunkturentwicklung in den darauffolgenden Jahren hatte auch positive Auswirkungen: die Hedgefonds wurden nicht mehr als „Geldvernichtungsmaschinen" bezeichnet. Die Anleger mussten erkennen, dass unter extremen Marktkonditionen praktisch jedes Investment zu diesem Zweck geeignet ist.

Die Hedgefonds haben schon immer eine große Anziehungskraft auf die Investoren ausgeübt – verschlossen und verschwiegen, irgendwie von einer etwas ominösen Atmosphäre umgeben und immer für eine aufsehenerregende Schlagzeile gut. Die allerbesten – weil dramatisch negativen Schlagzeilen, und solche liebt die internationale Presse nun am meisten – lieferte bei weitem die Firma Long-Term Capital Management (LTCM) von John Meriweather mit ihrem Crash im Frühherbst 1998. Die enormen Verluste von Meriweather bescherten ihm noch mehr Aufmerksamkeit, als die enormen Gewinne des George Soros aus der Spekulation auf das Britische Pfund. Myron Scholes, einer der Partner von Meriweather, wurde durch den Zusammenbruch von LTCM in der breiteren Öffentlichkeit besser bekannt als durch seinen Nobelpreis. Seit dieser Zeit kommt kein Buch und fast keine Studie über die Hedgefonds ohne die Erwähnung von LTCM aus – auch dieses Buch kommt um dieses vielbeschriebene Thema nicht herum[1].

Der Name des **Long Term Capital Management** ist in vielen Kapiteln dieses Buches zu finden – meistens im negativen Kontext als exzessiv-konträres Beispiel im Gegensatz zur breiten Masse der solide konservativen Hedgefonds.

Es ist wahrscheinlich kaum tröstlich für all diese Investoren, die ihr Geld – oder ihre Jobs, wie Mathis Cabiallavetta von UBS – verloren haben, doch John Meriweather, das Hirn und der Gründer des LTCM[2] ist längst wieder da. Im Herbst 2000 hat er die enormen Summen, mit denen sein Fonds vor dem Kollaps gerettet wurde, fast zur Gänze zurückbezahlt und einen neuen Fonds gegründet: JWM Partners[3]. The Wall Street Journal

[1] Der folgende Text über LTCM wurde aus dem Buch der Autorin "Hedgefonds. Ein Praxishandbuch", erschienen im 2001 bei Manz Verlag entnommen.

[2] Long Term Capital Management wurde im Jahre 1993 in Greenwich, Connecticut gegründet.

[3] Eine der Bedingungen für die Rettung lautete, dass bevor die Manager des LTCM einen neuen Fonds starten durften, sie mindestens 90% der von Ban-

veröffentlichte im November 1998[4] ziemlich genaue Zahlen, wer und wie viel bezahlte – mehr oder weniger gezwungenermaßen nach Aufforderungen durch die Federal Reserve Bank of New York, die beschlossen hatte, dass LTCM „*too big to fail*" war.

Das Konsortium hat in Summe US-Dollar 3,625 Milliarden (!) aufgebracht. Der Löwenanteil kam von folgenden Finanzinstitutionen: Bankers Trust, Barclays, Chase Manhattan, Gredit Suisse First Boston, Deutsche Bank, Goldman Sachs, JP Morgan, Merrill Lynch, Morgan Stanley, Solomon Smith Barney, Union Bank of Switzerland. US-Dollar 125 Millionen steuerte die Société Générale bei, und Banque Paribas, Crédit Agricole und Lehman Brothers beteiligten sich an der Aktion mit jeweils US-Dollar 100 Millionen. Von den *big players* im Fall des LTCM wurde lediglich Bear Sterns & Co., der als Broker des Fonds sowieso das größte Risiko getragen hatte, von einer Kontribution zur Rettung befreit.

Wie funktionierte das Long Term Capital Management? Der Fonds spezialisierte sich auf Arbitrage-Strategien, vor allem auf *Convertible* Arbitrage und *Fixed-income,* den John Meriweather bereits in den Achtziger Jahren, während er bei Salomon Brothers arbeitete, zur mathematischen Perfektion brachte[5]. Der Fonds beschäftigte außerdem zwei Nobelpreislaureaten in Ökonomie: Robert Merton und Myron Scholes, etliche Universitätsprofessoren von Harvard und Stanford, manche von den besten Traders von Salomon Brothers, die mit John Meriweather mitgegangen waren, sowie mehrere hochbegabte Absolventen der besten US-Universitäten, die Meriweather persönlich in das Arkanum von LTCM einführte. Die ursprüngliche Idee war, signifikante Gewinne bei möglichst niedrigem Risiko zu erzielen. Der Fonds nutzte zwar hauptsächlich kleine Preisbewegungen der diversen Finanzinstrumente aus, doch steigerte er die grundsätzlich kleinen Profite mit hohem Leverage: meistens im Verhältnis 20:1, aber manchmal auch noch exzessiver bis zum Verhältnis von 50:1. Zitat von Myron Scholes "(...) *they are sucking nickels all over the world. But because they are so leveraged that amounts to a lot of money*"[6]. Die Strategie und die Märkte, auf denen LTCM agierte wurden geheimgehalten, um mögliche Nachahmung zu verhindern. Dass dies nicht ganz gelungen war, mussten John Meriweather und seine Manager im Spätsommer 1998 zur Kenntnis nehmen. Es wurde berichtet, dass LTCM damals Short Positionen in US Treasury Bills und Long Positionen in anderen, hoch verzinsten und hoch riskanten Wertpapieren hielt. Man spekulierte auf Kursverluste der Treasury Bills, was die Kurse der anderen Instrumente hätte steigen lassen. Es geschah genau umgekehrt. Als die schon länger anhaltende Finanzkrise im

ken und anderen Finanzinstitutionen aufgebrachten Summe zurückzahlen mussten.

4 The Wall Street Journal, 16. November, 1998, "All Bets are Off".

5 Die anderen Manager von der Wall Street nannten die Methoden von Meriweather „*rocket science*", weil sie so komplex und kompliziert waren.

6 Zitiert nach WSJ.

Fernen Osten die Finanzmärkte zum Kippen brachte, setzten die Investoren zum „*flight to quality*" an: die Treasury Bills wurden stark gekauft, ihre Preise stiegen und die Preise der riskanten Investments verfielen. Das Portfolio von LTCM machte Verluste auf beiden Seiten: Long und Short gleichzeitig. Allein am Freitag, dem 21. August 1998 hat der Fonds ein Drittel seines Wertes verloren, sank auf US$ 3,1 Milliarden und niemand konnte es verhindern – auch der eiligst aus Beijing zurückgekommene John Meriweather war hilflos. Der von allgemeiner Panik gezeichnete Markt war illiquide und es kam deutlich zum Vorschein, wie viele Mitläufer an ähnlichen Trades beteiligt waren. Das eigentliche Problem von Long Term Capital Management war aber das exzessive Leverage, der außer Kontrolle geraten war[7]. Die Märkte der Arbitrage Strategien haben meistens zyklischen Charakter und nicht jedes Jahr kann genauso erfolgreich sein. LTCM erfuhr dies bereits 1997 und Anfang 1998 hat man einen Teil der Investments den – damals unglücklichen – Anlegern zurückbezahlt, da das bereits zu hohe Volumen des Fonds die Performance beeinträchtigte. Auch Myron Scholes hat bereits in seiner Rede anlässlich der Nobelpreis-Verleihung gewarnt: „*there will be failures*" [8]. Scholes hat auch vorausgesagt, dass die zeit der Unschuld vorbei ist – statt dessen kommt die Zeit der Aufregung. Dass es so „aufregend" für LTCM enden wird, hat er wohl nicht vermutet.

Nicht desto trotzt: bereits im vierten Quartal 1998, nach der Rettung durch das Bankenkonsortium, schrieb der Fonds wieder Gewinne und es wird berichtet, dass JWM Partners zwar auch gewinnbringend, aber deutlich vorsichtiger und bescheidener agiert.

Obwohl der Zusammenbruch des fast schon mythischen Hedgefonds LTCM mehrere Panikreaktionen in Bezug auf alles, was nicht nur mit Hedgefonds sondern auch mit Hedging zu tun hat, hervorrief, ist das Interesse an dieser Art von Investments und die Faszination darüber weiter gestiegen. Ich werde nicht müde immer wieder aufs Neue zu betonen, dass LTCM, genauso wie andere, ähnlich berühmte Hedgefonds, zum Beispiel Quantum Fund oder Tiger Fund, trotz allem eine Ausnahme in der Hedgefonds Industrie darstellten. Die große Mehrheit der Hedgefonds arbeitet wesentlich konservativer und kann in keiner Hinsicht, insbesondere bezogen auf das Risiko, mit LTCM verglichen werden. Die meisten Hedgefonds operieren mit wesentlich kleineren Volumina, viele mit eingeschränktem Leverage und mit Strategien, deren Ziel eher die Erhaltung von Kapital mit bescheideneren, dafür aber absoluten Erträgen ist.

---

[7] Es ist schwer dieses Ausmaß am Leverage anders zu erklären als durch Übermut oder einfach Geldgier.

Enttäuscht von den konventionellen Investments haben sich die Investoren vermehrt den alternativen Investments zugewandt – allen voran den Hedgefonds, um bessere, risikobereinigte Ergebnisse, höhere Portfoliodiversifizierung und bessere Absicherung gegen die Marktabschwünge zu erreichen. Jene Anleger, die bereits vor dem Einbruch des alternden Bullmarktes eine alternative Beimischung in ihrem traditionellen Portfolio gehabt hatten, konnten unmittelbar den Unterschied zwischen den relativen Erträgen der traditionellen Assets und den absoluten Erträgen der Hedgefonds erfahren. Große und gut bekannte Investoren[9] hatten sich für Investments in der Hedgefonds Industrie entschlossen und trugen mit diesem Beispiel zu ihrem enormen Wachstum in den letzten Jahren bei.

Die Tagespresse in jedem wirtschaftlich hochentwickeltem Land und alle Fachzeitschriften schreiben über das enorme Wachstum der Hedgefonds Industrie – den Schätzungen zufolge haben die Hedgefonds bereits 1% – 2% der globalen Finanzmärkte erreicht. Vielleicht wird so mancher Leser davon überrascht, dass die Zahl eigentlich äußerst bescheiden, um nicht zu sagen noch immer lachhaft niedrig ist. Wie sind also die Hedgefonds und ihre Manager zu dem Image gekommen, dass sie die Währungen und die Zentralbanken mancher Länder unterminieren, Regierungen zu drakonischen Gegenmaßnahmen verleiten, Politiker stürzen, die gesamte Weltwirtschaft destabilisieren und einfach das Wohlergehen jedes einzelnen von uns bedrohen können? Wann immer die Finanzmärkte durch Krisen geschüttelt werden, hat es den Anschein, dass den Hedgefonds zumindest ein Teil der Schuld daran zugeschrieben wird. Die Ängste scheinen, wenn nicht unbedingt übertrieben, dann zumindest nicht auf alle Schuldigen bezogen zu sein. Es hieß sehr wohl, dass der Zusammenbruch von LTCM „*unacceptable risks to the American economy*“[10] bringen würde, doch vornehmlich deswegen, weil die Investments zum Großteil von namhaften US-amerikanischen und auch europäischen Top-Instituten stammten (siehe Box).

Es passt auch zum etwas „verschlagenen“ Image der Hedgefonds Industrie, dass man bereits jetzt von Entstehung einer Hedgefonds-Blase (*bubble*) spricht, wie die vor nicht allzu langer Zeit geplatzte Internet-Blase[11]. Die Diskussion, ob Hedgefonds wieder eine der neuen Blasen in der Finanzwelt oder ein neues Investmentparadigma sind, wird wohl noch länger andauern. Es bleibt zu hoffen, dass das Wissen um die Hedgefonds

---

8 Zitiert nach WSJ.

9 Z.B. die kalifornische Versicherungsgruppe CalPERS.

10 Ebendort, Zitat von William McDonough, Präsident der New York Federal Reserve Bank.

11 Vgl. Alexander Ineichen, “Hedge Funds: Bubble or New Paradigm?”, 2001.

Industrie sich deutlich verbessern wird, bevor die vermeintliche Blase zum Platzen gebracht werden könnte.

Die tatsächlichen Performancedaten widerlegen zunehmend die noch immer nicht so seltene Meinung, dass die Hedgefonds gefährliche, exotische oder spekulative, hoch riskante und nur für die Elite geeignete Investments sind. Ziemlich viele Investoren betrachten die Hedgefonds als geheimnisvolle Investments, die ihre Erträge auf rätselhafte Weise generieren. Tatsächlich aber sind sie kein Mysterium mehr, sobald man sich mit ihnen ausreichend beschäftigt. Um die Vorteile und auch die Risiken der Hedgefonds richtig einschätzen zu können, soll man sie im Kontext der gesamten Finanzwelt betrachten. Es ist eine dynamische und sehr heterogene Industrie und jeder Investor, der die Vielfalt der Investmentmöglichkeiten und der Investmentstrategien, die vom Universum der Hedgefonds geboten werden, gründlich kennen lernen will, stellt sich einer Herausforderung. Nichts desto trotz, sollten auch jene Investoren, die sich für ein Hedgefonds Investment nicht entscheiden, verstehen, wie diese Investmentvehikel arbeiten, allein schon deswegen, weil sie in demselben Investment Environment koexistieren. Dieses Buch ist keine Investmentberatung – es soll lediglich den interessierten Investoren helfen, diese Herausforderung zu meistern, ohne vom Leser ein Vorwissen über die Hedgefonds zu verlangen.

Dieses Buch knüpft zum Teil an mein früheres Buch über die Hedgefonds Industrie unter dem Titel „Hedgefonds. Praxishandbuch" (Untertitel: „Erfolgreich investieren, Risiko minimieren")[12] und ist in drei große Teile gegliedert: im ersten Teil werden die allgemeinen Grundbegriffe, Definitionen, Strukturen und etliche, für die Hedgefonds spezifischen Themen beschrieben. Der zweite Teil enthält Ausführungen über die Kategorien der Hedgefonds, die Indizes, die wichtigsten Strategien der Hedgefonds und die strukturierten Produkte. Im dritten Teil werden vorrangig jene Themen behandelt, die sich auf die Bewertung, das Risiko und die ökonomische Funktion der Hedgefonds beziehen sowie *last, but not least*, werden die Hedgefonds Investments aus Kundensicht betrachtet. Im Anhang des Buches befinden sich einige Performancecharts und ein Kapitel über das Hedgefonds Angebot in Deutschland im Zusammenhang mit dem Investmentmodernisierungsgesetz (2004).

---

[12] Ursula Fano-Leszczynski, „Hedgefonds.Praxishandbuch", MANZ Verlag, Wien, 2002.

TEIL I
WAS SIE SCHON IMMER ÜBER HEDGEFONDS WISSEN WOLLTEN

1. Hedgefonds für Anfänger

Hedgefonds sind ein essentieller Teil der modernen Finanzwelt geworden, obwohl sie noch vor wenigen Jahren keine breitere Akzeptanz fanden und als marginale Erscheinung für einen kleinen Kundenkreis abgetan wurden. Man kann sie nur im Kontext der globalen Finanzwirtschaft richtig verstehen und definieren, weil man nur so die falschen – oder von der rasanten Entwicklung überholten – Mythen tatsächlich entzaubern und den Hedgefonds den richtigen Platz in der Finanzwelt zuweisen kann.

Man soll die Hedgefonds nicht als Konkurrenz zu den traditionellen Investments betrachten, sondern als das, was sie tatsächlich sind: ein alternatives Investment, das sich in die komplexen, symbiotischen Verhältnisse der globalen Finanzwelt einfügt. Die Hedgefonds bilden das „*Cutting Edge*" der modernen, innovativen Investments und spielen meistens die Vorreiterrolle. Nicht immer ohne eigenen Schaden – ab und zu kommt es zum Scheitern eines Managers und die internationale Presse überschlägt sich dann in (negativen) Emotionen.

Trotz der expliziten Etablierung der Hedgefonds in der modernen Finanzwelt stellt sich noch immer die einfache Frage, was ist ein Hedgefonds und die Antwort ist noch immer vielschichtig, differenziert und alles andere als eindeutig[1]. Die Hedgefonds Industrie ist zudem voll von Widersprüchen – so bescheiden und auf die Absicherung bedacht ihr Gründer Alfred W. Jones war, so aufsehenerregend und spekulativ wurden manche seiner Nachfolger. Zusätzlich erschwerend ist die Tatsache, dass die Bezeichnung „Hedgefonds" aufgrund einer Mischung aus Mythen, Missver-

---

[1] Der Börsenlexikon der Frankfurter Allgemeinen Zeitung enthält noch immer eine nur sehr dürftige und unzutreffende Kurzbeschreibung eines Hedgefonds: „Ihre Mittel werden hauptsächlich am Terminmarkt in derivative Instrumente wie Optionen und Futures investiert. Im Gegenteil zu Futures-Fonds dürfen sie auch einen Teil ihrer Mittel am Kassamarkt anlegen. Sie unterstehen nicht dem deutschen Investmentgesetz" http://boersenlexikon.faz.net Stand vom 10. Juni 2004 - richtig ist in dieser Beschreibung lediglich der letzte Satz.

ständnissen, polemischer oder unzutreffender Berichtserstattung in der internationalen Presse und einiger echter Katastrophen für viele potentielle Investoren negativ behaftet ist. Dieses Schicksal teilten zuvor bereits die Derivativinstrumente, wobei sie mittlerweile einen Teil der vermeintlichen „Schuld“ an allem, was in der Finanzwelt schief, geht auf die Hedgefonds abwälzen konnten.

Eine im Auftrag des Präsidenten der Vereinigten Staaten von Amerika gebildete Arbeitsgruppe veröffentlichte 1999 einen Bericht über die Hedgefonds Industrie[2], in dem sich die folgende Beschreibung findet:

„Der Begriff ‚Hedgefonds' wird allgemein verwendet, um eine Auswahl von unterschiedlichen Arten von Investmentvehikeln zu beschreiben, die zum Teil ähnliche Charakteristik haben. Obwohl nicht gesetzlich bestimmt, umfasst dieser Termin jedes Poolinvestmentvehikel, welches privat organisiert, von einem professionellen Investmentmanager verwaltet und nicht für ein breites Publikum zugänglich ist. Die primären Investoren der Hedgefonds sind vermögende Privatkunden und institutionelle Anleger. Zudem investieren Hedgefonds Manager öfter in die von ihnen gemanagten Fonds. Die als Hedgefonds klassifizierten Einheiten sind üblicherweise als begrenzt haftende Teilhaberschaft organisiert und meistens außerhalb der USA domiziliert“.

Diese Beschreibung kann man noch dahin erweitern, dass ein Hedgefonds ein aktiv gemanagter Investmentfonds ist, der absolute Erträge zu erzielen versucht.

Die Geschichte der Hedgefonds[3] begann im Jahre 1949[4] als der erste Fonds dieser Art von Alfred Winslow Jones, einem Investmentmanager der Wall Street, gegründet wurde. Alfred W. Jones versuchte, das Investmentrisiko zu neutralisieren (zu „hedgen“), indem er Aktien kaufte, die ihm billig erschienen („Long Position“ oder „*Going Long*“) und jene Aktien verkaufte, die er für überbewertet hielt („Short Position“ oder „*Going Short*“). Dies stellte in Kombination mit dem Leverage und einer Gebührenstruktur, die auch das Leistungshonorar („*Performance Fee*“ oder „*Incentive Fee*“) enthielt, den ersten, klar erkennbaren Hedgefonds dar. Jones hat später sei-

2 The President's Working Group on Financial Markets, "Hedge Funds, Leverage, and the Lessons of Long-Term Capital Management".

3 Zitiert nach: Fano-Leszczynski, "Hedgefonds. Ein Praxishandbuch", Manz Verlag 2001.

4 Für manche Forscher begann es bereits in den zwanziger oder dreißiger Jahren z. B. Investments von Benjamin Graham, die gewisse Ähnlichkeit mit heutigen Strategien aufweisen.

nen Fonds in einen Dachfonds umgewandelt und investierte in andere Hedgefonds, deren Auswahl seinem aktiven Management oblag.

Die breitere Öffentlichkeit wurde auf seinen Fonds durch einen 1966 in der Zeitschrift „Fortune“[5] erschienenen Artikel aufmerksam gemacht: Jones schlug die traditionellen Investmentfonds um zweistellige Prozentzahlen. Der Fünfjahresbeste Fidelity Trend Fund unterlag ihm um 44 Prozent und der Zehnjahresbeste Dreyfus Fund war um 87 Prozent schlechter – und dies bereits nach Abzug des verlockenden Leistungshonorars. Der Lieblingsspruch der Fundamentalisten in der Hedgefonds Industrie ist allerdings: „Man weißt nicht, wer nackt schwimmt, bis die Ebbe kommt“.[6] Im Jahre 1968 gab es laut einer Untersuchung der Securities Exchange Commission (SEC) bereits 140 Hedge Funds. Zahlreiche begeisterte Nachahmer, die Jones' Hedging Prinzip nicht konsequent genug anwendeten, erreichten zwar anfänglich in steigenden Märkten durchaus gute Gewinne, fielen jedoch mehrheitlich der Baisse der siebziger Jahre zum Opfer und mussten die Hedgefonds Industrie verlassen. Die Überlebenden fuhren mit der Strategie fort. Manche von ihnen entwickelten sich zu den namhaftesten Größen und manchmal avancierten sie auch zu Gurus der Branche, wie George Soros.

Nach den ernüchternden Verlusten in der Industrie in den Jahren 1969-1970 und 1973-1974 verschwanden die Hedgefonds aus den Schlagzeilen und operierten wieder ohne öffentliche Aufmerksamkeit. Erst als im Jahre 1986 in der Zeitschrift „Institutional Investor“[7] ein Artikel über Julian Robertson erschien, der die außerordentlichen Gewinne seiner Fonds, Tiger Fund und Jaguar Fund, analysierte, erwachte das Interesse aufs Neue.

Anfänglich bezog sich der Begriff Hedgefonds lediglich auf die durchschaubare und in ihren Ansätzen solide Strategie von Alfred W. Jones[8]. Mit der fortschreitenden Entwicklung der Finanzindustrie kamen neue Instrumente hinzu: Fixed-Income, Foreign Exchange, Futures, Swaps, Forwards, Optionen, Global-Makro Investment, Arbitrage, Event-Driven, etc. etc. Die Bezeichnung Hedgefonds wurde auch auf diese Investmentarten ausgedehnt. Generell blieb aber der Jones'sche Ansatz: Unterbewertetes kaufen, Überbewertetes verkaufen und wenn man seiner Sache sicher ist (oder wenn man glaubt es zu sein, was leider auch ins Auge gehen kann....), mit geborgtem Geld die Gewinne multiplizieren.

5 C.J.Loomis, The Jones Nobody Keeps Up With, in: Fortune, Apr. 1966.

6 “You don't know who is swimming naked until the tide goes out”.

7 J. Rohrer, The Red-Hot World of Julian Robertson, in: Institutional Investor, Mai 1986.

8 Jones nannte seinen Fonds „hedged fund“, das „d“ am Schluss verschwand aber mysteriös mit der Zeit, womit die Bezeichnung zum „hedge fund“ wurde und sich an die neuen Entwicklungen – nicht immer im Jonesschem Sinne – anpasste.

Seit der ersten Euphoriewelle Ende der sechziger Jahre explodierte die Anzahl der Hedgefonds bis heute auf ungefähr sechstausend[9]. Den Schätzungen nach verwalten die Hedgefonds ein Vermögen von acht bis zu fünfzehn Trillionen US-Dollar – die genauen Zahlen gibt es nicht und auch das trägt, neben den zum Teil nebulösen Investments, zum Mythos der Hedgefonds bei.

Als allererstes soll man über die Hedgefonds wissen, dass der Begriff „Hedgefonds" sich keinesfalls auf die Strategie oder den Investmentansatz des Fonds bezieht, sondern lediglich auf seine Investmentstruktur. Ähnlich, wie der Begriff „Investmentfonds" oder „*Mutual Fund*" auch noch keine Auskunft über die Strategie und Investmentart des konventionellen Fonds gibt. Ein Hauptmerkmal, das die Klassifizierung erleichtern könnte, gibt es nicht und die einzelnen Investments unterscheiden sich sehr signifikant[10]. Die Heterogenität der Hedgefonds Industrie entsteht primär aufgrund der individuellen Fähigkeiten der Manager. Obwohl die einzelnen Strategien sich ähneln, bietet jeder Manager in gewissem Sinne einen individuellen Investmentstil.

Das Modell von Alfred W. Jones, dem Gründer des ersten Hedgefonds, umfasste drei Grundzüge. Mit ihrer Hilfe kann man die in den achtziger und neunziger Jahren zahlreich entstanden Hedgefonds vorerst sehr allgemein klassifizieren:

- Aktive Risikokontrolle durch Hedging – viele der Hedgefonds versuchen das Investmentrisiko aktiv zu kontrollieren, viele jedoch nicht. Manche bedienen sich dabei der *Long-Short*-Techniken, andere aber verwenden die gleichen Techniken nur, um zusätzliche Erträge zu erzielen, zum Beispiel beim Arbitrage zwischen verschiedenen Finanzinstrumenten in verwandten Finanzmärkten oder Finanzsektoren. Einer der Paradoxen der Hedgefonds Industrie ist, dass auch die, die nicht hedgen, dazu gehören können, oder anders gesagt: ein Hedgefonds muss gar nicht hedgen

---

9 Da scheiden sich die Geister; manche sprechen von gar 50.000 Hedgefonds. Es gibt eigentlich keine wirklich verlässlichen Schätzungen.

10 Ted Caldwell, einer der Hedgefonds Spezialisten, hat es mit einem sportlichen Vergleich auf den Punkt gebracht: „Die Hauptklassen und Subklassen der Hedgefonds, wenn korrekt definiert, unterscheiden sich so deutlich von einander, wie ein 100-Meter Sprint von einem 400-Meter Hürdenlauf und die Investoren sollen diese Unterschiede verstehen, bevor sie den Wettlauf antreten.", "Unified Hedge Fund Classification", in: Lookout Mountain Hedge Fund Review, 1996, 3Q edition.

- Leverage – die meisten Hedgefonds verwenden Leverage, allerdings ein Großteil davon nur bis zum Verhältnis 2:1, und nur relativ wenige Fonds verwenden die Hebelwirkung exzessiv. Viele Hedgefonds agieren nur mit einem vernachlässigbar kleinen Leverage oder gar ohne solches
- Leistungshonorar – das ist tatsächlich ein Merkmal, dass allen Hedgefonds eigen ist, obwohl es auch hier Unterschiede gibt (mehr dazu im Kapitel über die Gebühren)

Zu diesen gemeinsamen Grundmerkmalen der Hedgefonds könnte man noch folgende hinzufügen:

- die meisten Hedgefonds Strategien verwenden das *Short Selling*, entweder um zu hedgen oder als eine Ertragsquelle – obwohl bei weitem nicht alle aktiv
- Hedgefonds sind meistens in *Offshore* Jurisdiktionen domiziliert
- Als Performanceziel peilen die Hedgefonds die absoluten Erträge unabhängig von der Marktlage an und manche locken die Investoren mit der Versprechung überdurchschnittlicher Gewinne, was leider nicht immer stimmt
- Das Mindestinvestment der Hedgefonds kann sehr hoch sein, oft eine Million US-Dollar oder Euro, obwohl größere Summen (fünf bis sogar zehn Millionen) auch nicht ganz selten vorkommen[11]
- Eingeschränkte Liquidität – die Anteile der Hedgefonds kann man nur in relativ seltenen Fällen öfter als einmal im Monat verkaufen. Monatliche und vierteljährliche Liquidität sind am meisten verbreitet, allerdings akzeptieren nicht wenige Hedgefonds nur einmal im Jahr Rückkäufe. Meistens wird auch eine schriftliche Vorabnachricht (zwischen einigen Tagen bis zu einigen Monaten im voraus) verlangt

In den meisten Fällen investiert der Manager sein eigenes Geld – obwohl das am Anfang selbstverständlich war, verliert es an Bedeutung mit dem zunehmenden Wachstum der Hedgefonds Industrie.

Man kann generell circa zehn bis fünfzehn Grundstrategien für einen Hedgefonds identifizieren, die sich untereinander zum Teil sehr stark unterscheiden. Dass sie alle als Hedgefonds bezeichnet werden, liegt vor

---

[11] Die hohen Mindestinvestments hängen mit der rechtlichen Form der Fondsgesellschaft zusammen: z. B. die in USA typische Hedgefonds Struktur „*Limited Partnership*“ erlaubte nur bis zu 100 Investoren, was bedeutete, dass man nur über hohe Einstiegsbeträge das erwünschte Volumen erreichen konnte. Diese Regelung wurde durch National Securities Market Improvement Act of 1996 gelockert.

allem an ihren Gemeinsamkeiten, die in den rechtlichen Strukturen und in der Investmentflexibilität dieser Industrie zu finden sind, und nicht an einer klaren und eindeutigen und all umfassenden Definition – diese zu formulieren ist auch den Aufsichtsbehörden nicht gelungen und die erwähnten gemeinsamen Merkmale bringen auch nicht viel Klarheit.

Als konsistente Eigenschaften der Hedgefonds kann man allerdings mit ziemlicher Sicherheit die maximale Flexibilität und das Streben nach höheren und vor allem absoluten Gewinnen betrachten. Die Flexibilität wird durch Investitionen in unterschiedlichste Märkte, breit diversifizierte Finanzinstrumente, durch Anwendung des *Short Selling* (wenn erforderlich) und des Leverage erreicht. Das Anpeilen von höheren (absoluten) Erträgen wird zusätzlich durch weitere Möglichkeiten unterstützt, wie zum Beispiel das Investieren in relativ illiquide Wertpapiere, die Bildung von hochkonzentrierten Positionen, sowie durch den hohen Investitionsgrad. In diesem Zusammenhang ist es wichtig zu betonen, dass nicht jeder Hedgefonds alle diese potentiellen Investmentfreiheiten gleichzeitig ausnützt oder zumindest nicht im gleichen Ausmaß. Die Hedgefonds haben diese Tools und Techniken lediglich zur Disposition – wenn ihre Anwendung notwendig erscheint. Die leistungsbezogene Gebührenstruktur (speziell die Verlockungen der Performancegebühr!) zieht zudem vermehrt die besten Leute der Finanzwelt an. Die meisten dieser Möglichkeiten sind den normalen Investmentfonds meistens nicht mehr gänzlich untersagt aber trotzdem nur eingeschränkt zugänglich.

Jeffrey Vinik leitete Vinik Asset Management bevor er sich im Oktober 2000 ins Privatleben zurückzog. In den 4 Jahren davor wuchs sein Fonds von ca. US$ 800 Millionen auf über US$ 4 Milliarden und erreichte eine kumulative Bruttoperformance von fast 650%. Vinik und seine zwei Partner konnten sich in dieser Zeit geschätzte US$ 1,7 Milliarden als Performance Fee verrechnen. Vor der Gründung des eigenen Hedgefonds managte Jeffrey Vinik den riesigen Magellan Fund von Fidelity Investments.

2. Unterschiede zu traditionellen Investmentfonds

„Hedge fund investing is, after all, investing in people“
Boris Arabadjiev, Credit Suisse

Die Hedgefonds sind ein relativ junger Bereich der Finanzindustrie und haben noch einen langen Weg vor sich: angenommen, dass gemessen an einem typischen Entwicklungszyklus – die ersten Versuche, Wachstum, Überangebot, Konsolidierung – sich die traditionellen Investmentfonds bereits im vierten Stadium der Konsolidierung mit wenigeren, dafür aber wesentlich größeren Gruppen befinden (bzw. auch diese Phase bereits hinter sich haben), stehen die Hedgefonds eher erst am Anfang (oder mittendrin) der Wachstumsphase.

International Monetary Fund (IMF) hat in der Studie unter dem Titel „Hedge Funds and Financial Market Dynamics“[12] folgendes festgestellt:

> „Wegen der Unterschiede in den Strategien zwischen den Hedgefonds Investments und den traditionellen Long Portfolios von Aktien und Anleihen und der davon resultierenden negativen, systemischen Korrelation mit den Erträgen aus diesen traditionellen Quellen, liefern die Investitionen in Hedgefonds ein wirksames Instrument für die Diversifikation des Portfolios. Die niedrige Korrelation der Hedgefonds Ergebnisse (...) mit den Erträgen in Anleihen- und Aktienmärkten enthüllt die enormen Vorteile der Diversifikation des Portfolios – Steigern der Erträge ohne Risikoerhöhung – die ein Anleihen- oder Aktienanleger nur durch die Allokation eines Teils seines Portfolios in die Hedgefonds erreichen kann.“[13]

Der Grund dieser und zahlreicher anderer Untersuchungen war, dass die Performance der Hedgefonds im Vergleich zu den traditionellen Investments überraschend gut abgeschnitten hatte und das machte sie, trotz eines gewissen Misstrauens, begehrenswert für die Investoren. Hedgefonds Strategien erreichten bessere Ergebnisse im jahrelangen Durchschnitt. Nur die Jahre der Aktienbaisse zu vermarkten wäre auch für die Hedgefonds auf Dauer nicht günstig – jede Strategie hat bessere und schlechtere Perioden, weil exogene Faktoren die Performance beeinflussen. Eine Anzahl von Zufallsfaktoren trägt immer – positiv oder negativ – zu den Ergebnissen auch der besten Manager bei.

Für das Verständnis der Hedgefonds ist die Tatsache besonders wichtig, dass sie sich fundamental von den traditionellen Investments unterschei-

[12] Erstellt nach dem Fall von Long-Term Capital Management.

[13] Dieses Zitat ist eine Wiederholung aus dem Buch Fano-Leszczynski “Hedgefonds...), hat aber an seiner Tragweite auch nach Jahren nicht verloren.

den. Es führt immer zu Missverständnissen, den „Supermarkt" der konventionellen Investmentfonds in die maßgeschneiderte Welt der Hedgefonds zu übertragen. Hedgefonds verwenden diametral andere Strategien, andere Methoden und andere Techniken – und das, obwohl die traditionellen Investmentfonds mehrheitlich in die gleichen Finanzinstrumente investieren dürfen. Die Vorteile der Hedgefonds als ein Teil der modernen Finanzwelt sind sowohl das Diversifizierungspotential als auch die speziellen Ertragsquellen.

Von langfristigen Investments sollte man erwarten, dass sie nicht nur in guten Zeiten namhafte Erträge bringen, sondern auch in schlechten Perioden zumindest die Erhaltung des Kapitals gewährleisten. Ein gutes Beispiel, wo das nicht geschieht, sind die in den Neunziger so populären, passiv gemanagten Indexfonds[14]. Diese Fonds profitieren voll von bullischen, steigenden Märkten, doch von ihrer Natur aus müssen sie an Wert verlieren, sobald eine bearische, negative Trendwende eintritt. Keine andere Fondsart ist so passiv und so auf Verluste regelrecht programmiert, ohne den geringsten Anspruch auf die aktive Erhaltung des Kapitals. Die Indexfonds wuchsen auf der Haussewelle in den Neunziger zu den größten Investmentvehikeln überhaupt[15].

Einen guten Vergleich des passiven und aktiven Managements innerhalb der traditionellen Investments bieten zwei berühmte und sehr große Investmentfonds: Fidelity Magellan (aktiv gemanagt von Berühmtheiten wie Peter Lynch, Jeff Vinik oder Bob Stansky) und Vanguard Indexfonds (passiv). Laut Morningstar Datenbank hat Magellan im 3-Jahresvergleich um 1,9% und im 5-Jahresvergleich um lediglich 0,1% den S&P500 Index geschlagen. Im 10-Jahresvergleich war Magellan praktisch gleich mit dem Index. Vanguard bewegte sich naturgemäß gleich mit dem Index. Magellans Kosten beliefen sich auf 0,88% seines Vermögens, jene des Vanguard hingegen auf lediglich 0,18%.

Der Vergleich lässt zweifeln, ob das aktive Management im traditionellen Investment tatsächlich etwas erreicht. Das aktive Management der Hedgefonds bringt hingegen eindeutig eine zusätzliche Wertschöpfung.

Die Hedgefonds haben hingegen einen aktiven Managementansatz: diesen findet man klarerweise auch im traditionellen Management, aber die

14 Die Indexfonds bilden den jeweiligen Index nach und bedürfen kaum aktives Management, was sich auch in ihren niedrigen Managementgebühren widerspiegelt.

15 Der Indexfonds von Vanguard gehörte zu den größten Investmentfonds überhaupt.

Hedgefonds Manager sind die Aktivmanager *par excellence*. Das Investmentmanagement umfasst ein breites Spektrum vom rein passiven Management, implementiert von den Indexfonds, bis zum aktiven Management, an dessen Spitze die Hedgefonds zu finden sind[16]. Dazwischen bewegen sich die traditionellen Manager: vom erweitertem Indexieren, über eingeschränktes Management, bis zum uneingeschränkten Aktivmanagement im für traditionelle Anlageformen rechtlich erlaubten Rahmen, also zwangsläufig mit weniger Investmentfreiheit. Diese Aufteilung führt zu einem weiteren Unterschied, der zu dem Wesentlichsten zwischen den traditionellen und alternativen Anlageformen gehört: die Hedgefonds (die „konservativen“ unter ihnen mit marktneutralen Strategien) peilen mit ihren Investitionen die absoluten Erträge an, unabhängig von den Marktbewegungen und im Gegensatz zu den relativen Erträgen der traditionellen Investments[17]. Die relativen Erträge werden nämlich immer im Vergleich zur Performance des Marktes, dargestellt von einer Benchmark (Referenzindex), gemessen. Das Ziel ist, immer den Markt zu schlagen, also besser als der Markt zu sein. Bei Hausse soll der Manager den Markt zumindest leicht outperformen, um seine Managementgebühren zu rechtfertigen – das würde im Schnitt 2% mehr Ertrag bedeuten. Bricht hingegen der Markt zum Beispiel um 15% ein, erreicht der Manager die Outperformance schon bei minus 14%, da seine relativen Erträge tatsächlich besser sind, als die des Marktes. Die relative Performance kann man nicht ausgeben – dem Anleger bleiben „absolute Verluste“ und der schwache Trost, er hätte noch mehr verlieren können. Bei länger anhaltender Baisse wird den Anlegern noch bewusster, dass die Erhaltung des Kapitals vor dessen Vermehrung gestellt werden sollte. Wenn zum Beispiel ein Investor einen kontinuierlichen Jahresertrag von circa 10% erhalten möchte und in einen Fonds investiert, der im ersten Jahr die erwarteten 10% bringt, im zweiten Jahr aber 10% verliert, dann müsste dieser Fonds im dritten Jahr einen Ertrag von 35% erzielen, um den Jahresdurchschnitt von 10% zu gewährleisten. Die meisten Hedgefonds sind auf eine durchschnittliche Performancehöhe ausgerichtet, die die risikofreien Erträge des Geldmarkts (zum Beispiel LIBOR[18]) kontinuierlich schlagen soll. Da solche Referenzwerte immer positiv sind, ist das Ertragsziel der Hedgefonds auch immer die positive, absolute Performance. Anders gesagt – bei Verlusten des Hedgefonds kann

---

[16] Zum Teil fast hyperaktiv.

[17] Alexander Ineichen von UBS Warburg erachtet sogar die Gegenüberstellung: absolute versus relative Erträge als den wichtigsten Unterschied zwischen Hedgefonds und *Mutual Funds*.

[18] LIBOR – London Inter Bank Offered Rate – Zinssatz aus dem Londoner Interbanken Handel.

sein Manager keine ähnlichen Ausreden benutzen, wie der Manager eines traditionellen Fonds, der sich immer auf die schlechte Performance der Märkte berufen kann. Hedgefonds repräsentieren aktives Management par excellence. Der Manager hat kein Interesse an der Verfolgung des Index und versucht ihn keinesfalls zu schlagen. Sein Interesse konzentriert sich auf die Erstellung eines intelligent diversifizierten Portfolios, das möglichst konstante und ausgeglichene Erträge unter wechselnden Marktbedingungen bringen soll. Das Fachkönnen des Managers spielt dabei eine wesentliche Rolle, auch wenn es manchmal primär die Anerkennung der Effizienz und der Konkurrenzfähigkeit der Märkte bedeutet.

Die Hedgefonds leben gut und erfolgreich davon, dass sie ein Ertrag/Risiko Muster liefern, das sich von jenem der traditionellen Investments signifikant unterscheidet. Faktoren, wie eine niedrige oder negative Korrelation, oder so gut wie keine Korrelation mit den Aktien- und Rentenmärkten, niedriges Risiko vieler Hedgefonds Strategien und einige andere tragen dazu bei. Sehr spezifische Bedeutung hat die Tatsache, dass die Erträge mancher, speziell der marktneutral ausgerichteten Strategien, oft prognostizierbar sind. Marktneutrale Ausrichtung plus prognostizierbare Erträge klingt sicherlich für viele – noch unerfahrene – Investoren, wie eine Garantie auf positive Performance. Das ist es keinesfalls. Es bedeutet nur, dass die Erträge einem Muster folgen, das sich aus Ursache und Folge zusammensetzt: ein *Short Selling* Fonds wird zum Beispiel in steigenden Märkten Verluste hinnehmen müssen, aber wesentlich wichtiger ist, dass er in fallenden Märkten so gut wie sicher Gewinne generieren kann. Die Prognostizierbarkeit der Erträge trifft vor allem auf diese Hedgefonds zu, die eine reine Einzelstrategie befolgen, die Erträge jener Hedgefonds hingegen, die mit einer Multistrategie arbeiten, sind schwieriger vorauszusagen. Erfahrene Dachfonds Manager nutzten diese Eigenschaft, um das Portfolio auf diverse Hedgefonds Strategien gekonnt zu diversifizieren.

Hedgefonds, die nicht gerade exotische Nischenstrategien verfolgen, investieren in die gleichen Finanzinstrumente – Aktien und Anleihen – wie die Manager der konventionellen Fonds, nur sie tun es auf eine andere Art – manchmal sogar diametral entgegengesetzt. Die meisten Geldmittel in beiden Fondstypen werden immerhin in öffentlich gelistete Aktien investiert. Die Hedgefonds versuchen attraktive Renditen ohne Korrelation (so weit wie möglich) mit den traditionellen Aktien- und Anleihenmärkten zu liefern. Um ihre Anlageziele zu erreichen, verwenden die Hedgefonds Manager meistens Leverage, *Short Selling*, Derivativinstrumente und diverse Hedging Techniken. Sie nehmen ihre hohe Investmentfreiheit als eine Verschiedenheit und einen Vorteil gegenüber den traditionellen Managern wahr, denen solche Möglichkeiten von den Vorschriften setzenden Behörden verwehrt bleiben.

Die traditionellen Investments werden durch Kauf, Halten und Verkauf hauptsächlich von Aktien, Anleihen und Cash charakterisiert – das *Short Selling* (Leerverkauf) gehört nicht dazu. Die Performance der traditionellen Investments wird von einer primären Variablen determiniert: dies ist die Performance des Marktes selbst. Der Markt stellt auch die vordringlichste Risikoquelle dar. An einer entsprechenden Benchmark des Marktes wird auch die Performance relativ zum Markt gemessen. Das prägende Merkmal für die Klassifizierung der traditionellen Investments ist deren Anlageklasse. Die nicht-traditionellen Investments verwenden hingegen auch alle anderen Formen von Finanzinstrumenten. Die Orientierung der traditionellen Investments am Markt bedeutet, dass ihre Erträge großteils vom Marktbedingten Beta ihrer Anlageklasse oder ihrer Benchmark (z.B. von den Aktien oder von einem Aktienindex) abgeleitet werden. Die Hedgefonds hingegen versuchen mit ihrem marktneutralen Ansatz vor allem Alphawerte zu generieren, also jene Erträge, die aufgrund des Fachkönnens des Managers erzielt werden[19]. Die primären Risikoquellen sind die Strategie und der Manager. Wenn der Anleger eine Exposition zum Markt (Beta) wünscht, kann er sie wesentlich kosteneffizienter in einem Indexfonds, also im traditionellen Bereich, bekommen.

Im Unterschied zu den traditionellen Investmentfonds, die oft ins Unermessliche wachsen, limitieren die meisten Hedgefonds Manager ihr verwaltetes Volumen, indem sie die Fonds für neue Investments schließen oder sogar die Gelder an die bereits existierenden Anleger retournieren, sobald der Hedgefonds die optimale Größe für seine Strategie erreicht oder überschritten hat.

Zu den wichtigsten Unterscheidungen zwischen den traditionellen Investmentfonds und den Hedgefonds gehören: *Short Selling*, Leverage, Hedging, marktneutrale Ausrichtung und absolute Erträge, Arbitrage, Verwendung von Derivativen und synthetischen Positionen, hoher Investmentgrad, Investments in illiquide Instrumente, hochkonzentrierte Investments, Transparenz und Liquidität und auch, *last but not least*, die Manager – sie geben hier auch den Anfang:

2.1 Manager

Ein Investment in die Hedgefonds Industrie ist unumgänglich vor allem ein Investment in die Menschen. Die Manager sind das wichtigste Asset der Hedgefonds und im gewissen Sinne das größte Risiko. Wie kann man

[19] Für genauere Beschreibung von Alpha und Beta siehe Kapitel über Marktneutrale Investments.

Human Factor hedgen? Eigentlich gar nicht, man kann dieses Risiko lediglich diversifizieren[20]. Die Hedgefonds Industrie hat schon seit langem die Top-Leute unter den Finanzmanagern angezogen und dieser Trend hält weiterhin an[21]. Er ist für die Hedgefonds besonders wichtig, weil sie sich auf die Fähigkeiten der Manager, die absoluten Erträge kontinuierlich zu erreichen, verlassen müssen. Erstens werden die Hedgefonds von den Finanzleuten immer mehr als „etwas Besseres" im Sinne einer Herausforderung betrachtet und die Mythen, die sich um manche Fonds und Gurus der Branche ranken, trugen schon immer viel dazu bei. Man soll aber nicht zwangsläufig glauben, dass nur die Hedgefonds die wirklich guten Manager haben – zu viele von ihnen waren schlussendlich dieser Heraufforderung nicht gewachsen. Zweitens stellen die für die Hedgefonds typischen Leistungshonorare für die erfolgreichen Manager enorme Verdienstmöglichkeiten dar. Dies kann allerdings für die Hedgefonds ins Negative umschlagen: da das Leistungshonorar nur dann ausbezahlt wird, wenn die Verluste wieder aufgeholt sind, tendieren manche Manager dazu, nach einem schlechten Jahr die Fondsgesellschaft einfach zu wechseln, um woanders wieder voll in den Genuss der Performancegebühr zu kommen[22].

> Julian Robertson war 20 Jahre lang einer der bekanntesten US-Investmentmanager und Gründer von Tiger Management Hedgefonds Gruppe. Nach den Marktturbulenzen in 1998 schrumpfte das verwaltete Vermögen von Tiger Management von ca. US$ 16 Milliarden auf ungefähr US$ 6 Milliarden. Die Firma konnte aufgrund der Performanceverluste keine Leistungshonorare verrechnen und Robertson sah sich gezwungen, Tiger Management zu schließen. Wegen der *High Water Mark* hätte er fast 50% an Performance zulegen müssen, bevor die ersten Performancegebühren verrechnet werden könnten.

In den traditionellen Investmentfonds ist nicht nur der Investmentstil die Strategie, etc. genau definiert, sondern man überprüft auch detailliert ihre Einhaltung und der Manager eines *Mutual Funds* unterliegt immer der Kontrolle eines Investmentkomitees. Die Hedgefonds Manager sind Partner, nicht Angestellte des Fonds. Die Position eines Hedgefonds Managers mit allen seinen Freiheiten, Flexibilität und finanziellen Anreizen ist dia-

20 Siehe Kapitel über Risiko.

21 Vgl.: D. Galant; Why analysts cross the Street, in: Institutional Investor, Jan. 1994.

22 Viele Fondsgesellschaften wehren sich bereits durch entsprechende Regulierengen dagegen.

metral anders und beherbergt auch ein potentielles Risiko. Hedgefonds werden sehr oft um einen Starmanager gebildet – verlässt er den Fonds, ziehen auch die Kunden ihre Gelder ab, wenn sie aufgrund der Reputation des Managers investiert haben. Daher kommt auch der populäre Spruch, dass der wichtigste „Asset“ eines Hedgefonds jeden Tag bei der Tür hinausgeht.

2.2 Short Selling

Short Selling kämpft andauernd gegen den natürlichen Markttrend nach oben an und das stimmt die traditionellen Manager nicht nur bedenklich sondern manchmal sogar feindselig. Es ist die Möglichkeit, überbewertete Aktien oder andere Wertpapiere zu verkaufen, ohne diese tatsächlich zu besitzen (Leerverkauf). *Short Selling* erlaubt den Hedgefonds, auch von fallenden Märkten positiv zu profitieren. Konventionelle Aktienfonds dürfen keine Short Positionen bilden und tendieren daher bei negativer Marktentwicklung zu Verlusten (siehe Kapitel „*Short Selling*“).

2.3 Leverage

Es ist noch immer ein magisches Wort, für die meisten gleichbedeutend mit sagenhaften Gewinnen oder katastrophalen Verlusten und ein rotes Tuch für alle Sparbuchanhänger (zugegeben: seit 2000 hat sich ihre Anhängerschaft wieder etwas verstärkt). Wenn die Investmentstrategie aufgeht, steigert das Leverage die Gewinne, wenn aber die Investments an Wert verlieren, dann werden auch die Verluste vom Leverage vervielfacht – Stichwort, wie schon öfter, LTCM (siehe Kapitel „Leverage“).

2.4 Hedging

Als Hedging bezeichnet man im Allgemeinen eine Position (oder eine Kombination der Positionen), die ein bestimmtes Risiko reduzieren soll – meistens auf Kosten (Minderung) des erwarteten Ertrages. Hedging eines oder mehrerer Risikofaktoren wird üblicherweise durch Bildung von entgegengesetzten Positionen, die sich annähernd ausgleichen, erzielt (siehe Kapitel „Hedging“).

2.5 Marktneutrale Investments

Es ist eine Investmentstrategie, die imstande ist positive Ergebnisse unabhängig von der Entwicklung der Kapitalmärkte zu liefern. Marktneutrale Investments sollen unter allen – oder fast allen – Marktkonditionen positive Ergebnisse produzieren. Die Basis einer marktneutralen Strategie sind Investments in unkorrekt bewertete Wertpapiere und Hedging des Marktrisikos. Marktneutrale Hedgefonds peilen absolute Erträge (*Absolute Returns*) an, die unabhängig von der Marktentwicklung erzielt werden sollen. Der Begriff *Absolute Returns* bezieht sich auf eine Reihe von Hedgefonds Strategien, die nicht-direktionale, mit dem Markt nicht korrelierende Investmentmethoden verwenden, um konstante, positive Performance in jeder Marktlage zu generieren.

2.6 Arbitrage

Arbitrage ist ein Hauptinvestmentansatz vieler Hedgefonds Strategien. Als Arbitrage bezeichnet man generell den gleichzeitigen Kauf und Verkauf von verwandten oder ähnlichen Wertpapieren oder deren Derivativen, um Gewinne aus ihren Preisunterschieden zu erzielen. Arbitrage Strategien versuchen temporäre Ineffizienz in Bewertung bestimmter Finanzinstrumente oder Märkte positiv auszunutzen. Arbitrage ist nur in seltenen Fällen (fast) risikofrei, da es zum Großteil auf der Analyse der historischen Daten basiert. Der Markt agiert manchmal irrational und will sich nicht immer an seine eigenen, historischen Vorgaben halten. Und trotzdem, das interessanteste an der Arbitrage ist, dass wie immer das Portfolio strukturiert ist, eine Transaktion die andere zumindest zum Teil absichern soll. Die fortschreitende Effizienz der Märkte (obwohl von manchen Hedgefonds Manager bezweifelt) bewirkt, dass die Profite von traditionellen Arbitrage Transaktionen immer geringer werden (nur die „*Nickels*", wie bei LTCM) – damit die ganze Sache trotzdem profitabel bleibt, muss man oft hohes Leverage anwenden. Einer der anderen Probleme mit Arbitrage ist, dass die „Arbitrage-Investmentgemeinschaft" oft dazu tendiert, sehr ähnlich und mit ähnlichem Ziel zu agieren. Bei unerwarteten Marktturbulenzen kann dies die Probleme der ganzen Gruppe multiplizieren.

2.7 Synthetische Positionen und Derivative

Anstatt die tatsächlichen Wertpapierinvestitionen durchzuführen, haben die Hedgefonds die Möglichkeit, synthetische Positionen mittels derivativer Instrumente[23] an ihrer Stelle zu verwenden. Es vereinfacht die Bildung einer Investmentposition und erlaubt dem Hedgefonds Manager, die gesamte Abwicklung des Investments einer Bank, einer Brokerfirma oder einer anderen Finanzinstitution zu überlassen. Die Derivativen werden zwar immer wieder für die steigende Volatilität des Marktes verantwortlich gemacht, doch die meisten Investoren verwenden sie effizient zur Risikoreduktion als Hedging-Instrumente. Die andere Seite der Medaille ist, dass obwohl größere Volatilität potentiell größere Gewinne bringen kann, steigern die Risiken, die den Derivativinstrumenten inhärent sind, auch die Gefahr der potentiellen Verluste enorm[24].

Derivativinstrumente sind Finanzinstrumente, deren Preise sich nach den Kursschwankungen oder den Preiserwartungen von anderen Investments (Basiswerte) richten und von ihnen voll abhängen. Derivate sind meistens so konstruiert, dass sie die Schwankungen der zugrunde liegenden Basiswerte überproportional nachvollziehen. Daher lassen sie sich sowohl zur Absicherung gegen Kursverluste als auch zur Spekulation auf hohe Kursgewinne verwenden. Die typischen Derivative sind z.B. Optionen, Futures, Swaps. Manche Derivative sind sehr komplex, basieren auf mehr als einem Basiswert oder enthalten ungewöhnliche Bedingungen – solche Instrumente nennt man **exotische Derivative** (vergleiche auch im Kapitel „Derivativinstrumente“).

Ein **synthetisches Finanzinstrument** ist eine lineare Kombination von zwei oder mehreren Primärinstrumenten. Derivativinstrumente erlauben die Bildung von synthetischen Positionen. Z.B. kann man eine Aktienposition synthetisch durch eine Kombination von Optionen auf dieselbe Aktie: *Long call* und *Short put*, mit demselben Ausübungspreis und Verfallstermin darstellen. Eine separate Cashposition wäre hier notwendig, um die Aktiennachbildung zu vervollständigen, wird aber nicht immer berücksichtigt (vergleiche auch im Kapitel „Hedging“).

---

23 Das erste Derivativinstrument – eine Art Option – verwendete Thales von Milet (ca. 640 – 545 v.u.Z).

24 Siehe Kapitel über die Derivativinstrumente.

2.8 Hoher Investitionsgrad

Täglich fällige, traditionelle Publikumsfonds sind gesetzlich verpflichtet, eine Bargeldposition für die täglichen Rückkäufe immer bereitzuhalten – sie tun dies aus rein praktischen Gründen, um viele Cashflows effizient bedienen zu können. Hedgefonds hingegen, da sie nur in mehr oder weniger langen Zeitabständen die Rückkäufe akzeptieren (im Schnitt monatlich, aber auch quartalsweise oder jährlich und mit einer schriftlichen Ankündigung oft um Wochen im Voraus), tragen viel weniger des populär genannten „*Dead Weight*“ mit. Sie können ihre Gelder in höherem Maße und effizienter investieren, was einen Wettbewerbsvorteil und mehr Gewinnpotential bedeutet.

2.9 Investieren in relativ illiquide Finanzinstrumente

Die Hedgefonds unterliegen kaum Regulativen (und wenn ja, dann solchen, die ihnen hohe Flexibilität erlauben) und können daher in relativ illiquide Finanzinstrumente investieren, welche meistens auch höhere Renditen versprechen. Die langen *Lock-up* Perioden unterstützen solche Investitionen[25]. Für manche Hedgefonds, zum Beispiel *Distressed Securities*, ist es praktisch die Kernstrategie. Illiquide Positionen können allerdings auch den aussteigenden Investoren Probleme bereiten: manche Fonds praktizieren die Auszahlung von großen Rückkäufen zum Teil in bar und zum Teil in Wertpapieren, weil die Liquidität am Markt nicht vorhanden ist[26]. Und da könnte schon manchmal eine unverkäufliche Position unterkommen, welche dem Investor ewig lange im Portfolio bleibt – manchmal so lange, bis sie als wertlos abgeschrieben wird.

2.10 Hochkonzentrierte Positionen

Normalerweise sind Investmentfonds vom Gesetzgeber gezwungen, ihre Geldmittel breit zu streuen und dürfen nicht allzu viel in zum Beispiel eine einzelne Aktie oder in dieselbe Anleihenemission investieren[27]. Hedgefonds hingegen haben diese Beschränkungen nicht, dürfen alle ihre Mittel

---

[25] Laut Untersuchungen erlauben ca. 20% aller Hedgefonds nur jährliche oder halbjährliche Rückkäufe, mehr als 35% haben vierteljährliche Liquidität.

[26] In einem von der Autorin verwalteten Dachfonds blieben indische Anleihen auf diese Weise etliche Monate lang im Portfolio.

[27] Die amerikanischen Mutual Funds dürfen z. B. nur bis zu 5% ihres Vermögens in eine Position investieren.

in einen Korb werfen und 20%, 40% oder sogar mehr in die gleiche Position investieren[28]. Es wäre unnötig zu erklären, wie riskant dies unter Umständen sein könnte, doch zur Beruhigung der potentiellen Investoren sollte man erwähnen, dass die meisten Hedgefonds breit diversifiziert sind und nur die *Macro* Investments tatsächlich öfter die hohe Konzentration ausnützen.

2.11 Transparenz und Liquidität

Auch die – mit Absicht – eingeschränkte Transparenz der Hedgefonds Portfolios und die limitierte Liquidität ihrer Anteile im Vergleich zur täglichen Liquidität der konventionellen Investments bilden weitere Unterschiede zu den volltransparenten Investmentfonds. Die eingeschränkte Liquidität bedingt, dass die Häufigkeit der Cashflows in den Hedgefonds signifikant niedriger ist und der Manager sich mehr auf die Implementierung der Strategie konzentrieren kann als auf die tägliche Beschaffung der flüssigen Geldmittel.

2.12 Weitere Unterschiede

Einer der wichtigsten Unterschiede zwischen traditionellen Investmentfonds und Hedgefonds besteht in den organisatorischen und rechtlichen Anforderungen. Im Klartext bedeutet es, dass die Anforderungen für die traditionellen Investmentfonds präzise definiert sind, hingegen jene für die Hedgefonds eher allgemein und vage gehalten sind (mehr dazu im Kapitel über die Strukturen). Zum überwiegenden Teil versuchen die Hedgefonds eine Registrierung und die damit verbundenen rechtlichen Regelungen, die die Formen der traditionellen Investmentvehikel bestimmen, zu vermeiden.

Weitere mehr allgemeine Faktoren, die die Grenzen des traditionellen Investments aufzeigten waren: die steigende Globalisierung und Komplexität der Finanzmärkte und der Finanzinstrumente, wachsende Volatilität der globalen Märkte, und beharrlich hohe Kurse vieler Aktien, die einen Neueinstieg oder Aufstockung erschwerten.

Die relativen Erträge der traditionellen Investments waren speziell in den Neunziger für die Anleger mehr als ausreichend. In der historisch längsten Hausse dominierte das passive oder wenig aktive Management – der endlos steigende Markt machte intensivere Aktivität obsolet. Es war allerdings auch eine Herausforderung für die traditionellen Fondsmanager,

[28] Zum Beispiel plante George Soros in seiner berühmten Spekulation gegen das britische Pfund im Jahre 1992 eine Short Position von 15 Milliarden Pfund.

da es für sie in der Tat schwierig war, den boomenden Markt aktiv zu schlagen. Die passiven Indexfonds, die nur geringe Gebühren verrechneten, sind in dieser Periode zu größten Investmentpools geworden. Mit dem Platzen der Technologieblase im Frühjahr 2000 war diese Zeit vorbei, die Bedeutung des aktiven Portfoliomanagements stieg wieder rapide und die Investoren wandten sich vermehrt auch der Hedgefonds Industrie zu.

Einer der wesentlichsten Vorteile der Hedgefonds besteht darin, dass sie Investmenttechniken und Finanzinstrumente anwenden können, die das Marktrisiko weitgehend minimieren, die aber den traditionellen Investmentfonds gar nicht oder nur in eingeschränktem Ausmaß zugänglich sind – sie wurden bereits erwähnt, die wichtigsten davon werden in der Folge genauer beschrieben. Die Hedgefonds unterliegen jedoch spezifischen Risikofaktoren, die für die traditionellen Investments wiederum weniger Relevanz haben – zum Beispiel das Risiko des Managers oder jenes verbunden mit der Anwendung des Leverage oder der Short Positionen. Die Risikofaktoren sind wegen der Heterogenität der Hedgefonds Industrie und wegen der Unterschiedlichkeiten in den einzelnen Strategien nur zum Teil definierbar[29].

Zu den wesentlichen Problemen vieler potentieller Hedgefonds Investoren gehört die Tatsache, dass sie einen Hedgefonds genauso wie einen traditionellen Investmentfonds betrachten, aber gleichzeitig alle Vorteile der Performance und Diversifizierung der Hedgefonds genießen wollen – dass dies nicht möglich ist, weil sich zum Beispiel die Arbitrage Strategie und die tägliche Liquidität nicht wirklich „vertragen“, wird noch ausführlich beschrieben.

Da es zu jeder Regel auch Ausnahmen gibt, existieren bereits *Mutual Funds*, die den Hedgefonds sehr ähnlich operieren – dazu gehört auch die Anwendung von Leverage, *Short Selling*, Derivativinstrumenten, etc. und die Berechnung einer Performancegebühr. Eine durchaus mögliche künftige Entwicklung wäre vielleicht, dass die ausgeprägten Grenzen zwischen den Hedgefonds und den *Mutual Funds* langsam verschwimmen würden. Die Aufsichtsbehörden limitieren zwar Hedgefonds-ähnliche Aktivitäten für die traditionellen Investments, verbieten sie jedoch nicht gänzlich und es liegt zum Großteil an den Investoren, welchem Investmentstil sie den Vorzug geben werden.

---

[29] Siehe Kapitel über Bewertung und Risiko.

3. Die „Hot Issues“ der Hedgefonds

Die folgenden Kapitel behandeln einige der ausschlaggebenden Themen des Hedgefonds Investments. Allen voran das *Short Selling* – das Herz aller Dinge und ein unentbehrliches Investmenttool der relevanten Hedgefonds Strategien. Im Grunde genommen, macht die Anwendung des *Short Selling* den auffälligsten Unterschied zu den traditionellen Investments aus. Die Hedgefonds Strategien wären zum überwiegenden Teil ohne *Short Selling* nicht durchführbar. Es ist die Grundlage der marktneutralen Investments und ein wichtiges Tool, neben derivativen Instrumenten, fürs Hedging und Leverage. Alle vier Themen: Derivative Instrumente, Leverage, Hedging und marktneutrales Investment werden in weiteren Kapiteln beschrieben. Darüber hinaus sind separate Kapitel den Problemen der Transparenz und der Liquidität gewidmet. Die Transparenz ist die Voraussetzung des aktiven Risikomanagements, welches wiederum für modernes Investmentmanagement von größter Bedeutung ist. Die Transparenz ist in der Hedgefonds Industrie aus diversen, teilweise triftigen Gründen, nicht immer im ausreichenden Ausmaß gewährleistet. Die erstaunlich persistente Bezeichnung der Hedgefonds als *Black Box* ist aber in den meisten Fällen nicht zutreffend und entstammt eher dem Unwissen oder dem Unwillen, sich mit der komplexen Materie und komplizierten mathematischen Methoden auseinander zu setzten. Mangelnde Liquidität einiger Hedgefonds Strategien oder die explizit langfristige Ausrichtung einiger anderen werden in der schnelllebigen, globalisierten Finanzwelt auch als Nachteil wahrgenommen, vor allem von jenen Investoren, die an täglich liquide (und hoch transparente) traditionelle Investments gewöhnt sind.

3.1 Die Kunst des Short Selling[30]

„Bears don't have houses on 5th Avenue“
Bernard Baruch

Short Selling ist für eine ständig wachsende Anzahl der Investmentmethoden von essentieller Bedeutung. Einer seiner besonders vordringlichen Vorteile für die Hedgefonds ist die Möglichkeit, durch die Anwendung des Short Selling von fallenden Märkten zu profitieren. *Short Selling* ist außerdem ein wichtiger Korrekturfaktor für die Finanzmärkte – wenn *Short Selling* limitiert ist, kommt der begründete Pessimismus mancher Investo-

30 Titel geliehen vom Buch einer der besten *Short Selling* Spezialistinnen, Kathryn Staley „The Art of Short Selling".

ren nicht entsprechend zu tragen und die Aktien werden überbewertet. Es wird behauptet, dass *Short Selling* eigentlich so alt ist, wie die Warenmärkte, weil wo immer ein organisierter Warenmarkt entstanden ist, die Händler mit den Preisen spekulierten oder versuchten das Risiko abzusichern – genauso, wie die heutigen Hedgefonds Manager. *Short Selling* ist untrennbar mit allen Hedgefonds Strategien verbunden – auch jene Hedgefonds Manager, die es nicht aktiv anwenden, räumen sich zumindest im Emissionsprospekt eine offene Option auf die eventuelle Anwendung des *Short Selling* ein.

Unter den bekanntesten Anwendern des *Short Selling* finden sich solche Größen wie Julian Robertson (Tiger Fund), Alex Porter (Porter, Felleman Inc.) oder Joseph DiMenna (Zweig Funds). In der ersten Hälfte der achtziger Jahre gehörten zu den Pionieren des *Short Selling* die Feshbach Brothers in Kalifornien und Jim Chanos –viele von ihnen haben sich auf beiden Seiten des Marktes, Long und Short, bequem zurechtgefunden. Angefangen hat es aber mit etlichen legendären *Short Sellers*, wie zum Beispiel Jesse Livermore, Bernard Baruch, Ben Smith (genannt „*sell 'em*") und Joseph Kennedy, die bereits in den frühen Jahren des zwanzigsten Jahrhunderts aktiv waren – über ihre sagenhaften Gewinne werden bis heute Geschichten erzählt.

> **Jesse Livermore** hat einen Tag vor dem verheerenden Erdbeben in San Francisco 1906 die Aktien von Union Pacific in gigantischem Ausmaß Short verkauft und hat seinen Vorteil in Folge so gnadenlos ausgenutzt, dass J. P. Morgan ihn ersucht hat aufzuhören oder die Verantwortung für einen Marktzusammenbruch zu tragen.

Das anfangs zitierte Epigramm von Bernard Baruch[31], einem der berühmtesten *Short sellers*, spiegelt eindeutig die gängige Einstellung der Mehrheit der anderen Marktteilnehmer gegenüber den *Short Selling* Spezialisten wider. Bei Aktienhausse, wie in den Neunziger, wird der *Short Seller* ironisch und nicht ohne eine gewisse Genugtuung belächelt, weil er sein Kapital verschwendet – die engagierten *Short Selling* Fonds waren in dieser Zeit kaum existent. In Zeiten eines unruhigen Aktienmarktes wird *Short Selling* als ein negativer Ansatz und das Wettern gegen den allgemeinen Wohlstand angesehen. Der *Short Seller* ist selbstredend auch das Feindbild

[31] Bären haben keine Häuser auf der 5th Avenue – ironischerweise begann bald nach diesem Spruch (Juni 1929) in den USA die Depression und gleichzeitig die beste Phase des Jahrhunderts für *Short Selling*.

jedes Unternehmensmanagements, da er gegen das Kapitalwachstum des Unternehmens arbeitet. Das Management hat aber gewisse Optionen, um sich zu wehren und die Short Positionen zu ruinieren, zum Beispiel mit einer gelungenen Fusion oder dem Verkauf der Firma, oder indem es die Aktien zurückkauft. In Zeiten des Kursverfalls hingegen ist der *Short Selling* Manager der Paria der Finanzindustrie, weil es sich als Einziger angesichts der Marktverluste und der allgemeinen Frustration bereichert. Tragische Ereignisse – wie jene in den USA von 9/11 – bringen, wenn auch unverhofft, gute Erträge für die *Short Sellers*, aber kaum Sympathie, obwohl sie mit der Implementierung von der *Short Selling* Strategie nicht direkt zu tun haben

Long Position – eine Position, die durch den Kauf eines Kontraktes oder Basiswertes entstanden ist.

Short Position – eine Position, die durch einen Leerverkauf eines Kontraktes oder Basiswertes (Verkauf, der Instrumente die nicht zuvor gekauft wurden) entstanden ist.

Das *Short Selling* wird von Hedgefonds Managern und auch von vielen Investoren als normale Handelsposition für kurzfristige Gewinne oder zur Absicherung der Long Positionen in marktneutralen Strategien verwendet. Die *Short Selling* Spezialisten hingegen bauen darauf ihre *Short-only* Portfolios und ihre gesamte Strategie (siehe Kapitel „*Short Selling* Fonds"). Die Weisheit des *Short Selling* Investors ist theoretisch simpel: billig kaufen und teuer verkaufen – genauso wie jeder traditionelle Investor. Der Clou des *Short Selling* ist – nur vermeintlich unlogisch – dass der Verkauf vor dem Kauf kommt. Der traditionelle Long Investor hingegen hofft zuerst eine Aktie billig zu kaufen und später teuer zu verkaufen – es sind also spiegelverkehrte Welten, in denen sich die Long und die Short Investoren bewegen.

Short Selling ist auch eine Art Umkehr der *on margin* Transaktionen[32]. Der Kauf einer Aktie *on margin* wird durchgeführt, wenn Eigenkapital nur für eine Anzahlung aber nicht für den Kauf vorhanden ist – das Kapital wird vom Broker geliehen. Beim *Short Selling* wird hingegen die Aktie selbst gegen ein Bargeld Kollateral oder Verpfändung von anderen Wertpapieren geliehen.

[32] Genauer im Kapitel über Leverage beschrieben.

Margin Account – Margenkonto
Dieser Begriff entstammt dem amerikanischen Börsengeschäft. Es ist eine Art Kreditkonto, das ein Kunde bei einem Broker besitzt. Mittels Kredit kann der Kunde den Kauf diverser Wertpapiere finanzieren. *Margin Accounts* unterliegen strengen gesetzlichen Auflagen, welche die Höhe der Sicherheiten bestimmen, die in bar oder im anderen Kollateral hinterlegt werden müssen. Die zwei typischen Margenkontotransaktionen sind: der Kauf *on margin* und der Leerverkauf (Short Selling).

Short Selling wird sowohl von den Investmentprofis als auch von privaten Investoren als riskant und mitunter hoch spekulativ angesehen – nicht zu Unrecht. Es ist ein kraftvolles Investmenttool, dessen Anwendung viel Erfahrung und Vorsicht verlangt. *Short Selling* kann als alternatives Investment bei theoretisch unendlichem Steigungspotential der Aktienkurse enorme Verluste verursachen, die nicht beim Totalverlust halt machen sondern bis hin zu mehreren Hundert Prozent gehen können. Die traditionelle *Long-only* Strategie kann im schlimmsten Fall „nur" einen Totalverlust zur Folge haben, da die Aktienpreise nicht unter Null fallen können und das Verlustausmaß immerhin limitiert ist. Die *Short Sellers* antworten darauf unverdrossen, dass sie mehr Aktien gesehen haben, deren Kurse bis auf Null gefallen sind, als solche, die in die Unendlichkeit steigen konnten.

Beim *Short Selling* geht man hauptsächlich ein zweifaches Risiko ein:

- Der Preis bewegt sich nach oben, gegen den *Short Seller*
- Der Verleiher verlangt die Rückgabe der Wertpapiere, bevor der *Short Seller* seine Position schließen konnte

Der zweiten Risikoart kann der *Short Seller* manchmal entgehen, indem er einen weiteren Verleiher für die gleichen Aktien findet (meistens teurer). Die Manager jener Hedgefonds, die sich nicht ausschließlich auf *Short Selling* spezialisieren, verwenden diese Strategie, um ihr Portfolio gegen potentielle Marktverluste abzusichern oder die Volatilität des Portfolios zu reduzieren. Manchmal versuchen sie meistens kurzfristig zusätzliche Erträge zu erzielen. Ein sorgfältig ausgewogenes Long/Short Portfolio kann die Volatilität des Marktes ausgleichen und das Marktrisiko reduzieren. Mit Short Positionen kann man auch versuchen, die Erträge aus den Aktienkursveränderungen effizienter und konstanter zu gestalten, weil die Short Positionen eine negative Korrelation zu den Long Positionen im Portfolio haben. Die Achillesferse der meisten *Short Selling* Investoren ist allerdings die Unfähigkeit, den ungefähren Zeitpunkt des Verfalls einer Aktie vorauszusehen. Meistens sind sie mit ihren Short Positionen zu früh dran, wenn auch ihre Trendeinschätzung durchaus stimmen mag – dies war zum Beispiel das Verhängnis von Michael Berger und seinem Manhattan Fund, weil er zu früh gegen die wachsende Internetblase mit Short Positionen gewettet hatte[33]. Voll überzeugt von der Richtigkeit seiner Fundamentalanalyse hat er Aktien Short oft viel zu früh verkauft, da er die Verzögerung in der Reaktion des Marktes und dessen Trägheit nicht berücksichtigen wollte oder nicht richtig abschätzen konnte. Die richtigen *Short Sellers* sind verschrien als eigenwillig, eigenbrötlerisch und bilden sich ein, was für sie selbst klar ist, sollte auch den anderen Marktteilnehmern zumindest dämmern. Das inertiale Beharrungsvermögen mancher Aktionäre kann aber auch Jahre dauern und es ist schon öfter vorgekommen, dass sich theoretisch wertlose Aktien dank zögernder Aktionären noch über eine längere Periode hinweg gerettet haben, sehr zu Missfallen der *Short Sellers*.

Die *Short Selling* Manager versuchen, von fallenden Aktienkursen Gewinne zu erreichen, und ihre Strategie ist wesentlich komplexer als nur einfaches Gegenteil zur Bildung einer Long Position. *Short Selling* Spezialisten gehen größere Risiken ein und deswegen muss ihre Fundamentalanalyse besonders gründlich und gewissenhaft durchgeführt werden, bevor man über die Bildung einer Short Position entscheiden kann. Wesentliche Bedeutung gilt vor allem der finanziellen Analyse eines Unternehmens, aber auch die Managementstruktur, Konkurrenzfähigkeit und die allgemeine Marktlage werden berücksichtigt. Nach eingehender Fundamentalanalyse verkauft der Manager beim *Short Selling* Wertpapiere, die er nicht tatsächlich besitzt (Leerverkauf), um von deren erwartetem Preisverfall zu profitieren – der Manager erwartet in absehbarer Zeit eine Marktkorrektur des Aktienkurses nach unten. Er leiht sich zu diesem Zweck die Wertpapiere von einem Dritten – üblicherweise vom Broker[34] – und verkauft sie sofort weiter auf dem Markt. Der Broker muss nicht unbedingt der Besitzer der Aktien sein, meistens sind es seine Kunden. Das *Short Selling* kann man auf drei einfache Schritte aufschlüsseln:

- Ausleihen der Aktien vom (via) Broker
- Leerverkauf der ausgeliehenen Aktien
- Kauf der Aktien am Markt und Deckung der *Short* Position

---

33 Siehe Beschreibung im Kapitel über das Risiko.

34 *Short* Positionen kann man nicht aus gerade fallenden Aktien bilden. Der Kurs muss sich aufwärts bewegen - wenn auch absolut minimal – bevor *Short Selling* durchgeführt werden kann (*up-tick* aber auch *zero-plus tick* genügt bereits) – siehe Erklärung im Rahmen.

Technisch gesehen, verlangt *Short Selling* keine Neuinvestition, sondern lediglich ein Kollateral für den Broker – meistens ist es die Cashposition oder andere Wertpapiere[35], wie zum Beispiel die Treasury Bills, die eine hohe Liquidität haben sollen. Der Leerverkauf bringt einen Ertrag, der auf einem Konto beim Broker angelegt wird. Die angefallenen Zinsen von diesem Betrag werden dreifach aufgeteilt: der Inhaber der Aktien bekommt eine Gebühr fürs Ausleihen, der Broker bekommt eine Gebühr für die Durchführung der Transaktion und der Rest gehört dem *Short Seller*. Kleine Investoren, die sich im *Short Selling* versuchen, werden meistens benachteiligt und bekommen kaum oder gar keinen Zinsertrag vom Broker, der die gesamte Summe nach dem Motto: zu wenig für drei, behält. Der *Short Selling* Spezialist muss auch alle Dividenden bezahlen, die in dieser Zeit für die geliehenen Aktien anfallen. Bei Aktien mit höheren Dividendenzahlungen kann es ziemlich kostspielig für den *Short Seller* ausfallen und seinen Ertrag verkleinern, daher bevorzugt man in einem Short Portfolio vor allem Positionen ohne oder mit nur geringen Dividenden. Wenn der Aktienkurs, wie erwartet fällt, wird auch das Kollateral entsprechend reduziert und der Manager kann mit dem frei gewordenen Bargeld beliebig disponieren – oft wird es als Festgeld mit hohen Zinsen angelegt. Sollte allerdings der Aktienkurs steigen muss der *Short Seller* das Kollateral zusätzlich aufstocken – der Broker erinnert ihn daran mit einem *Margin Call*. Der Wert der Anlage beim *Short Selling* bleibt konstant, hingegen der Wert der Verbindlichkeit verändert sich parallel zur Entwicklung des Aktienkurses. Beim bereits erwähnten Vergleich zum Kauf *on margin* verhalten sich die Wertveränderungen spiegelverkehrt: der Wert der Anlage variiert, die Verbindlichkeit bleibt unverändert.

Zu einem späteren Zeitpunkt muss der Manager tatsächlich die Werte auf dem Wertpapiermarkt kaufen, um sie an den Broker zurückzugeben. Wenn der *Short Selling* Manager die Wertpapiere billiger kaufen kann, als er diese zuvor verkauft hat, erzielt er einen Gewinn. Ein zusätzlicher Ertrag kommt von den Zinsen aus der Bargeldposition, die der Manager nach dem Leerverkauf der Aktien gebildet hatte. Sollte aber der Preis – wider Erwarten – steigen, ist der *Short Selling* Manager gezwungen, die Aktien zu einem höheren Preis auf dem freien Markt zu besorgen und erleidet damit einen Verlust. Der *Short Selling* Investor muss eine bestimmte Anzahl an Aktien zurückgeben, ungeachtet deren aktuellen Wertes und der *on margin* Investor muss einen bestimmten Betrag zurückzahlen, ungeachtet

---

[35] In den USA wird laut der Regelung der Federal Reserve grundsätzlich 50% des Wertes im Cash oder 100% in vollbezahlten Wertpapieren verlangt, NYSE und NASD verlangen 30%.

dessen, wie viel sein damit finanziertes Investment aktuell wert ist. Beide Investoren haben sich etwas ausgeliehen und müssen es zurückgeben.

Der *Short Seller* ist für alle Kapitalmaßnamen und Kapitalveränderungen, die mit dem Unternehmen, dessen Aktien er leerverkauft hat, verbunden sind, verantwortlich. Dazu gehören beispielweise folgende:

- Zahlung der angefallenen Dividenden – wenn man eine Aktie Long hält bedeutet die Dividende einen zusätzlichen Ertrag, wenn dieselbe Aktie aber Short gehalten wird ist die Dividende ein zusätzlicher Kostenfaktor
- Veränderungen in der Art der Aktien aufgrund einer Teilung (z.B. *Split Two-for-one*) oder *Spin-off*[36]
- Die Rechte des Unternehmens werden an Dritte angeboten oder übertragen

Die drei größten Fehler, die man beim *Short Selling* machen kann sind die folgenden:

- Zu oberflächliche und ungenaue Fundamentalanalyse vor der Aktienauswahl, was auch auf die *Long-only* Strategie zutrifft. Beim *Short Selling* kann dies leicht mit einem unerwartet steigenden Kurs und einem Verlust für den Manager enden
- Bildung von Short Positionen aus den Aktien von grundsätzlich guten Unternehmen, wenn sie zum Beispiel nur temporär mit wirtschaftlichen oder finanziellen Schwierigkeiten zu kämpfen haben
- Falsches *Timing* – wie bereits erwähnt, werden die Short Positionen oft zu früh gebildet, lange bevor die zeitlich „zurückgebliebene" investierende Öffentlichkeit daran denkt ihre Aktien zu verkaufen, um so den (meistens zu recht) erwarteten Kursverfall herbeizuführen

Das Ertragspotential des *Short Sellers* ist darüber hinaus auf maximal 100% limitiert, seine Verluste hingegen sind nach oben offen. 100-prozentige Gewinne kommen jedoch denkbar selten vor und sogar die 50% Marke wird nicht oft erreicht. Der *Short Seller* muss auch beobachten, wie sich sein Portfolio, vermeintlich unlogisch, entwickelt. In einem reinen Short Portfolio (ebenso, wie in einem reinen Long Portfolio) kommt es auf die Auswahl der Aktien an: die guten Investments verlieren an Wert und machen einen immer kleineren Teil des Portfolios aus, der Anteil der schlechten Investments hingegen wird immer größer. In einem *Long-only*

---

[36] *Spin-off* – Übertragung des ausschlaggebenden Aktienkapitals an einer Tochtergesellschaft durch die Muttergesellschaft an ihre Aktionäre.

Portfolio bewegen sich die Positionen spiegelverkehrt: die guten Positionen wachsen, die schlechten schrumpfen – diese Logik ist aber jedem klar. In Summe bedeutet dies, dass der Manager auf der Short Seite viel genauer sein Portfolio pflegen muss, als sein Kollege – und Widerpart – auf der Long Seite des traditionellen Investments.

> Wenn eine Aktie € 10 kostet und auf Null fällt, verdient der *Short Seller* € 10 oder 100%, schießt die Aktie hingegen plötzlich auf € 50, muss der *Short Seller* € 40 zusätzlich bezahlen, um die Aktie zu liefern und verliert 400% - wie im bekannten Spruch: „*unlimited downside, limited upside*".

Ein *Short Seller* muss sich mit verschiedenen Vorgaben und Restriktionen zurechtfinden, die auch ein traditioneller Manager beachten muss. Die primäre und auch wichtigste Voraussetzung ist die Möglichkeit, eine bestimmte Aktie von einem anderen Marktteilnehmer zu leihen, um sie leer zu verkaufen. Der Broker, der meistens als Vermittler fungiert, muss vom Inhaber der Aktien eine ausdrückliche Zustimmung haben, bevor er die Transaktionen durchführt. Die Broker schließen solche Vereinbarungen üblicherweise mit fast allen Kunden. Manche Broker engagieren sich für *Short Selling* Transaktionen nur, wenn die Aktie einen bestimmten Preislevel hat – Billiganteile sind für den Leerverkauf oft schwer zu bekommen. Viele Märkte haben zusätzliche Hürden für die *Short Sellers* eingerichtet: an der New York Stock Exchange (NYSE) kann man eine Aktie erst shorten, wenn sie sich nach oben bewegt hat (U*ptick*). NASDAQ verlangt zuerst ein positives Angebot für eine Aktie (*Upbid*). Andere Märkte sind oft noch restriktiver (zum Beispiel Großbritannien oder Japan).

> ***Uptick rule*** – in den USA können börsennotierte Wertpapiere nicht leer verkauft werden, solange der letzte Preis vor dem *Short Selling* nicht niedriger war als der Preis zu welchem der Leerverkauf durchgeführt wird. Vor dem Leerverkauf muss eine Bewegung des Kurses nach oben abgewartet werden.
>
> ***Zero-plus tick*** – wenn der Preis unverändert ist verglichen zum letzten Preis, zu dem eine Aktie verkauft wurde. Der letzte unterschiedliche Kurs war niedriger als der aktuelle Kurs, was die Aktie bereits für *Short Selling* qualifiziert.

Short Selling ist den nervenschwachen oder unerfahrenen Investoren nicht zu empfehlen. Wenn der Aktienkurs wider Erwarten steigt und sich gegen den Investor wendet, kann es bisweilen dramatische und sogar verheerende Auswirkung auf das Portfolio haben. Es ist durchaus mit spekulativem Verkauf von ungedeckten *Put* und *Call* Optionen vergleichbar.

Vergleich[37] einer ertragreichen Long Transaktion und einer ertragreichen Short Transaktion (für Aktien ohne Dividenden) – bei einem Ausgangkapital von € 100.000

Long Transaktion

Ein Investor kauft für 100.000 Euro Aktien X á 10 €, nach einem Jahr steigt der Kurs auf 12 €;

Investment:	€ 100.000
Wert nach einem Jahr:	120.000
Ertrag:	20.000 (20% Gewinn auf Investment)

Gleiche Long Transaktion mit 1,5:1 Leverage;

Investment:	€ 100.000
Leverage:	50.000
Total Investment:	150.000
Wert nach einem Jahr:	180.000
Minus Leverage:	- 50.000
Minus Leverage-Kosten (6%):	- 3.000
Wert nach Kosten:	127.000
Ertrag:	27.000 (27% Gewinn auf Investment)

Gleiche Long Transaktion mit 2:1 Leverage;

Investment:	€ 100.000
Leverage:	100.000
Total Investment:	200.000
Wert nach einem Jahr:	240.000
Minus Leverage:	- 100.000
Minus Leverage-Kosten (6%):	- 6.000

[37] Dieses Beispiel wurde aus dem Buch Fano-Leszczynski „Hedgefonds...“ übernommen und aktualisiert. Für alle Zinssätze wurden runde Zahlen verwendet, um die Beispiele klar zu gestalten – tatsächlich richten sich alle Zinssätze nach den aktuellen Marktwerten. Es wurde im Beispiel angenommen, dass alle Erträge/Verluste linear während eines Jahres erfolgen.

Wert nach Kosten:	134.000
Ertrag:	34.000 (34% Gewinn auf Investment)

***Short* Transaktion**

Ein Investor verkauft Short für 100.000 € Aktien Y á 10 €, während eines Jahres fällt der Kurs kontinuierlich (linear) auf 8 €;

Ausgangspositionen im Portfolio:

Long:	Kapital von € 100.000, 3% p.a.
Short:	10.000 Aktien á € 10

Portfolio-Ertrag nach einem Jahr:

Gewinn vom *Short Selling*:	€ 20.000 (100.000-80.00)n
Zinsertrag vom Kapital:	3.000
Zinsertrag vom Cash beim Broker (2,5%)*:	2.245
Zinsertrag vom freien Cash (3,5%)*:	358
Ertrag:	25.603
	(25,6%Gewinn auf Investment)

* Das Bargeldertrag vom *Short Selling* wird beim Broker auf einem Konto gehalten und beim fallenden Aktienkurs entsprechend dem Marktwert freigegeben und kann somit allmählich günstiger angelegt werden.

Gleiche Short Transaktion mit 1,5:1 Leverage;
Ausgangspositionen im Portfolio:

Long:	Kapital von € 100.000, 3% p.a.
Short:	15.000 Aktien á € 10

Portfolio-Ertrag nach einem Jahr:

Gewinn vom *Short Selling*:	€ 30.000 (150.000-120.000)
Zinsertrag vom Kapital:	3.000
Zinsertrag vom Cash beim Broker (2,5%):	3.367
Zinsertrag vom freien Cash (3,5%):	537
Ertrag:	36.904
	(36,9% Gewinn auf Investment)

Gleiche Short Transaktion mit 2:1 Leverage;
Ausgangspositionen im Portfolio:

Long:	Kapital von € 100.000, 3% p.a.
Short:	20.000 Aktien á € 10

Portfolio-Ertrag nach einem Jahr:

Gewinn vom *Short Selling*:	€ 40.000 (200.000-160.000)
Zinsertrag vom Kapital:	3.000

Zinsertrag vom Cash beim Broker (2,5%):	4.489
Zinsertrag vom freien Cash (3,5%):	716
Ertrag:	48.205
	(48,2% Gewinn auf Investment)

In allen Vergleichen hat der Short Manager einen besseren Ertrag als der Long Manager, vor allem dank der Zinserträge. Wenn die tatsächlichen Zinssätze nicht sehr günstig sind, verringert es den Ertrag des *Short Sellers* – allerdings wurden im obigen Beispiel bereits niedrige Zinssätze angewendet. Je höher die Zinsen, desto größer würde die Differenz zu Gunsten des Short Managers ausfallen, auch weil die Kosten für das Leverage des Long Portfolios wachsen würden (Kreditzinsen)[38]. Aktien mit Dividendenzahlungen würden hingegen den Ertrag des Long Managers zusätzlich vergrößern und den des Short Managers zusätzlich verringern, da er für alle Dividenden aufkommen muss (aus diesem Grund vermeidet man grundsätzlich *Short Selling* von Aktien mit hohen Dividenden).

Sollte man aber die X Aktie Short und die Y Aktie Long halten, würde es in Verlusten für beide Seiten resultieren, wobei der Verlust des Long Managers deutlich höher ausfallen würde, als der Verlust des Short Managers, der trotz der negativen Kursentwicklung (Kursanstieg) zumindest die Zinsen vom Kapital lukrieren kann. Im obigen Beispiel wurde für die Short Investments eine Festgeldanlage für das Kapital angenommen – es könnte aber auch profitabler angelegt werden oder theoretisch nicht vorhanden sein (im Gegensatz zu Long Investments)[39].

Die angeführten Vergleiche von Long und Short Transaktionen zeigen das durchaus attraktive Ertragspotential des *Short Selling,* doch als alleinige Portfolio-Strategie war es in den Neunziger Jahren praktisch zur Bedeutungslosigkeit verurteilt, weil die Aktienhausse einfach zu nachhaltig war und der anhaltende Bullmarkt nur selten profitable Gelegenheiten für effizientes *Short Selling* bot. Die lange Hausse-Periode bewirkte, dass sogar überbewertete, minderwertige Aktien, getragen von dem allgemeinen Aufwärtstrend des Marktes, entweder halbwegs gute Performance lieferten, oder zumindest nicht schlecht genug waren, um dem *Short Selling* Manager eine adäquate Profitmöglichkeit zu geben. Viele *Short Sellers* blickten auf ihren größten Fehler zurück: sie waren Short während der längsten Hausse-Periode des Jahrhunderts. Umso seltener sind auch in dieser Zeit die Hedgefonds geworden, die sich ausschließlich auf *Short*

[38] In den siebziger Jahren brachte Short Selling deutlich noch mehr Ertrag von hohen Zinsen als von schwachen Aktienkursen.

[39] Praktisch muss aber eine Bargeld oder Wertpapier-Absicherung vorhanden sein.

Selling spezialisierten. Die negativen Märkte ab dem Jahr 2000 haben wieder die *Short Sellers* auf den Plan gerufen, die Baisse-Periode oder stark volatile Aktienmärkte müssten aber über längere Zeiten anhalten, um *Short Selling* als Einzelstrategie wieder interessant zu machen. *Short Selling* als Hedging-Methode oder als Handelsposition für kurzfristige Gewinne wird hingegen von vielen Hedgefonds Managern, unabhängig vom Marktrend betrieben. Im Kontext eines breiten Portfolios kann es eine sehr nützliche Strategie sein, wenn sie intelligent angewendet wird.

> Der **Analyst Marvin Roffman** von Janney Montgomery Scott, Inc. hat im März 1990 das neueröffnete Kasino von Donald Trump, Taj Mahal in Atlantic City, auf „verkaufen" eingestuft. Roffman war der Meinung, dass das Unternehmen binnen weniger Monate Pleite machen wird. Es folgte eine wüste Attacke von Donald Trump auf den Analysten und dessen Hinauswerfen durch den Arbeitsgeber. Roffman klagte beide und die Sache wurde zu nicht öffentlich bekannten Konditionen beigelegt. Nach einigen Monaten hat sich die Analyse von Roffman als richtig erwiesen – er hatte allerdings zu dieser Zeit keinen Job mehr.

Short Selling trägt zur Effizienz der Finanzmärkte bei, indem es die Überbewertung mancher Kurse (sprich: Ineffizienz) ausnützt. Das erkannte schon Bernard Baruch: „Die Bären können nur dann verdienen, wenn die Bullen die Aktien dorthinauf getrieben haben, wo sie überbewertet und unseriös sind"[40]. Der langfristige Trend des Finanzmarktes ist nach oben gerichtet und hat eine verzerrende Tendenz gegen das Verkaufen. Die Analysten und die Brokerfirmen tragen zu dieser Verzerrung bei. Es werden grundsätzlich die Empfehlungen „kaufen" oder „halten" ausgesprochen und nur selten wird „verkaufen" empfohlen[41]. Dies vertieft die Disparität mancher Wertpapierkurse. Die Analysten fühlen sich manchmal den institutionellen Kunden verpflichtet oder sind von guten Kontakten zu ihnen abhängig und auf ihre Informationen angewiesen. Die Führungskräfte der großen Unternehmen sind zunehmend aggressiv in der Verteidigung der Interessen ihrer Firmen und eine negative – obwohl ehrliche – Verkaufsempfehlung endet öfter mit einer Klage gegen den Analysten und die Firma, für die er arbeitet.

In der anhaltenden Baisse ab Anfang 2000 bekam *Short Selling* neuen Schwung. Auf den breiten Finanzmärkten bleibt es trotzdem eine weniger

---

40 "Bears can make money only if the bulls push up stocks to where they are overpriced and unsound".

41 So werden Überbewertungen und sogar "Blasen" gefördert.

wesentliche Strategie. Auch in den für *Short Selling* günstigen Perioden (zum Beispiel im Jahre 2001) betrug der Wert der leerverkauften Anteile, die in dem Standard & Poor's 500 Index gelistet sind, lediglich circa 3% der gesamten Marktkapitalisierung des Index.

3.2 Leverage

Das Leverage ist und bleibt ein „heißes Thema“ der Hedgefonds Industrie. Die Unbeliebtheit des Leverage bei vielen Investoren oder Entscheidungsträgern beruht auf den von der Presse gut dokumentierten Katastrophenfällen mancher Hedgefonds, die Leverage exzessiv missbrauchten. Tatsächlich ist das Leverage ein typisches und bestimmendes Merkmal vieler Hedgefonds und gleichzeitig eine machtvolle Komponente vieler Strategien – wenn korrekt und in Maßen eingesetzt, kann Leverage vielen Hedgefonds Strategien deutlich signifikantere Erträge bescheren als ohne deren Anwendung. Nicht alle Hedgefonds Manager verwenden das Leverage aktiv, aber die meisten räumen es sich zumindest im Emissionsprospekt ihres Fonds als eine offene Option ein.

Manche Hedgefonds Strategien mit moderaten Ertragsmöglichkeiten sind sogar gezwungen, Leverage anzuwenden, um Performanceziele zu erreichen. Dazu gehören zum Beispiel manche Arbitrage-Formen: im Arbitrage von zwei theoretisch gleichwertigen Finanzinstrumenten können die Erträge mit einem relativ kleinen Risiko erzielt werden. Eine solche Strategie hat sehr positives Risiko/Ertrag Profil, doch die Erträge sind meistens klein – wie die „*Nickels*“ von LTCM. Die meisten Manager wenden also das Leverage an, was positive Auswirkungen auf die Performance hat und nicht wesentlich das Risiko steigert solange man dabei diszipliniert und konsequent am Boden bleibt und das Leverage nicht astronomische Höhen erreicht, wo es keinen Raum mehr für Fehler gibt. In manchen anderen Strategien, wie zum Beispiel *Distressed Securities*, ist Leverage meistens nicht angebracht.

Leverage ist nicht ein einheitlich definierbares Konzept, allerdings eines, das für die Investoren, Manager und die Finanzdienstleister der Hedgefonds Industrie von größter Bedeutung ist. Der Grund dafür ist der Einfluss des Leverage auf drei wichtige Risikoquellen: Marktrisiko, Kreditrisiko und Liquiditätsrisiko[42]. Die Managed Funds Association definiert es folgendermaßen[43]:

> „Ein Hedgefonds Manager soll erkennen, dass das Leverage wichtig ist, obwohl dieser nicht eine eigenständige Risikoquelle darstellt, weil er eine verstärkende Auswirkung auf das Marktrisiko, Kreditrisiko und Liquiditätsrisiko haben kann. In Anerkennung des Einflusses des Leverage auf die Exposition des Portfolios zum Marktrisiko, Kreditrisiko und Liquiditätsrisiko, soll ein Hedgefonds Manager abschätzen, in welchem Ausmaß sein Hedgefonds imstande wäre, das Risiko-bezogene Leverage in den Perioden des gestiegenen Marktrisiko zu modifizieren."

Das primäre Ziel des Leverage ist, das Gewinnpotential einer Strategie zu steigern. Die unumgänglich negative Seite ist, dass auch das Verlustpotential automatisch gesteigert wird und zwar in etwas höherem Maße: wenn der Hebel 2:1 beträgt, verdoppelt sich das Risiko, der potentielle Gewinn wird aber, verglichen zum Risiko, um die Kosten des Leverage vermindert. Leverage steigert auch die Volatilität des zugrundeliegenden Portfolios. Sofern der Manager nicht absichtlich die Marktexposition seines Portfolios erhöhen will, soll höheres Leverage mit gleichzeitig höherem Hedging verbunden sein. Ob dieser Gleichschritt vollzogen wurde, ist an der negativen Korrelation der Performance mit dem Markt, an der Konsistenz der Erträge und an der Performance des Fonds in fallenden Märkten erkennbar. Allerdings kann man auf keinen Fall einfach behaupten, dass ein Hedgefonds mit Leverage automatisch riskanter ist als ein Hedgefonds ohne Leverage – viel hängt vor allem von der Strategie ab. Ein Hedgefonds mit marktneutraler, risikoaverser Strategie (z.B. manche Arten von Arbitrage) und hohem Leverage kann ähnliche oder bessere Risikokennzahlen aufweisen als ein Hedgefonds, der zwar ohne Leverage arbeitet, dafür aber mit einer hochriskanten Strategie (z. B. *Macro* direktional).

Das Leverage des Hedgefonds entspricht dem Betrag, den der Hedgefonds mit Hilfe von entsprechenden Finanzinstrumenten oder von Krediten beschaffen musste, um die Wertpapierpositionen im sein Kapital übersteigenden Wert zu finanzieren. Das Leverage eines Hedgefonds ist also – kurz erklärt – der Wert der Bestände oder Positionen des Portfolios, welcher das tatsächliche Eigenkapital des Hedgefonds übersteigt. Je höher der

---

[42] Siehe das Kapitel über das Risiko.

[43] "Sound Practices for Hedge Fund Managers" 2003, Managed Funds Association, Washington D.C., MFA ist ein US Verein, der mehr als 700 Mitglieder aus allen Bereichen der Hedgefonds Industrie hat.

nominelle Wert oder der Marktwert aller Positionen des Fonds verglichen mit seinem Eigenkapital, desto höher das Leverage des Portfolios.

> Wenn ein Hedgefonds ein Kapital von € 1.000.000 hat und die Positionen in seinem Portfolio € 2.000.000 wert sind, bedeutet es ein Leverage im Verhältnis 2:1. Das heißt; für 1 € an Eigenkapital hat der Fonds Finanzinstrumente im Wert von 2 € gekauft. Der Mehrbetrag von € 1.000.000 ist die Summe, die der Fonds sich ausgeliehen hat. Oder umgekehrt erklärt: wenn ein Hedgefonds ein Leverage von 2:1 verwendet, besitzt dieser Fonds für jeden eigenen Euro Finanzinstrumente im Wert von zwei Euro.

Das Leverage erlaubt dem Manager eine Finanzierung von zusätzlichen Positionen in seinem Portfolio und somit die Steigerung der potentiellen Erträge. Da die meisten Hedgefonds Manager auf der Basis ihrer Performance bezahlt werden, bedeutet Leverage gleichzeitig mit steigenden Erträgen auch größere Leistungshonorare für die Manager (*Performance Fee*). Dies kann manche Manager unter Umständen auch zur übertriebenen Anwendung vom Leverage und zu unnötigem Risiko verleiten. Die Hebelwirkung ist aber ein zweischneidiges Schwert: auch relativ kleine negative Kursbewegungen können beim exzessiven Leverage eine enorm negative Auswirkung auf das Portfolio, bis hin zur finanziellen Katastrophe haben. Exzessives oder für eine Strategie schlicht unangebrachtes Leverage ist eine der wichtigsten Ursachen für die Verluste der Hedgefonds in volatilen oder fallenden Märkten. Auch die meisten bekannten Verluste der Hedgefonds sind erst durch das Leverage zu richtigen Katastrophen ausgewachsen (wie LTCM – um diesen Fall noch einmal zu erwähnen...).

> Ein Hedgefonds mit € 1.000.000 hat ein Portfolio im Gesamtwert von € 2.000.000 – es bedeutet ein Leverage von 2:1.
>
> Wenn das Portfolio in Summe um 10% steigt, bedeutet es einen Ertrag von Euro 200.000 oder einen Gewinn von 20% auf Eigenkapital – ohne Leverage wäre es nur € 100.000, d.h. 10%.
>
> Wenn aber der Wert des Portfolios um 10% fällt, bedeutet es ein Verlust von € 200.000. Für das Eigenkapital des Fonds ist es also ein Minus von 20% - ohne Leverage hätte der Fonds 10%, d.h. € 100.000 verloren.

Beim Leverage von 10:1 würde ein Gewinn von 10% die Verdoppelung des Kapitals bedeuten, hingegen ein Verlust von 10% hätte verursacht, dass der Fonds sein ganzes Eigenkapital verliert:

Eigenkapital:	1.000.000 €
Positionen:	10.000.000
Steigerung +10%:	1.000.000
Eigenkapital:	2.000.000
Verlust -10%:	- 1.000.000
Eigenkapital:	0

Der Hedgefonds müsste aber trotz des Totalverlustes noch die Kosten des Leverage begleichen.

Die Anwendung des Leverage ist *per se* weder gut, noch schlecht, wenn man es unabhängig von potentiellen Gewinnen und von potentiellen Risiken, die mit dem Leverage untrennbar verbunden sind, betrachtet. Das Leverage bildet keine eigenständige Risikoquelle, sondern ist vielmehr ein Faktor oder, anders gesagt, ein Multiplikator, der den Einfluss der Veränderungen in diversen Risikofaktoren wie Marktrisiko, Kreditrisiko und Liquiditätsrisiko auf das Portfolio beschleunigen und multiplizieren kann. Es ist eine zusätzliche, äußerst kraftvolle Komponente im Investmentmanagement, die dem Manager größere Flexibilität und effizientere Ausnutzung der Marktbewegungen ermöglicht

Grundsätzlich unterscheidet man zwischen dem Anlage-bezogenen und dem Risiko-bezogenen Leverage[44]. Das Anlage-bezogene Leverage bezieht sich auf seinen traditionellen Begriff als Fremdkapitalaufnahme, die dem Investor ermöglicht, geborgtes Geld zu investieren und somit sein Investment über die Eigenmittelgrenze zu steigern. Die Bemessung dieser Art des Leverage bezieht sich auf das Verhältnis zwischen dem Anlagewert und dem Eigenkapital. Es ist relativ einfach in der Bilanzaufstellung (brutto und netto Anlagen im Vergleich zu den Eigenmitteln) zu finden. Viel komplizierter wäre auf diese Weise das Leverage zu berechnen, das aufgrund der Anwendung von Derivativinstrumenten entsteht, da diese keine externe Finanzierung erfordern. Das traditionelle, anlagebezogene Leverage vergrößert sowohl das Ertrags- als auch das Risikopotential.

Das risikobezogene Leverage betrifft hingegen eine andere, wichtige Auswirkung des Leverage, nämlich das potentielle Insolvenzrisiko, wel-

[44] In "Sound Practices for Hedge Fund Managers" 2003 als *Risk-based* und *Accounting-based* (auch *Asset-based*) beschrieben.

ches auf Grund der rapiden, negativen Wertveränderungen im Portfolio entstehen kann. Die Bemessung dieser Art des Leverage bezieht sich auf das Verhältnis zwischen dem Marktrisiko und dem Eigenkapital (oder der Liquidität des Fonds). Wertvoll ist dabei die Verwendung von *Value-at-Risk* (VaR) und diverser Methoden des *Stress Testing*[45]. Sie soll den Aufschluss über die Kapazität des Fonds erteilen, das idiosynkratische Risiko, sozusagen die eigene Gefährlichkeit des Portfolios zum Beispiel aufgrund der Strategie, zu absorbieren.

Hochentwickelte Finanzmärkte bieten den Managern viele Möglichkeiten, zusätzliche Finanzmittel für das Leverage zu beschaffen[46]. Folgende drei Möglichkeiten werden am meisten verwendet:

- Direkte Kreditaufnahme (mit Aktien, Anleihen oder anderen Wertpapieren als Deckung – genannt auch Kollateral)[47] – oder um mehr Positionen Long Short zu bilden
- Margenkonto – der Kauf von Finanzinstrumenten *„on margin“* erlaubt dem Hedgefonds dank der Finanzierung durch die Brokerfirma mehr zu investieren
- Anwendung von derivativen Instrumenten (Optionen, Futures, Swaps, Repos, Forwards, etc.), in die das Leverage schon automatisch „eingebettet“ ist und die Basiswerte dieser Instrumente nicht voll bezahlt werden müssen

Mit einer Investition von € 100 kann man zum Beispiel folgende Positionen gleichzeitig bilden:

Aktien Long für € 100
Aktien Short für € 100
Risikoarme Cash-Position von € 100

was ungefähr einem Leverage von 2:1 entspricht – ohne Kredite oder Derivate.

Die Beträge wären tatsächlich um die Transaktionskosten etwas vermindert.

---

45 Siehe das Kapitel über das Risiko.

46 Auch *Short Selling* kann eine Art Leverage sein, wenn man die Geldmittel aus dem Verkauf für Neuinvestitionen nützen kann (siehe Box).

47 Manche Investmentgesellschaften können einen Bankkredit ohne Sicherheiten für die Bank bekommen, nur aufgrund deren finanziellen Stärke – dies gelingt aber nur den besten.

3.2.1 Kredite

Jeder Kreditgeber (eine Bank oder ein anderer Finanzinstitut) verlangt vom Hedgefonds Aktien, Anleihen oder andere Finanzinstrumente als Sicherheit (Kollateral) für einen Kredit. Die grundsätzlichen Regel ist dabei:

- je höher das Rating und die Liquidität der als Kollateral angebotenen Wertpapiere, desto höher der Kredit im Verhältnis zum Marktwert des Kollaterals
- je illiquider und schlechter bewertet die Investments eines Hedgefonds, desto geringer die Kredite, die man dafür bekommen kann

Die Kredithöhe ist nie hundertprozentig - auch beim sicheren Kollateral. Die Differenz zwischen dem Marktwert der Deckung und der Kredithöhe (diese Differenz wird auf Englisch *Haircut* genannt) soll den Kreditgeber absichern, falls er gezwungen wäre, die Wertpapiere unter ihrem Wert zu verkaufen.

Hedgefonds mit spekulativen oder illiquiden Positionen in *Emerging Makets* oder *Distressed Securities*[48] haben geringere Möglichkeiten höheren Kredit fürs Leverage zu bekommen.

3.2.2 Margenkonto (Margin Account)

Den Kauf der Wertpapiere kann man über ein *Margin Account* bei einer Brokerfirma finanzieren. Der Hedgefonds, der eine *on margin* Transaktion durchführen will, hat zwar keine flüssigen Geldmittel für weitere Investitionen, möchte aber von einer erwarteten Kurssteigerung einer Aktie profitieren. Die Absicherung der Finanzierung wird durch das Wertpapier selbst und durch eine Cashposition (oder Bargeldäquivalente) gewährleistet. Die Höhe des Barbetrages (genannt *Margin*) ist grundsätzlich durch den Marktwert und durch das geschätzte Marktrisiko der *on margin* finanzierten Instrumente bestimmt, dessen Basis die statistisch berechnete, künftige Volatilität darstellt. Die Mindesterfordernisse für ein *Margin Account* variieren in diversen Jurisdiktionen. Meistens wird 50% des Wertes der *on margin* gekauften Aktie als Minimum im Cash verlangt – es bedeutet ein Leverage im Verhältnis von 2:1[49]. Die Brokerfirmen bevorzugen naturgemäß sichere und problemlose Kollaterals, wie zum Beispiel Cash oder

---

48 Siehe Beschreibung der entsprechenden Strategien.

49 Z.B. in den USA und in vielen europäischen Ländern. Die entsprechende Bestimmung des US Federal Reserve Board heißt *Regulation T* (in Kraft seit 1. Januar 1999, früher war es nur 25%).

Treasury Bills, etc., die Hedgefonds hingegen verwenden lieber Wertpapiere, die sie bereits besitzen oder jene, die sie grade *on margin* kaufen wollen. Abhängig von lokalen Bestimmungen sowie von der Art des so finanzierten Wertpapiers selbst kann man *on margin* ein relativ hohes Leverage erreichen. Wenn aber der Marktwert der *on margin* gekauften Positionen fällt, muss man den Bargeldbetrag auf dem *Margin Account* beim Broker aufgrund der sogenannten *Margin Calls* erhöhen. Dies bedeutet, dass die Position an Wert verliert und man sie dennoch mit Verlust zumindest teilweise verkaufen muss, um genug Liquidität für die Deckung der *Margin Calls* zu haben (außer, der Fonds hat noch genug Cash, um die Margenposition aufzustocken). Eine solche Situation kann die Lage des Hedgefonds bei fallenden Marktkursen noch zusätzlich verschlimmern – auch hier kann LTCM als obligates Beispiel dienen. Für die Hedgefonds bringt der Kauf *on margin* zwei primäre Vorteile:

- Leverage Effekt, weil man viel höhere Volumina handeln kann, als nur mit dem vorhandenen Cash
- Einfache, kurzfristige Finanzierung für Investments, die sich der Fonds sonst nicht leisten könnte – zudem zahlt man meistens auf einen Margenkredit weniger Zinsen als bei anderen Kreditarten

3.2.3 Derivativinstrumente

Viele Arten von Derivativinstrumenten erlauben dem Manager Positionen zu bilden, deren Wert synthetisch eine konventionelle Position (zum Beispiel in Aktien) mit Leverage darstellt. Darüber hinaus muss sich der Manager nicht mit den Erfordernissen eines *Margin Account* befassen, sondern überlässt die Verantwortung der Finanzinstitution, die das Instrument strukturiert und angeboten hat. Man kann die Probleme eines *Margin Account* umgehen, wenn man zum Beispiel eine Long oder Short Position in Aktien durch einen sogenannten *Total Return Swap* ersetzt. Die Transaktion repliziert eine Position mit Leverage in dem Basiswert (Aktie) zu einem vereinbarten Kurs. Grundsätzlich wird weder ein *margin* erforderlich noch erscheint diese Transaktion direkt in der Bilanzaufstellung.

Eine der einfachen und beliebten Arten der kurzfristigen Fremdfinanzierung sind die Rückkaufvereinbarungen (*Repurchase Agreements*, kurz „*Repos*“ genannt), speziell im Bezug auf die festverzinslichen Instrumente.

Rückkaufvereinbarung (*Repurchase Agreement* oder *Repo*) ist ein Finanzierungsarrangement: der Inhaber eines Wertpapiers verkauft seine Position und verpflichtet sich gleichzeitig dieselbe Position nach einer vereinbarten Zeit und zu einem – meistens prozentuell – vereinbarten Preis zurückzukaufen. Der Käufer, der diese kurzfristige Finanzierung bereitstellt, profitiert von einem kleinen aber fast risikolosen Ertrag.

Beispiel: ein Inhaber einer Aktienposition im Wert von 50 Millionen Euro[50] vereinbart einen Verkauf und späteren Rückkauf seiner Aktien. Der Rückkauf soll nach einer Woche mit einer Verzinsung von 3% erfolgen. Die Aktien werden also zum Wert von 50.029.167 Euro zurückgekauft. Der Betrag von 29.167 Euro ist der Gewinn des Käufers für die Bereitstellung der kurzfristigen Finanzierung[51]:

$$\frac{50.000.000 * 3\%}{360 * 7} = 29.166,67$$

Im Falle des Konkurses bergen die *Repos* allerdings auch eine große Gefahr und man soll daher immer die Bonität des Finanzinstrumentes und dessen Inhabers prüfen. Sehr populär sind solche Geschäfte mit den Staatsanleihen (US *Treasury* Markt), wo diese Gefahr praktisch nicht besteht. Die Variante von *Repos* über eine Nacht – z.B. um eine bestimmte Position im anstehenden Bericht nicht zeigen zu müssen – werden ***Bed and Breakfast*** genannt und haben praktische, aber nicht unbedingt auch ökonomische Bedeutung.

Auch die Termingeschäfte (Futures) und Optionen (sowohl börsengehandelte als auch OTC[52]) bilden eine Möglichkeit für das Leverage. Die Höhe des Leverage in diversen Futureskontrakten kann unterschiedlich sein und hängt von den Bedingungen der jeweiligen Terminbörse ab[53]. Es werden bereits Futureskontrakte auf einzelne Aktien angeboten[54]. Eine Long Position in *Call* Optionen kann eine Long Position in dem Basiswert ersetzten. Ebenso verhält es sich mit einer *Put* Option und einer Short Position im Basiswert oder mit einer Short Position in *Put* Optionen und Long Position

[50] In der Praxis müsste der Wert dieser Position höher sein, um auch das Kollateral zu decken – z.B. bei einem Deckungserfordernis von 2% müsste sie 51 Millionen Euro betragen.

[51] Für die Zinsberechnung wird immer angenommen, dass ein Jahr 360 Tage hat.

[52] OTC – over-the-counter, nicht gelistete Optionen .

[53] Die bekanntesten Terminbörsen sind z.B. Chicago Mercantile Exchange und London International Financial Futures and Options Exchange.

[54] Z.B. auf der elektronischen Börse OneChicago.

im Basiswert. Die Substituten sind allerdings nicht gänzlich mit einem Investment in zugrundeliegendem Instrument gleichzusetzen und unterliegen anderen Risikofaktoren.

Die komplexe Anwendung der oben beschriebenen Möglichkeiten erlaubt dem Manager das Leverage pyramidenartig zu stapeln und auch kompliziert zu verstecken – die einfache Überprüfung der Verbindlichkeiten eines Hedgefonds ist bei weitem nicht ausreichend, um dessen tatsächliches Ausmaß festzustellen. Durch eine Kombination der zuvor beschriebenen Leverage Strategien kann jeder Hedgefonds mehrere Wege finden, um sein Leverage zu verstecken. Wenn das Initialinvestment mit Hilfe des Leverage finanziert wurde, können diese Assets (zum Beispiel Aktien) als Kollateral für einen weiteren Kredit verwendet werden.

Verstecktes Leverage[55]
Ein Hedgefonds mit guter, konsistenter Performance und einem Volumen von Euro 50.000.000, erhält einen Bankkredit (als vertrauenswürdiger Kunde ohne Kollateral) in der Höhe von Euro 1.000.000. Für diesen Betrag kauft der Fonds staatliche Anleihen und verwendet diese als Kollateral für einen Kredit von Euro 900.000 bei einer weiteren Bank. Dieses Geld wird wiederum für den Kauf von strukturierten, derivativen Finanzinstrumenten verwendet, deren Tilgungssumme ein Äquivalent zum Wert der zuvor gekauften Anleihen ist, aber mit einem Leverage von 2:1. Somit wird die Anfangsposition in staatlichen Anleihen von € 1.000.000 auf € 3.800.000 vergrößert, was auch die Ratio zwischen der Marktexposition und dem Fondskapital von anfänglichen 2% auf 7,6% steigen lässt. Wäre das derivative Finanzinstrument mit einem Leverage von 4:1 strukturiert, hätte es diese Ratio auf über 15% erhöht. Sofort als Leverage erkennbar wären in einem solchen Fall nur die zwei Bankkredite.

Eine Dachfondsstruktur bietet noch leichter die Möglichkeit, das Leverage zu vergrößern: zusätzlich zum Leverage einzelner Subfonds kann der Dachfonds-Manager die Fondsanteile des Dachfonds als Kollateral für einen Bankkredit verwenden[56] und so die gesamte Hebelwirkung unabhängig von dem bereits in den Subfonds enthaltenem Leverage erhöhen. Der Dachfonds-Manager kann auf diese Weise einerseits die Erträge des Dachfonds steigern und andererseits die negative Auswirkung der doppelten Gebührenstruktur eines Dachfonds zumindest reduzieren und manchmal sogar gänzlich aufheben. Die effektive Berechnung von der tatsächlichen

55 Beispiel übernommen aus: Fano-Leszczynski, "Hedgefonds...".
56 Viele Banken akzeptieren Hedgefonds-Anteile als Kollateral für Kredite.

Marktexposition eines Dachfonds müßte also alle Komponenten und alle Schichten vom Leverage in den Subfonds und in der gesamten Dachfondsstruktur berücksichtigen – ein schwieriges Unterfangen, weil die Subfonds ihrerseits auch das Leverage verstecken können oder sie liefern überhaupt keine Informationen darüber.

Das Leverage hinterlässt ein meistens deutliches Zeichen in der Performance des Hedgefonds, welches an der Art, wie die Erträge des Fonds verteilt werden, erkennbar ist. Die Veränderungen in der Performance sind unabhängig von der Quelle und der Form des Leverage, aber es ist trotzdem nicht einfach, verstecktes Leverage in einem Hedgefonds zu entdecken. Wenn eine bestimmte Strategie unerwartet eine hohe Performance und gleichzeitig eine gesteigerte Volatilität des Portfolios aufweist, ist meistens Leverage im Spiel. Wenn es nicht sofort in der Bilanz des Fonds erkennbar ist, dann sollte man die Investments des Fonds auf verstecktes Leverage überprüfen.

Das Leverage steigert bei negativer Marktentwicklung die tatsächlichen Kursverluste. Bei stark fallenden Kursen kann man beobachten, wie schnell Positionen mit Leverage der Kontrolle des Managers entgleiten können. Die spekulativen Hedgefonds mit hohem Leverage und niedrigem Cash werden schon nach dem ersten, stärkeren Kurseinbruch gezwungen, ihre Positionen mit Verlust zu verkaufen, um die Kreditzahlungen und *Margin Calls* zu decken. Das verursacht, dass die Kurse weiter sinken, was wiederum die Kreditgeber dazu verleitet, ihre Kollateral Anforderungen zu erhöhen. Dies wiederum zwingt andere, nicht spekulative und so hoch exponierte Hedgefonds, die gleichen Positionen aus ihren Portfolios zu verkaufen, und so dreht sich die Kursspirale weiter nach unten[57]. Ein Beispiel dafür waren die Geschehnisse auf dem Finanzmarkt im Oktober 1987, September 1994 und August 1998, als die zunächst relativ harmlosen Kursverluste sich aufgrund der vielen *Margin Calls* sehr rasch zu schweren Markteinbrüchen entwickelten. Wenn viele Marktteilnehmer große Positionen mit Leverage in gleichen Finanzinstrumenten halten, kann das Leverage unter extremen Marktkonditionen nicht nur die einzelnen Portfolios negativ beeinflussen, sondern ist imstande auch die gesamte negative Kursentwicklung zu multiplizieren.

Hier sollte man aber auch betonen, dass das Leverage – maßvoll angewendet – sich auch positiv auf die Finanzmärkte auswirken kann, indem es höhere Liquidität, niedrigere Kreditkosten und effizientere Verteilung der Finanzressourcen unterstützt. Das Leverage steigert zwar sowohl die Gewinne als auch die Verluste, doch bei effektiver Anwendung sollten die

[57] Vgl. Fano-Leszczynski, “Hedgefonds…”.

Gewinne proportional größer sein als die Verluste – es gehört zu den wichtigsten Fähigkeiten eines Managers, mit dem Leverage richtig umzugehen.

In Maßen eingesetzt, kann Leverage auch die Rolle eines Hedging Instrumentes spielen: Angenommen, dass ein typischer Aktienfonds ohne Leverage eine Marktexposition von 90-95% hat (die restliche Differenz als Bargeldposition gehalten). Ein Hedgefonds mit einem Volumen von € 5 Mio. borgt weitere € 5 Mio. und hat € 10 Mio. an Investitionskapital. Wenn davon € 6 Mio. Long investiert werden und € 4 Mio. Short, bedeutet es eine Marktexposition von € 2 Mio. oder nur 40% vom Eigenkapital des Fonds. Der Hedgefonds mit Leverage wird also von einer etwaigen Marktkorrektur nach unten deutlich weniger getroffen, als der Aktienfonds ohne Leverage. Sollte aber der Hedgefonds im obigen Beispiel die ganzen € 10 Mio. entweder nur Long oder nur Short einsetzen, so würde es eine besonders aggressive Wette bedeuten und der potentielle Verlust kann noch wachsen, wenn andere Manager die gleiche Idee hatten und genauso falsch lagen (vorexerziert 1994 und noch deutlicher 1998[58]).

Nach dem Zusammenbruch von Long-Term Capital Management wurde in den USA eine offizielle Arbeitsgruppe gebildet, um die Vorfälle rund um LTCM zu untersuchen[59]. Der entstandene Bericht befasste sich auch mit der Auswirkung des Leverage, der bei LTCM besonders exzessiv war[60]. Grundsätzlich empfahl der Bericht eine generelle Reduzierung des Leverage, um die potentiellen Gefahren in dessen Auswirkung zu mindern. Bemerkenswert und für die Hedgefonds Industrie von wesentlicher Bedeutung war die Feststellung, dass Leverage sich nicht nur auf die Hedgefonds beschränkt sondern dass auch andere Finanzinstitutionen, inklusive namhafter Banken und Wertpapierfirmen, generell höher fremdkapitalfinanziert sind als die Hedgefonds (sic!)[61]. Der Bericht stellte auch fest, dass das

58 Als im Herbst 1998 die *Fixed-income* Märkte illiquide wurden, traf es die Portfolios mit Leverage doppelt: die Anleihen verloren rapide an Wert und mussten trotzdem dringend verkauft werden um die *Margin Calls* zu bezahlen – dies drückte die Preise zusätzlich dramatisch nach unten.

59 The President's Working Group on Financial Markets – sie bestand aus den Vertretern von Department of the Treasury, Board of Governors of the Federal Reserve System, Securities and Exchange Commission und Commodity Futures Trading Commission.

60 "Hedge Funds, Leverage, and the Lessons of Long-Term Capital Management", April 1999.

61 Ebendort: "other financial institutions, including some banks and securities firms, are larger and generally more highly leveraged, than hedge funds."

Leverage eine positive Rolle im Finanzsystem spielen kann, was vor allem in höherer Marktliquidität, höherer Kreditverfügbarkeit und effizienterer Zuordnung der ökonomischen Ressourcen resultiert. Gleichzeitig wurde im Bericht betont, dass die interne Disziplin aller Finanzinstitutionen im Umgang mit Leverage auch in Bezug auf Krediterteilung gegenüber den Kunden (speziell institutionellen Großkunden) von absolut nicht zu unterschätzender Bedeutung sei. Sowohl die kommerziellen Banken als auch die Investmentbanken haben zwar mehr diversifizierte Einkommens- und Finanzierungsquellen als die Hedgefonds und könnten so die Perioden der Markturbulenzen leichter bewältigen, die Banken erweisen sich jedoch grade in schwierigen Zeiten als deutlich weniger flexibel als die Hedgefonds, vor allem wegen ihrer rigiden Kostenstrukturen, wegen den hohen operativen Fixkosten und auch wegen der weniger liquiden Assets. Die Vorteile der Diversifizierung könnten dadurch bei Auftreten der Markturbulenzen aufgehoben werden. Der Bericht unterstrich auch, dass die Hedgefonds (wie auch andere Finanzinstitutionen) kein signifikantes Lever-age ohne die Kredit- und Clearingservices der großen Banken und ohne die Services der großen Brokerfirmen erreichen können, die die Zentren des Wertpapier- und Derivathandels bilden.

Die bereits zitierte Publikation von Managed Funds Association aus dem Jahre 2003[62] weist darauf hin, dass der Fokus des Risikomanagements sowohl der Hedgefonds als auch deren Investoren sich auf umfassende Risikoprofile der diversen Strategien konzentrieren sollte und nicht nur auf das Leverage. Auch die größte Pleite der Hedgefonds Industrie (wiedereinmal LTCM – was sonst?) wurde von mehreren komplexen Faktoren und nicht alleine vom exzessiven Leverage verursacht. Als „*Best Practice*" wird den Hedgefonds nicht die allgemeine Reduktion des Leverage, sondern dessen Anpassung auf die verwendeten Finanzinstrumente und die Strategie empfohlen. Dies bedeutet auch, dass die Hedgefonds Manager vor allem die risikobezogene Bemessung des Leverage beachten sollen und nicht die einfachere, aber auch weniger aussagekräftige anlagebezogene Bemessung.

Das Basel Komitee[63] hat bereits etliche Publikationen zum Thema der „Highly Leveraged Institutions (HLIs)" veröffentlicht[64], deren unmittelbarer Anlass auch der Zusammenbruch von LTCM war. Das wichtigste An-

---

62 Die erste Fassung wurde 2000 publiziert.

63 Basel Committee on Banking Supervision and the International Organization of Securities Commissions.

64 Z.B.: "Banks' Interactions with Highly Leveraged Institutions", Januar 1999, "Review of issues relating to Highly Leveraged Institutions (HLIs)", März 2001.

liegen für das Basel Komitee ist das Kreditrisiko der Finanzinstitutionen (vor allem der Banken), das mit der Fremdkapitalaufnahme der Hedgefonds und anderer HLIs verbunden ist, sowie das systemische Risiko, also die direkten und indirekten Auswirkungen einer Krise auf die breiten Finanzmärkte. Den Hedgefonds wird generell empfohlen, sich nicht immer auf die vorhandene Liquidität der Wertpapiermärkte zu verlassen, falls eine Reduktion des angewendeten Leverage aufgrund der Marktlage notwendig ist – in Krisenzeiten können sonst unkorrelierte Märkte sehr bald große Korrelationen aufweisen und die Liquidität kann rapide versiegen, wenn viele Marktteilnehmer gleichzeitig ähnliche Positionen mit Leverage zu reduzieren versuchen. Für die Hedgefonds würde das operativ bedeuten, dass sie zum Beispiel Geldpolster für die Deckung der *Margin* Anforderungen halten, ihre Investments in bestimmte Finanzinstrumente limitieren oder verstärktes Hedging (z.B. *Puts* „aus dem Geld“ auf bestimmte Werte, um deren potentiellen Kursverfall abzusichern) anwenden sollen.

Das Verhältnis zwischen dem Hedgefonds und seinen Kreditgebern ist genau so, wie zwischen allen anderen Kreditnehmern und deren Geldgebern. In guten Zeiten ist die Fremdkapitalaufnahme leicht und die Kreditgeber wetteifern, um sie noch leichter zu gestalten. Ein Hedgefonds, der sich bis zum äußersten Limit verschuldet, wird sich zwangsläufig in der nächsten Periode der Marktturbulenzen in eine Notlage bringen – und unweigerlich seinen Kreditgeber mitziehen.

3.3 Derivativinstrumente

Derivativinstrumente (oder Derivate) sind Finanzinstrumente, deren Preise sich nach den Kursschwankungen oder den Preiserwartungen von anderen Investments (Basiswert oder *Underlying*) richten. Sie leiten ihren Wert von zum Beispiel einer Aktie, Zinsrate, einem Rohstoff, Index, etc. ab, daher stammt auch ihr Name. Derivate sind so konstruiert, dass sie die Schwankungen ihrer Basiswerte überproportional nachvollziehen. Dies eignet sie hervorragend zur Absicherung gegen Wertverluste als auch zur Spekulation auf hohe Kursgewinne. Derivativinstrumente sind nicht auf die Marktgröße des Basiswertes limitiert – die Größe ihres Marktes hängt nur von den Transaktionen ab, die von den Geschäftspartnern abgewickelt werden.

Finanzderivate haben die moderne Finanzwelt verändert. Obwohl viele Anleger mit diesen Instrumenten zuallererst spekulative Finanzgeschäfte assoziieren, liegt ihr eigentlicher Verdienst und großer Wert in der Eröffnung neuer Möglichkeiten, wie man das Risiko bemessen, transferieren und managen kann. Leider haben sowohl das blitzschnelle Wachstum des

Derivativmarktes als auch die Berichte über enorme Verluste in Derivativtransaktionen ein nicht allzu gutes Licht auf diese Instrumente geworfen.

Alle Derivativtransaktionen werden in der Zukunft tatsächlich abgewickelt, und nicht unmittelbar wie die direkten Transaktionen auf ihre Basiswerte. Zudem benötigt man viel weniger Kapital, da man nicht sofort die Basiswerte voll bezahlen muss – diese Eigenschaft birgt auch bei vielen Derivativen das eigentliche Risiko. Zu den am meisten verbreiteten Derivativinstrumenten, die auch die Basis vieler Hybridinstrumente bilden, gehören folgende:

- Optionen – Kontrakte, dei dem Käufer das Recht, nicht jedoch die Pflicht, geben, den Basiswert in einer bestimmten Menge und zum bestimmten Preis entweder zu kaufen (*Call*) oder zu verkaufen (*Put*), während oder am Ende einer bestimmten Zeitperiode
- Futures – Kontrakte, dei den Käufer verpflichten, den Basiswert in einer bestimmten Menge und zum bestimmten Preis entweder zu kaufen (*Call*) oder zu verkaufen (*Put*), während oder am Ende einer bestimmten Zeitperiode
- Forwards – ein Vertrag für den Kauf oder Verkauf des Basiswertes zu einem bestimmten Preis, mit der Lieferung oder Abwicklung (Settlement) zu einem bestimmten, späteren Zeitpunkt
- Swaps – Kontrakte, die erlauben einen Basiswert gegen einen anderen auszutauschen, um z.B. bestimmte Konditionen (Laufzeit, Rating, Zinszahlung, etc.) zu ändern

Derivative sind für die Bildung von synthetischen Positionen unentbehrlich. Hier einige Beispiele, wie man Optionen und Aktien (*Stock*) einsetzen kann:

Long call + Short Stock = Long put
Long call – Long Stock = Long put
Long put + Long Stock = Long call
Short put – Long Stock = Short call
Short call +Long Stock = Short put
Long put + Short call = Short Stock
Short put + Long call = Long Stock

Generell teilt sich der Derivativmarkt auf zwei Arten von Instrumenten:

- Börsengehandelte Derivative (z. B. Optionen, Futures)
- *Over-the-counter* (OTC) Derivative (Z.B. Optionen, Forwards, Swaps)

Die börsennotierten und -gehandelten Derivativinstrumente sind voll standardisiert. Der Börsenhandel ermöglicht hohe Liquidität dieses Marktsegmentes und reduziert weitgehend das Abwicklungsrisiko. Alle Instrumente werden täglich bewertet auf der *Marked-to-market* (zum letzten Börsenkurs) Basis. Alle Bedingungen, wie die Margenanforderungen, *Margin Calls*, Kontraktsgröße, Lieferkonditionen oder Laufzeiten sind vereinheitlicht, sodann diese Derivativinstrumente voll fungibel sind. Spezielle Kundenlösungen sind nicht möglich.

Als spezielle Kundenangebote können hingegen die OTC Derivative gestaltet werden. Diese Derivativkontrakte werden zwischen zwei Parteien, meistens zwischen einer Investmentbank[65] und dem Käufer, ausverhandelt. Sie können den spezifischen Bedürfnissen des Kunden angepasst werden, sei es der Kunde möchte von einer bestimmten Marktexposition auf diese Weise profitieren oder eine vorhandene Marktexposition mit Derivativen hedgen. Dafür enthalten diese Derivative ein Rechtsrisiko und Kreditrisiko.

Optionen erlauben mit der Volatilität des Marktes zu arbeiten:
Käufer der Optionen sind Long die Volatilität und erwarten größere, wenn auch nicht konsistente Gewinne. Es ist wahrscheinlicher, dass die Optionen öfter wertlos verfallen werden, aber die wenigen Gewinne sollte es profitabel machen.

Verkäufer der Optionen sind Short die Volatilität also in der umgekehrten Situation. Sie erwarten mehrere, obwohl kleine Gewinne und das Risiko eines großen Verlustes ist klein.

Zum Beispiel *Convertible* Arbitrage ist oft Long Volatilität und die *Risk* Arbitrage ist öfter Short Volatilität – viele Strategien vermischen beide Positionen.

Derivativfonds investieren das Fondsvermögen überwiegend oder ausschließlich in derivativen Finanzinstrumenten wie Optionen oder Futures. Ein relativ geringer Kapitaleinsatz erlaubt so enorme Gewinne zu erwirtschaften. Allerdings besteht auch immer das Risiko großer Verluste, weil sich die Derivate ungleich heftiger entwickeln als die Basiswerte, auf die sie sich beziehen. Daher sind Derivativfonds wesentlich stärkeren Wertschwankungen ausgesetzt als traditionelle Investmentfonds. Interessant sind Derivate in jedem Fall, wenn sie einem Portfolio lediglich zu einem

[65] Das Geschäft der Investmentbanken ist vor allem neue Wertpapiere (Effekten) auf den Markt zu bringen – z.B. neue Aktien (Durchführung der Börsengänge, Merger & Acquisition-Geschäft), Anleihen und Derivativinstrumente.

geringen Prozentsatz beigemischt werden, um den Ertrag zu steigern, oder um Positionen gegen Kursverluste abzusichern.

3.4 Hedging

„Prophesy as much as you like, but always hedge“
Oliver Wendell Holmes (1861)

Als Hedging bezeichnet man im Allgemeinen eine Position (oder eine Kombination der Positionen), die ein bestimmtes Risiko reduzieren soll – meistens auf Kosten (Minderung) des erwarteten Ertrages. Hedging eines oder mehrerer Risikofaktoren wird üblicherweise durch Bildung von entgegengesetzten Positionen, die sich annähernd ausgleichen, erzielt. Diese Methode hat den Hedgefonds ihren Namen gegeben. Ein klassisches und viel zitiertes Beispiel fürs Hedging – nicht direkt aus der Finanzindustrie – sind die Getreidefarmer, die Futureskontrakte auf Getreide kaufen, um einen bestimmten Preis für ihre künftige Ernte zu sichern.

Die Aufgabe des Hedging ist die Reduktion diverser Risiken, die mit einem Investment verbunden sind. In selteneren Fällen kann das Hedging einen bestimmten Risikofaktor sogar ausschließen – volle Absicherung aller Risikofaktoren ist kaum möglich, schon allein deswegen, dass man in der Praxis nicht alle potentiellen Risiken immer im Voraus erkennen kann. Die rein theoretische volle Absicherung eines Portfolios würde bedeuten, dass dieses Portfolio keine Chancen hat, Gewinne zu erwirtschaften. Hedgen bedeutet, eine sekundäre Position im Portfolio zu bilden, um die bekannten Risiken, die mit der primären Position im Portfolio verbunden sind, so weit wie möglich, auszubalancieren. Die vorteilhafte Auswirkung des Hedging soll sich in der verminderten Volatilität des Hedgefonds widerspiegeln.

August 1998 – ein „hedge“ mit Verlusten
Im Jahre 1998 investierten relativ viele Hedgefonds (führend war LTCM) in Schuldverschreibungen der Entwicklungsmärkte (*Emerging Markets*) mit hoher Rendite (Long Positionen). Unsicherheit wegen der Bonität dieser Instrumente ließ die Manager eine Absicherungsposition in risikoarmen US Treasury Bills bilden. Es waren Short Positionen in Treasury Bills, da ein Verfall ihrer Kurse würde auch Verluste in den *Emerging Markets Bonds* verursachen – Short Position sollte sie hedgen. Im August 1998 fielen die *Emerging Markets Bonds* sehr stark, aber aufgrund z.B der Devaluation des Rubels. Die Kurse der US Treasury Bills stiegen hingegen stark aufgrund ei-

nes plötzlichen „*Flight to Quality*“ der geschreckten Anleger. Die Verluste waren also auf beiden Seiten. In der primären Long Position in den *Emerging Markets Bonds* und in deren sekundärer Short Absicherungsposition in den US Treasury Bills.

Das Ziel des Hedging ist also die Wahrscheinlichkeit, dass man die angepeilten Erträge erreicht, zu erhöhen und gleichzeitig die Wahrscheinlichkeit, dass die Erträge unter den Erwartungen bleiben, zu reduzieren. Die Risikofaktoren können zum Beispiel Folgendes umfassen: Währungs-, Zins- und Marktrisiko oder Unternehmensrisiko aber auch allgemein ökonomisches und politisches Risiko. Die Manager der ersten Hedgefonds, inklusive Alfred W. Jones, wollten nicht, dass die Performance ihrer Fonds dem Zufall der Marktentwicklung überlassen wird. Das Marktrisiko war daher die erste Risikoquelle, die bewusst abgesichert wurde.

Auf dem Niveau einer Aktie ist es die Exposition zu zwei Risikofaktoren: zum spezifischen Risiko, dass der Kurs einer Aktie fällt und zum systemischen Risiko, dass der gesamte Aktienmarkt fällt. Hedging ist immer mit zusätzlichen Kosten verbunden, die bei übermäßiger oder falscher Anwendung der Hedging Instrumente die Performance unnötig beeinträchtigen können. Effizientes Hedging schätzt man am besten in schlechten Zeiten, wenn der Markt plötzlich in „Richtung Süden“ rauscht. Sonst sieht man vor allem die Kosten, die bei Hausse doch manchmal ärgern, obwohl – wer weiß schon im Voraus, wann man wieder das Hedging dringend brauchen wird[66].

Grundsätzlich kann man Hedging durch *Short Selling* von sowohl Aktien als auch ihren Derivativen, durch die Anwendung von diversen derivativen Instrumenten allein, oder durch eine Mischung aus beiden Komponenten erreichen[67]. Ein sehr simples Hedging ist und zum Beispiel, wenn eine *Long* Position in einer Aktie durch eine *Short* Position in derselben Aktie abgesichert wird. Die komplexen Derivativinstrumente ergeben aber eine enorme Vielzahl an potentiellen Hedging Möglichkeiten. Man könnte

---

66 Z.B.: die Long Aktienpositionen von Primeo Select Fund haben den 11. September 2001 ohne Verlust überstanden, weil sie ständig abgesichert waren – Henry Kissinger meinte, dass der Erfolg eines Staatsmanns oft schwierig zu messen wäre, da doch seine Aufgabe vor allem darin bestünde, negative Entwicklungen oder Geschehnisse zu verhindern, noch bevor sie zum Vorschein kommen. Ähnlich verhält es sich mit dem Hedging; die potentiellen Verluste, die man hätte verhindern können, sind nicht objektiv messbar.

67 Effektiv konstruiertes Hegding wird immer mehr zu einer echten Herausforderung, je komplizierter und zahlreicher die Derivativ-Hybriden werden (*Swaptions, Caps, Collars, Floors* – etc., etc.).

beispielsweise eine Aktie durch *Short Selling* von Futures auf den Index, im dem sie gelistet ist, oder durch eine Short Position in Aktien eines anderen Unternehmen mit korrelierender Aktiencharakteristik absichern. Beachten sollte man dabei, welche Art von Hedging für einen konkreten Fall gerade effizienter erscheint:

- das „*Downside*“ Potential des verkauften Finanzinstrumentes soll größer sein als jenes des Long Instrumentes
- die Kosten für den Leerverkauf dieses Finanzinstrumentes (*Short Selling*), müssen niedrig sind

Hedging eines Long Aktienportfolios mit Indexoptionen – ein Beispiel. Die potentiellen Verluste im Aktienkurs werden durch den Kauf einer *Put* Option (Long Verkaufsoption) abgesichert. Die Kosten des *put* gleicht ein simultaner Verkauf einer *Call* Option (Short Kaufoption) mit demselben Ausübungspreis aus. Die Verkaufsoption sichert die Verluste ab, die Kaufoption gleicht ihre Kosten aus, aber eliminiert die potentiellen Gewinne bei steigenden Kursen. In anderen Worten: es wird die Absicherung gekauft und die Gewinnchance wird verkauft. Profitmöglichkeit entsteht, wenn beide Optionen aus dem Geld sind: je stärker, desto niedriger die Absicherung (größeres Verlustrisiko) und höher die Gewinnchancen. Die Short Position wäre – wenn ungedeckt – risikoreich, da sie aber durch die *Long* Aktien gedeckt ist, ist es ein „*Covered Call*“[68]. Diese Kombination entspricht einer synthetischen Short Futuresposition. Eine Kombination von Short Verkaufoption und Long Kaufoption würde einer synthetischen Long Futuresposition entsprechen und wäre weit risikoreicher.

Derivative Instrumente und *Short Selling* können genauso gut zur Performancesteigerung, also für spekulative Zwecke verwendet werden und in einer komplexen Investmentsituation ist es nicht immer leicht festzustellen, in welchem Ausmaß eine bestimmte Position nur eine Absicherung oder bereits eine Spekulation darstellt.

Da das Hedging auch schief gehen kann, soll man mit der Brutto- und Nettoexposition eines Hedgefonds Portfolio vorsichtig umgehen, speziell beim Leverage. Wenn zum Beispiel ein Hedgefonds mit Eigenkapital von 10 Mio. Euro, 8 Mio. in Long Positionen und 5 Mio. in Short Positionen hält, hat dieser Fonds 130% Bruttoexposition und 30% Long Nettoexposi-

[68] Diese Methode wird als Strategie mit konsistenter Performance von etlichen Fonds implementiert, z.B. Primeo Select Fund und Primeo Executive Fund (www.primeofund.com).

tion. Das würde suggerieren, dass der Hedgefonds nur zu 30% zum Marktrisiko exponiert ist. Diese Berechnung ist korrekt, wenn das Hedging richtig funktioniert. Sie kann aber auch irreführend sein, da die Short Position von 50% unter negativen Umständen nicht unbedingt den entsprechenden Anteil in der Long Position ausgleichen muss – und umgekehrt.

Hedging ist nicht nur für das Portfolio des Hedgefonds positiv, es hat sowohl für die Manager als auch für die Investoren einen anderen, positiven Aspekt: bei plötzlichen Marktturbulenzen gibt es keinen Anlass zur Sorge oder zu hastigen Umschichtungen in einem Portfolio, das niedrige Korrelation mit den Aktien- und Anleihenmärkten aufweist. Gutes Hedging soll einige Markteinbrüche auffangen können, zumindest solange die Marktkonditionen sich nicht extrem verschlechtern. Der Manager kann sich auf das Gewinnpotential der fallenden Kurse konzentrieren, ohne sich primär um das gesamte Portfolio zu kümmern.

3.5 Marktneutrale Investments

Die Hedgefonds Industrie kommt mittlerweile nicht ohne ihre eigenen Allgemeinplätze aus – einer davon ist die Feststellung: Der Begriff „marktneutrales Investment" ist genauso untrennbar mit der Hedgefonds Industrie verbunden, wie Leverage oder *Short Selling*. So oder ähnlich muss es jeder Autor, der über die Hedgefonds schreibt, formulieren. Obwohl die marktneutralen Investments seit mehr als 50 Jahren bekannt sind – immerhin war bereits das Modell von Alfred W. Jones marktneutral ausgerichtet – die Diskussionen und manche Kontroversen darüber haben noch immer einen fruchtbaren Boden und Investoren, die überzeugt sind marktneutral zu investieren, sind meistens nicht imstande zu erklären, was sie genau darunter verstehen[69]. Richtig verbreitet hat sich der marktneutrale Investmentansatz ab dem Ende der Achtziger Jahre und die institutionelle Investierung verdankt dem ihm die signifikantesten Innovationen seit mehr als einer Dekade.

Was ist eigentlich ein marktneutrales Investment? Es ist ein Ansatz im Portfoliomanagement, der die Erträge über die Analyse der relativen Bewertungen der Finanzinstrumente und nicht über die Prognose der Marktrichtung zu erzielen versucht. Ein marktneutrales Portfolio wird aus den sich ausgleichenden Long und Short Positionen in einem oder in mehreren Märkten gebildet. Da es im Bereich der Hedgefonds Industrie für fast alles

69 Viele potentielle Investoren, die sich in der von der Autorin geleiteten Firma BA Worldwide Fund Management Ltd. nach Hedgefonds erkundigen, glauben, dass ein marktneutraler Hedgefonds so gut wie mündelsicher sein müsste.

mehrere Definitionen gibt, lautet eine weitere Definition folgendermaßen: die Basis einer marktneutralen Strategie sind Investments in unkorrekt bewertete Wertpapiere und Hedging des Marktrisikos. Marktneutrale Investments sollen nach ihrer Ausrichtung unter allen – oder fast allen – Marktkonditionen, unabhängig von der Entwicklung der Kapitalmärkte, positive Ergebnisse erwirtschaften. Extreme Konditionen können allerdings verursachen, dass die plötzlich „wild gewordenen" Korrelationen zweier Finanzinstrumente ihre sorgfältig angelegte Marktneutralität aufheben. Der marktneutrale Investmentansatz wird auch von manchen Autoren als „*Relationship Investing*" bezeichnet, wobei das Verhältnis von zwei Positionen zueinander wichtiger ist, als jede Position einzeln[70]. Marktneutrale Hedgefonds peilen absolute Erträge (*Absolute Returns*) an, die unabhängig von der Marktentwicklung erzielt werden sollen. Der Begriff *Absolute Returns* bezieht sich auf eine Reihe von Hedgefonds Strategien, die nicht-direktionale, mit dem Markt nicht korrelierende Investmentmethoden verwenden, um konstante, positive Performance in jeder Marktlage zu produzieren. Es ist wichtig zu verstehen, dass die Benchmark für marktneutrale Investments das Cash am Geldmarkt ist, und es ist unrealistisch, hohe Performance zu erwarten. Das wichtigste Investmenttool der marktneutralen Strategien ist wieder einmal das *Short Selling* – eine Möglichkeit, die für die traditionellen Investmentvehikel sehr limitiert ist.

Man müsste hier ausdrücklich betonen, dass ein marktneutrales Investment kein Allheilmittel gegen die Marktverluste ist. Es wird oft fälschlicherweise als ein risikoloses Investment angesehen (siehe die erste Fußnote in diesem Kapitel...), was allerdings nicht den Tatsachen entspricht. Es ist nie völlig losgelöst von der jeweiligen Marktsituation und es unterliegt voll dem Managerrisiko. Zugegeben: wenn der marktneutrale Hedgefonds konstant positiv performt, wollen die Anleger solche Warnungen nicht wirklich hören.

Die Fähigkeit des Managers, marktneutral zu agieren und konstant positive Erträge zu generieren, wird oft durch höhere Exposition zu nicht-traditionellen Risikofaktoren erreicht, welche aufgrund der Anwendung der alternativen Strategien und alternativen Finanzinstrumente zu tragen kommen. Diese spezifischen Risikoquellen können zum Beispiel das Leverage, *Short Selling*, Hedging mit komplexen Derivativen oder deren Verwendung als Ertragsmultiplikatoren darstellen.

---

[70] Zum Beispiel Joseph G. Nicholas.

Auf der Grundlage des Capital Asset Pricing Model (CAPM)[71] kann man als marktneutral jenes Investment bezeichnen, das einen Betawert von Null hat. Die Kennziffer Beta ist grundsätzlich ein Vergleich zwischen den Bewegungen eines Aktienkurses (oder eines Portfolios) und den Bewegungen des gesamten Marktes.

Beta – der Betawert eines Wertpapiers, z.B. einer Aktie, (oder eines Portfolios oder eines Fonds) bezeichnet seine Korrelation mit dem Markt und somit sein systemisches Risiko. Als „Markt" wird meistens der Index Standard & Poor's 500 (S&P500) herangezogen, der einen Betawert von 1 hat. Die Höhe des Beta trifft eine Aussage über das Risiko eines Fonds im Vergleich zum Index. Beta eines Wertpapiers von 0 bedeutet keine – weder positive noch negative – Korrelation mit dem Markt.

Beta = +1 – genaue positive Korrelation mit dem Markt
Beta = -1 – genaue negative Korrelation mit dem Markt
Beta > +1oder < -1 – größere positive/negative Schwankungen als die des Marktes
Beta = 0 – keine Korrelation mit dem Markt

Umgesetzt auf die Anleihen, hätte ein marktneutrales Portfolio eine Duration von Null[72]. Die institutionellen Investoren verstehen als marktneutral meistens eine quantitative Aktienstrategie, in der ein Long Portfolio von unterbewerteten Aktien simultan mit einem Short Portfolio von überbewerteten Aktien gehalten wird. Tatsächlich ist die populärste Methode, um die Marktneutralität zu erreichen, eine Short Position zu bilden, die mit einer Long Position stark korreliert. Zitat aus dem Kapitel über das Hedging: „Hedgen bedeutet, eine sekundäre Position im Portfolio zu bilden, um die bekannten Risiken, die mit der primären Position im Portfolio verbunden sind, so weit wie möglich, auszubalancieren". Letztendlich kommt es also auf das Gleiche hinaus – wer könnte da behaupten, dass die Welt der Hedgefonds eine große *Black Box* wäre?

Equity Long-Short ist bei weitem nicht die einzige Form von *„Relationship Investing"*. Viele der Arbitrage Strategien[73] liefern auch einen marktneutralen Investmentansatz; *Convertible* Arbitrage, *Merger (Risk)*

[71] Capital Asset Pricing Model (CAPM) ist ein Modell, das – verkürzt gesagt – den Ertrag eines Wertpapiers mit dem ihm inhärenten Risiko (ausgedrückt als Beta) vergleicht.

[72] Siehe Kapitel über die *Fixed-income* Arbitrage.

[73] Vgl. Kapitel über die Kategorien der Hedgefonds.

Arbitrage oder *Fixed-income* Arbitrage[74] können auch marktneutral implementiert werden. Fraglich ist hingegen, inwiefern man eine weitere Arbitrage Strategie – *Merger(Risk)*Arbitrage[75], die immer auch eine Short und eine *Long* Position enthält, als marktneutral bezeichnen kann. Der Erfolg dieser Strategie hängt davon ab, ob die angekündigte Fusion oder Übernahme tatsächlich stattfindet oder nicht. Sollte ein *Merger* doch nicht zustande kommen, kann dies in signifikanten Verlusten für den Arbitrageur resultieren und wird sicher nicht unserem generellen Verständnis von einem marktneutralen Investment entsprechen[76].

Obwohl alle erwähnten marktneutralen Arbitrage Strategien meistens in unterschiedliche Wertpapiere und in unterschiedliche Märkte investieren, bezieht sich ihre Investmentgrundlage auf die klassische Definition der Arbitrage: es sind Anlagen in inkorrekt bewertete Wertpapiere und Minimierung des Marktrisikos durch Hedging. Dadurch ergeben sich auch ihre ähnlichen Ertragsquellen, da sie alle ihre Gewinne aus dem Verhältnis (wiedereinmal *Relationship Investing*) zwischen den Long und Short Komponenten des Portfolios erzielen und sich die mangelhafte Effizienz der Finanzmärkte zunutze machen. Sie weisen kaum Korrelationen untereinander auf, weil die einzelnen Investmentstile in unterschiedlichen Marktsektoren investieren. Der Ausgangpunkt jeder marktneutralen Strategie ist ein Vergleich der Bewertung einer Gruppe von Wertpapieren im Verhältnis zu einander oder zu einer Benchmark. Zum Beispiel können zwei Aktien aus dem gleichen Industriesektor oder zwei Staatsanleihen verhältnismäßig inkorrekt bewertet werden und gleichzeitig den gleichen Faktoren des Marktrisikos unterliegen, obwohl der Begriff „marktneutrales Investment“ für viele Investoren impliziert, dass das Portfolio dem systemischen Marktrisiko nicht ausgesetzt ist. Es ist ein großer Irrglaube – keine von den erwähnten Strategien ist automatisch marktneutral, wenn der Manager das Offsetting des Long/Short Verhältnisses nicht erreichen kann. Mehr noch: es wurde bereits im Kapitel über *Short Selling* beschrieben, dass ein traditioneller Investor nur auf der Long Seite riskiert, ein alternativer Investor hingegen auch auf beiden Seiten, Long und Short, potentielles Risiko trägt, obwohl er auch von beiden Seiten profitieren kann. *Relationship Investing* bedeutet, dass in einem Wertpapierportfolio, das annähernd ausgleichende Long und Short Positionen hält, die Exposition zum Marktrisiko gegen die Exposition zum Verhältnis zwischen den Long und Short Positionen des Portfolios ausgetauscht wird. Das Marktrisiko wird weitgehend eliminiert, aber das Investment wird anderen Risikofaktoren ausgesetzt – angefangen

[74] Siehe Kapitel über Arbitrage.

[75] Siehe Kapitel über Merger Arbitrage.

[76] Siehe Kapitel über *Merger* Arbitrage.

bereits beim Auswahlrisiko der Instrumente. Die Hedgefonds versuchen sehr wohl die Subjektivität der Instrumentenauswahl durch die Verwendung quantitativer Computersoftware zu reduzieren, doch vielfach muss es auch eine diskretionäre Entscheidung des Managers sein. Die notwendigen Research-Daten bergen potentiell zusätzliches Risiko in sich: eine Long/Short Strategie, die nicht nur rein quantitativ implementiert wird, muss sich auf verlässliche Informationen und fundamentale Analyse stützen, sonst kann sich die potentielle Gefahr großer Verluste auf beiden Seiten des Portfolios drastisch erhöhen.

Ein marktneutrales Long/Short Aktienportfolio (*Equity Long/Short*) hat ein Charakteristikum sowohl des aktiven Aktienmanagements als auch jenes der festverzinslichen (*Fixed-income*) Instrumente – man kann es als eine Hybride unter den Investmentstrategien bezeichnen. Im Gegensatz zu einem konventionellen *Long-only* Aktienportfolio, ist der Ertrag des Long/Short Portfolios nicht zum Outperformen des Aktienindex gedacht, sondern es soll grundsätzlich lediglich die risikofreie Bargeldzinsrate überbieten, dies aber konsequent unabhängig von der Marktentwicklung. Trotzdem erwarten unerfahrene Investoren von der Long/Short Strategie die Erträge eines Aktienportfolios mit dem Risiko eines Anleihenportfolios – solche Erträge wären zwar mit Hilfe des Leverage möglich, aber das Risiko wäre dabei weit höher als jenes der Anleihen.

In der Realität der Finanzwelt ist es äußerst schwierig, wenn nicht praktisch unmöglich, eine echte Marktneutralität zu erreichen – dieser Aspekt wurde bereits im Zusammenhang mit dem Hedging erörtert: ein zu Null abgesichertes oder wirklich marktneutrales Portfolio hätte kaum Möglichkeiten, einen aktiven Ertrag zu erzielen. Dies würde die Attraktivität jeder marktneutralen Strategie so weit vermindern, dass es einfacher wäre, dem Investor gleich risikoarme Geldmarktinstrumente zu empfehlen. Perfektes, marktneutrales Hedging ist weder möglich noch wäre es wünschenswert. Die Optimierung der Erträge bringt jedoch Einbußen bei der Marktneutralität und führt dazu, dass das Marktrisiko oft ein substantieller Bestandteil eines Long/Short Investments ist.

Die generell marktneutrale Aktienstrategie funktioniert zumindest in der Theorie, wenn man für einen Betrag eine Long Aktienposition (Kauf) und für den gleichen Betrag eine Short Aktienposition (Leerverkauf) bildet. Das Cash vom Verkauf wird als risikofreies Investment angelegt. Der Gesamtertrag dieser Strategie besteht also aus der Summe der Alphawerte beider Aktienpositionen. Wenn beide Alphawerte positiv sind, bringt die Strategie einen Ertrag von beiden Portfolios: Long und Short sowie aus dem Ertrag des risikofreien Cashinvestments. Leverage könnte zusätzlich die Alpha-Erträge multiplizieren. Zwei Portfolios bedeuten auch zwei Alphawerte – darum wird diese Strategie oft als „doppelte Alpha Strategie" bezeichnet.

Alpha – der Alphawert eines Investments (oder eines Portfolios) misst den erzielten Ertrag verglichen zu jenem Ertrag, der aufgrund des systemischen Risikos dieses Investments zu erwarten wäre. Alpha vergleicht die Performance z.B. eines Fonds zu einer Benchmark (Index). Ein Alphawert von 5 bedeutet, dass der Fondsertrag 5% ist, wenn der Ertrag des Index 0 ist. Ein positiver Alphawert ist grundsätzlich sehr günstig – je höher, desto besser die Performance des Fonds, unabhängig vom Markt

Alpha kann in zweifacher Weise generiert werden:

- Wenn der Ertrag eines Investment höher ist als der Ertrag einer adäquaten Benchmark oder
- Wenn der Ertrag eines Investment dem Ertrag seiner Benchmark gleich ist, aber mit weniger Risikoexposition erzielt wurde

Drei typische Investmentansätze, ein marktneutrales Portfolio zu bilden[77]:,

Der erste Ansatz ist ein unterbewertetes Papier zu kaufen (Long Position) und das Marktrisiko mittels einer Short Position in einem korrekt bewerteten Papier zu hedgen. Bei einem Long Portfolio in Aktien ist meistens die Short Position in Indexfutures (oder Indexoptionen) oder im Falle von Long Wandelanleihen ist Short in zugrundeliegender Aktie. Wenn Hedging mittels Indexfutures erfolgt, soll das Portfolio von unterbewerteten Aktien mit dem Index korrelieren (*Index Tracking*). Dies bedeutet, dass ein solches Aktienportfolio oft nur leicht unterbewertete oder sogar korrekt bewertete Aktien enthält, um den *Tracking-error* möglichst klein zu halten.

Der zweite Ansatz ist lediglich die Umkehrung des ersten Ansatzes: überbewertete Papiere werden Short gehalten, abgesichert mit einer Long Position in korrekt bewerteten Papieren - wie im ersten Beispiel sind es Indexfutures bei Aktien oder Aktien bei Wandelanleihen. Dieser Ansatz verlangt, dass das Short Portfolio so lange gehalten wird, bis die Korrektur der Überbewertung erfolgt. Es ist durchaus möglich, dass ein solches Portfolio am Anfang weiterhin aufgrund bestehender Nachfrage steigt. Kann der

[77] Zitiert aus: Fano-Leszczynski, "Hedgefonds...".

Manager nicht „durchhalten“ bis der Markt sich korrigiert, wird er einen Verlust hinnehmen müssen, auch wenn seine Einschätzung richtig war.

Der dritte Ansatz ist ein simultaner Kauf (Long) von unterbewerteten Papieren und Verkauf (Short) von überbewerteten Papieren. Es ist sogar einem unerfahrenen Investor bewusst, dass jeder Aktienindex viele Titel enthält, die einfach ein schlechtes Investment darstellen. Ein traditioneller (*Long Only*) Portfoliomanager, kann höchstens versuchen, solche Aktien von seinem Portfolio fernzuhalten, um deren Kursverluste zu vermeiden. Ein marktneutrales Portfolio hingegen kann gleichzeitig sowohl von den steigenden Aktienkursen (Long Position), als auch von den fallenden Aktienkursen (Short Position) der auch noch so schlechten Performer profitieren. Ein marktneutrales Portfolio kann viel effektiver die Bewegungen des Marktes kapitalisieren und kennt die Beschränkungen der traditionellen Investments nicht[78]. So gesehen, sind die Möglichkeiten gegen eine bestimmte Aktie, einen Marktsektor oder einen Aktienindex zu wetten – zumindest theoretisch - riesengroß[79].

Leverage wird in vielen marktneutralen Strategien angewendet. Rein theoretisch sollte Leverage auf das Risiko in einem perfekt marktneutral ausgerichteten Portfolio keinen Einfluss haben. Die Marktneutralität ist aber in der Praxis nie perfekt und so multipliziert das Leverage das Restrisiko der direktionalen Expositionen. Eine wesentliche Bedeutung hat also die Frage, ab welchem Moment sich die nicht direktionale Long/Short Strategie in zwei direktionale Portfolios ohne marktneutralen Ansatz umwandeln kann? Es kommt auf das richtige Verhältnis (*Relationship Investing*) zwischen den Finanzinstrumenten an: ein Long Portfolio von unterbewerteten *Small-caps* Aktien gepaart mit einem Short Portfolio von überbewerteten *Large-caps* Aktien ist keinesfalls marktneutral, sondern schlicht und einfach hochspekulativ. Hingegen hätten folgende Portfolios zweifellos marktneutrale Qualitäten:

- Short Portfolio von überbewerteten *Large-caps* Aktien, abgesichert mit Long Futures auf den Index S&P 500

---

[78] Eine Long/Short Strategie hat eine Anzahl von fixen und auch variierenden Kosten, die normalerweise in einem *Long-only* Portfolio nicht vorkommen. Z.B.: eine Bargeldposition für das Management vom Short Portfolio, höhere Kosten verbunden mit dem Management von zwei Portfolios gleichzeitig, aufwendigere Prozeduren für das Short Management etc. Meistens spiegeln sich auch die erhöhten Fixkosten in höheren Managementgebühren wider.

[79] In der Praxis erfordert marktneutrales Investment viel Erfahrung und Research-Arbeit.

- Long Portfolio von unterbewerteten *Small-caps* Aktien, abgesichert mit Short Futures auf den Index Russell 2000

Die marktneutrale Long/Short Strategie soll man nicht leichtfertig für risikolos halten, da auch beim genauen, gegenseitigen Hedging der Positionen eine gewisse direktionale Marktexposition bleibt. Wird bei einer solchen Position das Leverage angewendet, erhöht sich die direktionale Exposition und die Steigerung des aktiven Ertrages verursacht zwangsläufig auch die Steigerung des aktiven Risikos. Bei den Investoren der Long/Short Strategie kommt das den Managern gut bekannte, panikartige „*Escape Behavior*" viel seltener vor als bei den traditionellen Anleger.

Die Baisse der letzten Jahre vermehrte die Zweifel mancher Investoren, ob die traditionellen Anlageformen in Aktien und Anleihen imstande wären, konsistente Alphaerträge zu produzieren. Die Hedgefonds hingegen werden immer mehr als jene Investments vermarktet, die positive, hohe Alphawerte liefern können.

Investieren in Hedgefonds bedeutet, allgemein betrachtet, die Suche nach Alphaerträgen. Traditionelle *Long-only* Investments bieten üblicherweise eine Mischung aus Beta und Alpha, wobei Beta meistens dominiert, und Indexfonds bedeuten Beta pur.

Die Anzahl der Manager, die eine marktneutrale Strategie in der Hedgefonds Industrie betreiben, wächst ständig. Auch die Volumina des eingesetzten Kapitals werden Jahr für Jahr höher. Die Hedgefonds Industrie gehört aber zu den jüngsten in der Finanzwelt und es gibt noch keine brauchbaren Erfahrungswerte, wie sich diese Entwicklung auf die Wiederholbarkeit und Konsistenz der Erträge der marktneutralen Strategien auswirken wird. Die Performancegrundlage aller marktneutralen Strategien ist die heute noch immer relativ häufige Ineffizienz in der Bewertung der Finanzinstrumente. Es ist nun die große Frage, ob sie immer seltener wird, je mehr Kapital zur Ausnutzung dieser Ineffizienz eingesetzt wird. Sicherlich wird die unkorrekte Bewertung der Finanzinstrumente in manchen Marktsektoren entweder bedeutungslos werden oder gänzlich verschwinden. Es ist aber genauso wahrscheinlich, dass in einer dynamischen und volatilen Finanzwelt mit immer neuen Finanzinstrumenten auch neue Quellen der Ineffizienz entstehen werden.

Es gibt auch jetzt nur einige wenige traditionelle Investmentfonds, die marktneutrale Strategien anbieten, obwohl sie es eigentlich schon seit längerem dürfen: der amerikanische Kongress hat in einer bereits 1997 beschlossenen Novellierung zum Internal Revenue Code auch den traditionellen Investmentfonds (*Mutual Funds*) erlaubt, sich in *Short Selling* der Aktien signifikanter zu engagieren. Die richtige Implementierung hängt aber u.a. mit einem weiteren Hindernis zusammen: im Gegensatz zu den Hedgefonds dürfen traditionelle Investmentfonds nur in einem sehr eingeschränktem Ausmaß das Leverage verwenden. Diese Entscheidung war dennoch als eine Anerkennung der marktneutralen Strategien zu verstehen.

Das Spektrum der marktneutralen Strategien reicht von hoher Marktneutralität mit geringem Risiko bis zu niedriger Marktneutralität mit hohem Risiko. Behauptungen, dass die marktneutralen Strategien den konventionellen überlegen sind, entbehren allerdings jeder Grundlage und beruhen auf falschem Verständnis sowohl der alternativen Investments als auch ihrer Rolle in der modernen Finanzwelt. Der Erfolg einer Investmentstrategie ist immer im Kontext der Marktentwicklung zu sehen – auch, wenn es eine „marktneutrale“ Strategie ist. Es soll jedem Investor klar sein, dass marktneutral nicht mit risikoneutral gleich zu setzen ist. Auch dieser Investmentansatz kann nichts an der fundamentalen Gleichung ändern, die besagt, dass jeder Ertrag mit einem Risiko verbunden ist – je höher der Ertrag, desto größer das Risiko, das man akzeptiert. Marktneutrales Investment kann aber neue Ertragsquellen erschließen und unerwünschte Risiken hedgen und somit die Effizienz des Kapitaleinsatzes steigern.

Weder die alternativen Investments generell noch speziell die marktneutralen Strategien sind als ein Ersatz für die konventionellen Investments zu verstehen – sehr wohl aber als eine mittlerweile unverzichtbare Beimischung, Bereicherung und ein Optimierungsfaktor im modernen Asset Management, da sie die traditionellen Quellen des Ertrages und des Risikos diversifizieren können.

Marktneutrale Investierung umfasst mehrere unterschiedliche Strategien, die kaum Korrelationen – sei es untereinander, oder mit traditionellen Finanzmärkten – aufweisen, obwohl sie alle grundsätzlich nach den gleichen Investmentansätzen arbeiten. Ein diversifiziertes, marktneutrales Portfolio ist prädestiniert, vorhandene Marktineffizienzen auszunutzen, um unter wechselnden Marktbedingungen konstante und konsistente Erträge über längere Zeitperioden zu erreichen.

3.6 Transparenz

„We are all in a dark room; however, the one who has been in the room for some time has an advantage over someone who just entered“

Alexander Ineichen, UBS

In den Augen der meisten Investoren ist die unzureichende Transparenz einer der größten Nachteile der Hedgefonds Industrie – und ein ständiges

Streitthema. Nur wenige Hedgefonds sind bereit ihre kompletten Positionen offen zu legen und noch weniger sind sie bereit einen automatisch aktualisierten Portfoliozugang für den Investor herzustellen. Außerdem untersagt ihnen die spezifische Rechtslage der nicht registrierten Hedgefonds oft die Veröffentlichung detaillierter Informationen. Die Interessen der beiden Seiten sind unterschiedlich, obwohl die Investoren intensiv versuchen, gute Manager zu identifizieren und gute Manager versuchen, den Zugang zu (institutionellen) Investoren zu erreichen.

Auf der Investorenseite, speziell bei institutionellen Anlegern, wird das Streben nach voller Transparenz vor allem durch die Notwendigkeit des effizienten Risikomanagements diktiert. Die institutionellen Investoren handeln zudem oft nur als Treuhänder und müssen vorgegebene Regeln befolgen. Mangelnde Offenlegung der Grundlagen der Investmentstrategie, der Exposition zu diversen Risikoquellen und schließlich auch der Portfoliopositionen macht eine gewissenhafte Prüfung und in der Folge das Monitoring und Controlling unmöglich. Sich für eine undurchsichtige Anlage zu entscheiden bedeutet einen Verstoß gegen die Grundprinzipien des Investmentgeschäftes in der Hedgefonds Industrie: das Verständnis der Strategie, des individuellen Investmentstiles eines Managers und der Quellen sowohl der Performance als auch des spezifischen Risikos[80]. Wohin das führen kann, erfuhren schmerzvoll die Investoren von Long-Term Capital Management. Für neue, potentielle Anleger, ist die mangelhafte Transparenz oft eine Barriere, die sie mit einer Investmententscheidung zögern lässt.

LTCM & Co. – ein Beispiel für nicht vorhandene Transparenz[81]

Warum haben so viele angesehene Finanzinstitutionen versäumt, die Risiken, die mit einem Investment in Hedgefonds mit extrem hohem Leverage zusammenhängen, rechtzeitig zu erkennen? Manche betrachteten eine Investition in LTCM sogar als eine Prestigefrage. Die Gründe waren vielfältig – hier einige davon:

- der Markt trieb die Aktien der großen Banken, Versicherungen und anderen Finanzinstitutionen in luftige Höhen und schien so deren vermehrte Aktivitäten in risikoreicheren Geschäftsbereichen zu sanktionieren. Die Renditen im traditionellen Bankgeschäft wurden durch steigenden Wettbewerb immer geringer, und die Profite der Hedgefonds waren verlockend. Die Konkurrenz war so stark, dass viele institutionelle Investoren sogar auf die genaue Prüfung (*Due Diligence*) verzichteten. Dies führte oft zu völliger

80 Mehr darüber im Kapitel über das Risiko.
81 Zitiert nach: Fano-Leszczynski, “Hedgefonds…”.

Ignoranz darüber, was der Manager eigentlich mit dem Geld macht;
- die Komplexität der neuen Derivat-Hybriden überforderte auch so manch erfahrenen Banker und man wollte nicht wirklich nachdenken, ob sich solche Instrumente auch unter dem Druck eines negativen Marktes bewähren würden;
- das Vertrauen in quantitative Computermodelle war zu kritiklos und nicht immer wollte man die Grundregel: „Die Profite in der Vergangenheit sind keine Garantie für zukünftige Erträge“ beherzigen;
- die Märkte boomten, die Wirtschaftsdaten schlugen alle Rekorde und die Liquidität der Finanzmärkte schien uneingeschränkt. Sowohl die Investoren als auch die Manager glaubten, jede Position jederzeit leicht und günstig verkaufen zu können...

Im Herbst 1998 verloren die Aktien der Finanzinstitutionen im Schnitt ein Drittel ihres Wertes.

Eine ausreichende Transparenz erlaubt die richtige Einschätzung des Markt- und Kreditrisikos sowie die Kontrolle des Leverage. Detailliertere Informationen über den Manager und seinen Investmentansatz reduzieren das in der Hedgefonds Industrie besonders wichtige Managerrisiko, inklusive jenes des Betruges. Regelmäßige Offenlegung der Portfoliopositionen und der Handelsaktivitäten des Managers hilft etwaige Veränderungen im Investmentstil, im gehandelten Universum oder im Leverage zu erkennen und zu hinterfragen. Eine zeitgleiche Einsicht ins Portfolio ermöglicht besseres Verständnis der Strategie, der Techniken und Methoden des Managers. Allerdings, nicht für jede Strategie ist volle Transparenz wirklich notwendig.

Zu den Fragen der Transparenz gehört auch der Zugang zu den diversen Verträgen eines Hedgefonds, über den üblichen Emissionsprospekt und die Zeichnungsdokumente hinaus. Dazu zählen zum Beispiel die Verträge mit dem Prime Broker, vergangene Prüfungsberichte, amtliche Eintragungen, Zulassungen und sonstige Lizenzen.

Eine ausreichende Transparenz ist für die korrekte Bewertung der Performanceergebnisse unverzichtbar. Die vergangene Performance gibt dem erfahrenen Investor einen guten Aufschluss über die Investmentmethoden und über das Risiko, dessen manche idiosynkratische Aspekte allerdings verborgen bleiben könnten, wenn der Investor nicht genug Informationen erhält. Ohne Transparenz ist die korrekte Bewertung der Performance nicht möglich – der vom Administrator eines Hedgefonds errechnete Nettoinventarwert gibt keine Auskunft darüber, inwiefern die Bewertung nur auf einer Schätzung, zum Beispiel der illiquiden oder nicht börsennotierten

Positionen, basiert[82]. Das Wissen um die Art der illiquiden Positionen erlaubt dem Investor eigene Performancebemessung. Allerdings, wenn hohe Transparenz nicht von einem höheren Level der Liquidität begleitet wird, kann es dem Investor nur Frustrationen bringen.

Die Forderungen der Investoren nach größerer Transparenz stoßen auf den Widerstand der Hedgefonds Manager – nicht ohne guten Grund und das gehört auch zu ihren Besonderheiten. Praktisch jede Konferenz der Hedgefonds Industrie muss sich einer Diskussion über die Transparenz stellen. Es werden vor allem folgende drei Argumente gegen die Transparenz angeführt:

- Erstens, wenn die vertraulichen Informationen über die Zusammenstellung des Portfolios die Konkurrenz erreichen, kann der spezifische Investmentansatz eines Managers seinen Vorteil („*edge*“) durch zahlreiche Nachahmungen verlieren, oder andere Marktteilnehmer können aktiv gegen die Positionen handeln und so die potentiellen Erträge zunichte machen.

  Diese Gefahr der Nachahmung und des Gegenhandels besteht zwar nicht seitens der Investoren, aber sehr wohl von anderen Managern und von den Handelstischen der Investmentbanken. Die *Short Sellers* und die Manager anderer Strategien, die substantielle Short Positionen haben, können bei Offenlegung des Portfolios durchaus feindliche Reaktionen seitens jener Unternehmer erwarten, deren Aktien sie Short halten. Für Großinvestoren, speziell die Institutionellen, gibt es eine Lösung in form eines Geheimhaltungsabkommens, das die Verbreitung der vertraulichen Informationen verhindern soll. Anonymität war allerdings von Anfang an ein Merkmal der Hedgefonds: Alfred W. Jones agierte jahrelang im Verborgenen, bevor seine Investmentstrategie öffentlich bekannt wurde.
- Zweitens, das Fachwissen der meisten Investoren ist nicht ausreichend, um den komplexen und komplizierten Strategieaufbau zu verstehen und richtig zu interpretieren.

  Die „*Black Box*“ ist eine der meistgehörten Reaktionen der potentiellen Kunden, wenn sie mit dem Begriff der Hedgefonds konfrontiert werden. Eine „*Black Box*“ bedeutet allerdings nicht nur ein undurchsichtiges Investmentvehikel – ein vergleichbarer Eindruck entsteht auch dann, wenn der Anleger nicht imstande ist, die komplizierten mathematischen Formeln, die von vielen Strategien implementiert werden, zu verstehen oder wenn er mit nie zuvor gehörten und äußerst seltsam und

---

[82] Mehr darüber im Kapitel über die Bewertung.

verdächtig klingenden Namen diverser Hybridinstrumente konfrontiert wird.

> **Eine kleine Auswahl** der seltsamen Ausdrücke der Finanzwelt, quer durch das Alphabet (angelsächsisch geprägt):
>
> Act of God Bond, All-or-Nothing Option, Bear Hug, Bed and Breakfast, Bells and Whistles, Carrot-and-Stick Bond, Catastrophe Future, Circus Swap, Dirty Hedge, Fallen Angel, Frogs, Grave Dancer, Knockout Seagull, Married Put, Plain Vanilla, Red Noise, Rising Star, Surf and Turf, Table Top, Wing Nuts, Zombie Bond.

- Drittens, die besten Hedgefonds Manager legen ihre Portfolios nicht offen – die Forderung nach mehr Transparenz schließt die besten Investmentmöglichkeiten aus.

Nach dem LTCM Debakel ist es äußerst schwer, dieses Argument gelten zu lassen, obwohl es gerade von den Dachfondsmanagern in der Hedgefonds Industrie öfter gebracht wird. Hohe Performance, deren Quellen nicht offengelegt werden, ist mit höchster Wahrscheinlichkeit mit genauso hohem Risiko verbunden. Anleger sollen nicht nur die vergangenen Performanceergebnisse beachten, sondern vor allem die Ertrags- und Risikoquellen verstehen. Investoren der Dachfonds befinden sich in der bequemen Situation, die Sorge um die Transparenz (und auch manche anderen Probleme) an den Dachfondsmanager delegieren zu können.

3.7 Liquidität

„Markets can remain irrational longer than you can remain solvent“
John Maynard Keynes

Das Problem der Liquidität ist eines der komplexesten und wichtigsten in der Hedgefonds Industrie. Die Liquidität eines Marktes wird dadurch definiert, wie leicht man bestimmte Finanzinstrumente kaufen und verkaufen kann. Zu hochliquiden Instrumenten gehören zum Beispiel harte Währungen wie US Dollar oder Euro oder kleinere Stückzahlen von Aktien mit großer Marktkapitalisierung (*Blue Chips*). Die praktisch höchste Liquidität wird den Treasury Bills bescheinigt und zwar so weit, dass sie oft als Geldmarkt bezeichnet werden.

Die Liquidität hat drei wesentliche Aspekte, die gleichzeitig die wichtigsten Quellen des Liquiditätsrisikos sind:

- Die Liquidität der verwendeten Finanzinstrumente[83] – wichtig für die Bewertung und Risikomanagement bei entsprechender Transparenz
- Die Verfügbarkeit der Finanzierung des Leverage[84]
- Liquidität der Anteile eines Hedgefonds[85] – doppelt problematisch bei den Dachfonds

Die ersten zwei Punkte sind vor allem für den Manager wichtig, der dritte Punkt betrifft direkt die Investoren. Die Hedgefonds verwenden in ihren Strategien sowohl hochliquide, gelistete Wertpapiere, für die täglich ein Kurs gebildet wird, als auch „exotische", oder nicht gelistete Instrumente, deren Wert nur geschätzt wird und die Liquidität am Markt nicht immer vorhanden ist. Illiquide können aber auch viele gelistete Aktien werden, zum Beispiel die *Micro Caps* oder sogar *Small Caps*.

Liquiditätsloch – ein temporäres Marktereignis, das das übliche Equilibrium vorübergehend aussetzt. Es ist ein informationeller Störimpuls von meistens kurzer Dauer, der allerdings großen Schaden verursachen kann.

Es ist wichtig zu wissen, ob der Verkauf welcher Finanzinstrumente unter welchen Konditionen, ohne großen Impakt auf die Preise und auf die Performance möglich ist. Im Risikomanagement wird öfter die 90:10 Regel angewendet: wie lange kann es unter normalen Marktkonditionen dauern, bis 90% des Portfolios ohne Einfluss auf die Preise liquidiert wird. Bei Marktturbulenzen kann die sonst vorhandene Liquidität rapide versiegen – bei dem Fall von LTCM hat man einen neuen Aspekt des Liquiditätsrisiko erkannt: „*Flight to Quality*", vorher eigentlich nicht so bekannt. Die Geld-Brief-Spannen werden in schwerer Marktlage immer größer und die Angebote können sogar gänzlich verschwinden, was sonst ungefährliche Instrumente illiquide macht.

83 Vergleiche auch die Kapitel über das Risiko und die Bewertung.
84 Beschrieben im Kapitel über das Leverage.
85 Vergleiche auch die Kapitel über das Risiko, die Bewertung und die Dachfonds.

Markttiefe – die Anzahl der Stücke (Anteile) eines Wertpapiers, die zum *Bid/Ask* Preis (Geld-Briefkurs) verkauft oder gekauft werden kann, ohne eine dramatische Preisveränderung zu verursachen.

Bei den Hedgefonds kann es leicht zu einer Fehlanpassung zwischen vorhandenen Assets und den Rückkaufkonditionen kommen, weil erstens die Finanzinstrumente nicht immer liquide sind, zweitens manche Strategien (z.B. Arbitrage oder *Equity Long/Short*) einige Zeit für die Implementierung brauchen und ihre Portfolios nicht ohne negative Auswirkung auf die Performance liquidieren können. Die Hedgefonds lösen dieses Problem durch die Limitierung der Zeichnung und des Rückkaufs der Anteile auf monatlich, vierteljährlich und auch jährlich[86]. Oft kommt dazu eine Mindestinvestmentperiode und eine Vorabnachricht (von wenigen Tagen bis zu 2 – 3 Monaten).

Die traditionellen Investmentfonds haben tägliche Liquidität, was die meisten Investoren als Vorteil sehen, vergessen aber gleichzeitig, dass sich dahinter zusätzliche Kosten verstecken, da der Fonds immer eine größere Cashposition zum Nachteil der Performance halten muss. Die täglichen Cashflows der traditionellen Fonds verursachen auch einen Managementaufwand und zwingen den Manager, sich zu sehr auf Cashmanagement und kurzfristige Investments zu konzentrieren.

Die Restriktionen, die die Hedgefonds über die Liquidität der Anteile verhängen, gibt vielen, noch unerfahrenen Investoren ein unsicheres Gefühl, tatsächlich dienen sie aber positiv der Performance und verhindern auch „*Market Timing*“ Versuche, die manche Anleger mit Fondsanteilen betreiben wollen. Der Hedgefonds Manager kann sich auf langfristige Performance Ziele konzentrieren, strategische Portfolios aufbauen und die Cashpositionen effizient limitieren.

Die Welle der Konsolidierung, die in den letzten Jahren unter großen Banken und auch unter Brokerfirmen zu beobachten war, hat die Anzahl der institutionellen Marktteilnehmer verkleinert und so zu verminderter Marktliquidität beigetragen. Dieser Umstand resultiert für die Hedgefonds Industrie auf zweifache Weise: einerseits ist das eine größere Herausforderung bei jenen Strategien, die von der hohen Marktliquidität leben, andererseits bringt es neue Investmentgelegenheiten bei jenen Strategien, die die Märkte mit der Liquidität versorgen und somit jetzt mit einer „Ware“ handeln, die knapper geworden ist[87].

---

[86] Beschrieben genauer im Kapitel über die Strukturen der Hedgefonds.

[87] Mehr dazu im Kapitel über die öknonomischen Funktionen der Hedgefonds.

4. Strukturen der Hedgefonds

Für die effiziente Implementierung der meisten Hedgefonds Strategien ist die maximale operative Flexibilität unbedingt notwendig. Die bedeutet aber keinesfalls, dass die Hedgefonds vollkommen ungeregelt agieren. Sie bewegen sich, genauso wie alle anderen Marktteilnehmer auf geregelten Finanzmärkten, verwenden die gleiche, geregelte Finanzinfrastruktur und werden von offiziell registrierten Finanzfirmen betreut. Die Hedgefonds Industrie unterliegt genauso der Interdependenz der globalen Finanzmärkte wie die traditionellen Investmentfonds

Die Strategien der Hedgefonds können sich diametral voneinander unterscheiden und so sind auch ihre Strukturen nicht immer identisch. Generell aber gibt es mehrere allgemeine Richtlinien oder Grundprinzipien, auf denen die Hedgefonds basieren. Der Begriff „Hedgefonds" bezeichnet prinzipiell nur die Struktur, und nicht die Strategie eines Fonds, nicht einmal seine Asset Klasse. Wem dies bewusst ist, der wird niemals einen Hedgefonds als konservativ, risikoreich oder spekulativ beurteilen, bevor er seine Strategie und seinen Investmentstil nicht hinterfragt hat.

Wie bereits im Kapitel über die Unterschiede zwischen den alternativen und traditionellen Bereichen der Finanzindustrie erwähnt, besteht einer der vordringlichsten Unterschiede zwischen traditionellen Investmentfonds und Hedgefonds in den organisatorischen und rechtlichen Anforderungen, weil die Anforderungen für die traditionellen Investmentfonds präzise definiert, hingegen jene für die Hedgefonds eher allgemein und vage gehalten sind.

4.1 Die operativen Strukturen

Ein Hedgefonds hat üblicherweise keine Angestellten – es ist lediglich ein Investmentvehikel (oft eine Personenkapitalgesellschaft), das die Geldmittel und Investments (Aktiva und Verbindlichkeiten) enthält. Der Hedgefonds stellt eine Managementfirma ein, die für diverse Investmentdienste für den Fonds sorgt. In den meisten Fällen stellt die Geschäftsführung der Managementfirma die Wirtschaftseinheit des Hedgefonds dar. Sie beschäftigt oder bindet vertraglich den oder die Investmentmanager des Fonds sowie diverse Dienstleistungsanbieter. Wenn die Managementfirma nur für einen Fonds arbeitet (meistens ist es der Fall), wird sie üblicherweise nach der Schließung des Fonds aufgelöst.

Die wichtigsten Mitwirkenden im Hedgefonds und seiner Geschäftsumgebung sind:

- *Sponsor und die Investoren*
  Der Sponsor (meistens eine Finanzinstitution aber auch Private) ist meistens der Gründer des Fonds, der die Gründeraktien hält und auch das Startgeld (*Seed Money*) bereitstellt. Die Investoren erhalten andere Formen von gewinnberechtigten Aktien.
- *Manager und die Managementfirma*
  Die Managementfirma gehört meistens dem Sponsor, beschäftigt sein Personal und hat ein *Offshore* Domizil. Ihre primären Aufgaben sind die Bestimmung der Strategie, die Wahl des Managers, die Aufrechterhaltung aller operativen Strukturen und die Begleichung aller operativen Kosten.
- *Investmentberater (optional)*
  Der Investmentberater berät den Hedgefonds und sein Management vor allem punkto der Übereinstimmung der Fondsinvestments mit dem Emissionsprospekt.
- *Direktorium (Vorstand oder Aufsichtsrat)*
  Die Direktoren eines Hedgefonds sind meistens ein Aufsichtsgremium, das das Monitoring der Fondsarbeit und des Managements verantwortet. Die Direktoren übernehmen keine Anlage des Fondsvermögens sondern kontrollieren und genehmigen diverse Verträge des Fonds und der Managementfirma und bestellen den Rechtsberater, Prüfer, Administrator, die Depotbank, etc.
- *Administrator (Verwalter)*
  De Bestellung eines unabhängigen Administrators ist in den meisten *Offshore* Jurisdiktionen für die Hedgefonds vorgeschrieben. Seine primäre Aufgabe ist das Gewährleisten einer korrekten Berechnung des Nettoinventarwertes des Fonds. Wenn ein Hedgefonds nicht gelistete Finanzinstrumente in seiner Strategie verwendet, kann dies eine echte Herausforderung sein. Weitere Aufgaben des Administrators sind: die Buchhaltung, Berechnung der Gebühren, Zahlung der Fondsausgaben, Vorbereitung der Fondsberichte und oft Pflege der Beziehungen zu den Investoren.
- *Depotbank*
  Die Depotbank ist der Verwahrer des Fondsvermögens (Cash und jede Form von Wertpapieren), die alle Transaktionszahlungen für den Fonds begleicht und die Zahlungen an den Fonds empfängt. In manchen Hedgefonds agiert *de facto* der Broker als der tatsächliche Verwahrer.
- *Wirtschaftsprüfer*
  Der Wirtschaftsprüfer prüft vor allem die Jahresberichte des Fonds. Die Halbjahresberichte werden vom Administrator erstellt und ungeprüft an die Investoren weitergegeben.

- *Rechtsberater*
  Der Rechtsberater schreibt meistens den Emissionsprospekt des Fonds, bereitet alle anderen Dokumente vor und prüft die Verträge.
- *Registrator (und Transferagent)*
  Der Registrator führt und aktualisiert regelmäßig das Aktionärsverzeichnis des Fonds. Auch die korrekte Abwicklung der Zeichnungen und Rückkäufe der Fondsanteile liegt in seiner Verantwortung.
- *Prime Broker (oft auch Clearing Broker[88])*
  Der Prime Broker spielt die wichtigste Rolle bei de Abwicklung der Wertpapiertransaktionen, sowohl vollbezahlt als auch *on margin* Transaktionen, stellt die Finanzierung zur Verfügung (Leverage), etc. Er ist oft auch der Verwahrer der Hedgefonds Assets.

Prime Broker – wozu ihn die Hedgefonds brauchen[89]

Die Rolle des Prime Broker hat sich seit den Anfängen der Hedgefonds Industrie stark verändert. Je komplizierter die neuen Finanzinstrumente und je komplexer die Finanztransaktionen, desto stärker werden die Dienste eines Prime Broker in Anspruch genommen. Prinzipiell erfüllt ein Prime Broker folgende Aufgaben:

- Verwaltung der Wertpapierpositionen und des Geldes des Fonds;
- Durchführung des Clearings der Transaktionen;
- Sammlung von Dividenden für den Fonds (z.B. auf einzelne Aktien);
- Geldverleihung für die Deckung der Short Positionen;
- Wertpapierverleihung für die Short Positionen;
- Management der Deckung und des Margenkontos (*Margin Account*);
- Datenlieferung für die Buchhaltung des Fonds.

Der Prime Broker koordiniert auch die Arbeit mit den einzelnen Exekutions-Brokern.

Die fortschreitende Globalisierung macht das Geschäft des Prime Brokerage zu einer echten Herausforderung, da gerade die Hedgefonds, die mit der ihnen eigenen Freiheit auf allen Märkten und mit allen Finanzinstrumenten vertreten sein können, ein globales Settlement verlangen. Effizienter, schneller, und mit Hilfe der neuesten Computertechnologien durchgeführter Prime Brokerage ist *conditio sine qua non* für die meisten Neugründungen der Hedgefonds und viele begabte Hedgefonds Manager könnten ihre Strategien ohne Prime Broker niemals realisieren.

88 *Clearing* kann man als *back-office* Funktion umschreiben.
89 Vgl. Fano-Leszczynski, "Hedgefonds…".

Die Gebühren der Broker können sehr unterschiedlich sein – es gibt zum Beispiel mehrere gute Broker, die den Zugang nur übers Internet bieten und niedrige Gebühren verrechnen. Der Broker trifft oft die sogenannten „soften“ Dollar Vereinbarungen mit dem Hedgefonds oder dessen Investmentberater – es handelt sich dabei um vom Broker subventionierte Finanzierungen. Diese Arrangements sind nicht unumstritten, da sie die Objektivität des Managers oder Beraters beeinflussen können.

4.2 Die organisatorischen Strukturen

In einen Hedgefonds oder in eine Hedgestrategie kann man grundsätzlich auf zwei Arten investieren:

- Investition in einen bestehenden Hedgefonds, in dem man seine Anteile kauft
- Eröffnung eines separat geführten Kontos (*Managed Account*), das von einem Hedgefonds Manager verwaltet wird

Ein Hedgefonds ist ähnlich wie ein traditioneller Investmentfonds vor allem ein Investmentvehikel, das die Gelder der Investoren sammelt und ihnen somit den Zugang zum Wissen und zu den Fähigkeiten des Managers, eine bestimmte Investmentstrategie durchzuführen, erlaubt. Die Struktur eines Hedgefonds soll möglichst einfach und effizient sein und sich nach zwei Faktoren richten:

- nach der Art der Investmenttools, der verwendeten Finanzinstrumente und der Märkte, in die investiert wird, und
- nach den rechtlichen und steuerlichen Bedürfnissen der potentiellen Investoren

Zu den wichtigsten Investoren gehören vorrangig sehr vermögende Privatanleger (auch die *Family Offices*, die das Geld der reichen Familien verwalten), die noch immer fast 80% der Kunden bilden, diverse, immer mehr verbreitete Dachfonds und große institutionelle Kunden, wie Versicherungen, Pensionskassen, Stiftungen und Banken (nota bene: viele Investmentbanken und mittlerweile auch manche kommerziellen Banken agieren selbst als proprietäre Hedgefonds für eigene Anlageziele).

Obwohl immer mehr Hedgefonds in Europa oder im Fernen Osten gemanagt werden, ist das Verhältnis zwischen den US-amerikanischen und nicht-US-amerikanischen Hedgefonds schätzungsweise noch immer 4 : 1.

Die US-amerikanisch gemanagten Hedgefonds teilen sich auf die im Inland (*Onshore*) und die im Ausland (*Offshore*) gegründeten Hedgefonds – die Bezeichnungen entsprechen dem stolzen und auch schon überstrapaziertem US-Prinzip „wir und der Rest der Welt“. Als *Offshore* Domizile werden ausgewählte Jurisdiktionen kleiner Inselstaaten verstanden, die besonders liberale Bestimmungen für die Gründung der Investmentfirmen haben.

Offshore – Jurisdiktionen

Eine der ersten *Offshore* – Jurisdiktionen entstand auf den Niederländischen Antillen, dank eines günstigen Abkommens mit den USA. Mit der Zeit kamen andere Inselstaaten dazu, wie die Britischen Jungferninseln (British Virgin Islands – BVI), die Cayman Inseln, die Bermudas, die Bahamas, die Isle of Man, Mauritius, Gibraltar, die Kanalinseln, Irland (Dublin) oder auch solche „Festland“ Jurisdiktionen wie Luxemburg, Liechtenstein oder Singapur. Alle diese Jurisdiktionen haben entweder niedrige Steuern oder erheben keine Steuer.

Unter den Karibik-Inseln waren lange Zeit die Britischen Jungferninseln der führende Markt für Neugründungen, doch die Unsicherheiten verbunden mit dem 1996 eingeführten Gesetz (BVI Mutual Fund Act) führten die Fondsgründer eher zu den Cayman Inseln. Die Cayman Inseln haben außerdem eine günstige Regelung, laut der die Pflicht der Registrierung beim Administrator und nicht beim Fonds selbst liegt. Cayman hat zwar etwas höhere Gründungskosten, doch die umfassenden Administrations- und Investmentschemen sind von großem Vorteil. Die administrative Servicierung der *Offshore* Hedgefonds wird von einer kleinen Gruppe von Finanzinstitutionen durchgeführt. An deren Spitze stehen heute Citco (Curaçao International Trust Company) und die Bank of Bermuda, beide mit zahlreichen Niederlassungen in allen wichtigen Finanzzentren der Welt.

Besonders wichtige Entwicklungen gab es in diesen Jurisdiktionen in den Neunziger Jahren einerseits in Bezug auf Registrierung und Lizenzvergabe für neue Formen der Investmentfonds, andererseits in den Bestimmungen gegen die Geldwäsche. Das öffentliche Image ist für die Wahl des Domizils eines *Offshore* Hedgefonds von großer Bedeutung. Eine zur OECD gehörende Organisation: Financial Action Task Force, die speziell die Geldwäschezentren aufspürt, veröffentlicht regelmäßig eine „schwarze Liste“ jener Länder, die gegen die internationalen Geldwäschebestimmungen verstoßen oder sich zumindest unkooperativ zeigen. Alle anderen Jurisdiktionen – auch noch so exotische – kann man als rechtlich unbedenklich erachten. Die meisten Hedgefonds halten *Offshore* nur die Administration und das Depotgeschäft aufrecht – die Manager arbeiten von Amerika oder Europa aus.

Wie zuvor bereit erwähnt, besteht ein wesentlicher Unterschied zwischen den Hedgefonds und den traditionellen Fonds in den jeweiligen rechtlichen Anforderungen. In der Mehrzahl der Fälle versuchen die Hedgefonds eine Registrierung und die damit verbundenen rechtlichen Regelungen, die die Formen der traditionellen Investmentvehikel bestimmen, zu vermeiden. Für gewöhnlich sind sie auch dazu gezwungen, da die Gesetze der konventionellen Investments die Implementierung der Hedgefonds Strategien unmöglich gemacht hätten. Wichtig sind für die Struktur eines Hedgefonds vor allem drei Punkte:

- Befreiung von der gesetzlichen Registrierung (z.B. bei der Securities and Exchange Commission)
- Beschränkte Haftung – die Investoren sollen nicht für jene Verluste eines Hedgefonds haften, die über ihre eigenen Investments hinausgehen (wichtig bei Derivativinstrumenten und Leverage)
- Keine oder möglichst niedrige Besteuerung des Hedgefonds selbst – die Investoren können aus sehr unterschiedlichen Jurisdiktionen stammen und ihre Investments sollen nur den jeweiligen lokalen Besteuerung unterliegen

Gesetze in den USA[90]
Das wichtigste US-Gesetz in diesem Bereich ist der Securities Act aus dem Jahr 1933, der eine Registrierung für alle öffentlich angebotenen Fonds vorschreibt. Praktisch alle US-amerikanischen, inländischen Hedgefonds werden unter einer Ausnahmebestimmung dieses Gesetzes verkauft. Um dieser Ausnahmebestimmung zu entsprechen, dürfen sie zum Beispiel nicht öffentlich werben und die Investoren müssen gewisse Mindestkriterien erfüllen.

Der Investment Company Act aus dem Jahre 1940 regelt die Registrierung der traditionellen Investmentfonds (*Mutual Funds*). So gut wie alle Hedgefonds agierten als Ausnahme zu dieser Regelung und durften unter anderem nicht mehr als 100 Investoren haben (wie bereits erwähnt, war dies die ursprüngliche Ursache für die enorm hohen Mindestinvestments).
Eine relativ neue Novellierung zu diesem Gesetz, der National Securities Markets Improvement Act, beschlossen 1996, erlaubt mehr als nur 100 Investoren auch ohne Registrierung, vorausgesetzt allerdings, dass die Investoren hohe finanzielle Anforderungen erfüllen. Es wurden auch die Möglichkeiten die Performance Fee zu verrechnen verbessert.

[90] Vgl. Fano-Leszczynski, "Hedgefonds...".

Der Investment Advisers Act von 1940 verlangt, dass Manager, die sich öffentlich als Investmentberater präsentieren, von der Securites Exchange Commission registriert werden müssen. Die meisten Manager der inländischen US Hedgefonds agieren unter einer Ausnahmebestimmung zu diesem Gesetz, indem sie ihre Kundenbasis einschränken und sich nicht in der Öffentlichkeit als Investmentberater bezeichnen.

Manche Hedgefonds, die signifikant Futures oder *Commodities* verwenden, müssten sich bei der Commodity Futures Trading Commission registrieren – doch auch da gibt es reichliche Ausnahmebestimmungen.
Erwähnenswert ist auch, dass zusätzlich zu Bundesgesetzen viele US-Bundesstaaten eigene Gesetze haben – die sogenannten *Blue-sky Laws*.

Die *Onshore* oder inländischen Investmentvehikel in den USA werden hauptsächlich als *Limited Partnership* (ähnlich der Kommanditgesellschaft) gegründet. Eine solche Firma besteht aus dem Generalpartner (*General Partner*), dessen Haftung nicht begrenzt ist und der meistens der Gründer des Hedgefonds und oft auch dessen Manager ist, und aus den Investoren, die *Limited Partners* genannt werden, da ihre Verantwortung als Partner nur auf jeweils eigenes, anfänglich investiertes Geld limitiert ist. Der Generalpartner ist üblicherweise eine Vermögensverwaltung (oder ein Vermögensverwalter), die die Befugnis hat, die Gelder des Fonds zu verwalten und seine Investitionen zu tätigen. Eine weitere Form ist die *Limited Liability Company* – etwas weniger populär, vor allem aufgrund der höheren Kosten und steuerlichen Nachteile. Die *Offshore* Investmentvehikel werden hauptsächlich als Korporationen[91] mit einer Managementfirma und einem Administrator anstelle des Generalpartners gegründet. Sie sind vor allem für jene nicht US-Investoren geeignet, die nicht der US-amerikanischen Besteuerung oder anderen Regulierungen unterliegen wollen und trotzdem vom Know-how der US-Manager profitieren möchten. Die Investoren kaufen Anteile eines solchen *Offshore* Hedgefonds und haften als Aktionäre für ihre eigene Investitionen – ähnlich wie die *Limited Partners* bei den *Onshore* Hedgefonds. Kunden stellen oft die Frage, wer für die Gelder eines Fonds haftet, und die Antwort ist genauso wie zum Beispiel bei traditionellen Investmentfonds: der Fonds haftet nur für sein Eigenkapital und jeder Aktionär haftet selbst für seine Anteile. Viele US-gemanagten Hedgefonds werden von Anfang an doppelt gegründet: parallel als *Onshore* und *Offshore* Investmentvehikel; bei unterschiedlichen

[91] Normalerweise müsste eine Korporation einer Besteuerung unterliegen, da aber die *Offshore* Hedgefonds in Steuerparadiesen domiziliert sind, entfällt die Besteuerung gänzlich oder ist sehr niedrig.

juristischen Strukturen[92] fahren sie die gleiche Investmentstrategie und tätigen die gleichen Investitionen. Andere wiederum werden nur *Onshore* oder nur *Offshore*, abhängig von der Zielgruppe oder meistens eher aus rechtlichen und/oder steuerlichen Überlegungen[93], domiziliert.

UCITS – Undertaking for the Collective Investment of Transferable Securities
Öffentliches Unternehmen mit eingeschränkter Haftung, das die Distribution und das Management von Unit Trusts in den Ländern der Europäischen Union koordiniert. Die UCITS Fonds können in allen EU-Ländern vermarktet werden, sofern sie in einem dieser Länder öffentlich registriert sind. Die UCITS Direktiven berücksichtigen die Differenzen in den spezifischen Offenlegungsvorschriften in diversen Ländern. Die erste Version UCITS stammt aus dem Jahr 1985 und wurde in 1997 (UCITS II) und 2001 (UCITS III) erweitert.

Obwohl US-Manager noch immer ca. 75% der Hedgefonds kontrollieren, entwickeln sich Europa und Asien immer stärker zu einer neuen Vorderfront der Industrie. Auch eine steigende Anzahl der US-gemanagten Hedgefonds hat in Europa und im Fernen Osten eigene Büros eröffnet oder hat Distributionsverträge mit lokalen Partnern unterschrieben.

Die **SICAV** ist eine besonders in Frankreich und in Luxemburg gebräuchliche Aktiengesellschaft, die über Gesellschaftsorgane sowie über ein Mindestkapital verfügt. Das Kapital der Gesellschaft variiert jedoch. Es entspricht jederzeit dem Wert des Nettovermögens aller Teilfonds der Gesellschaft und wird durch Anteile ohne Angabe eines Nominalwertes dargestellt. Im Unterschied zu einer Aktiengesellschaft im klassischen Sinn ist der Zweck der SICAV auf die Anlage des Gesellschaftskapitals in Wertpapieren nach dem Grundsatz der Risikostreuung - ähnlich wie es das KAGG für deutsche Investmentgesellschaften vorschreibt - beschränkt.

92 Vor allem die Besteuerung ist unterschiedlich.

93 Zum Beispiel wenn man strenge Vorschriften und Restriktionen im Inland vermeiden möchte.

4.2.1 Managed Accounts

Ein separat geführtes Konto (*Managed Account*) ist zwar ausdrücklich kein Hedgefonds, doch bei entsprechend hohem Vermögen[94] eine gute Alternative, um Zugang zur Hedgefonds Industrie, zu den Hedgefonds Strategien und somit zum Know-how der Manager zu erreichen. Anstatt die Anteile eines Hedgefonds zu kaufen, kann der vermögende Investor ein separates Konto eröffnen lassen und einen Hedgefonds Manager mit dem Management seiner Gelder auf diskretionärer oder nicht non-diskretionärer[95] Basis beauftragen. Keine andere Investmentform bietet so gute Transparenz- und Liquiditätsbedingungen wie ein *Managed Account*. Es gibt dem Investor volle Offenlegung aller Handelsaktivitäten des Managers auf diesem Konto und tägliche Liquidität – vorausgesetzt allerdings, dass die gehandelten Finanzinstrumente liquide sind. Ein separat geführtes Konto reduziert auch radikal das Betrugsrisiko und ist die beste Voraussetzung für pro-aktives Risikomanagement.

Ein Hedgefonds hat fixe Konditionen und fixe Gebühren. Im Gegensatz dazu kann der Anleger bei einer entsprechend hohen Investitionssumme manchmal auch gewisse Bedingungen stellen, zum Beispiel die maximale Höhe des Leverage festsetzen, die Verwendung von bestimmten Finanzinstrumenten oder Investmenttechniken untersagen, oder eine bessere Gebührenstruktur oder Liquiditätsbedingungen aushandeln – die Rede ist hier aber von wirklich großen Geldbeträgen. Grundsätzlich ist ein separates Konto liquider als ein Hedgefonds und volltransparent: man kann ein solches Konto in den meisten Fällen kurzfristig – oft sogar täglich – schließen und der Investor bekommt Kopien aller Transaktionen, die auf seinem Konto durchgeführt wurden und kennt jede gehaltene Position. Ein Hedgefonds ist hingegen oft kaum (oder überhaupt nicht) transparent für seine Aktionäre. Ein separat geführtes Konto wird meistens bei einer Depotbank gehalten und die Transaktionen werden von einem unabhängigen Broker exekutiert. Operativ gesehen ist es einfach ein Konto, welches der Investor beim Prime Broker eröffnet und dem Manager eine Vollmacht gibt, auf diesem Konto Kauf- und Verkauftransaktionen durchzuführen, genauso, wie er den eigenen Hedgefonds sonst managt. Man könnte sagen, dass es ein Klon des Hedgefonds ist, ohne irgendeine institutionelle Struktur. Für die Mehrheit der Investoren sind existierende Hedgefonds die einzige In-

---

[94] Für den Anfang werden meistens Beträge zwischen US$ 5 bis 25 Mio. verlangt, obwohl es auch Manager gibt, die auf niedrigere Summen eingestellt sind.

[95] Diskretionär: der Manager entscheidet über die Investitionen, non-diskrätionär: der Kunde muss die Investitionen bewilligen.

vestmentoption, da sie die geforderten Mindestinvestments der separat gemanagten Konten nicht aufbringen können.

Viele Hedgefonds Manager wollen keine separaten Konten akzeptieren, da die geforderte Transparenz[96], zusätzliche Berichte und Sonderwünsche der Investoren mit einem deutlichen Mehraufwand an administrativer Arbeit verbunden sind, was besonders für kleine Firmen mit minimalen *Back Office* ein Problem darstellt. Die Manager, die solche Konten führen, verlangen dafür von den Investoren oft zusätzliche Gebühren und auch die Depotbank verrechnet ihre Kosten für die Verwaltung. Ein separat gemanagtes Konto bietet allerdings dem Investor mehr Flexibilität, besseres Risikomanagement, hohe Liquidität und volle Transparenz.

4.2.2 Dachfonds (Fund of Hedge Funds)

Ein Dachfonds investiert in andere (*Single Manager*) Hedgefonds. Die Auswahl der Subfonds obliegt dem Dachfondsmanager. Die Investoren zeichnen die Anteile des Dachfonds und nicht die der Subfonds. Der Dachfonds verrechnet eigene zusätzliche Gebühren[97].

4.2.3 Umbrella Fonds

Der Begriff „*Umbrella Fund*“ wird oft nicht ganz glücklich mit „zentraler Dachfonds“ übersetzt. Eine *Umbrella* Struktur ist eine Ansammlung diverser Subfonds mit zentraler Administration und einer gemeinsamen Dachmarke. Sie bietet dem Anleger, unter einem gemeinsamen Schirm, Anlagemöglichkeiten in verschiedenen Einzelfonds der gleichen Investmentgruppe. Jeder Subfonds hat eine eigene Strategie, eigenes Fondsvermögen, eigens bewerteten Nettoinventarwert und eigenen Manager. Die Aktionäre lukrieren nur die Erträge jenes Subfonds, dessen Anteile sie halten, können aber steuergünstig von einem Subfonds in einen anderen wechseln (switchen). Der Switch erfolgt ohne zusätzlichen Spesenaufwand oder zu minimalen Gebühren. Nur beim Einstieg in den *Umbrella* fällt einmalig der Ausgabeaufschlag an. Obwohl die Subfonds in einer *Umbrella* Struktur grundsätzlich separate Einheiten bilden, kann in manchen Jurisdiktionen innerhalb der Struktur die wechselseitige Haftung zwischen den Subfonds entstehen – das bedeutet, dass die Gläubiger (z.B. Broker als Kreditgeber)

---

[96] Manche Manager wollen auch nicht, dass ihre ausgeklügelten Investmentmethoden transparent sind.

[97] Diese und andere Aspekte sind detailliert im Kapitel über die Dachfonds beschrieben.

eines Subfonds im Fall der Zahlungsunfähigkeit auf die Werte eines anderen Subfonds zurückgreifen können.

4.2.4 Zubringerfonds (Master/Feeder Struktur)

Die Zubringerfonds oder *Feeder Funds* sammeln die Kundengelder und liefern sie an die zentralen „*Master Fund*“. Der Zubringerfonds bietet für die Investoren gewisse Vorteile gegenüber dem *Master Fund*, zum Beispiel niedrigere Mindestinvestments oder eine andere Währung mit Wechselkursabsicherung. In den USA gibt es oft einen *Master Fund*, in dem die Mittel eines *Onshore* Fonds (für US-Investoren) und eines parallelen *Offshore* Fonds (für nicht US-Investoren) gemeinsam gemanagt werden.

4.3 Dokumentation eines Hedgefonds[98]

Ein Hedgefonds hat zwei[99] für den Investor wichtige Dokumente:

- Emissionsprospekt[100]
- Zeichnungsvertrag

Dazu kommen noch beim offenen Hedgefonds[101] ein Rückkaufantrag und ein Switchingantrag, wenn der Hedgefonds mehr als eine Serie anbietet. Institutionelle Anleger können auch Einblick in die Satzung der Investmentfirma oder in diverse Verträge mit den Dienstleistungsanbietern verlangen.

Der Emissionsprospekt gibt dem Anleger die einzig rechtlich gültige Auskunft über folgende, wichtige Punkte:

1. Die Struktur des Hedgefonds:
   - Gründungsform, Domizil, Registrierung
   - Anwendbares Recht, Gerichtsstand
   - Eigentümerstruktur

---

[98] Die Dokumente der Hedgefonds sind seit der Erscheinung des ersten Buches der Autorin unverändert geblieben.

[99] Bei US-Fonds als *Limited Partnerships* kommt dazu noch der Partnervertrag – kaum interessant für europäische Anleger.

[100] Englische Bezeichnungen: *Offering Memorandum, Private Placement Memorandum, Prospectus, Disclosure Document.*

[101] Ein offener Fonds (*open-end*) ist verpflichtet, die Anteile vom Investor, gemäß den Rückkaufbedingungen zurückzukaufen.

- Investmentmanager, Investmentberater (eventuell: Subberater) und Zusammenfassung ihrer Verträge
- Administrator, Depotbank
- Wirtschaftsprüfer, Rechtsberater
- Sponsor (optional)
- Prime Broker (optional)
- Transaktionsbroker (optional)
- Art der Anteile

2. Aktionäre:
   - Wer als Aktionär geeignet ist
   - Verkaufsrestriktionen – wo der Hedgefonds nicht verkauft werden darf (aus rechtlichen Gründen)
3. Investition:
   - Mindestbetrag für Erstinvestition
   - Mindestbetrag für Folgezeichnung
4. Kosten, Gebühren und deren Berechnung:
   - Ausgabeaufschlag (Agio)
   - Managementgebühr (jährlich und monatliche Aufteilung)
   - Performancegebühr
   - Rückkaufgebühr (wenn vorhanden)
   - Eventuell *Hurdle Rate* und *High Water Mark*[102]
   - Alle sonstigen Kosten, die die Performance vermindern
5. Investmentstrategie und Investmentmethode:
   - Wie werden die Erträge generiert
   - In welche Finanzinstrumente wird investiert
   - Maximale Höhe des Leverage (optional)
   - Maximale Größe einzelner Position (optional)
6. Bewertung des Hedgefonds:
   - Zeitpunkt der Kursbildung (NAV – *Net Asset Value*)
   - Informationsquellen und Vorgangsweise bei der Bewertung der Positionen
   - Wer bewertet den Hedgefonds
7. Zeichnungen und Rückkäufe:
   - Wann werden die Zeichnungen akzeptiert, Zeichnungsschluss, Vorgangsweise (z. B. Formulare)
   - Wann werden die Rückkaufanträge akzeptiert, mit/ohne schriftlicher Vorabnachricht
   - Bedingungen für die Auszahlung

---

[102] Beide Begriffe werden in weiterer Folge erklärt.

   - Restriktionen auf Rückkäufe
8. Risiko:
   - Sämtliche potentielle Risiken, denen der Hedgefonds ausgesetzt werden könnte
9. Dividenden (optional)
10. *Lockup* Perioden – Perioden in denen der Investor seine Anteile nicht verkaufen darf.
11. Anwendbare Besteuerung
12. Berichte des Hedgefonds.

Der Emissionsprospekt enthält auch viele andere, weniger relevante Informationen. Faktum ist, dass jeder, der sich einmal die Mühe gemacht und die Zeit genommen hat, dieses Dokument im Umfang von durchschnittlich 30 bis 60 dicht bedruckten Seiten im juristischen Kauderwelsch genau zu lesen, zu der Überzeugung gelangen müsste, dass der Hedgefonds mit seinem Geld so gut wie alles machen darf. Diese bewegende Einsicht ist nicht ganz falsch: der Emissionsprospekt schützt vor allem den Hedgefonds und deren Betreiber und nicht den Investor.

So wie der Emissionsprospekt eine Offenlegung des Hedgefonds gegenüber den Investoren ist, so bildet der Zeichnungsvertrag eine Offenlegung des Investors gegenüber dem Hedgefonds. Der Investor gibt seine persönlichen Daten[103] bekannt und bestätigt, dass er die Strategiegrundlagen und vor allem die potentiellen Risikofaktoren verstanden hat.

4.4 Gebühren der Hedgefonds

Im Jahre 2002 habe ich geschrieben: „Die Gebühren der Hedgefonds sind ein Kapitel für sich und werden manchmal von sparsamen Investoren mit einem Raubüberfall oder mit den Praktiken der Piraten verglichen" – daran hat sich weiterhin nichts geändert. Die besondere Gebührenstruktur ist eines der vordringlichen Merkmale, das die Hedgefonds von den traditionellen Investmentfonds unterscheidet. Insbesondere ist es die Performance Fee, eine Art Leistungshonorar, das bei den traditionellen Investmentfonds nicht vorkommt und somit nur für die Hedgefonds charakteristisch ist. Die traditionellen Investmentfonds beziehen ihr Einkommen vor allem aus der Managementgebühr. Diese Gebühr basiert auf dem Volumen des Fonds und wird immer bezahlt, unabhängig davon, ob der Manager große Verluste oder Gewinne gemacht hat. Der Fokus eines traditionellen Investment-

---

[103] Manche Hedgefonds, speziell in Amerika, haben dazu ein separates, ausführliches Formular, genannt *Survey Report*.

fonds liegt mehr auf der Größe des Fonds als auf noch besserer Performance, obwohl man schließlich nur bei guter Performance mehr Investoren und größere Volumina anziehen kann. Die Hedgefonds hingegen verwalten nur selten wirklich große Milliardenbeträge – obwohl ein Teil der Hedgefonds sehr gewachsen ist, bleibt die Mehrheit weit unter 100 Millionen Euro unter Verwaltung. Ein Investment in Hedgefonds ist ein Investment in Menschen – der Fokus liegt auf den Fähigkeiten des Managers, hervorragende Performance auch in schlechten Märkten zu erreichen. Dafür darf er sich auch mit der wohlverdienten Performancegebühr belohnen – ein positiver Fall aus der Hedgefonds Industrie von Jeffrey Vinik und ein negativer von Julian Robertson wurden bereits beschrieben. Die Struktur dieses Leistungshonorars ist mit einer Option für den Manager vergleichbar, die ihm große Gewinne bringt, wenn er entsprechend hohe Erträge für den Hedgefonds erzielt. Dass dies unter Umständen den Manager zu mehr Aggressivität in der Strategie und mehr Risikobereitschaft verleiten könnte, ist eine bekannte Tatsache. Als Gegengewicht dienen hier wiederum die üblicherweise substantiellen Eigeninvestitionen der Hedgefonds Manager in den von ihnen gemanagten Fonds – falls sie übermäßig spekulieren und riskieren, dann auch mit dem eigenen Geld. Manche Hedgefonds bestimmen die maximale Höhe der Performancegebühr als prozentuellen Anteil des Volumens, um zu hohe Risikobereitschaft zu stoppen[104]. Außerdem, die Hedgefonds Manager wollen ihre Fonds über Jahre hindurch gewinnbringend führen und nicht „*One-year-wonder*“ bleiben. Es gibt auch umgekehrtes Verhalten: wenn ein Manager am Beginn des Jahres speziell gute Performance erreicht hat, kann er im weiteren Verlauf des Jahres übertrieben risikoaverse Haltung annehmen, um nicht potentielle Verluste zu riskieren, bevor das Leistungshonorar ausbezahlt wird.

Wie werden Hedgefonds Manager zu Millionären?[105]

Ein guter Manager lässt sich dank des enormen Reichtumspotentials hinter der Performancegebühr leicht zu einem eigenem Hedgefonds überreden[106].

Angenommen, dass ein Hedgefonds Euro 200 Millionen verwaltet und eine Jahresperformance von 15% erreicht. Bei einer Managementgebühr von 1% und einer Performancegebühr von 20% auf den Performancezuwachs würde es folgende Zahlungen bedeuten:

[104] Große, institutionelle Investoren können verlangen, dass ein Teil der Performance Fee im Hedgefonds als Rücklage bleibt, um die Investoren zu entschädigen, wenn die Erträge ins Negative umkehren.

[105] Entnommen aus: Fano-Leszczynski, "Hedgefonds...".

[106] Nicht umsonst wird sie auch *Incentive Fee* genannt.

Managementgebühr	€ 2 Mio.
Performancegebühr	€ 6 Mio.

Der Löwenanteil der lukrativen Performancegebühr fällt meistens dem Manager zu – kein Wunder, dass er von den Managern der traditionellen Investmentfonds oft beneidet wird. Der Investor hingegen ist gut beraten, vor allem auf die Nettoerträge des Hedgefonds nach allen Gebühren zu achten. Wenn die Zahl unter dem Strich auch für den Investor stimmt, braucht man über die Erträge des Managers nicht nachzudenken.

Grundsätzlich gibt es drei Gebühren:

- Agio oder Ausgabeaufschlag[107]
  Üblicherweise zwischen 3% und 5% (große Investoren zahlen meistens gar nichts), hat für die Hedgefonds die geringste Bedeutung. Auch bei traditionellen Investmentfonds – meistens rigoroser exekutiert als bei den Hedgefonds.
- Managementgebühr
  Grundsätzlich zwischen 1% und 3% (obwohl auch höhere Gebühren verlangt werden können), hängt ausschließlich vom Volumen des Fonds ab und nicht von der Performance. Auch bei traditionellen Investmentfonds.
- Performancegebühr
  Hedgefonds-spezifisches Leistungshonorar zwischen 10% und 30% des jährlichen Gewinnes. Am meisten verbreitet ist 20% oder auch 15% auf alle Erträge während eines Jahres[108]. Oft wird eine sogenannte *Hurdle Rate* eingesetzt, was bedeutet, dass nur die Erträge über einem bestimmten Prozentsatz (zum Beispiel Erträge über die ersten 10%[109]) der Performancegebühr unterliegen. Viele Hedgefonds haben noch zusätzlich eine *High Water Mark*,[110] was bedeutet, dass zuerst etwaige Verluste

---

[107] Im Englischen *Selling Fee* oder *Upfront Fee*: die erste wird grundsätzlich auf den Investitionsbetrag zusätzlich aufgeschlagen, die zweite wird vom Investitionsbetrag abgezogen.

[108] Ursprünglich war 1 Jahr die Mindestperiode für die Berechnung der Performancegebühr. Seit 1998 darf ein in den USA registrierter Investmentberater auch halb- oder vierteljährlich und sogar monatlich diese Gebühr berechnen.

[109] Oft wird auch die Performance der *Treasury Bills* als *Hurdle Rate* eingesetzt, selten die Performance von einem bekannten Index.

[110] Wird auch als *Loss Carryforward* bezeichnet. Bedeutet, dass wenn der Manager z.B. im ersten Jahr US$ 100 verloren und im zweiten Jahr US$ 100 gewonnen hat, für das zweite Jahr keine Performancegebühr ausbezahlt wird.

ausgeglichen werden müssen, bevor die Performancegebühr für das laufende Jahr ausbezahlt wird. Manche Hedgefonds haben eine Klausel über proportionale Anpassung der Verluste: wenn der Fonds negative Performance hatte und die Investoren signifikante Beträge zurückzogen, darf der Hedgefonds die Höhe des für *High Water Mark* relevanten Verlustes proportional reduzieren. Selbstverständlich gilt: je höher das verwaltete Volumen, desto höher auch die Performancegebühr[111].

Performancegebühr und ***Hurdle Rate*** – die Art der Berechnung für fortgeschrittene Investoren:

Es gibt zwei Arten von *Hurdle Rates*: *Soft Hurdle* und *Hard Hurdle*:

Soft Hurdle bedeutet, dass die Performancegebühr von den gesamten Erträgen berechnet wird, sobald das Mindestlimit (*Benchmark Return*) der jährlichen Performance erreicht wird.

Hard hurdle bedeutet, dass ausschließlich der Ertrag über dem Mindestlimit der Performancegebühr unterliegt.

Die Performancegebühr mit einer fixen (oder variablen) *Hurdle Rate* kann nach drei Grundformeln berechnet werden:

„*Deductible*“ – Performancegebühr ist gleich dem fixen Prozentsatz der Nettoerträge über *hurdle*;

„*Catchup*“ – Performancegebühr ist gleich dem fixen Prozentsatz der gesamten Nettoerträge, vorausgesetzt, dass der Investor einen Nettoertrag zumindest vom Prozentsatz der *Hurdle Rate* erhält;

„*Cliff*“ – Performancegebühr ist gleich dem fixen Prozentsatz der gesamten Nettoerträge, vorausgesetzt, dass der Investor einen Bruttoertrag (berechnet vor Abzug der Performancegebühr) zumindest vom Prozentsatz der *Hurdle Rate* erhält.

Den größten Profit für den Fonds bringt die „*Cliff*“ Formel, den geringsten die „*Deductible*“.

Bei Fonds mit „*Same-year Lookback*“ Prinzip, wo nur die Erträge eines Jahres bewertet werden, würde man im zweiten Jahr die Performancegebühr auszahlen.

111 Bei einem Volumen von € 100.000 und 10% Performance ergibt 20% Performance Fee € 2.000 – bei einem Volumen von € 1 Mio., wären es € 20.000.

Noch besser und einfacher für den Fonds ist natürlich die Berechnung der Performancegebühr auf alle Nettoerträge ohne *Hurdle Rate* – manche berechnen sie sogar von den Bruttoerträgen!

Hedgefonds mit einer beschränkten Anzahl von Großinvestoren berechnen die Performancegebühr für jeden Investor separat, um die Zeitunterschiede im Einstieg jeden Investors auszugleichen (wichtig auch bei Fonds mit *High Water Mark*). Bei Fonds mit niedrigen Mindestinvestments und vielen Aktionären wäre das zu aufwändig und nicht durchführbar.

High Water Mark – angenommen, dass ein Hedgefonds mit *High Water Mark* im ersten Jahr € 100.000 verliert und im zweiten Jahr € 250.000 gewinnt – der Hedgefonds Manager erhält das Leistungshonorar für den Gewinn des zweiten Jahres nur vom Betrag € 150.000, da der Verlust des ersten Jahres zuerst ausgeglichen werden muss.

Manche Hedgefonds verrechnen Verkaufsgebühren (*Redemption Fee*, genannt auch manchmal *Surrender Fee*), wenn man die Anteile wieder zu Geld machen will. Manchmal wird diese Gebühr in den Fonds eingezahlt, um die verbleibenden Investoren für die durch den Rückkauf verursachten und von gesamten Fonds getragenen Transaktionskosten zu entschädigen. Bei Strategien, die hauptsächlich weniger liquide Finanzinstrumente verwenden, gibt es oft eine *Lockup* Periode (zum Beispiel ein Jahr bei vielen Arbitrage Fonds), während der die Verkäufe nur unter Bezahlung einer Strafgebühr möglich sind.

Bei Dachfonds (*Fund of Funds*) und Zubringerfonds (*Feeder Fund* – siehe die Beschreibung) gibt es in der Regel doppelte Gebühren. Zusätzlich zu den oben beschriebenen Management- und Performancegebühren der Hedgefonds verrechnet der Dachfonds oder der Zubringerfonds die gleichen Gebühren auf eigene Volumina und eigene Performance – meistens aber deutlich niedriger als die Gebühren der Subfonds[112]. In letzter Zeit entstehen sehr viele Dachfonds in der Hedgefonds Industrie und manche verrechnen ihren Investoren unverschämt hohe Gebühren, die jenen der Subfonds gleichen. Die Investoren sollen solche Gebührenstrukturen sehr genau hinterfragen, da ein Dachfondsmanager unvergleichbar weniger zum Alphawert des Investments beiträgt als die Manager der einzelnen Hedgefonds.

[112] Siehe Kapitel über die Dachfonds.

Grundsätzlich könnten die Investoren erwarten, dass mit der wachsenden Anzahl der Hedgefonds ihre Gebühren niedriger werden – die professionellen Fähigkeiten eines Managers sind aber rar und so werden sie wahrscheinlich weiterhin hoch bezahlt.

4.5 Zeichnungen und Rückkäufe

Die Hedgefonds sind langfristige Investments par excellence. Die „*Jump-in, Jump-out*" Mentalität mancher Anleger wird von den Hedgefonds Managern nicht goutiert[113]. Zu viele Cashflows, wie in den täglich liquiden konventionellen Investmentfonds sind nicht erwünscht, da sie die langfristige Implementierung der Strategie hindern. Die meisten offenen Hedgefonds akzeptieren daher monatliche Subskriptionen, werden aber deutlich restriktiver, wenn man die Anteile wieder zu Geld machen will. Die meisten Strategien der Hedgefonds wären nicht durchführbar, wenn der Manager bei der Zusammenstellung des Portfolios immer darauf achten müsste, dass er unter Umständen unlimitierte, tägliche Cashflows decken muss. Es wurde bereits im Kapitel über die Unterschiede der alternativen und traditionellen Investments beschrieben, dass die Hedgefonds meistens mit oft weit weniger liquiden Finanzinstrumenten operieren als die traditionellen Investmentfonds und auch an sich so liquide Positionen, wie Aktien oder Anleihen so gebildet werden, dass ihre vorzeitige Auflösung für einen unerwarteten, großen Rückkauf der Anteile einen mehr oder weniger großen Verlust bringen kann. Aus diesem Grund haben viele Hedgefonds die bereits erwähnte Sperrperiode (*Lockup Period*) von meistens einem Jahr. Besonders verbreitet ist sie bei den US-Hedgefonds, die im Inland domiziliert sind. Ihre *Offshore* Parallelfonds haben seltener eine Sperrfrist und bieten daher den Investoren höhere Liquidität. Die Länge der Sperrfrist richtet sich vornehmlich nach der Art der Investitionen; manche Fonds, die Investments in *Venture Capital* oder in *Distressed Securities* haben, setzen Sperrfristen von 3 bis sogar 5 Jahren fest. Ein anderes Beispiel sind die US *Micro-cap* Aktien, weil sie vergleichbar selten gehandelt werden und ihre Kurse schnell verfallen können, wenn man ein größeres Paket solcher Aktien rasch verkaufen muss.

Die meist verbreitete Liquidität der gut etablierten Hedgefonds ist vierteljährlich, doch viele ausgezeichnete Fonds, die vor allem von institutionellen Anlegern begehrt sind, erlauben die Rückkäufe nur einmal im Jahr. Relativ viele Hedgefonds haben auch monatliche Liquidität, die eigentlich ein optimaler Kompromiss zwischen den Ansichten der Investoren und der

[113] Manche Anleger würden das als *Market Timing* umschreiben.

Manager über die notwendige Liquidität ist. Das Verlangen mancher Anleger nach täglicher oder zumindest wöchentlicher Liquidität der Hedgefonds zeugt nur von ihrem Unverständnis für die Art und Weise, wie Hedgefonds arbeiten und ihre Strategien realisieren. Aufgrund der Gesetze in vielen Ländern ist die tägliche oder wöchentliche Annahme der Rückkäufe die Voraussetzung für die öffentliche Zulassung zum Vertrieb. Es werden zwar schon Hedgefonds mit so hoher Liquidität der Anteile angeboten, aber die Anleger (und auch der Gesetzgeber) sollen bei aller Freude bedenken, dass dies zu Lasten der Performance geschieht. Generell wird auch eine schriftliche Vorabnachricht von 30 bis 90 Tagen verlangt.

„**Key man**" Bedingung - manche Hedgefonds mit langen Liquiditätsfristen haben die sogenannte „Key man" Klausel, die besagt, dass die Anleger ihre Investments immer dann außerhalb der üblichen Fristen zurückziehen dürfen, wenn ein Manager in einer Schlüsselposition den Fonds verlässt, stirbt oder aufgrund einer Krankheit nicht mehr seiner Arbeit nachkommen kann. Normalerweise können in so einem Fall alle Investoren zum gleichen Zeitpunkt ihre Gelder zurückziehen, allerdings soll es immer genügend Zeit für die Verwaltung geben, um die Positionen ordnungsgemäß zu liquidieren.

Die restriktiven Verkaufsbedingungen sollen dem Manager genügend Zeit geben, um die Positionen seines Portfolios ordnungsgemäß und ohne negative Auswirkung auf die Performance zu verkaufen und/oder entsprechend umzuschichten – dies ist auch besonders für jene Aktionäre bedeutend, die weiterhin im Fonds verbleiben. Eine andere, häufige Bedingung ist ein sogenanntes „*gate*" – es ist eine prozentuell angegebene Einschränkung, dass die gesamten, per ein bestimmtes Datum angemeldeten Rückkäufe nicht mehr als zum Beispiel 25% des Gesamtportfolios betragen dürfen[114]. Sind sie höher, so wird die Auszahlung auf ein weiteres Rückkaufsdatum *pro rata* verlegt. Massive Rückkäufe in einem großen Portfolio könnten unter Umständen eine negative Auswirkung auf die Preise der gehaltenen Finanzinstrumente haben und dadurch auch andere Hedgefonds mit ähnlichen Positionen negativ beeinflussen. Dass man nie alle Investoren glücklich machen kann, zeugt der umgekehrte Fall von Long-Term Capital Management – als der Fonds am Anfang 1998 aus Eigeninitiative Gelder an die Aktionäre zurück gab, haben viele es als ungerecht empfunden – dass sie ein Paar Monate später zutiefst erleichtert waren, steht auf einem anderen Blatt geschrieben.

[114] Viele Arbitrage Fonds limitieren bereits bei der Hälfte dieser Zahl.

4.6 Vorteile der Hedgefonds und ihre Kosten

Die beschriebenen Vorteile der Hedgefonds sind nicht umsonst - kein „*Free Lunch*". Hier eine kleine Zusammenstellung:

- Die absoluten Erträge geben die Chance auch in negativen Märkten positiv zu performen - bei steigenden Märkten können schwächere Erträge erbracht werden (beim Boom kann der Unterschied deutlich sein)
- Der Manager hat fast uneingeschränkte Freiheit im Implementieren seiner Strategie – das Managerrisiko ist sehr signifikant
- Leistungshonorare sind eine Motivation die Performance der Strategie vor das simple Wachstum der Assets zu stellen – es kann ein Anreiz zu unnötigem Risiko (Spekulation, Leverage, etc.) entstehen
- Eingeschränkte Liquidität der Hedgefonds erlaubt dem Management sich auf die Strategie zu konzentrieren und nicht auf das tägliche Cashflow und erlaubt Strategien anzuwenden, die Liquidität zu limitieren – tägliche Liquidität wird von vielen Investoren bevorzugt und bei manchen institutionellen Anleger ist es die Voraussetzung für ein Investment
- Hedgefonds sind generell relativ kleine, flexible Organisationen – die tägliche Arbeit und der Erfolg eines Hedgefonds hängt oft von einer oder nur wenigen Personen ab (*Key People*)

TEIL II
DAS UNIVERSUM DER HEDGEFONDS

1. Kategorien der Hedgefonds

Der Anteil der Hedgefonds Industrie an den globalen Finanzmärkten beträgt nicht mehr als 2%. Auch wenn es als vergleichbar klein erscheint, bedeutet dies trotzdem Tausende von Investmentvehikeln, die eine äußerst heterogene Gruppe bilden. Zudem basiert die Hedgefonds Industrie in sehr wesentlichem Ausmaß auf den Fähigkeiten der einzelnen Manager (*Skill-based*) und so können sich die Grundstrategien in viele Substrategien entwickeln, die nicht immer wirklich vergleichbar sind.

Die wiederholten Versuche die Hedgefonds Industrie genau zu kategorisieren scheitern mehr oder weniger an ihrer Heterogenität, die im Gegensatz zum Universum der traditionellen Investmentfonds steht. Die traditionellen Investments sind im Allgemeinen relativ gut und verständlich systematisiert, und die einzelnen Kategorien sind für die Investoren größtenteils klar definiert. Die Vielfalt der Hedgefonds ist einer ihren großen Vorteile, aber für die Investoren und deren Berater ein Hindernis auf dem Weg zu den zwei vordringlichen Zielen:

- Ein Portfolio zu kreieren, das möglichst effizient unterschiedliche Strategien quantitativ kombiniert;
- Verlässliche Vergleiche zwischen den Managern oder zwischen den Fonds zu ermöglichen.

Ohne eine adäquate Systematisierung und ohne verlässliche Benchmark ist die sowieso nicht einfache und komplexe Suche nach einem guten Investmentmanager noch schwieriger. Es ist allerdings sehr unwahrscheinlich, dass man ein derartig heterogenes Universum tatsächlich unter einen Hut bringen könnte. Viel einfacher zu gestalten und mit größerer Aussagekraft sind die Indizes, die sich auf einzelne Hedgefonds Strategien spezialisieren – beschrieben in diesem Buch im Kapitel über die Hedgefonds Indizes. Der weltweite Wunsch nach einem verwendbaren Hedgefonds Index wird noch längere Zeit unerfüllt bleiben, da man zum Beispiel *Fixed-income* Arbitrage mit *Distresses Securities* nur äußerst künstlich vergleichen könnte. Einer der weiteren Gründe dürfte unter anderem der Mangel an standardisierten und allgemein verlässlichen Informationen sein.

Eine der Ursachen für die Heterogenität der Hedgefonds Industrie ist die Tatsache, dass dieser Bereich der Finanzwelt auf den Fähigkeiten der Manager basiert und jeder Manager grundsätzlich eine mehr oder weniger unterschiedliche Strategie verfolgen kann, je nachdem, wo seine persönlichen Stärken, seine Expertise und jahrelange Erfahrung liegen. Die Manager können auch für grundsätzlich ähnliche Strategien vollkommen unterschiedliche, proprietäre Investmentstile und Methoden entwickeln. Die so entstandene Einzigartigkeit eines Hedgefonds ist auch die Berechtigung für das hohe Leistungshonorar des Managers. Wären die Hedgefonds einfach zu systematisieren, würde es bedeuten, dass sie mit einfachen, leicht reproduzierbaren Strategien arbeiten. Ein Hedgefonds wäre also ein Investmentprodukt, das man zu niedrigeren Kosten – ähnlich den traditionellen Investmentfonds – anbieten könnte. Das wird aber sicherlich noch lange nicht eintreten und so muss man trotz aller Schwierigkeiten doch versuchen, in diese heterogene Welt eine Systematisierung einzubringen. Der wichtigste Grund dafür sind enorme Unterschiede sowohl in den Erträgen als auch in den Risikoparametern in der Hedgefonds Industrie

Das Hauptkriterium für die Klassifizierung der traditionellen Investments ist ihre Anlageklasse. Die traditionellen Investments werden durch Transaktionen oder Vorgänge wie Kauf, Halten und Verkauf – jedoch nicht Leerverkauf – von hauptsächlich Aktien, Anleihen und Cash charakterisiert. Die dominierende Variable und gleichzeitig die Benchmark ist die Performance der Märkte. Alternative Investments hingegen verwenden zusätzlich alle anderen Formen von Finanzinstrumenten und Investmenttechniken in so vielen Variationen, dass es unmöglich ist, deren Klassifizierung mit Hilfe von nur wenigen Kriterien durchzuführen. Die Fähigkeiten eines Managers spielen bei traditionellen Investments eine wesentlich geringere Rolle, als bei alternativen Investments, die ausgeprägt *Skill-based* sind, und äußern sich hauptsächlich in der Verfolgung einer auf Zuwachs orientierten Performance in Relation zu einer entsprechenden Markt Benchmark.

Nicht nur praktisch jede Hedgefonds Datenbank versucht ein eigenes Klassifizierungsschema zu entwickeln, auch diverse Aufsichtsgremien beschäftigen sich mit der Systematisierung. Das Basel Komitee teilte die Hedgefonds Strategien grob in zwei Hauptgruppen auf[1]:

- *Macro* und direktionale Strategien, die sich nach fundamentalen ökonomischen Indikatoren richten

[1] Basel Komitee, Banks' Interactions with Highly Leveraged Institutions, 1999.

- *Relative Value* und Arbitrage Strategien, die die Bewertungsunterschiede von vergleichbaren Finanzinstrumenten ausnützen.

Eine der bekanntesten Datenbanken in der Hedgefonds Industrie, MAR/Hedge[2] teilt die Hedgefonds in nur acht große Kategorien auf:

- Event driven Fonds
- Global Fonds
- Global Macro Fonds
- Long-only leveraged Fonds
- Market neutral
- Sektor Fonds
- Short-seller Fonds
- Dachfonds

Hedge Fund Research – eine andere, führende Datenbank – verwendete hingegen bereits fünfzehn Basisstrategien, um sie in weiterer Folge auf achtundzwanzig zu erweitern:

- *Convertible* Arbitrage Fonds
- *Distressed Securities* Fonds
- *Emerging Markets* Fonds: Asien
- *Emerging Markets* Fonds: Osteuropa
- *Emerging Markets* Fonds: Global
- *Emerging Markets* Fonds: Lateinamerika
- *Equity Hedge* Fonds
- *Equity Market Neutral* Fonds
- *Equity Non-Hedge* Fonds
- *Event Driven* Fonds
- *Fixed Income* Fonds: Arbitrage
- Fixed Income *Fonds*: Convertible bonds
- *Fixed Income* Fonds: Diversifiziert
- Fixed Income *Fonds*: High yield
- Fixed Income *Fonds*: Mortgage-backed
- Macro Fonds
- Market Timing Fonds
- Merger Arbitrage Fonds
- Regulation D Fonds

---

2 Managed Account Reports.

- Relative Value Arbitrage Fonds
- Sektor Fonds: Energie
- *Sektor* Fonds: Finanz
- *Sektor* Fonds: Gesundheit/Biotechnologie
- *Sektor* Fonds: Mineralien
- *Sektor* Fonds: Immobilien
- *Sektor* Fonds: Technologie
- Short Sellig Fonds
- Statistische Arbitrage Fonds

Diese Klassifizierung, obwohl umfangreich, erscheint ziemlich unkohärent, da sie durch unterschiedliche Kriterien definiert wurde. Manche Fondstypen wurden nach ihren Strategien oder nach der Art ihrer Investitionen, andere wiederum nach geographischen Regionen oder nach der Art der verwendeten Finanzinstrumente klassifiziert. Dazu kommen natürlich auch die unterschiedlichsten Dachfondstypen.

Eine der interessanteren Systematisierungen der Hedgefonds stammt von Ted Caldwell von Lookout Mountain Capital, Inc[3]. Caldwell teilt die Hedgefonds in zwei Hauptkategorien; „echte“ Hedgefonds und „nominale“ Hedgefonds. Als „echt“ bezeichnet Caldwell jene Hedgefonds, die permanent eine Hedging-Strategie für einen namhaften Teil (mindestens 25%) des Gesamtvermögens (nicht nur des Kapitals) anwenden, wobei nicht die Absicherung, sondern ein zusätzlicher Ertrag das Hauptziel des Hedging ist. Als „nominale“ Hedgefonds bezeichnet Caldwell jene Fonds, die zwar im allgemeinen dem Charakteristikum eines Hedgefonds entsprechen, doch entweder Hedging nur zeitweise oder nur als reine Absicherung ohne Absicht auf Zusatzertrag verwenden[4].

Nick Calamos von Calamos Investments hingegen identifiziert 10 Hedgefonds Strategien und teilt sie auf folgende zwei Hauptgruppen:

- direktionale (gerichtete) Strategien:
  - Global macro
  - Equity non-hedge
  - Short only
  - Emerging market
  - Distressed security

---

[3] Ted Caldwell, Unified Hedge Fund Classification, Version 1.5, 1998 (Update von 1996), www.lkt-mt-cap.com.

[4] Vgl. Fano-Leszczynski, "Hedgefonds...", wo auch die Liste der Kategorien angeführt ist.

- non-direktionale (nicht gerichtete) Strategien:
  - Convertible Arbitrage
  - Merger Arbitrage
  - Equity market neutral
  - Fixed-income Arbitrage
  - Relative Value Arbitrage

Obwohl sehr interessant, hat sich das Klassifizierungsmodell von Caldwell nicht als allgemeingültig durchgesetzt. Viel öfter verwendet man zum Beispiel folgende Aufteilung, die der von Calamos näher ist:

- Hedgefonds Universum
  - *Long-Short* technisch
  - *Long-Short* fundamental
  - *Macro*/global
- Event-driven
  - *Merger Arbitrage*
  - *Special Situations Arbitrage*
  - *Distressed Securities*
- Risiko-kontrollierend
  - *Convertible Arbitrage*
  - *Fixed-Income Arbitrage*
  - *Statistisches Arbitrage*

Häufig anzutreffen ist auch ein anderer Versuch der Systematisierung:

- Relative Value Strategien:
  - *Convertible Arbitrage*
  - *Fixed-Income Arbitrage*
  - *Equity Market Neutral*
- *Event driven* Strategien:
  - *Risk (merger) Arbitrage*
  - *Distressed Securities*
  - *Convertible Debenture Arbitrage (Regulation D)*
- Opportunistische Strategien:
  - *Global Macro*
  - *Long-Short Equities*
  - *Equity Market Timer*
  - *Short Selling Only*

Schon diese kleine Auswahl diverser Klassifizierungen zeigt deutlich, welche Probleme die Heterogenität der Hedgefonds Industrie mit sich bringt.

Die Manager-abhängige Hedgefonds Industrie beherbergt derartig viele unterschiedliche Möglichkeiten, einen Fonds oder eine Investmentstrategie zu gestalten, dass eine Klassifizierung, in der jeder Fondstypus seinen eigenen Platz hätte, kaum brauchbar wäre. Die Hedgefonds Industrie hat noch keine wirklich verlässlichen Standards entwickelt und die Widersprüchlichkeit der Kriterien diverser konkurrierenden Datenbanken verursacht, dass man oft die gleiche Strategie in mehreren Kategorien findet. Das schnelle Wachstum dieses Teiles der Finanzwelt wird hoffentlich mit der Zeit ein kohärentes Model der Systematisierung hervorbringen.

2. Hedgefonds Indices

Die Schwierigkeiten der Kategorisierung werden nahtlos an die Hedgefonds Indices weitergereicht. Hier stellt sich auch die fundamentale Frage: Hedgefonds betonen ihre marktneutrale oder marktunabhängige Ausrichtung und die Anpeilung der absoluten Erträge – im Gegensatz zu den traditionellen Investmentfonds, deren relative Erträge mit einem Index als Orientierungswert (Benchmark) verglichen werden. Wozu also brauchen die Hedgefonds einen Index? Die Antwort ist ziemlich pragmatisch: damit sich die Investoren im „Hedgefonds-Dschungel" zurechtfinden können.

Die Hedgefonds waren über Jahrzehnte nur einer relativ kleinen Investorengruppe vorbehalten. Vor allem vermögende Privatkunden vertrauten ihre Investments jenen Hedgefonds Managern an, die sie persönlich kannten. Diese Tatsache und das Ziel der absoluten Erträge machten Indizes, Performancevergleiche und sogar die Due Diligence obsolet. Speziell in den Neunziger wurden aber einerseits besonders viele neue Hedgefonds gegründet, andererseits suchten immer mehr Investoren zu ihnen einen Zugang. Die potentiellen Anleger wurden mit einer schnell wachsenden Zahl an Hedgefonds konfrontiert und ohne adäquate Vergleichsmöglichkeiten überfordert. Ein Index war auch für die institutionellen Investoren erforderlich, speziell, wenn sie im Private Banking und Portfoliomanagement die Gelder ihrer Kunden investieren sollten. Je mehr die Alternativen Investments an Bedeutung gewannen, desto wichtiger war sowohl für die Manager als auch für die Anleger die Möglichkeit, über einen Index die Markttrends zu erkennen und die Performance diverser Strategiegruppen und einzelner Hedgefonds zu vergleichen.

Es gibt bereits mehrere Hedgefonds Indizes, die von diversen Datenbanken geführt werden[5]. Sie unterscheiden sich zum Teil signifikant und dies beginnt bereits bei der Klassifizierung der Strategien. Die Heterogenität der Hedgefonds Industrie verursacht, dass man hier nicht nach einer Anlageklasse vorgehen kann, sondern ein Index soll für eine bestimmte Investmentstrategie repräsentativ sein. In manche Indizes werden also so viele Hedgefonds wie möglich aufgenommen, was dazu führt, dass die meisten dieser Hedgefonds den Datenbankbetreibern nur unzureichend bekannt sind. Ein anderer Ansatz ist, die Zusammenstellung des Index nur auf eine relativ kleine, dafür aber gut geprüfte Anzahl der Hedgefonds zu beschränken – auch eine solche Auswahl kann für eine bestimmte Strategie repräsentativ sein. Es gehört zu den Besonderheiten der Hedgefonds Industrie, dass die Qualität, die Verfügbarkeit und die Verlässlichkeit der Performancedaten rapide schwindet, je weiter man sich von der Gruppe der am besten etablierten (aber nicht „öffentlichkeitsscheuen“) Fonds entfernt.

Die quantitativen Kriterien für die Aufnahme eines Hedgefonds in einen Index sind nicht einfach festzulegen:

- das Mindestvermögen darf nicht zu hoch sein, sonst schließt man viele gute Fonds aus, da die Größe in alternativen Investments nicht ausschlaggebend ist und bei manchen Strategien zu große Volumina sogar ein Hindernis sind
- der minimale historische *Track Record* darf nicht zu lang sein, da es sich um eine relativ junge Investmentform handelt
- die periodische Liquidität darf nicht in zu kurzen Abständen sein, da viele sie nur vierteljährlich oder sogar jährlich bieten
- die regelmäßige Prüfung der Performanceberichte von einem Wirtschaftsprüfer soll auf jeden Fall die wichtigste Voraussetzung sein

Oft ist es eine diffizile Aufgabe, einen Hedgefonds richtig zu klassifizieren, weil die Transparenz, bekannter Weise, eingeschränkt ist – in solchen Fällen müssen sich die Indexbetreiber auf die Angaben des Managers verlassen. Die Bewertungsdaten sollen auf jeden Fall regelmäßig und ohne größere Verzögerungen geliefert werden.

Eines der Probleme ist die Gewichtung eines Hedgefonds Index – beim Erstellen wird meistens der arithmetische Durchschnitt der Performance für gleiche Gewichtung aller Fonds genommen, die bereits nach einem Monat wegen der unterschiedlichen Performance nicht mehr stimmt. Die

---

[5] Manche davon sind investierbar.

Anpassung würde aber bedeuten, dass man die besten Performer reduziert und die Verlierer aufstockt, was sicherlich – wenn das ein Hedgefonds Index ist, in den man investieren kann[6] – für die Investoren nicht eingängig wäre. Gleichgewichtete Indices, die auf einer sehr großen Zahl der Hedgefonds basieren, sind zwar ein guter Indikator für die durchschnittliche Entwicklung eines Strategiebereiches, doch in Praxis nicht investierbar: erstens ist die Anpassung der Gewichtung schon allein wegen der *Lockup* Perioden (und eventuell Gebühren) schwer möglich, zweitens würden die hohen Mindestinvestments der meisten Fonds kaum einem Investor erlauben ein Portfolio von etlichen Hundert Hedgefonds zu halten.

Es gibt auch eine Reihe diverser Verzerrungen:

- Auswahlverzerrung – die Hedgefonds berichten nur auf freiwilliger Basis und für viele bringt ein Listing nur Nachteile, da sie genaue Informationen nicht offen legen wollen. In ein Index können nur diese Fonds aufgenommen werden, die regelmäßig berichten und das sind sehr oft nicht die Besten und Repräsentativsten.
- Alphaverzerrung – die Hedgefonds sind der Inbegriff des aktiven Managements und ihre Ergebnisse hängen im entscheidenden Ausmaß von den Fähigkeiten der Manager ab. Für einen bestimmten Strategiesektor ist es unmöglich zu trennen, wie viel Alpha die Strategie selbst produziert und wie viel die einzelnen Manager. Schließlich aber gibt es nicht in jeder Generation genug Soros' und Meriweathers. Der Index enthält also beides: Strategiealpha und Manageralpha.
- Überlebensverzerrung (*Survivorship Bias*)[7] – die Hedgefonds, die historisch nicht überlebt haben, werden nicht berücksichtigt. Der Index konzentriert sich nur auf die guten Fonds und lässt die Probleme außer Acht. Diese Verzerrung ist für Benchmarking, Industrievergleiche, etc. negativ, allerdings für die Indexinvestoren positiv.
- Historische Verzerrung (*Backfill Bias*) – die historischen Daten sind oft hypothetisch berechnet und meistens überbewertet. Werden sie in den Index aufgenommen, weil der *Track Record* sonst zu kurz ist, schaut die Performance besser aus als die tatsächlichen Ergebnisse.
- Verzerrung der doppelten Rechnung – diese Abweichung entsteht, wenn die Hedgefonds in zwei oder mehreren Kategorien erfasst sind (zum Beispiel ein Dachfonds und seine Subfonds gleichzeitig).

---

6 Solche Anpassungen sind bei investierbaren Indizes besonders schwierig, da sie tatsächlich erfolgen sollten und manche Hedgefonds keine Aufstockung z.B. unter 1 Mio. akzeptieren.

7 Gute Indices berücksichtigen Anpassungen für *Survivorship Bias* – z.B. CSFB Tremont Index.

- Berichtsverzerrung (oder Bewertungsverzerrung) – wenn zum Zeitpunkt der Veröffentlichung des neuen Indexwertes nicht die Nettoinventarwerte aller Hedgefonds vorhanden sind, nur Schätzungen herangezogen und die Werte im Nachhinein korrigiert werden.

Die bekanntesten Hedgefonds Indizes sind unter folgenden Internetadressen zu finden[8]:

Tremont CSFB	www.hedgeindex.com
TASS	www.tassman.com
MAR Manager Account Reports	www.marhedge.com
Hedge Fund Research	www.hfr.com
Van Hedge Fund Advisors	www.vanhedge.com
Hennessee Hedge Fund Advisory	www.hedgefnd.com
HedgeWorld	www.hedgeworld.com
Altvest	www.altvest.com
Hedge Fund Net	www.hedgefund.net
LJH Global Investments	www.ljh.com
Feri Alternative Assets Gmb	www.feri-alta.de
Edhec Alternative Indices	www.edhec-risk.com

Nota bene, wenn ein Anleger glaubt, dass damit sein Orientierungsbedürfnis im „Hedgefonds-Dschungel" befriedigt ist, wird er ziemlich enttäuscht sein. Nicht nur die Hedgefonds sind heterogen – auch ihre Indices. Jeder Index hat eine andere Zusammensetzung und folgerichtig eine andere Performance, z.B. zwei Indices für *Long/Short Equity* von zwei diversen Datenbanken erstellt, können monatliche Performanceunterschiede von über 20% haben (ähnlich bei anderen Strategien, wenn auch nicht immer so krass). Manche Autoren[9] haben bereits die Idee eines Index auf die Strategieindices vorgeschlagen: so könnte man zum Beispiel auf alle vorhandenen *Convertible* Arbitrage Indices einen Dachindex erstellen usw., für alle anderen Hedgefonds Strategien. Das Gute daran wäre, dass das so zusammen erfasste Universum der Hedgefonds repräsentativer sein könnte als in jedem Index separat.

Die Hedgefonds Indices, die für eine Strategie erstellt wurden, sind trotz aller Probleme ein gewisser Orientierungswert in diesem Teil der Finanz-

[8] Nur eine Auswahl, keine vollständige Liste, da ständig neue Datenbanken und Indices entstehen.

[9] Zum Beispiel Noel Amenc, Lionel Martellini und Mathieu Vaissie von EDHEC.

industrie. Allerdings, ein repräsentativer Index für die Gesamtheit der Hedgefonds ist nicht realistisch und hätte keinen ernstzunehmenden Informationswert.

3. Strategien der Hedgefonds

In diesem Kapitel werden zuerst allgemein die Long/Short Aktienstrategien, Arbitrage und Ereignis-orientierte Strategien vorgestellt und in den folgenden Kapiteln vier Hedgefonds Hauptgruppen beschrieben:

- Relative Value Strategien:
  - Fixed Income Arbitrage
  - Convertible Arbitrage
  - Equity Market neutral
- Event-driven Strategien
  - Merger (Risk) Arbitrage
  - Distressed Securities
  - Convertible Debenture Arbitrage
- Opportunistische (direktionale) Strategien
  - Macro
  - Equity Hedge und Equity Non-hedge
  - Equity Market Timing
  - Short Selling
  - Emerging Markets
- Dachfonds

Zusätzlich werden noch einige andere Arbitrage Strategien, wie *Pair Trading*, *Statistical* Arbitrage, Treasury Arbitrage, *Mortgage-backed Securities* (MBS) Arbitrage, *Closed-end Fund* Arbitrage, *Capital Structure* Arbitrage, ADR Arbitrage, Aktienindex Arbitrage kurz behandelt. Viele der Strategien könnten in mindestens zwei Kategorien beschrieben werden, so ist zum Beispiel die statistische Arbitrage sowohl eine Aktienstrategie als auch eine Arbitrage Strategie, *Merger (Risk)* Arbitrage oder *Capital Structure* Arbitrage könnten sehr wohl als *Event-driven* Strategien bezeichnet werden. Oft werden Sektorfonds als eine separate Kategorie angeführt, was allerdings hier nicht als unbedingt notwendig erscheint. Die Strategien oder Ertragsquellen der Sektorfonds sind denen von *Equity Long/Short* oder *Event-driven* Fonds gleichzusetzen, sie spezialisieren sich aber auf eine Industrie oder auf ein Segment der Marktwirtschaft etc. und werden vor allem durch das Investmentuniversum charakterisiert. Die Sektorfonds verwenden oft mehrere Hedgefonds Techniken gleichzeitig, beschränkt allerdings zumeist auf ein spezifisches Universum.

3.1 Long/Short Aktienfonds

Long/Short Aktienfonds bilden die am besten bekannte Art von Hedgefonds. Sie sind auch heute dem ursprünglichen Hedgefonds Strategiemodel von Alfred W. Jones am ähnlichsten. Die Long/Short Strategien verwenden als Methode den gleichzeitigen Kauf und Verkauf (Leerverkauf) von zwei Finanzinstrumenten. Die Long/Short Aktienstrategien gehören noch immer, neben der Arbitragestrategien, zu den populärsten in der Hedgefonds Industrie und viele neue Kunden halten sie für synonym mit dem Begriff der Hedgefonds. Sie können ein breites Spektrum umspannen; von fast traditionellen *Long-only* Fonds über jede mögliche Aufteilung zwischen Long und Short Positionen inklusive die marktneutrale Ausrichtung, bis zu fast *Short-only*, also bis zum *Short Selling* Gegenpol zu den traditionellen Investmentfunds.

Die Bezeichnung „marktneutral", die auf manche der Long/Short Aktienstrategien angewendet wird, soll auf keinen Fall so verstanden werden, dass diese Strategien vollkommen risikofrei sind – sie versuchen lediglich das systemische Risiko so weit wie möglich zu neutralisieren und gehen dabei bewusst ein anderes, unsystemisches Risiko ein. In diesem Kapitel werden zwei Grundstrategien beschrieben: *Equity Market-neutral*, die opportunistischen Strategien: *Equity Hedge* und die Sonderform *Equity Nonhedge* sowie *Equity Market Timing*.

3.2 Arbitrage

Als Arbitrage bezeichnet man im Allgemeinen den gleichzeitigen Kauf und Verkauf von verwandten oder ähnlichen Wertpapieren oder deren Derivaten, um Profite aus den Preisunterschieden zu erzielen. Die Faustregel ist dabei die Annahme, dass diese Preisdifferenzen mit der Zeit kleiner werden oder gänzlich verschwinden. Die Manager versuchen von der Preiskonvergenz zu profitieren und gleichzeitig das Marktrisiko so weit wie möglich auszuschalten. Die wichtigsten Arbitrage Strategien sind: *Fixed-income* Arbitrage, *Convertible* Arbitrage und *Merger (Risk)* Arbitrage. Dazu kommt eine Mehrzahl von diversen Nischenstrategien, wie zum Beispiel *Convertible Debenture* Arbitrage (genannt auch Regulation D Arbitrage, anwendbar nur in den USA) *Mortgage-backed* Arbitrage, *Statistical* Arbitrage, *Closed-end Fund* Arbitrage, *Pair Trading* oder *Capital*

Structure Arbitrage, ADR Arbitrage oder Aktienindex Arbitrage. Vor dem großen Aufkommen der Hedgefonds Industrie waren es vor allem die Investmentbanken, die Arbitrage betrieben haben – manche erfahrene Bankmanager aus dieser Zeit haben später zu den Hedgefonds gewechselt.

> Die bei weitem schlimmsten Erinnerungen[10] erweckt bei den Arbitrageuren der 19. Oktober 1987, als nach bereits mehreren Tagen mit empfindlichen Verlusten der Dow Jones Industrial Average Index um mehr als 500 Punkte fiel. Die Auswirkung des Crashs war so groß, dass die meisten Positionen der Arbitrageure zumindest temporär so gut wie wertlos waren. Die Positionen mit hohem Leverage mussten unter Druck der *Margin Calls* verkauft werden und verschlechterten zusätzlich die Lage. Nach einigen Tagen aber beruhigte sich der Markt wieder, die Marktkonditionen bewegten sich wieder im gewohnten Rahmen und Anfang 1988 konnten viele Deals der Arbitrageure geschlossen werden. Das erste Quartal 1988 war die Zeit der Rekordgewinne für diese Arbitrage Spezialisten, die den Crash im Oktober überstanden. Trotzdem wurde der Markt auf die Risiken der Arbitrage Strategie in großem Ausmaß sensibilisiert und viele vorsichtige Investoren verlagerten ihre Gelder in andere Sektoren.

Arbitrage Strategien bilden eine wertvolle Komponente in jedem Portfolio mit Alternativen Investments. Ihre relativ niedrige Korrelation mit dem Aktienmarkt, relativ niedrige Volatilität und hohe Kapitalprotektion sind besonders wichtig unter schwierigen Konditionen auf den Finanzmärkten, wenn die Arbitrage Strategien ihre Merkmale der festverzinslichen Instrumente ins Spiel bringen ohne gleichzeitig auf Aktien-ähnliche Performance gänzlich zu verzichten. Viele der Arbitrage Arten sind grundsätzlich marktneutral und konservativ angelegt, mit einem Performanceziel von einigen Prozent über der risikofreien Rate, was allerdings nicht bedeutet, dass sie tatsächlich risikofrei sind oder garantierte Erträge bringen. Spekulative Situationen sind nicht die wahre Arbitrage Strategie – ein seriöser Arbitrageur wird sie eher ins Kasino verbannen als sie als potentielle Investmentmöglichkeit erachten. Es ist wichtig für einen Arbitrageur die Disziplin zu bewahren und seine Positionen so weit wie möglich zu hedgen. Ein Arbitrage Manager, der sein Portfolio nur teilweise (oder manchmal gar nicht) absichert, nimmt einen bestimmten Standpunkt gegenüber der Marktentwicklung ein und verlässt somit den Bereich der klassischen Arbitrage.

---

[10] Zitiert nach: Fano-Leszczynski, "Hedgefonds...".

3.3 Ereignis-orientierte Strategien

Die ereignis-orientierten Strategien konzentrieren sich auf die signifikanten Ereignisse, die im Lebenszyklus eines Unternehmens immer wieder vorkommen. Dazu gehören zum Beispiel: Reorganisationen, finanzielle Umstrukturierungen, Fusionen, Akquisitionen, feindliche Übernahmen, Bankrotts, Liquidationen, schwerwiegende Veränderungen im Vermögen eines Unternehmens (z.B. Verkauf einer großen Division oder Rückkauf von großen Mengen eigener Aktien) etc. Die Investmentmethoden der *Event-driven* Strategien sind im Allgemeinen einfach zu begreifen, doch sicherlich nicht annähernd so einfach zu implementieren. Die Unsicherheit, die immer mit dem ungewissen Ausgang solcher „*Corporate Events*" verbunden ist, schafft für die Manager potentielle Investmentmöglichkeiten, wenn sie imstande sind, die bevorstehende Entwicklung richtig abzuschätzen. Die populärsten *Event-driven* Strategie sind *Merger (risk)* Arbitrage, *Distressed Securities* und auch speziell in den USA *Convertible Debenture* Arbitrage (*Regulation D*).

4. Relative Value Strategien

Relative Value oder marktneutrale Strategien sind jene, die aufgrund ihres Investmentstiles eine relative Marktunabhängigkeit im Generieren der Erträge aufweisen. Dieser Investmentansatz entspricht grundsätzlich dem anfänglichen Modell von Alfred W. Jones, ist aber weiterentwickelt worden, weil Jones meistens eine Verzerrung der Marktneutralität in Richtung der steigenden Märkte hatte. Die wichtigsten *Relative Value* Strategien sind: *Fixed-income* Arbitrage, *Convertible* Arbitrage und *Equity Market-neutral.*

4.1 Fixed-income Arbitrage

Fixed-income Arbitrage versucht kleine, relative Preisunterschiede in der Bewertung diverser verwandter, festverzinslicher Finanzinstrumente als Performancequelle auszunützen. Diese Strategie kann oft von der Entwicklung der Finanzmärkte relativ unabhängig sein. Die Grundannahme im *Fixed-income* Arbitrage ist die Korrelationshypothese: bestimmte festverzinsliche Instrumente sollen sich über einen bestimmten Zeitraum in einem bestimmten Verhältnis zueinander entwickeln.

Das Portfolio besteht aus sich gegenseitig neutralisierenden Long und Short Positionen in verwandten oder ähnlichen *Fixed-income* Wertpapieren oder deren Derivaten, die so ausgewählt werden, dass ihre Werte eine hohe mathematische oder historische Korrelation aufweisen. Der Arbitrageur geht davon aus, dass die gegenseitigen Preisproportionen von zwei solchen festverzinslichen Instrumenten sich entweder gerade außerhalb ihres üblichen Verhältnisses befinden oder dass sie sich in naher Zukunft verändern werden.

Die Erträge werden dann generiert, wenn sich die Preisunterschiede der Long/Short gehaltenen Instrumente so entwickeln, wie vom Arbitrageur angenommen – sonst drohen potentielle Verluste. Die Unsicherheit, ob die mathematisch errechneten Preismissverhältnisse sich zu Gunsten des Portfolios verändern werden, oder ob die Theorie vor der Realität kapitulieren müssen wird, kann man nicht hedgen.

Im Jahre 1995 haben einige *Fixed-income* Arbitrage Fonds von **Fenchurch Capital Management** signifikante Verluste eingefahren. Binnen weniger Monate schrumpften die Fonds um 90%, worauf sich die tatsächlichen Verluste von ca. 35% und massive Rückkäufe der Investoren zusammenlegten. Zuvor hatte Fenchurch eine der besten historischen Performanceergebnisse unter den Hedgefonds mit niedrigem Risiko erzielt, aber aufgrund der Marketingstrategie entstanden bei den Investoren unrealistische Erwartungen in Bezug auf die potentiellen Risikoparameter.

Die Preisdifferenzen zwischen solchen verwandten Finanzinstrumenten sind normalerweise sehr gering und betragen oft nur wenige Basispunkte („*Sucking Nickels*") und die *Fixed-income* Manager wenden meistens Leverage an, um die Arbitrage-Transaktionen profitabel zu machen und überhaupt einen nennenswerten Ertrag aus solchen Transaktionen zu erzielen. Die Anwendung des Leverage hat positive Auswirkung auf die Performance und bedeutet nicht immer automatisch ein größeres Risiko: da die ausgleichende Kombination von Long und Short Positionen die Exposition des *Fixed-income* Portfolios zum Markt oder zu den Zinsveränderungen reduziert, ist auch das Risiko geringer als es die tatsächliche Höhe des Leverage implizieren würde. *Fixed-income* Arbitrageure haben oft gleich große Long und Short Positionen in Wertpapieren mit ähnlicher, aber nicht gleicher Bonität und Liquidität. Das Portfolio hält Long Werte mit niedriger Bonität und niedriger Liquidität und verdient damit einen Ertrag, gleichzeitig werden andere Risikoquellen (zum Beispiel Zinsveränderungen oder Duration) durch Short Portfolio in Werten mit höherer Bonität und Liquidität abgesichert. Die meist verwendeten Finanzinstrumente in einem *Fixed-income* Arbitrage Portfolio können diverse Schuldverschreibungen sein, alle Arten von Anleihen, aber auch zum Beispiel *Mortgage-backed Securities* oder generell *Asset-backed Securities* sowie die meisten Derivativinstrumente.

Die festverzinslichen Finanzinstrumente reagieren immer empfindlich auf die Veränderungen der Zinsraten. Der *Fixed-income* Arbitrageur versucht sich gegen die Auswirkungen der potentiellen Zinsveränderungen durch den Kauf eines billigen *Fixed-income* Wertpapiers und den gleichzeitigen Leerverkauf zum gleichen Wert von einem teuren *Fixed-income* Wertpapier abzusichern. Wenn die Instrumente im Portfolio in ähnlicher Weise auf die Zinserhöhungen oder Zinssenkungen reagieren, so wird deren Veränderung einen entgegen wirkenden Einfluss auf die Long und auf die Short Positionen haben:

- Eine Zinserhöhung wird sich negativ auf das Long Portfolio auswirken und gleichzeitig einen positiven, neutralisierenden Impakt auf das Short Portfolio haben – eine Zinssenkung würde den umgekehrten Effekt auslösen.
- Ein Profit wird dann erzielt, wenn die Preisdifferenz zwischen zwei korrelierenden *Fixed-income* Instrumenten wieder das übliche Verhältnis erlangt.

Die *Fixed-income* Arbitrageure versuchen den Einfluss der Zinsveränderungen auf die festverzinslichen Wertpapiere zu neutralisieren und ihre Profite ausschließlich durch die Identifizierung von temporär über- oder unterbewerteten Finanzinstrumenten zu erzielen.

Fixed-income Arbitrage Strategie basiert im großen Ausmaß auf mathematischen oder statistischen Bewertungsmodellen. Die Komplexität der Bewertung von *Fixed-income* Instrumenten ist die Quintessenz der *Fixed-income* Arbitrage. Es ist eine der wichtigsten Ertragsquellen für die Strategie und wird oft als Komplexitätsprämie bezeichnet. Die Preise der *Fixed-income* Instrumente werden aus vielen komplizierten Komponenten, wie zum Beispiel Zinsstrukturkurve, Volatilität, Duration, erwarteter *Cash Flow*, etc. berechnet. Manchmal werden sogar so unberechenbare Elemente, wie politische Ereignisse oder lokale Finanzkrisen berücksichtigt. Um also die tatsächlich existierenden, oft kleinen Preisunterschiede aufzuspüren, müssen die Arbitrageure hochentwickelte, analytische Computermodelle verwenden, die verschiedene Möglichkeiten analysieren und potentielle Preisdifferenzen errechnen. Wenn andere, weniger erfahrene oder weniger spezialisierte Marktteilnehmer die Preisdiskrepanzen der *Fixed-income* Instrumente verursachen, indem sie entweder eine technische Nuance der Bewertung oder den Einfluss eines politischen oder wirtschaftlichen Ereignisses in ihrer Preiseinschätzung nicht mitberechnen, versucht der Arbitrageur davon zu profitieren.

Eine der Möglichkeiten für *Fixed-income* Arbitrageure, zwei verschiedene Anleihen für die Strategie zu verwenden, ist ihre Ertragskurven zu vergleichen (*Yield Curve* Arbitrage). Die US Treasury Bills fungieren dabei als Benchmark, da sie praktisch als risikofrei betrachtet werden. Das Ziel ist, von seltenen Entwicklungsmustern der Ertragskurve oder von ihren unüblichen, künftigen Deformationen zu profitieren. Eine Ertragskurve ist die graphische Darstellung vom Ertrag bis zur Fälligkeit an einem bestimmten Zeitpunkt für zwei oder mehrere Anleihen mit gleicher Risikoeinschätzung aber verschiedenen Fälligkeiten. Die Regel ist, dass risikoreichere *Fixed-income* Instrumente eine bessere Ertragskurve haben als risikoarme Instrumente mit hoher Bonität. So zum Beispiel werden die Anleihen eines Unternehmens (*Corporate Bonds*) eine bessere Ertragskurve aufweisen als die US Treasury Bills mit vergleichbarer Fälligkeit und vergleichbarem Kupon, und dies spiegelt potentiell höheres Risiko der Unternehmensanleihe wider. Der Ertrag (*Yield*) solcher Unternehmensanleihen wird oft als Aufschlag (*Spread*) über die US Treasury Rate dargestellt. Je riskanter die Anleihe, desto höher der *Spread*. Wichtig ist dabei nicht das absolute Zinsniveau, sondern lediglich die Größe des *Spread*.

Spread – der Aufschlag bei zinsvariabler Anleihe mit Maximalzinssatz wird in Basispunkten gemessen[11]. Ein Beispiel dafür ist das Verhältnis von TED (*Treasury-to-Eurodollar*[12]): in wirtschaftlich und politisch stabilen Zeiten sind die *spreads* gering, doch wenn bei Auftreten von Unsicherheitsfaktoren die Dollar-Investoren mehr zu den konservativen US Treasury Bills tendieren, bieten die europäischen Banken höhere Zinsen an, um die Dollareinlagen nicht abfließen lassen. Höhere Zinsen verursachen automatisch die Steigung der *spreads*.

Für einen *Fixed-income* Arbitrageur ist das eine Möglichkeit für sogenanntes „*Buying the Spread*" (Aufschlag kaufen): Wenn anzunehmen ist, dass die Zinsdifferenz weiter wachsen wird, kann man Futures auf Treasury Bills Long kaufen (diese sollen den Markt outperformen) und gleichzeitig Futures auf Eurodollar Short verkaufen. Sollte hingegen eine Verringerung der Zinsdifferenz zu erwarten sein, kann man die Futures-Positionen umgekehrt bilden.

Sobald der Arbitrageur eine Preisdifferenz und eine bestehende Korrelation zwischen zwei Anleihen identifiziert und die Wahrscheinlichkeit der

[11] 1 Prozent hat 100 Basispunkte.

[12] Eurodollar – US-Dollar Einlage in einer nicht US Bank.

künftigen Kursangleichung berechnet hat, kann er entsprechende Positionen aufbauen: Long in der unterbewerteten und Short in der überbewerteten Anleihe. Im Falle einer Preisdifferenz zwischen einer Unternehmensanleihe und Treasury Bills wäre das Portfolio Long die Unternehmensanleihe und Short Treasury Bill, wenn der *Spread* sich verringern müsste und umgekehrt bei der Erwartung, dass die Differenz im gegenseitigen Verhältnis der Instrumente sich weiter vergrößern könnte. Die Preise könnten sich allerdings auch anders entwickeln als angenommen und die Positionen müssen revidiert werden. Meistens sind das aber Transaktionen, bei denen das potentielle Verlustrisiko relativ gering ist und die Anwendung des Leverage erhöht dieses Risiko nicht weiter dramatisch, solange es die Risiko- oder manchmal simple Vernunftgrenzen nicht übersteigt.

Die Korrelation, der Ausgangspunkt der Portfoliogestaltung im *Fixed-income* Arbitrage ist auf statistischer Grundlage mit der Duration verbunden – die Arbitrageure bilden Long und Short Positionen in korrelierenden Instrumenten, deren Preisverhältnis temporär eine Anomalie aufweist.

Duration einer Anleihe wird in Jahren gemessen[13] und zeigt auf, wie empfindlich diese Anleihe auf Veränderungen in Zinsraten reagieren wird. Eine Anleihe mit einer kürzeren Duration ist der Volatilität der Zinsraten in kleinerem Ausmaß unterworfen und weniger riskant als eine Anleihe mit einer längeren Duration, die stärker auf etwaige Zinsveränderungen reagieren wird. So wird zum Beispiel der Wert einer Anleihe mit 3-jähriger Duration um 3 Prozent fallen, wenn die Zinsen um 1 Prozent erhöht werden oder um 3 Prozent steigen, wenn die Zinsen um 1 Prozent fallen. Bei einer Anleihe mit 5-jähriger Duration wird der Fall oder die Steigerung 5 Prozent pro jede 1-prozentige Zinsveränderung betragen.

Duration – Berechnung

$$\text{Duration} = \frac{\text{Preisveränderung / Preis}}{\text{Zinsveränderung}}$$

Fixed-income Arbitrageure nutzen oft die Parameter der Duration der Anleihen zur Absicherung des Portfolios, indem sie eine Long Position in einer Anleihe und eine Short Position in einer anderen Anleihe mit ähnlicher Duration bilden. Im Falle einer Zinsveränderung wird die Auswirkung auf die Long Position durch die Short Position neutralisiert, da beide

13 Duration einer Anleihe ist nicht gleich mit ihrer Laufzeit zur Fälligkeit – vgl. auch mit: Fano-Leszczynski „Hedgefonds...“.

Anleihen in ähnlicher Weise auf die Veränderung reagieren sollen. Ein Anleihenportfolio hat eine Null-Duration, wenn die gesamte Duration aller Long Positionen gleich ist mit der gesamten Duration aller Short Positionen. Die *Fixed-income* Arbitrageure versuchen oft mit ihren Positionen die Null-Duration zumindest annähernd zu erreichen, um so das Marktrisiko zu eliminieren oder signifikant zu verringern. In ähnlicher Form kann man auch andere bekannte Risikofaktoren abschwächen, wie zum Beispiel das Fremdwährungsrisiko.

Die Performance von *Fixed-income* Arbitrage hat sich oft unter verschiedenen Marktkonditionen als konsistent erwiesen, weil sie meistens die objektiv bestehenden Preisdiskrepanzen ausnutzen will, anstatt mit dem unsicheren *Market Timing* auf die Zinsveränderungen zu spekulieren. Aus diesem Grund gehört die *Fixed-income* Arbitrage zu den marktneutralen Strategien, da sie die Verhältnisse zwischen bestimmten Finanzinstrumenten und nicht die Bewegungen des Finanzmarktes ausnutzt. Erfahrene *Fixed-income* Arbitrageure können konstante, positive Ergebnisse erzielen, ohne den Auswirkungen von Zinsveränderungen unterworfen zu sein. Wie die meisten der Hedgefonds Strategien, kann sie auch rein direktional implementiert werden und zählt dann nicht zu den *Relative Value* Strategien, sondern zu den opportunistischen.

Treasury Arbitrage – eine der einfacheren Formen von *Fixed-income* Arbitrage ist jene zwischen den diversen US Treasury Bonds. Die neu emittierten Schuldverschreibungen sind auf Grund höherer Liquidität etwas teurer, als die zuvor begebenen. Die neuen Anleihen werden als „*on the run*" bezeichnet, die älteren hingegen nennt man „*off the run*". Die Kursdifferenz zwischen zum Beispiel einem 10-jährigen Treasury Bond und einem 9,5-jährigen Treasury Bond kann oft weniger als 10 Basispunkte betragen[14]. Der Arbitrageur verkauft Short die neue Anleihe und kauft Long die ältere Anleihe. Der Ertrag ist relativ sicher und mit sehr geringem Risiko, da sich die zwei Anleihen kaum unterscheiden (außer der 6-monatigen Differenz in der Duration). Allerdings ist der Ertrag auch so minimal, dass der Manager unbedingt ein hohes Leverage anwenden muss, um einen nennenswerten Betrag zu verdienen – typisches Leverage wird im Verhältnis von 30:1 bis sogar 50:1 angewendet.

Fixed-income Arbitrage kann einer Reihe von Risikofaktoren unterliegen. Der Wert fast aller festverzinslichen Finanzinstrumente wird direkt von den Zinsratenveränderungen beeinflusst. Fallende Zinsraten lassen die

[14] Ein Basispunkt ist ein Hundertstel von einem Prozent.

Kurse der *Fixed-income* Instrumente steigen, da ihr Kupon unverändert bleibt. Grundsätzlich erzielt diese Strategie konstant gute Ergebnisse, wenn keine unvorhergesehenen, dramatischen Ereignisse die Finanzmärkte erschüttern, wenn die Volatilität relativ gering ist und die Korrelationen zwischen verschiedenen *Fixed-income* Instrumenten sich nur langsam verändern. Das Risiko von *Fixed-income* Arbitrage kommt hingegen stark zu tragen, wenn plötzlich eine Stresssituation im Finanzmarkt entsteht. In Zeiten ernsthafter Zerrüttung der Finanzmärkte, verursacht zum Beispiel von politischem Umbruch, rapider Steigerung der Zinsen, etc. kann *Fixed-income* Arbitrage potentiell großen Verlusten exponiert sein. Eine solche Situation erlebte LTCM, als im August 1998 auf Grund der plötzlichen Ereignisse eine „Flucht zur Qualität" (*Flight to Quality*) stattgefunden hatte und die errechneten Korrelationen im *Fixed-income* Portfolio regelrecht zusammengebrochen waren[15]. Die „Flucht zur Qualität" findet meistens dann statt, wenn sehr viele Marktteilnehmer gleichzeitig ihre ähnlichen Positionen liquidieren wollen. Dies kommt zwar sehr selten vor, doch wenn es passiert, kann ein *Fixed-income* Portfolio signifikant am Wert verlieren. Sehr oft bringt die Zeit unmittelbar nach einem Markteinbruch die besten Investmentmöglichkeiten für die *Fixed-income* Arbitrage: so legte zum Beispiel LTCM einen perfekten Start hin, nachdem 1994 die Anleihenmärkte geradezu eingegangen waren, erlebte selbst ein ähnliches Schicksal 1998, als wiederum andere *Fixed-income* Arbitrage Manager auf Grund der starken Marktverlagerung hervorragende Performance erzielen konnten[16].

Ein potentieller Risikofaktor ist die Identifizierung von oft winzigen Preisanomalien, die keine leichte Aufgabe ist, wenn man die Komplexität der Bewertung von *Fixed-income* Instrumenten bedenkt. Verlässliche Bewertungen sind nur in effizienten Märkten zu haben, wo wiederum die Preisdifferenzen aufgrund ungenauer Bewertung nur relativ selten und in kleinem Ausmaß vorkommen. Dies erfordert die Anwendung des Leverage und kann unter Umständen dramatisch negativ ausgehen. Bei stark volatilen Märkten besteht die Gefahr, dass ein *Fixed-income* Portfolio zum Gefangenen des Leverage wird. Das Leverage ist zwar notwendig für die Ausübung der Strategie, da sie nur sehr geringe Kursdifferenzen aufspürt, aber es kann auch vorkommen, dass ein einzelner *Margin Call* das gesam-

---

15 Im Herbst 1998 haben die meisten *Fixed-income* Arbitrageure enorme Verluste erlitten als die historisch langfristig bestätigten Korrelationen kurzfristig außer Kontrolle geraten sind.

16 Unter solchen außerordentlichen Marktkonditionen ist es manchmal möglich, gutes Portfolio ohne das obligate Leverage aufzubauen.

te Portfolio aus dem Gleichgewicht bringt und die mühsam aufgebaute Strategie zerstört.

Zudem sind die *Fixed-income* Arbitrageure an sehr liquide Märkte gebunden, da *Short Selling* für sie eine unumgängliche Notwendigkeit ist. Aus diesem Grund tendieren auch die Arbitrageure dazu, vor allem hoch liquide, durch Rating Agenturen hoch bewertete Instrumente mit geringem Risiko zu handeln. Dies bringt aber grundsätzlich nur einen bescheidenen Ertrag und manche Arbitrageure versuchen einen Ertrag auf die Liquidität zu lukrieren, indem sie eine Short Position in einem relativ liquidem Instrument und eine neutralisierende Long Position in einem vergleichbar illiquidem Instrument halten. Das Risiko der Liquidität kommt in zwei Formen vor: erstens, wenn der Manager die *Margin Calls* nicht begleichen kann; zweitens wenn es temporär unmöglich ist, eine Position zu einer relativ normalen Geld-Brief-Spanne zu liquidieren. Die Prime Broker schließen die Liquiditätsquellen meistens gerade in schwieriger Marktlage, was den *Fixed-income* Arbitrageur zur Liquidierung des Portfolios zwingen kann. Außerdem unterliegt die *Fixed-income* Arbitrage öfters dem Kreditrisiko und dem operativen Risiko – wie im Kapitel über Risikofaktoren der Hedgefonds beschrieben.

Unter normalen Marktbedingungen demonstriert die *Fixed-income* Arbitrage nur geringe Korrelationen mit den traditionellen Aktien- und Anleihenmärkten, weil die Erträge aus anderen Quellen generiert werden, als jene der traditionellen Investments. Bei starken Einbrüchen der traditionellen Finanzmärkte ist allerdings auch diese *Relative Value* Strategie gegen Verluste nicht geschützt, da sich unter extremen Marktkonditionen auch die sonst grundsätzlich risikoarmen Transaktionen gegen die Arbitrageure wenden und die beschriebenen Risikofaktoren verstärkt zu tragen kommen können[17].

4.2 Convertible Arbitrage

Convertible Arbitrage war längere Zeit nur eine Nischenstrategie, betrieben in eingeschränktem Ausmaß und auf eigene Rechnung von großen Investmentbanken, hat sich jedoch zu einer der populärsten Hedgefonds Strategien entwickelt. Die *Convertible* Arbitrage Strategie erzielt Gewinne aus den Preisunterschieden (oder Preisverhältnissen) zwischen den Wandelanleihen (*Convertible Bonds*) und den ihnen zugrunde liegenden Aktien eines Unternehmens (*Underlying*). Grundsätzlich, je niedriger die Marktkapitalisierung des Emittenten, desto stärker unterbewertet ist die Wan-

17 Am häufigsten treten in solchen Situationen die Liquiditätsprobleme auf.

delanleihe und desto besser sind die Arbitrage Möglichkeiten. Wandelanleihen sind Anleihen, die man in eine bestimmte Anzahl von Aktien des emittierenden Unternehmens umwechseln kann. Eine Wandel-anleihe ist ein Äquivalent von einer Anleihe und einer Option auf die Aktien des Emittenten gleichzeitig. Die Wandelanleihen dienten in den Vereinigten Staaten von Amerika vor bereits mehr als 150 Jahren zur Finanzierung des Eisenbahnbaues[18]. Unter den Wertpapieren gehören *Convertible Bonds* zu den Hybriden, da sie sowohl die Merkmale der Anleihen als auch der Aktien tragen, und ihre Bewertung spiegelt auch die beiden Arten der Wertpapiere wider. Die Bewertung ist sehr komplex und bietet dem Arbitrageur potentielle Ertragsmöglichkeiten: man kauft Long die Wandelanleihe und verkauft Short die zugrunde liegende Aktie[19]. Die Long Position fängt die Unterbewertung der Anleihe ein, die Short Position reduziert so weit wie möglich die Marktexposition der Aktie. Die allgemeine Regel ist, dass in negativen Märkten der Kurs der Wandelanleihe langsamer fallen wird als der Kurs der unterliegenden Aktie, in steigenden Märkten hingegen wird sich der Kurs der Anleihe viel deutlicher an den Aktienkurs anpassen. Das Preisverhältnis zwischen der Anleihe und der Aktie kann sich sehr komplex gestalten und führt nicht immer zu voller Markteffizienz, insbesondere wenn die Anleihe noch zusätzlich die Klausel „*Collable*“ oder/und „*Puttable*“ hat.

Callable Bond ist eine Schuldverschreibung, die vom Emittenten kündbar ist, d.h. der Emittent kann die begebene Anleihe unter bestimmten, in den Emissionsdokumenten beschriebenen Konditionen, zurückrufen. Für den Käufer einer kündbaren Anleihe kann die Ausübung dieses Rechtes potentiell auch einen Verlust bedeuten.

Puttable Bond bedeutet hingegen, dass der Käufer einer solchen Schuldverschreibung diese an den Emittenten vorzeitig verkaufen kann – üblicherweise zum Nominalwert. Diese Möglichkeit gibt dem Käufer einen gewissen Schutz vor größerem Verlust z.B. bei steigenden Zinsen.

Die Grundformen der Implementierung von *Convertible* Arbitrage sind:

- Long die Wandelanleihe und Short die Aktie

---

18 Nach heutigem Verständnis waren damals die USA ein *Emerging Market.*

19 Voraussetzung ist also nicht nur eine unterbewertete Wandelanleihe, sondern auch ob man die unterliegende Aktie leer verkaufen kann – speziell bei *Small Caps* ist das nicht immer der Fall.

- Long die Wandelanleihe und Short die Indexfuture oder Indexoption
- Identifizierung von Bewertungsineffizienz in komplizierten Wandelanleihen mit komplexen Konversionsbedingungen
- *Distresses Convertibles* (Wandelanleihen von Unternehmen in wirtschaftlicher Not) in Verbindung mit Aktien[20]

Investmentmanagers, die sich auf *Convertible* Arbitrage spezialisieren, prüfen Hunderte von Wandelanleihen, um eben solche zu identifizieren, die ihrer Einschätzung nach bei negativen Kursentwicklungen langsamer fallen werden als die Aktien und bei positiven Kursentwicklungen den Kurs der Aktie genauer widerspiegeln werden. Wichtig ist es, unter der großen Anzahl der Wandelanleihen jene zu finden, die im Vergleich zur Aktie selbst billig erscheinen. Wenn der Wert der Wandelanleihe steigt und den marktgerechten Preis gegenüber der Aktie erreicht, wird die Position geschlossen und der Gewinn realisiert.

Wandelanleihen werden von börsennotierten Unternehmen emittiert. Der Investor hat zwei Möglichkeiten zur Auswahl: er kann entweder die Wandelanleihe in eine bestimmte Anzahl der Aktien des emittierenden Unternehmens tauschen oder die Anleihe bis zur Tilgung behalten bzw. vorzeitig verkaufen. Das Wandlungsverhältnis gibt an, wie viele Anleihenstücke in wie viele Aktien umgetauscht werden können. Bei einer Wandlung wird die Anleihe eingezogen. Die Wandlungsfrist beginnt üblicherweise einige Zeit nach der Anleihe-Emission und endet mit der Tilgung. Die Wandelprämie wird in Prozent ausgedrückt und gibt an, in welchem prozentuellen Verhältnis der indirekte Erwerb der Aktie über den Kauf der Wandelanleihe zum direkten Erwerb der Aktie an der Börse steht.

Wandelprämie (*conversion premium*) – Berechnung

$$\text{Wandelprämie} = \frac{\text{Wandelanleihepreis} - \text{Wandlungswert}}{\text{Wandlungswert}}$$ (*conversion value)*

Eine Plusprämie (ein Agio) bedeutet, dass der Kurs der Wandelanleihe, ausgedrückt in Prozent, höher ist, als der Kurs des Aktienbasiswertes. Hingegen bedeutet eine Minusprämie (ein Disagio), dass es günstiger ist, die Aktie indirekt über die Wandelanleihe zu erwerben, also die Anleihe in die Aktien umzuwandeln. Generell gilt, je höher die Wandelprämie ist, desto weniger wird der Wert der Anleihe mit dem Wert der unterliegenden Aktie

[20] Diese Art von *Convertible* Arbitrage ist nicht marktneutral.

korrelieren. Bei der Fälligkeit hat eine Wandelanleihe entweder ihren Rückkaufswert als Anleihe oder den Marktwert der Aktien, in die sie umgewandelt werden kann – je nachdem, welcher Betrag höher ist.

Eine Wandelanleihe als eine Hybride unter den Wertpapieren reagiert auch auf andere Marktfaktoren als ihr Aktienbasiswert, und es kommt fast nie vor, dass der Kurs der Aktie und der Preis der Anleihe eins zu eins korrelieren. Zum Beispiel: der Preis einer Wandelanleihe wird üblicherweise entgegengesetzt auf die Bewegungen der Zinsen reagieren, was den Markmalen einer Anleihe entspricht – Anstieg bei fallenden Zinsen und umgekehrt. Der Kurs des Aktienbasiswertes wird hingegen eher auf die makroökonomischen Ursachen und Auswirkungen einer Zinsveränderung reagieren. Die Bewertung einer Wandelanleihe sollte auch den Zeitwert der eingebauten Option berücksichtigen – der Option auf Umwandlung. Es ist üblicherweise eine Option der amerikanischen Art, d.h. eine, die man jederzeit ausüben kann. Der Wert der Wandelanleihe hängt sowohl von der Laufzeit der Anleihe als auch von der Volatilität der Aktie ab. Das gegenseitige Verhältnis der Wandelanleihe und seiner Aktie unterliegt einer Reihe von diversen Faktoren, deren Einfluss auf die Bewertung recht unterschiedlich sein kann - eine eindeutige Formel gibt es leider nicht. *Convertible* Arbitrage Manager müssen also nicht nur die Preisdiskrepanz zwischen einer Anleihe und einer Aktie identifizieren, sondern auch die zahlreichen externen Faktoren genau beobachten, die das Preisverhältnis beeinflussen könnten. Wichtige Faktoren liefern die wirtschaftlichen Daten des emittierenden Unternehmens, wie zum Beispiel seine Finanzgebarung und sein künftiges Ertragspotential oder eventuelle Veränderungen in der Struktur des Unternehmens. Genauso wichtig ist die gesamte Charakteristik der Wandelanleihe selbst (Prämie, Laufzeit, Kupon, etc.). Wenn also der *Convertible* Arbitrage Manager eine inkorrekt bewertete Wandelanleihe findet, kauft er die Anleihe Long und verkauft gleichzeitig – *Short Selling* – die unterliegende Aktie des Unternehmens. Das Portfolio ist marktneutral mit zwei sich ausgleichenden Positionen gebildet und kann positive Erträge unter diversen Marktkonditionen generieren. Durch das *Short Selling* der Aktie wird der potentielle Verlust im Kurs bei negativen Märkten abgesichert. Wie viele Aktien von der Gesamtzahl laut Wandlungsverhältnis leer verkauft werden, hängt von der Markteinschätzung des Arbitrageurs und seiner Risikobereitschaft ab. Wenn der Manager eher fallende Kurse erwartet, kann er mehr Aktien Short verkaufen, ist hingegen seine Einschätzung eher auf steigende Tendenz also bullish oder ist er selbst risikofreudiger, kann er weniger Aktien verkaufen und dadurch das Portfolio einer größeren Marktexposition aussetzen, um stärker von dem erwarteten Kursanstieg zu profitieren.

Hedge Ratio – die Anzahl der verkauften Aktien im Verhältnis zu der Gesamtzahl der Aktien, in welche die gekauften Wandelanleihen umgetauscht werden können, nennt man *Hedge Ratio*. Die *Hedge Ratio* ist neutral gestaltet, wenn sie keine zusätzliche Marktexposition in fallenden oder steigenden Märkten verursacht. Um die richtige *Hedge Ratio* herauszufinden, vergleichen die Convertible Arbitrage Spezialisten diverse Komponenten, wie zum Beispiel den Aktienkurs, die Volatilität, Ertragskurve, Dividenden, etc. und bestimmen das Verhältnis zwischen dem aktuellen Wert der Wandelanleihe und ihrem mathematisch errechneten, erwarteten Wert an Ende der Laufzeit. Um mehrere Möglichkeiten zu berücksichtigen, erstellt man mehrere Computermodelle, wie sich der Preis der Wandelanleihe bei unterschiedlichen Marktkonditionen verhalten könnte.

Neben der primären Variante von *Convertible* Arbitrage mit einer Long Position in der Wandelanleihe und einer Short Position in der Aktie, gibt es auch weitere Möglichkeiten. So wird zum Beispiel oft die Aktie durch eine Aktienoption ersetzt. Eine andere Variante ist die Short Position in den Indexoptionen oder in den Terminkontrakten auf den Aktienindex (Indexfutures) zu bilden. Eine spekulative Strategie ist, wenn sich der *Convertible* Arbitrage Manager auf Anleihen mit niedriger Bonität oder auf gefallene Wertpapiere (*Distressed Securities*) in einer Kombination mit Aktien spezialisiert.

Eine typische Position in einem *Convertible* Arbitrage Portfolio ist üblicherweise neutral abgesichert. Diese Absicherung basiert auf der Berechnung des Delta-Wertes. Delta besagt, wie der Preis einer Wandelanleihe auf die Veränderungen des Preises des Aktienbasiswertes reagieren wird.

Delta – der Betrag, um den sich der Wert einer Option im Vergleich zu relativ kleinen Wertveränderungen des unterliegenden Wertpapiers (Aktie) verändert. Zum Beispiel bedeutet ein Delta-Wert von € 0,35, dass sich der Wert der Option um diesen Betrag verändert, wenn sich der Kurs des Wertpapiers um € 1 verändert. Das zugrunde liegende Wertpapier hat immer einen Delta-Wert von 1.

$$\text{Delta} = \frac{\text{Veränderung im Preis der Wandelanleihe}}{\text{Veränderung im Aktienkurs x Wandelverhältnis}}$$

Delta-Risiko – das Risiko eines Verlustes aufgrund eines positiven oder negativen Delta-Wertes.

Delta-Hedging – eine Strategie im Risikomanagement. Ein Portfolio von Optionen, zum Beispiel auf eine Aktie, hat einen positiven oder negativen

Delta-Wert und ist somit zum Delta-Risiko (verursacht durch Veränderungen des Aktienpreises) exponiert. Um dies abzusichern, wird eine neutralisierende Position in der unterliegenden Aktie (die einen Delta-Wert von 1 hat) gebildet. Das Gesamtportfolio von Optionen und Aktien hat auf diese Weise einen Delta-Wert von Null, d.h. es ist Delta-neutral abgesichert.

Delta-neutral – von Delta-neutral spricht man, wenn eine Option gegen das Delta-Risiko voll abgesichert ist. Es bedeutet, dass sich der Optionswert nicht verändern wird, wenn der Preis des unterliegenden Wertpapiers steigt oder fällt.

Das neutrale Hedging eines *Convertible* Arbitrage Portfolio wird erreicht, wenn man eine genügend große Stückanzahl der Aktien leer verkauft (*Short Selling*), um die Wandelanleihen gegen Preisfluktuation abzusichern. Die notwendige Aktienanzahl wird mit Hilfe komplexer Bewertungsmodelle berechnet. Ein bullisches (auf steigende Tendenz eingestellt) oder bearisches (auf fallende Tendenz eingestellt) Hedging ist hingegen spekulativer und nicht marktneutral ausgerichtet:

- Ein Portfolio von Wandelanleihen ist dann *Bullish* ausgerichtet, wenn der Manager weniger Aktien leer verkauft hat als es für ein neutrales Hedging notwendig wäre. Das Portfolio ist zwar einem höheren Verlustrisiko ausgesetzt, hat aber potentiell mehr Gewinnchancen, wenn der Preis der Wandelanleihe mit dem Kurs der Aktie steigt.
- Ausrichtung des Portfolios *Bearish* kommt zustande, wenn der Manager mehr Aktien leer verkauft hat als für ein neutrales Hedging erforderlich wäre. Das Portfolio hat ein niedriges Verlustrisiko, aber auch potentiell weniger Ertragsmöglichkeiten. Das Portfolio profitiert allerdings vor allem vom fallenden Aktienkurs.

Meistens wird ein Portfolio nur dann *Bullish* ausgerichtet, wenn der *Convertible* Arbitrage Manager aufgrund der Fundamentalanalyse überzeugt ist, dass der Aktienkurs steigen wird. Die Entscheidung, ein Portfolio *Bearish* zu hedgen wird hingegen getroffen, wenn die Fundamentalanalyse eine negative Prognose für die Entwicklung des Aktienkurses erstellt. Generell verlangt jede Art der Portfolioausrichtung die ständige Aufmerksamkeit des Managers, um sie durch Korrekturen an die wechselnden Marktbedingungen und somit an den neuen Delta-Wert des Portfolios anzupassen.

Convertible Arbitrage Strategie birgt relativ wenig Risiko und kann solide Profite erwirtschaften, vorausgesetzt, dass der Manager in eine Wandelanleihe investieren wird, deren Preis langsamer fällt als der Aktienkurs bei negativen Märkten und sich bei positiver Marktentwicklung enger an den Aktienkurs anpasst. Allerdings hält das Preisverhältnis zwischen der Wandelanleihe und der unterliegenden Aktie nicht immer. Zwei Hauptfaktoren können das Preisverhältnis stören:

- die Lage des emittierenden Unternehmens – diverse Aspekte wie veränderte Kreditwürdigkeit (sowohl positive als auch negative), steigende Dividenden, Gefahr einer Übernahme, potentielle Fusion, Kapitalaufstockung, etc. könnten einen Einfluss haben
- die Entwicklung des Marktes – es sind beispielweise etwaige Veränderungen in der Marktvolatilität, in den Zinsraten oder in den Währungskursen oder auch die politischen Ereignisse, die das Preisverhältnis: Wandelanleihe – Aktie beeinflussen können.

Das Unternehmensrisiko kann man durch Streuung der Positionen im Portfolio, genaue Unternehmensanalysen und aktives Hedging diversifizieren. Das Marktrisiko kann man zu neutralisieren versuchen, indem man ein Portfolio von diversifizierten Positionen konstruiert, das sich unter verschiedenen Marktkonditionen zumindest zum Teil bewähren müsste. Die Positionen in der *Convertible* Arbitrage werden vorzeitig geschlossen, wenn zum Beispiel die inkorrekte Bewertung aus diversen Gründen nicht mehr vorhanden ist, oder ein Ereignis oder neue Information die Erwartungen des Managers nicht bestätigt, oder der Arbitrageur dazu durch negative Marktentwicklung gezwungen wird.

Convertible Arbitrage Manager versuchen drei Hauptkomponenten des Ertrages auszunutzen:

- konstanten Ertrag – hauptsächlich aus den Anleihen (Kupon) und zusätzlich aus dem positiven Geldfluss von *Short Selling* der Aktien;
- Ertrag aus der Volatilität des Aktienmarktes – je höher die Volatilität der Aktie, die einer Wandelanleihe zugrunde liegt, desto mehr Möglichkeiten für den Manager Handelsprofite zu realisieren. Am besten eignen sich dazu überbewertete Aktien von Unternehmen mit guter Bonität;
- Ertrag durch die Identifizierung der Preisdiskrepanzen – mit Hilfe eines quantitativen Computermodells werden unterbewertete Wandelanleihen auf ihr Potential geprüft.

Es ist das wertvolle Fachwissen des *Convertible* Arbitrage Managers, das ihm erlaubt, dort die Preisineffizienz rechtzeitig zu identifizieren, wo der Markt sozusagen versagt hat. *Convertible* Arbitrage verlangt effizientes

Risikomanagement auch solcher Faktoren, wie zum Beispiel Exposition zu Zinsveränderungen oder allzu heftige Bewegungen in den Aktienkursen (*Tail Risk*). Die Manager verwenden dazu immer öfter kompliziert ausgefeilte Techniken, die vor allem Swapgeschäfte und diverse Derivative enthalten.

Convertible Arbitrage erlaubt dem Manager von den Bewegungen sowohl des Aktien- als auch Anleihenmarktes zu profitieren und dies unabhängig von der Richtung dieser Veränderungen. Die Strategie bringt konstante Erträge der Festverzinsung der Anleihe und der risikofreien Veranlagung des Geldes aus dem *Short Selling* der Aktie. Diese risikoarmen Erträge können wesentlich gesteigert werden, sollte der Manager tatsächlich existierende Missverhältnisse in der Bewertung der Instrumente identifizieren und realisieren. *Short Selling* der Aktie und somit das Hedging der Long Positionen (Wandelanleihe) erlaubt dem Arbitrageur ein Portfolio zu konstruieren, das verschiedene Investmentziele erfüllen kann. Je nachdem, für welches Hedging, bzw. welche Portfolioausrichtung man sich entscheidet (*Bearish*, neutral, oder *Bullish*), kann der *Convertible* Arbitrage Manager fast alle Risikostufen gestalten:

- konservatives Portfolio mit geringem, aber konstantem Ertrag;
- eine risikoärmere Alternative zum *Short Selling*;
- eine gewinn- und auch risikoträchtige, spekulative Alternative zu den Geldmarktinstrumenten.

Wenn aber das erwartete Preisverhältnis nicht hält, kann das Portfolio allerdings auch auf beiden Seiten verlieren: die Wandelanleihe kann sowohl bei ihrer Anleihen- als auch bei der Aktienkomponente Verluste verursachen. Bei einer nicht ausreichenden *Hedge Ratio* sind Verluste mehr als wahrscheinlich, da die Marktbewegungen äußerst selten, praktisch nur ausnahmsweise, eine volle Korrelation zwischen den Bewertungen zulassen. Zudem muss man auch bedenken, dass viele Unternehmen Wandelanleihen emittieren, aber die Aktien nicht jedes Unternehmens automatisch für *Short Selling* und somit für Hedging geeignet sind. Meistens kann diese Situation bei kleinen, so genannten *Small Caps* Firmen vorkommen, deren Aktien nicht genug Liquidität für das *Short Selling* bieten. Dies bedeutet, dass das Universum, in dem sich die *Convertible* Arbitrage Spezialisten bewegen, relativ eingeschränkt und stark konkurrenzbetont ist.

Zu den wichtigsten Risikofaktoren in der *Convertible* Arbitrage gehört die Bewertung der Wandelanleihen, da sie sehr komplex und von vielen unterschiedlichen Parametern abhängig ist. Außer dem Delta Risiko, das unvollständig sein kann, muss der Manager auch das Gamma Risiko und, noch wichtiger das Vega Risiko zu hedgen versuchen – beide deutlich schwieriger in der Absicherung[21]. *Convertible* Arbitrage Strategie ist im großen Ausmaß mit dem Risiko der Veränderungen in den Zinsraten und in der Duration konfrontiert[22]. Wesentlichen Einfluss kann auch bei unvorhergesehenen Ereignissen das Unternehmensrisiko haben, auch wenn es grundsätzlich durch die Kombination von Long und Short Positionen abgesichert ist. Unerwartete Dividendenzahlungen oder Kapitaldistribution können zwar ausreichend Delta-abgesichert sein und trotzdem kostspielige Anpassung der *Hedge Ratio* verursachen. Von größter Bedeutung ist das Kreditrisiko, da die Anleihe immer eine Long Position bildet und deren Bonität von der Kreditwürdigkeit des Emittenten abhängt. Die Liquidität der Strategie kann von den im Kapitel über das Risiko der Hedgefonds beschriebenen Faktoren: Veränderungen in *Haircut* und die sogenannten „*Short Squeezes*", also Illiquidität der Short Positionen in Aktien, negativ beeinflusst werden. Die Liquidität der Wandelanleihe selbst ist nicht immer im erwünschten Ausmaß verfügbar. Ein Risikofaktor sind auch Veränderungen in den Geld-Brief-Spannen (*Spread*), speziell da viele Wandelanleihen als OTC (*Over-the-Counter*) Instrumente gehandelt werden und die Preisanpassung weniger regulär erfolgt als bei notierten Instrumenten.

Gamma ist die Veränderung in Delta relativ zur Veränderung im Preis des zugrunde liegenden Instruments. Bei Optionen schätzt Gamma den Preis im Vergleich zu deren Wert im Geld oder aus dem Geld – der Gamma Wert ist klein, wenn sich eine Option tief im Geld (*in-the-money*) oder stark aus dem Geld (*out-of-the-money*) befindet. Ist sie hingegen nahe dem Geldwert (*at-the-money*), ist Gamma am größten.

Vega Wert bestimmt, wie sich der Preis einer Option verändern wird, verglichen zur Veränderung in der Volatilität um 1%. Wenn Vega steigt, erhöht sich auch der Absicherungsbedarf.

Von anderen Risikofaktoren könnte man zum Beispiel noch das Fremdwährungsrisiko, wenn die Anleihe in anderer Währung denominiert ist, das Rechtsrisiko und Aufsichtsrisiko, wenn die Wertpapiere von einem ausländischen Emittent begeben wurden, erwähnen. Der größte Markt für

[21] Weitere Sensitivitätsparameter sind: **Rho** – Veränderung im Preis der Wandelanleihe bei Zinsbewegungen, und **Theta** – Tagesveränderung im Preis der Wandelanleihe.

[22] Ohne dabei z. B. das Risiko der negativen Konvexität bei *Callable Bonds* zu erwähnen.

Convertible Bonds ist zurzeit Japan, obwohl dort vor allem kleine Emissionen heimischer Unternehmen dominieren (plus etwas größere japanische Emissionen auf einige europäische Firmen). In Japan sind auch die meisten Unterbewertungen der Wandelanleihen zu finden, da viele der Marktteilnehmer weniger erfahrene institutionelle Investoren und Privatanleger sind. Die USA bilden den zweitgrößten, sehr gut entwickelten Markt, dem Europa vor allem mit Emissionen von Unternehmen mit sehr guter Bonität folgt.

Hedgefonds, die sich auf die *Convertible* Arbitrage spezialisieren, brachten in den neunziger Jahren kontinuierliche, solide Erträge, im Durchschnitt um 12% jährlich, obwohl im Jahr 1994, katastrophal für die Anleihen insgesamt, auch die Arbitrageure Verluste hinnehmen mussten. Positiv sind für die Strategie volatile und steigende Aktienmärkte mit gleichzeitig fallenden Zinsen, obwohl das wiederum den Ertrag des *Short Selling* vermindert. Hingegen sind negative Szenarios für die *Convertible* Arbitrage zum Beispiel: fallende Preise der Anleihen und stagnierende Aktienkurse; wenn sowohl der Aktienkurs als auch der Wert der Anleihenkomponente einer Wandelanleihe fällt; oder wenn die Aktienmärkte sich in mehr oder weniger freiem Fall befinden und große Liquiditätsprobleme für die *Convertible* Arbitrage verursachen. *Convertible* Arbitrage hat im letzten Jahrzehnt konsistente Erträge geliefert und ist unter den Hedgefonds Managern sehr populär geworden, sodass manche Spezialisten bereits auf eine gewisse (Über)Sättigung des Marktes hinweisen. Dieser steigende Wettbewerb könnte als Folge zur Minderung der Profite führen, was wiederum zur Erhöhung des Leverage (höheres Risiko) verleiten würde.

Ganz allgemein sollte man betonen, dass diese Strategie nur geringe Korrelation mit den Aktienmärkten aufweist und somit eine gute Möglichkeit der Diversifizierung zu einem Aktieninvestment bildet. Ein interessanter Aspekt ist, dass die Hedgefonds, die *Convertible* Arbitrage betreiben, zur wichtigsten Liquiditätsquelle für sowohl Käufer als auch Verkäufer der Wandelanleihen avanciert sind.

4.3 Equity Market-neutral

Die Spezialisten in der *Equity Market-neutral* Strategie bilden Portfolios nach dem Modell von Alfred Jones mit ungefähr gleichen Investmentbeträgen in Long und in Short Positionen in Aktien. Die Grundannahme ist dabei, dass die Anomalien in der relativen Aktienbewertung kurzfristig auftreten können, längerfristig müssen sie aber vom effizienten Markt (laut

Capital Assets Pricing Model – CAPM) beseitigt werden[23]. Die Long/Short Positionen sollen sich gegenseitig neutralisieren und so eine marktunabhängige Performance generieren. Durch das Balancieren von Long und Short Positionen kann der *Equity Market-neutral* Spezialist sein Portfolio von etwaigen systemischen Marktveränderungen isolieren, die den ganzen Aktienmarkt als solchen und die Bewertung der einzelnen Aktien erratisch beeinflussen. *Equity Market-neutral* Portfolio eliminiert also das Betarisiko des Marktes und versucht die Alphaerträge zu generieren. Die Strategie wird quer durch alle Sektoren, Industrien, Regionen und Investmentstile angewendet und gehört zu den bekanntesten unter den Hedgefonds Strategien. *Equity Market-neutral* Spezialisten erzielen ihre Gewinne unabhängig von den Marktbewegungen, indem sie unter- und überbewertete Aktien identifizieren. Ein traditionelles Aktienportfolio wird hauptsächlich zwei Risikofaktoren ausgesetzt: dem Marktrisiko, also der Ungewissheit, wie sich der Markt bewegen wird und dem idiosynkratischen Risiko der Ungewissheit der Aktienselektion des Managers. Die *Equity Market-neutral* Manager glauben, die Entwicklung der einzelnen Aktien besser voraussehen zu können als die Entwicklung des gesamten Aktienmarktes. Sie versuchen deswegen, das systemische Marktrisiko so weit wie möglich zu neutralisieren und exponieren ihr Portfolio gleichzeitig zum unsystemischen Risiko der Aktienauswahl. Die *Equity Market-neutral* Strategie soll unabhängig von der Marktrichtung konstante Erträge mit relativ geringer Volatilität produzieren.

Die Long/Short Aktienstrategien können auf mehrere Quellen des Ertrages zurückgreifen:

- Die Performance des Long Portfolios bei positiven Kursen und die Performance des Short Portfolios bei negativen Kursen – im Idealfall sollen die Long Titel steigen und die Short Titel fallen und somit den „doppelten Alphaertrag“ bringen[24].
- Ein kleiner, aber risikoloser Ertrag von der Cashposition, die als Kollateral für *Short Selling* dient.[25]
- Ein weiterer Zinsertrag von der Cashposition auf dem *Margin Account*[26].
- Dividenden auf der Long Seite (Dividenden der Short Positionen sind hingegen eine Verbindlichkeit[27]).

---

23 Das Auftreten von Preisanomalien widerspricht aber der Efficient Market Hypothesis.

24 Siehe Kapitel über Marktneutrale Investments.

25 Siehe Kapitel über *Short Selling.*

26 Siehe Kapitel über *Short Selling.*

27 Siehe Kapitel über *Short Selling.*

Long/Short Strategie kann – grob gerechnet – den doppelten Wert des Eigenkapitals einsetzen, was bedeutet, dass das Leverage bereits in die Grundlagen der Strategie eingebaut ist. Ein traditionelles *Long-only* Portfolio kann im Vergleich dazu nur von steigenden Kursen und von den Dividenden profitieren.

Die Auswahl der Aktientitel für ein *Equity Market-neutral* Portfolio basiert auf der Verwendung von komplizierten und hochentwickelten quantitativen und qualitativen Computermodellen, die unter Berücksichtigung möglichst aller bekannten Faktoren das Risiko-Ertrag Verhältnis einer Aktie analysieren. Das Berechnungsmodell enthält mehrere Indikatoren, die basierend auf allen öffentlich zugänglichen Informationen eine Prognose für die Entwicklung der einzelnen Aktien zu erstellen ermöglichen. Da die historisch nachweisbare Eignung der Indikatoren für die Erstellung einer Prognose unterschiedlich ist, werden sie auch im Computermodell unterschiedlich gewichtet. Anhand der Computerauswertung werden unterbewertete Aktientitel gekauft (Long Position) und die überbewerteten Titel verkauft (Short Position). Das Computermodell ist das Herzstück von *Equity Market-neutral* Strategie und erlaubt dem Manager, eine ganze Bandbreite von Long/Short Strategien anzuwenden, angefangen von Aktienauswahl aufgrund der traditionellen, fundamentalen Analyse bis zur statistischen Arbitrage (*Statistical Arbitrage*), die kaum diskretionäre Entscheidungen des Managers benötigt. Viele *Equity Market-neutral* Spezialisten verwenden zusätzlich zu ihren Computermodellen auch Optimierungsprogramme mit komplexer Verwendung der Algorithmen, die ihnen noch effizientere Gestaltung des Portfolios mit höherem und minimiertem Risiko der Nettoexposition zum Markt ermöglichen[28].

Statistische Arbitrage kann man eigentlich als eine Sonderform der *Equity Long/Short* Strategie betrachten, die ähnlich der Grundstrategie ein möglichst neutrales Long/Short Portfolio bildet, sich dabei aber voll auf die statistischen Daten des Computermodells und nicht auf die diskretionäre Investmententscheidungen des Managers verlässt. Die Positionen werden meistens relativ kurzfristig gehandelt. *Statistical Arbitrage* versucht oft die sogenannte *Mean Reversion* auszunutzen. Dies ist die Tendenz vieler Finanzinstrumente nach stärkeren Steigerungen oder Verlusten im Kurs wieder zu ihrem historischen Durchschnittswert zurückzukommen. Praktisch bedeutet es, dass nach jeder stärkeren Abweichung vom Durchschnittswert die Wahrscheinlichkeit steigt, dass die nächste Bewegung des Kurses wieder zum langjährigen Wert führen wird. Diese Tendenz wird für Käufe bei

[28] Solche Optimierungsprogramme werden z. B. von BARRA oder APT angeboten.

negativen und für Verkäufe positiven Wertveränderungen genutzt. Die Manager, deren Strategie auf *Mean Reversion* basiert, verkaufen Short Aktien mit historisch überdurchschnittlich hohem Kurs und kaufen Long jene, die einen historisch unterdurchschnittlich niedrigen Kurs aufweisen. Üblicherweise suchen sie solche Aktiengruppen, die langfristig positive Korrelation aufweisen. Die Aktien werden zu Gruppen gebildet, wenn sie ähnliche Merkmale tragen, zum Beispiel: die gleiche Industrie, gleicher Sektor oder ein spezifischer Risikofaktor. Die Parameter für solche Aktiengruppen und ihre Zusammensetzung kann sich schnell ändern, je nach aktueller Marktlage. Die Entscheidung, welche Faktoren für welche Aktiengruppe ausschlaggebend sind, ist eine essentielle Komponente der ständigen Anpassung des Computermodells an die Marktgegebenheiten. Es ist eine Art von *Short Volatility Trading* und kann auf dem Aktienmarkt mit der *Fixed-income* Arbitrage auf dem Anleihenmarkt vom Ansatz her verglichen werden.

Das gut ausgewogene Verhältnis zwischen den Long und Short Aktienpositionen soll das Portfolio vor unvorhersehbaren, erratischen Bewegungen des Marktes schützen und bei jeder Marktlage eine positive Performance generieren. Die Long gehaltenen, unterbewerteten Aktien sollen Gewinne bei einer Aufwärtsbewegung des Marktes bringen, die Short gehaltenen, überbewerteten Titel hingegen sollen die Erträge bei einer Abwärtsbewegung sichern. Die Ungewissheit – und gleichzeitig das unsystemische Risiko – besteht allerdings in der Frage, ob man wirklich die richtige Aktienauswahl im Portfolio hat, deswegen verlassen sich die meisten Manager bei der Aktienselektion primär auf quantitative Computerprogramme. Ein Long/Short Portfolio wird in einem Haussejahr mit einem traditionellen Aktienfonds nicht mithalten können, in einem Baissejahr müsste allerdings, im Gegensatz zu den massiven Verlusten der traditionellen Investments, auch ein absoluter, positiver Ertrag unter dem Strich bleiben. Mit dieser Strategie sollen kontinuierlich konstante Erträge mit geringer Volatilität produziert werden. Um dies zu erreichen, versucht der Manager sein Portfolio so wenig wie möglich dem Marktrisiko auszusetzen.

Eine vereinfachte Formel für die Bestimmung der **Marktexposition** ist gleich Long Positionen minus Short Positionen, dividiert durch das investierte Kapital:

$$\text{Marktexposition} = \frac{\text{Long Exposition} - \text{Short Exposition}}{\text{Kapital}}$$

Das Verhältnis zwischen den Long und Short Positionen ist eher selten 50 : 50 mit null Marktexposition, sondern öfter zum Beispiel 60 : 40. Ein Portfolio von 10 Millionen Euro mit einer Aufteilung von € 6 Mio. Long und € 4 Mio. Short hat eine Marktexposition von 20% und höhere Profitchancen mit gleichzeitig höherem Risiko.

Der Wert sowohl des Long als auch des Short Portfolios verändert sich mit den Marktbewegungen und muss immer wieder der Marktlage angepasst werden – allein schon aufgrund der eventuellen *Margin Calls.*

Die Short Positionen in jeder Art von Long/Short Investments sind natürlich auch ein Risikofaktor. Sie können in einem Portfolio grundsätzlich folgende Funktionen erfüllen:

- Eine Ertragsquelle, wenn die Shorts als eine Wette auf fallende Kurse der überbewerteten Finanzinstrumente gebildet sind;
- Reine Absicherung der Long Positionen, die nur sekundär einen Ertrag bringen – in Aktienstrategien werden sie in solchen Fällen oft aus Futurespositionen gebildet, wenn Long Positionen in Aktien gehalten werden;
- Zinsertragsquelle von der Cashposition (Kollateral) und vom *Margin Account.*

Das Aktienuniversum der *Equity Market-neutral* Strategie besteht typischerweise aus hoch liquiden Titeln und wird noch vor dem eigentlichen Investmentprozess definiert. Die hohe Liquidität einer Aktie ist eine der wesentlichsten Voraussetzungen bei der Auswahl, weil es schwierig oder manchmal gar unmöglich ist, die notwendigen Short Positionen in weniger liquiden Titeln zu bilden. Gerne werden *Blue Chips* verwendet, da sie sowohl die erforderliche Liquidität aber auch hohe Marktkapitalisierung bieten. Es ist sicherer und einfacher sich auf große Titel zu konzentrieren, die man problemlos kauft und auch verkauft. Mit vielen *Small Caps* kann es Liquiditätsprobleme geben und oft sind sie wegen mangelnder Nachfrage zumindest zeitweise als Short Position nicht geeignet. Viele *Equity Market-neutral* Manager eliminieren aus ihrer Auswahl Aktien der Unternehmer, die potentiell in Fusionen oder Akquisitionen engagiert sein können, da solche Ereignisse die Aktienkurse in einem unerwünschten und unvorhersehbaren Ausmaß beeinflussen können. Unerwünscht sind in einem marktneutralen Portfolio auch Aktien von Firmen, die empfindlich auf Zinsratenveränderungen reagieren könnten – dazu gehören sowohl Firmen mit hohem Leverage (zahlen hohe Kreditzinsenbeträge) als auch Firmen, die große Kredite vergeben (erhalten hohe Kreditzinsenbeträge). Die Aktien solcher Unternehmen können eine unüblich ausgeprägte Korrelation zu Zinsratenveränderungen aufweisen. Oft wird vom Manager ein eingeschränktes Aktienuniversum definiert, wie zum Beispiel ein Sektor, eine Region, eine bestimmte Industrie, etc. Die computerisierten, quantitativen Modelle mit ihrer enormen Kapazität an Datenverarbeitung erlauben dem *Equity Market-neutral* Manager die ganze Bandbreite des Marktes auszunutzen: je mehr Einzeltitel, desto höher die Wahrscheinlichkeit, dass man die richtigen ausgewählt hat. Die Long/Short Manager bilden sehr gerne ihre entgegengesetzten Portfolios aus korrelierenden Aktien, weil dies eine hohe Marktrisikodiversifizierung bringt. Wenn die Auswahl der Titel stimmt, ist man bei jeder Marktentwicklung zur Hälfte dabei, da die Positionen im Long/Short Portfolio eine starke negative Korrelation aufweisen. Die Bildung der Long und Short Positionen aus Aktien von zwei unterschiedlichen Industriesektoren bedeutet bei weitem kein marktneutrales Portfolio – es wird zwar das Marktrisiko zum Teil abgesichert, aber das spezifische Risiko der zwei unterschiedlichen Sektoren wäre deutlich signifikanter. Hohe Marktneutralität kann man in der Praxis erreichen, wenn die Long/Short Positionen aus demselben Industriesektor stammen, im selben Markt gehandelt werden und ihre Korrelationen erwiesen sind und sich auch langfristig bewährt haben. Ein gutes Beispiel dafür ist das sogenannte *Pair Trading*.

Pair Trading – das *Pair Trading* ist eine limitierte Form der Long/Short Strategie mit hoch qualitativem Ansatz, die sich sowohl in den Long Positionen als auch in den Short Positionen auf denselben Industriesektor beschränkt. Oft sind es zwei konkurrierende Unternehmen, deren Aktien ein gegenseitiges Hedging bilden. Es kann jedoch vorkommen, dass aufgrund der Marktkonditionen eine negative Kursentwicklung einen gesamten Industriesektor gleichermaßen betrifft und *Pair Trading* als Absicherung wertlos ist.

Ist das Aktienuniversum einmal definiert, sucht das Computermodell die am meisten überbewertete und die am meisten unterbewertete Aktien aus, wobei alle öffentlich erreichbare Informationen über die gelisteten Unternehmen sowie diverse Faktoren des systemischen und unsystemischen Risikos ausgewertet werden. Das Computermodell bestimmt den Grad der Ineffizienz, indem der Marktkurs und der tatsächliche „*Fair Value*" einer Aktie verglichen werden[29]. Anhand dieser Auswertungen versucht der Manager im optimalen Fall das Portfolio so zu gestalten, dass eine Marktexposition nahe Null erreicht ist, und dass die Risikocharakteristik des Long Portfolio ein Spiegelbild jener des Short Portfolio ist. Die einzelnen Positionen sind normalerweise klein, was eine breite Diversifikation (sprich: geringeres Risiko) erlaubt. Die meisten *Equity Market-neutral* Spezialisten managen auch aktiv das Risiko der einzelnen Aktienpositionen und bauen in ihr Portfolio *Stop-loss* Limite ein, um zusätzlich zu der breiten Streuung die potentiell negative Auswirkung jeder Aktie auf das Gesamtportfolio weiter zu reduzieren. Das *Short Selling*, das explizit zu der *Equity Market-neutral* Strategie gehört, bildet schließlich nicht nur die Absicherung der Performance bei Marktverlusten, sondern auch eine potentielle Risikoquelle, die allen Short Transaktionen eigen ist. Der maximale Gewinn einer Short Position in *Equity Market-neutral* kann der volle Kaufpreis einer Aktie sein, da die Aktien „nur" bis maximal Null fallen können. Der potentielle Verlust ist hingegen unabsehbar, da der Preis einer Aktie theoretisch nach oben offen ist[30].

Equity Market-neutral Strategie kann Gewinne auf beiden Seiten, Long und Short erzielen, generiert somit doppelte Alphaerträge und korreliert kaum mit dem breiten Aktienmarkt. Sie kann eine gute Diversifikation zu anderen Investments, sowohl im traditionellen Bereich als auch zu anderen Hedgefonds Strategien bieten. Die *Equity Market-neutral* wird als „Alpha Generator" par excellence erachtet. Die doppelten Alphaerträge bedingen aber auch ein doppeltes Risiko. Die quantitative Natur der Strategie erweckt auch manchmal den Eindruck einer *Black Box*, da das Computermodell, einmal richtig programmiert, sozusagen nach einem eigenem Rhythmus läuft, und die Manager sich vor allem um die Verbesserung ihrer Computerprogramme kümmern und nicht um die fundamentale Analyse eines Unternehmen selbst.

Zu den wichtigsten Risikofaktoren der *Equity Market-neutral* Strategie gehören folgende:

- Modellrisiko – ein Computermodell kann nicht alle Möglichkeiten berücksichtigen, speziell nicht die irrationalen. Die computerisierten Be-

---

[29] Der Markt kann sich irrationaler Weise gegen den *Fair Value* einer Aktie entwickeln – z.B. in den Jahren 1999 und 2000 bei Internetaktien.

[30] Siehe Kapitel über *Short Selling*.

wertungsmethoden werden immer wieder mit neuen Situationen konfrontiert, bei denen die bewährten Paradigmen unbrauchbar sind. Ein Computermodell ist von Natur aus statisch – im Gegensatz zu den dynamischen und oft erratischen Finanzmärkten – und muss ständig den neuen Entwicklungen angepasst werden.

- *Event* Risiko (auch Volatilitätsrisiko) – unerwartete Ereignisse oder z.B. „*Volatility Shocks*", die extreme Deviationen des *Fair Value* verursachen und die Korrelationen durcheinanderbringen[31].
- Operationales Risiko – die Marktneutralität verlangt viele Transaktionen, um das Long/Short Verhältnis auszubalancieren und für die ständige Anpassung des Portfolio. Das führt zu hohen Transaktionskosten und zu steigendem Exekutionsrisiko.
- Das Short Portfolio unterliegt den Risikofaktoren des *Short Selling*[32].

Eine marktneutrale Aktienstrategie ist imstande, ihre Marktexposition zu mehreren Faktoren durch ausgleichende Long/Short Gewichtung weitgehend zu neutralisieren. Allerdings, je höher der Grad der Marktneutralisierung und je weniger Risiko, desto geringer sind die Möglichkeiten einen Ertrag zu erzielen. Theoretisch soll ein perfekt marktneutrales Portfolio nur die risikofreie Rate, vermindert um die Transaktionskosten, verdienen können. In der Praxis verdient ein streng marktneutral ausgerichtetes Portfolio meist zusätzliche, geringe Erträge, die knapp über der risikofreien Rate liegen, da immer ein Restrisiko und somit die Ertragchance besteht. Erfahrene *Equity Market-neutral* Manager verzerren die Marktneutralität ihres Portfolios je nach Markteinschätzung entweder Richtung Long oder Short und nutzen diese spekulative Komponente für zusätzliche Erträge aus.

5. Event Driven Strategien

Event-driven Fonds verfolgen Strategien, auf die grundsätzlich die Entwicklung der Märkte keinen Einfluss haben sollte, die jedoch bestimmte Ereignisse als ihre „Auslöser" oder „Katalysatoren" definieren. *Event-driven* Strategien konzentrieren sich vordergründig auf Unternehmen, die in spezielle Situationen oder signifikante Restrukturierungen involviert sind. Die Wertpapiere, die von solchen Unternehmen begeben werden, reagieren viel mehr auf die mit einem *Event* verbundene Unsicherheit als

---

[31] Wird oft auch als "*Tail Risk*" bezeichnet.

[32] Siehe Kapitel über *Short Selling*.

auf die Marktbewegungen. Es ist wenig überraschend, dass die Hedgefonds versuchen, die Preisfluktuationen dieser Wertpapiere auszunutzen. Die Befürworter dieser Strategien argumentieren, dass die Konzentration auf die Ereignisse, die ein Unternehmen und nicht den Markt im Allgemeinen betreffen, eher konstante und konsistente Ergebnisse unter verschiedenen Marktkonditionen erlaubt, als die risikoreiche und oft frustrierende Verfolgung der Marktrichtung. Das Auftreten diverser signifikanter Ereignisse nimmt meistens zyklische Formen an. Zum Beispiel: die Fusionen, Akquisitionen oder Übernahmen passieren vor allem in Zeiten der allgemeinen Prosperität und wirtschaftlicher Expansion, Bankrotts häufen sich hingegen in Zeiten der schlechten wirtschaftlichen Konjunktur. Die *Event-driven* Spezialisten müssen über ein komplexes Wissen verfügen, um die Strategie erfolgreich durchzuführen. Dazu gehören nicht nur die wirtschaftlichen und finanziellen, sondern auch die juristischen und politischen Aspekte[33], sowie das Wissen um die strategischen Pläne und Absichten eines Unternehmens. Die Unsicherheit ist hier das Herz aller Dinge: wäre der Ausgang eines Ereignisses sicher, wären kaum Chancen auf zusätzliche Gewinne für *Event-driven* Spezialisten vorhanden.

Ein *Event-driven* Manager versucht auf dem Markt solche Finanzinstrumente eines Unternehmens zu identifizieren, die, seiner Meinung nach, inkorrekt bewertet sind – dies können zum Beispiel Aktien oder Wandelanleihen sein. Der nächste Schritt ist die Identifizierung eines relativ naheliegenden Ereignisses, das als eine Art Katalysator oder Auslöser fungieren könnte. Ein Katalysator soll die Aufmerksamkeit der Investoren auf das betreffende Unternehmen lenken und seine Wahrnehmung bei den Investoren verändern, sprich: das Interesse der Investoren erwecken. Als Katalysator kann zum Beispiel ein Presseartikel oder eine Werbekampagne für ein neues Produkt fungieren. Der *Event-driven* Manager muss nun abschätzen, ob das Auslöser-Ereignis signifikant genug sein wird, um die Aufmerksamkeit der Investoren zu erwecken, in welchem Grade und in welcher Richtung es das Verhalten der Investoren (bestehenden oder potentiellen) beeinflussen wird, wie lang der Zeithorizont ist, bis eine Marktreaktion die erwünschte Veränderung herbeiführt und somit die Liquidierung der festgestellten Ungleichheit in der Bewertung eintrifft. So entsteht eine komplexe Synthese aus der Fundamentalanalyse, der Analyse eines *Events* und der Zeitanalyse. Bevor die Entscheidung fallen kann wann, in

---

[33] Die *Merger* Arbitrage Spezialisten von UBS O'Connor z.B haben die angekündigte und dann beschlossene Fusion zwischen der Bank Austria und der Bayrischen HypoVereinsbank nicht ausgenutzt, da ihnen die politische Seite eines solchen Ereignisses in Österreich zu unberechenbar erschien (Information von einem der Manager von UBS O'Connor).

welche Wertpapiere und welcher Betrag investiert wird, verläuft der Investmentprozess nach folgenden Grundlinien:

- Identifizierung einer Bewertungsinkorrektheit
- Identifizierung eines Katalysatorereignisses
- Vergleich der Marktpreise und des theoretisch möglichen *Spread*
- Schätzung des Zeithorizonts bis zur Marktkorrektur, also bis zum Ende der Transaktion
- Bewertung eines jährlichen Ertrages und der Höhe des Leverage – falls dessen Anwendung angemessen erscheint

Dieser Prozess erfordert einerseits große Erfahrung der Manager, andererseits ist er mit Unsicherheit und Risiko im Deal selbst verbunden. Je größer die Unsicherheit über den Ausgang eines *Event* ist, desto größer das potentielle Risiko, aber umso größer sind auch die *Spreads* und die zu erwartenden Gewinne, falls die Analyse und der Investmentprozess korrekt waren.

Unvorhergesehene Marktereignisse können sich auch negativ auf die Hedgefonds auswirken und haben bereits einige der Bekanntesten zum Fall gebracht:

- drei Hedgefonds von David Askin – Granite Partners, Granite Corp. und Quartz Hedge – haben mehr als $ 400 Mio. verloren; als die Federal Reserve unerwartet die Zinsen angehoben hat;

- ebenfalls drei Hedgefonds von Dana McGinnis – Partner's Focus, Global und Russian Value – waren bankrott nach der Rubel Devaluation 1998

- weitere drei Hedgefonds von Victor Niederhoffer – Global Systems, Friends und Diversified – scheiterte an einem Einbruch von S&P500 in Oktober 1997 (Niederhoffer hat *puts* auf den Index zuvor leer verkauft).

Der Investmentprozess wird üblicherweise für den *Event-driven* Spezialisten durch eine öffentliche Ankündigung eines entsprechenden Ereignisses – zum Beispiel einer Übernahmeabsicht – ausgelöst. Der Manager muss durch seine Zeitanalyse überzeugt sein, dass ein *Event-driven* Investment gute Chancen hat, in einem absehbaren Zeitrahmen vollständig abgewickelt zu werden. Nur in den seltensten Fällen versuchen manche Manager sozusagen zu „pokern" und gewisse Ereignisse vorauszusehen, was auch extrem spekulativ ist. Normalerweise beschränkt man sich auf die Analyse der *Events*, die öffentlich angekündigt wurden.

Das *Event-driven* Portfolio wird so diversifiziert, dass keine Position, die mit einem einzelnen Ereignis verbunden ist, bei seinem negativen Ausgang einen gefährlich großen Impakt auf das Gesamtportfolio haben könnte, weil der Manager natürlich keine Garantie hat, dass seine Erwartungen richtig sind. Üblicherweise werden auch prozentuelle Grenzen festgesetzt, die das maximale Investment in ein einzelnes *Event* limitieren. Die Risikoanalyse eines *Event* muss unbedingt auch das potentielle Risiko der Stornierung eines Deals, der Verspätung in seiner Abwicklung oder der Abwertung der involvierten Wertpapiere berücksichtigen – immerhin sind solche Vorkommnisse zum Beispiel bei bereits angekündigten *Mergers* keine Seltenheit. Die Gründe für solche Risikofaktoren können vielfältig sein, zum Beispiel juristisch, wie die Ablehnung eines Deals durch die Behörden aufgrund des Kartellrechts, oder marktwirtschaftlich, wie eine ungünstige Reaktion des Marktes auf einen Deal, oder finanziell, wie ein Mangel an Finanzierungskapital oder – zum Beispiel – einem potentiellen Übernahmekandidaten gelingt überraschend die Abwehr.

Ein typischer *Event-driven* Investmentmanager muss sich auch durch eine ausgeprägte Flexibilität auszeichnen[34]. Diese Flexibilität erlaubt einem erfahrenen *Event-driven* Spezialisten praktisch in jedem Markt potentielle Gewinnmöglichkeiten zu identifizieren. In Zeiten der wirtschaftlichen Expansion investiert man vor allem in die Fusionen und Akquisitionen, in Zeiten der Rezession hingegen, wenn auch sonst solide Unternehmen finanzielle oder andere Schwierigkeiten erleiden, sind es die *Distressed Securities* (in der Folge beschrieben), denen die meiste Aufmerksamkeit geschenkt wird. In Zeiten des sich seitwärts bewegenden Marktes von keiner ausgeprägten Richtung beschäftigt sich *Event-driven* Investment verstärkt mit Sondersituationen (*Special Situations*). Der Begriff ist etwas nebulös und umfasst eigentlich alles, was an für ein Investment brauchbaren strukturellen Veränderungen auf dem Markt zu haben ist. Alle ereignis-orientierte Strategien sind zudem vom Volumen eines *Event* abhängig und die Beschränkung nur auf *Merger* Arbitrage oder auf *Distressed Securities* kann zusätzlich das Gewinnpotential limitieren – dadurch wird die Flexibilität zusätzlich gefordert und auch in der Performance des Portfolios belohnt.

Die vordringliche Voraussetzung ist aber immer, dass der Manager über eine ausreichende Expertise derartiger Ereignisse verfügt; kann der Manager nicht die *Events* korrekt analysieren, nützt ihm auch die ganze Band-

---

[34] Soweit sie sich nicht im vorhinein auf eine bestimmte Form spezialisiert, wie z. B. *Merger* Arbitrage oder *Distressed Securities*.

breite wenig. Die neunziger Jahre waren für die ereignis-orientierten Strategien sehr interessant. Laut Industrie-Untersuchungen haben die *Event-driven* Hedgefonds eine Performance von durchschnittlich circa 18 Prozent pro Jahr erreicht. Manche Fonds näherten sich in bestimmten Jahren sogar der 30-Prozent-Marke[35].

Die wichtigsten *Event-driven* Strategien sind: *Merger* (*Risk*) Arbitrage, *Distressed Securities* und *Convertible Debenture* Arbitrage (Wandelschuldverschreibung Arbitrage). Diese Strategien führt man in einer Kategorie zusammen, weil sie grundsätzlich ähnliche Voraussetzungen haben und die gleichen Faktoren beachten müssen: wie hoch ist die Wahrscheinlichkeit, dass ein Deal (Fusion, Akquisition, Restrukturierung, Übernahme, etc.) durchgeführt wird und wie viel Zeit wird das in Anspruch nehmen.

5.1 Merger (Risk) Arbitrage

Merger Arbitrage, genannt auch oft *Risk* Arbitrage, wurde als Strategie bereits in den vierziger Jahren des 20. Jahrhunderts von Gustave Levy, einem Partner von Goldman Sachs entwickelt; so richtig in Schwung ist sie aber auf der Fusionswelle in den Sechzigern gekommen. *Merger* Arbitrage Strategie spezialisiert sich auf Investitionen in Unternehmen, die entweder übernommen werden oder fusionieren. *Merger* Arbitrage Spezialisten beschäftigen sich nicht mit den Prognosen über eventuelle Übernahmen oder Fusionen. Vielmehr untersuchen sie die bereits angekündigten Deals und die darin involvierten Unternehmen, um die Unsicherheit über die Seriosität der Absichten, potentielle Hindernisse, sei es wirtschaftlicher, juristischer oder politischer Natur, und den erwarteten Ausgang der Transaktion abzuschätzen. Der *Merger* Arbitrage Spezialist erzielt Gewinne, wenn er den Ausgang einer bevorstehenden oder angekündigten Akquisition oder Fusion richtig abschätzen und die Differenz zwischen dem aktuellen Aktienkurs des Übernahmeobjekts und dem künftigen Kursanstieg nach der Durchführung des Kaufes für sein Portfolio ausnutzen kann

In einem typischen Beispiel eines *Merger* Arbitrage Portfolios führt der Manager folgende Transaktionen durch:

- Aktien des übernommenen Unternehmens werden gekauft (*Long*)
- Aktien der Käuferfirma werden verkauft (*Short Selling*).

Wenn das Unternehmen X vom Unternehmen Y übernommen wird, geht man im Normalfall davon aus, dass die Aktien von X nach erfolgreicher

[35] Zahlen für die Jahre 1990-1998.

Durchführung der Transaktion steigen werden oder zu einem höheren Preis in die Aktien von Y umgetauscht werden (meistens findet der Aktientausch statt). Die Aktien von Unternehmen Y hingegen sollten fallen, um die Differenz (*Spread*) zwischen X und Y zu nivellieren. Um diese Situation auszunutzen bildet der *Merger* Arbitrage Spezialist eine Long Position in Aktien von X und eine Short Position in Aktien von Y. Sollte die Transaktion trotz Ankündigung nicht durchgeführt werden (Ereignisrisiko), würden die Aktien des Unternehmens X normalerweise fallen und der Arbitrageur müsste Verluste hinnehmen. Die Durchführung von Akquisitionen und Fusionen braucht immer viel Zeit und das Ergebnis ist oft mehrere Wochen oder sogar Monate nach der Ankündigung relativ unsicher. Der Profit „am Ende des Tages" ist zuzusagen eine Prämie dafür, dass sich der Manager auf Transaktionen mit ungewissem Ausgang einlässt. Laut einer akademischen Studie[36] fungiert es mittlerweile sogar als Marktindikator für den Ausgang einer Fusion oder einer Übernahme, wenn Arbitrageure substantielle Investitionen in die damit verbundenen Transaktionen getätigt haben.

Solange lediglich eine potentielle Absicht einer Fusion bekannt ist und ihre Durchführung noch nicht von den beteiligten Firmen und von den Behörden bestätigt ist, verursacht der noch unsichere Ausgang der Transaktion relativ große Preisunterschiede zwischen den Aktienkursen beider Firmen. Sobald aber die angekündigte Transaktion tatsächlich vollbracht ist, repräsentieren beide Aktien die Eigentümerinteressen des gleichen Unternehmens. Die Unsicherheit über den Ausgang eines angekündigten Deals stellt eine besondere Gelegenheit für die Arbitrage Spezialisten dar. Die traditionellen Investmentfonds können eine solche Situation nur zum Teil ausnutzen, da ihnen *Short Selling* kaum erlaubt ist. *Merger* Arbitrage Spezialisten hingegen können nicht nur mit Hilfe der Fachanalyse von Akquisitionen sondern auch der Hedging Techniken die angekündigten Deals für die Performance des Portfolios effizienter ausnützen. Wie aus dem zuvor angeführten Beispiel ersichtlich ist, wird die Long Position in Aktien der Firma X mit der Short Position in Aktien der Firma Y abgesichert – und auch umgekehrt.

Merger Arbitrage und Insider Trading

Je früher ein Portfolio für eine bestimmte Fusion oder Übernahme angelegt wird, desto größer die Gewinnspanne nach Abschluss der Transaktion –

[36] Keith Brown, Michael Raymond *Risk Arbitrage and the Prediction of Successful Corporate Takeover,* Financial Management, Autumn 1986.

kein Wunder, dass Insidertipps vor der offiziellen Ankündigung des Deals sehr verlockend sein können. Einen zweifelhaften Ruhm erlangte in den achtziger Jahren der Arbitrageur Ivan Boesky. Nach anfänglichen Misserfolgen und Verlusten – zum Beispiel nach dem 1982 der Deal zwischen Gulf Oil und Cities Service fehlschlug – hat Boesky angefangen, die Aktien zu handeln, bevor die Fusionen öffentlich bekannt wurden und gründete den Hudson Fund, der sich auf die *Merger* Arbitrage spezialisierte. Er bediente sich dabei unerlaubter Insidertipps von Mitarbeitern der Investmentbanken (gute Kontakte hatte er z.B. zur Investmentbank Kidder Peabody). Schätzungen zufolge hat er ein persönliches Vermögen von ca. 200 Millionen Dollar angehäuft. Schließlich sind seine Aktivitäten der Securites and Exchange Commission (SEC) aufgefallen. Boesky wurde zu einer Gefängnis- und Geldstrafe verurteilt. Da er sich entschlossen hat mit der SEC zu kooperieren, haben seine Aussagen auch weitere Anklagen unter den *Merger* Arbitrage Spezialisten nach sich gezogen. Die meisten Arbitrageure investieren allerdings in öffentlich angekündigte Deals.

Der erste Schritt zur Bewertung des Risikos einer Transaktion sind zwei generelle Fragen:

- Wie hat sich der Aktienkurs der Zielfirma vor der Ankündigung der Fusion verhalten?
- Gab es eine undichte Informationsquelle (Insidertipps) und stieg der Aktienkurs bereits Tage vor der offiziellen Ankündigung?

Der Referenzkurs für die Bewertung des potentiellen Risikos wäre nämlich für den Arbitrageur der Kurs vor dem „unberechtigten" Anstieg. Investiert wird erst dann, wenn die potentiellen Risikofaktoren nicht schwerwiegender sind als die Chancen auf eine positive Abwicklung der Transaktion. Üblicherweise werden die bereits gebildeten Positionen aufgestockt, je mehr Informationen über den Deal und seinen möglichen Ausgang an die Öffentlichkeit gelangen. Risikofreudigere Manager verlassen sich manchmal auch auf informelle Quellen, um einen potentiell größeren Profit zu erzielen (siehe die Geschichte in der Box). Die Positionen werden hingegen vorzeitig geschlossen, wenn es genug Anzeichen gibt, dass die Transaktion, aus welchem Grund auch immer, kaum Chancen hat, und die eventuellen Gewinne zu gering ausfallen würden, um das wachsende Risiko rechtfertigen zu können.

Die *Merger* Arbitrage Strategie ist sehr komplex und hat eigentlich mehr mit einem fortgeschrittenen Risikomanagement als mit Aktienauswahl (*Stock Picking*) zu tun. Das Risikomanagement im *Merger* Arbitrage ist ein dynamischer Prozess, der sich den Entwicklungen manchmal täglich anpassen muss. Für den Manager gilt es vor allem eine ganze Reihe verschiedener Faktoren, die eine Fusion beeinflussen könnten, zu beachten. Dazu gehören zum Beispiel folgende:

- Eingehende Analyse der öffentlich zugänglichen Informationen über die beiden zu fusionierenden Firmen, u.a. über die künftige strategische Bedeutung;
- Finanzanalyse der beiden Firmen und eine Prognose der finanziellen Entwicklung nach der Fusion;
- Analyse des operativen Hintergrunds der beabsichtigten Fusion, darunter auch die Geschichte der Verhandlungen;
- Rechtliche Hindernisse der Fusion, zum Beispiel die Antikartellgesetze des Landes (Kartellrecht);
- Wahrscheinlichkeit, dass die Aktionäre beider Firmen dem Deal zustimmen;
- Motivation der Käuferfirma und ihre Erwartungen nach der Akquisition;
- Möglichkeiten des Übernahmekandidaten, sich gegen die Fusion zu wehren;
- Die Überprüfung der diversen Bewertungsparameter – zum Beispiel ob der Preis der Fusion für die Käuferfirma nicht überhöht ist (auch im Vergleich zum gesamten Sektor);
- Berechnung der erwarteten Gewinnspanne;
- Vergleich des Risiko/Ertrag Verhältnisses, speziell falls der Deal doch nicht abgeschlossen werden sollte;
- Auswertung der Konditionen der Fusion, speziell wenn sie Klauseln erhalten, die den Beteiligten leicht einen Rücktritt erlauben.

Die einfachste, jedoch immer seltener angewendete Form einer Akquisition ist ein Kauf für einen bestimmten Betrag in Cash. Der primäre Risikofaktor für den Investor ist das Ereignisrisiko, das aber in keiner Relation zu den Aktien der beiden Firmen besteht. Die meisten Transaktionen bestehen aus einer Kombination von Cash und Aktientausch. Der Aktientausch (*Stock-for-stock Merger* genannt auch *Stock Swap Merger*) wird bei Fusionen oft angewendet, weil er keinen zusätzlichen Kapitalaufwand erfordert. Im zuvor beschriebenen Beispiel erhalten die Aktionäre des Unternehmens X für ihre Aktien die Anteile des Unternehmens Y in einem vereinbarten Verhältnis. In einem typischen Fall einer Fusion oder Akquisition ohne Cash, nur mit Aktientausch (Y übernimmt X), wird der *Merger* Arbitrage Manager die Aktien der Firma X kaufen (Long) und die Aktien der Firma Y verkaufen (Short) in einem Verhältnis, das den vereinbarten Aktientausch widerspiegelt. Sollte zum Beispiel das Unternehmen Y eine Aktie für zwei Aktien des Unternehmens X anbieten, dann wird der Arbitrageur den Aktienkauf von X zum Aktienverkauf von Y in einem Verhältnis von 2:1 gestalten.

Transaktionen mit Aktientausch können von *Merger* Arbitrage Spezialisten eigentlich marktneutral angelegt werden, obwohl der tatsächliche Aktienpreis für den Abschluss nur geschätzt werden kann. Hingegen bergen jene Deals, die Geldzahlungen enthalten, auch größeres Risiko für den Manager, da er das Marktrisiko nicht mit einer Short Position in Aktien der Käuferfirma adäquat absichern kann – positiv dabei ist, dass der Kaufpreis in bar festgelegt und nicht nur geschätzt ist.

Fusionen oder **Übernahmen** auf Basis des Aktientausches werden manchmal mit sogenanntem „*Collar*" versehen. *Collar* ist ein Limit, welches den Aktienpreis der Käuferfirma nach unten einschränkt – sollte der Aktienpreis der Käuferfirma unter dieses Limit fallen, darf der Deal rückgängig gemacht werden. *Collar* soll sicherstellen, dass die übernommene Firma bzw. ihre Aktionäre einen fairen Preis erhalten. Für den *Merger* Arbitrage Manager verstärkt ein *Collar* einerseits das Ereignisrisiko um die Marktrisiko Komponente, andererseits wird das Risiko, dass der Deal nicht zustande kommt wegen der Zusicherung eines fairen Preises, reduziert.

Generell gilt die Regel, je unsicherer und spekulativer die Transaktion, desto größer die Preisdifferenz und somit die Gewinnmöglichkeiten. Nach der Ankündigung einer Akquisition melden sich oft potentielle Mitbieter, was die Lage zusätzlich kompliziert und die Abschätzung des Ausgangs zusätzlich erschwert. Auch die feindlichen Übernahmen sorgen für große *Spreads* aber auch für wesentlich größeres Risiko. Feindliche Übernahmen sind für die *Merger* Arbitrageure selbst sehr spannend, da sie sich besonders schnell entwickeln können. Der Manager hat meistens mehrere Tage oder sogar Wochen Zeit, um eine normale Fusion zu analysieren, ist hingegen eine feindliche Übernahme im Spiel, soll er alles andere stehen lassen und sich auf diese potentiell am meisten attraktive Investmentchance konzentrieren. Der wichtigste Unterschied zu den freundlichen Übernahmen oder Fusionen ist, dass der Preis für die Zielfirma nicht verhandelt wurde. Bei einer Fusion stellen die beteiligten Firmen entweder ein beidseitig bereits akzeptiertes Angebot oder zumindest eine grundsätzliche Einigung. Das erste Angebot in einer feindlichen Übernahme kann zwar fair sein, meistens ist es aber nicht. Es ist eher ein Gebot, das erst später aufgestockt werden wird, um zum Beispiel der Zielfirma die Zustimmung doch irgendwie schmackhafter zu machen. Wenn die feindliche Übernahme abgewehrt wird, fallen die Aktien der Zielfirma meistens und manchmal auch tiefer, als der Arbitrageur es erwartete. Es ist eine Auswirkung von Angebot und Nachfrage: viele Arbitrageure halten Aktien der Zielfirma und wollen nach Abbruch des Deals rasch und fast ungeachtet des Preises verkaufen. Die feindlichen Übernahmen erhalten immer die größte Publizität sind aber in den letzten Jahren relativ selten geworden[37].

> Als ***Poison Pill*** (Giftpille) bezeichnet man eine Schutzmöglichkeit gegen eine feindliche Übernahme. Die Zielfirma begibt zum Beispiel eine große Anzahl von Wandelanleihen mit einem niedrigen Ausübungspreis, was verursacht, dass der Wert einer sonst ausreichend großen Position in Aktien der Zielfirma, die ein potentieller feindlicher Akquisiteur hätte bilden können, verwässert wird.

Die meisten Transaktionen kommen aus strategisch wirtschaftlichen Überlegungen zustande, sind solide vorbereitet und bieten dem *Merger* Arbitrage Spezialisten kaum Phantasie. Am interessantesten scheinen Situationen mit mehreren Bietern zu sein; die Chancen auf positiven Ausgang sind vergleichsweise sehr groß und gleichzeitig sorgt die Unsicherheit über den Gewinner für größere Disparität und größere Ertragsspannen. Meistens genügt eine gerüchteweise verbreitete Überzeugung auf dem Markt, dass die Wahrscheinlichkeit eines weiteren Mitbieters groß ist, und schon steigen die Preise über die anfängliche Offerte. Mit einem laufenden Deal kann aber immer viel passieren. Ein wichtiger Teil des Investmentprozesses ist daher die tiefgründige Analyse aller Möglichkeiten, Expertise in offensiven und defensiven Fusionsstrategien, sowie das Wissen um die anderen Mitspieler und was sie tun können (sprich: wie sie einem in die Quere kommen – siehe die Box über Poison Pill).

> Manche **angekündigte Transaktionen**[38] erwecken einfach zu viel Interesse und zu viel Enthusiasmus auf dem Markt. So geschehen zum Beispiel im August 1995 mit einer beabsichtigten Fusion zwischen zwei US-amerikanischen Firmen: Walt Disney und Capital Cities/ABC. Der Deal hatte ein enormes Volumen, war sehr gut finanziert und von beiden Unternehmen in höchstem Grade erwünscht. Die Analysten der Wall Street wa-

---

[37] Zu feindlichen Übernahmen zählt man auch die in den Achtziger Jahren entwickelten *Leveraged Buyout* (LBO) Transaktionen.

[38] Zitiert nach: Fano-Leszczynski, "Hedgefonds…".

ren sich in der Begeisterung über den Deal einig und sogar ein so hochgeschätzter Manager wie Warren Buffet[39] gab ihm seinen Segen. Die Fusion wäre schwerwiegend für die Unterhaltungsindustrie und hatte sehr verlockende, strategische Aspekte. Sie enthielt aber auch viele fragliche Punkte, zum Beispiel Zweifel, ob sie wegen ihres Ausmaßes mit dem Kartellrecht konform war. Auch der Zeitpunkt der Ankündigung war nicht günstig, da im amerikanischen Kongress gerade eine hitzige und kontroversielle Debatte über die Telekommunikationsindustrie lief. Trotzdem war das Interesse und die Zahl derer, die von dieser Fusion profitieren wollten, so groß, dass die potentiellen Erträge (*Return on Investment*) gerade die Mindestanforderungen der Arbitrageure erfüllen konnten.

Die *Merger* Arbitrage Strategie enthält eine Reihe von Risikofaktoren. Die Ertragsquelle ist immer die erwartete Preiskonvergenz von zwei unterschiedlichen Aktien. Die zwei wesentlichen Schlüsselkomponenten der Strategie sind die Gestaltung des primären Portfolios und das Risikomanagement bis zum Abschluss des Deals. Die potentiellen Verluste – besonders beim frühen Einstieg des Managers auf Basis von Marktgerüchten – können grundsätzlich höher ausfallen, als der Gewinn nach Abschluss der Transaktion. Das größte Risiko ist eindeutig, dass der Deal nicht abgeschlossen wird und das Portfolio im Kurs verfällt. Bei unsicheren Transaktionen versuchen manche Manager eine zusätzliche Absicherung der Long Position in den Aktien der Zielfirma zu schaffen, indem sie entweder Long *Put* auf diese Aktien halten oder in ihnen auch eine Short Position bilden – falls die Transaktion doch nicht abgeschlossen wird, vermindern diese Maßnahmen die Verluste aus dem fallenden Aktienkurs der Zielfirma[40]. Auch eine Verzögerung in der Durchführung einer Fusion kann die erwarteten Gewinne wesentlich vermindern. Zusätzlich kann auch eine – nicht unbedingt wirtschaftspolitisch diktierte – Intervention des Staates eine Fusion oder Akquisition zu Fall bringen. *Merger* Arbitrage ist eine zyklische Strategie, die von der Anzahl und der Qualität der Fusionen abhängt. So hat sie in den Neunzigern, besonders zum Schluss 1999, als die Fusionen und Übernahmen einen Boom erlebten, sehr gute Erträge erzielt, die dann zwei Jahre später komplett verfallen sind.

Merger Arbitrage weist gewisse Korrelationen mit Aktienmärkten auf, obwohl sie eher zu den ereignisorientierten Profitmöglichkeiten gehört[41].

---

[39] Warren Buffet gehört zu den bekanntesten Gurus der Hedgefonds Industrie und sein Berkshire Hataway zu den bekanntesten und erfolgreichsten Fonds.

[40] *Long Put* ist ein Kostenfaktor – wird grundsätzlich bei Transaktionen verwendet, deren potentielle Gewinnspanne diese Kosten auch rechtfertigt.

[41] *Event-driven*, im Gegensatz zu den *Market-driven* traditionellen Investments.

Allerdings gibt es in Zeiten schlechter Wirtschaftslage und fallender Aktienkurse auch kaum Antrieb für Fusionen. Die Möglichkeiten fließen dann so richtig, wenn auch die Aktienmärkte einen Aufschwung nehmen. Eine ungünstige Lage für die *Merger* Arbitrage ist eine Kombination von volatilen, unsicheren Märkten verbunden mit steigenden Zinsen. Oft bewährt hat sich diese Strategie als Ergänzung zur *Convertible* Arbitrage, weil diese Strategien oft umgekehrte Marktsituation bevorzugen (speziell im Hinblick auf die Volatilität des Marktes).

Hoch spezialisierte, erfahrene Arbitrageure können dank ihrer Analyse und ihrer Kenntnis des Marktes mit der Zeit hohe Gewinne erzielen – das Wissen um die potentiellen Gefahren für eine Transaktion ist der eigentliche Schlüssel zum Erfolg. Die negative Seite dieser Strategie ist, dass sie von dem Gesamtvolumen der Transaktionen dieser Art abhängig ist. Das primäre Ziel von *Merger* Arbitrage ist relativ marktneutrale Positionen zu halten und konsistente Erträge zu erreichen. Die Investments sind meistens eher kurzfristig (obwohl sie in manchen Situationen auch länger ausfallen können) und die Gewinnspannen klein. Die Deals können aber meistens im Verlauf einiger Monate oder eines Jahres abgeschlossen werden und das Kapital ist wieder frei für weitere Transaktionen – im Durchschnitt vergehen nur vier bis fünf Monate zwischen der offiziellen Bekanntgabe und dem Abschluss einer Fusion oder einer freundlichen Übernahme. Die meisten angekündigten Transaktionen kommen auch zustande, nur die feindlichen Übernahmen können öfters scheitern. Diversifikation auf viele Fusionstransaktionen kann das Risiko der fehlgeschlagen Deals deutlich mindern. Verbunden mit adäquatem, vernünftigem Leverage kann die *Merger* Arbitrage attraktive Jahreserträge erwirtschaften. In den letzten Jahren des 20. Jahrhunderts boomten zwar die Akquisitionen und Fusionen, angetrieben von der fortschreitenden Globalisierung, doch historisch gesehen kommen sie meistens in zyklischen Perioden, und beim Abflauen des Fusionsfiebers gibt es für die *Merger* Arbitrage Spezialisten kaum Ertragspotential. So gesehen besteht bei dieser Strategie doch eine indirekte Korrelation mit den Aktienmärkten: bei Hausse sind die Käuferfirmen gewillt mehr für das Unternehmen ihrer Wahl zu zahlen, da die boomenden Aktienkurse ihnen rasche Gewinne und somit leichtere Finanzierung der Transaktion ermöglichen. Bei Baisse hingegen werden die Deals seltener, die *Spreads* kleiner und der Markt für die *Merger Arbitrage* kann sogar für eine gewisse Zeit praktisch verschwinden. Aus diesem Grund ist *Merger* Arbitrage oft nur eine der Komponenten in einem diversifizierten Arbitrage Hedgefonds. Grundsätzlich ist aber *Merger* Arbitrage eben eine *Event-driven* und nicht eine *Market-driven* Strategie, die ihre Erträge aus dem Verhältnis zwischen den Aktienkursen von zwei Unternehmen und nicht vom Aktienmarkt ableitet. *Merger* Arbitrage ist eine anspruchsvolle

Strategie[42] – um sie erfolgreich zu betreiben muss der Manager auch im Kartellrecht[43], möglichen Anti-Übernahmestrategien, in jeweils zur Anwendung kommenden Rechten der Aktionäre, etc. versiert sein und auch die politisch-wirtschaftlichen Hintergründe kennen. Die historisch beste Zeit erlebte *Merger* Arbitrage in 1999 als die Anzahl der Deals Rekorde verzeichnete und gleichzeitig die Anzahl der fehlgeschlagenen Transaktionen in ihrem durchschnittlichen Rahmen blieb.

5.2 Distressed Securities (gefallene Wertpapiere)

Distressed Securities Manager investieren in diverse Wertpapiere jener Unternehmen, die sich in einer wirtschaftlichen, finanziellen oder organisatorischen Notlage befinden[44]. Das Interesse an Transaktionen mit solchen Finanzinstrumenten entstand bereits am Ende des 19. Jahrhunderts, als die fallenden Eisenbahnaktien zu Spottpreisen verkauft wurden und nach der Restrukturierung wieder ein Vermögen wert waren. Eine Notsituation kann zum Beispiel durch eine Reorganisation, einen Notverkauf, Konkurs oder durch Umstrukturierungen hervorgerufen werden. Die Bewertung der *Distressed* Finanzinstrumente ist oft negativ verzerrt, da viele institutionelle Investoren Aktien, Anleihen und andere Wertpapiere von Unternehmen, die in Schwierigkeiten geraten sind, prinzipiell veräußern müssen, und die privaten Anleger durch raschen Verkauf dem zumindest temporär gestiegenen Risiko noch rechtzeitig entfliehen wollen. Dazu kommt, dass in solchen Situationen das Preisverhältnis zwischen zwei Finanzinstrumenten desselben Unternehmens oft verzerrt ist. Beides ergibt Bewertungsineffizienzen, die eine Ertragschance für den Hedgefonds Manager darstellen. Mit der sinkenden Kreditwürdigkeit eines Unternehmens kommen die internen Investmentrestriktionen vieler institutionellen Anleger zum Tragen. Es entsteht ein Verkaufsdruck, der oft zumindest teilweise künstlich ist und keine genügende Bestätigung in der Fundamentalanalyse finden würde[45]. Die professionellen Analysten verlieren auch sehr bald das Inte-

---

42 *Merger* Arbitrage hat schon seine schlechten Tage erlebt, z. B. Stornierung von solch vielversprechenden Deals wie zwischen Microsoft und Intuit oder zwischen MCI und British Telecom.

43 Juristische Überlegungen im Zusammenhang mit dem Kartellrecht waren z.B. besonders wichtig bei der bis jetzt größten Fusion zwischen Travelers Group und Citicorp mit einem Gesamtvolumen von US$ 73 Milliarden.

44 *Distress* bedeutet Not (Notlage, Notstand) – die Manager werden auch manchmal „*Bottom Fisher*" genannt.

45 Manche institutionelle Investoren wollen solche Instrumente speziell in ihrer Jahresbilanz nicht haben, und verstärken so den Preisverfall gegen Jahresende.

resse an einer Firma in Notlage, weil sie deren Wertpapiere ihren Kunden nicht empfehlen können. Der Markt für solche Wertpapiere konzentriert sich nur auf die Verkaufsseite, da es keine Angebote gibt, ist desorganisiert, illiquid, und hört praktisch auf zu existieren. Gerade dann beginnt die Situation für einen *Distressed Securities* Manager interessant zu werden. Die *Distressed Securities* Hedgefonds treten auf als praktisch die einzigen Bietenden und versorgen somit den Markt mit der vom Unternehmen dringend benötigten Liquidität[46].

Distressed Securities Manager verbinden die Expertise über die Notlage eines Unternehmens mit seiner Fundamentalanalyse, um die entsprechenden Investmentmöglichkeiten zu identifizieren. Besonders geeignet sind Wertpapiere von Unternehmen, die an sich wirtschaftlich gesund sind und gute Zukunftsaussichten haben, deren schlechte Kapitalstruktur jedoch schwerwiegende finanzielle Probleme verursacht hat[47].

Der Investmentprozess erfolgt in drei wichtigsten Schritten:

- Der *Distressed Securities* Hedgefonds Manager analysiert tiefgründig das Unternehmen, um den inneren Wert (*Intrinsic Value*) der sich im Umlauf befindlichen Wertpapiere (meistens Aktien und Anleihen aber auch Optionsscheine, Privatplatzierungen, Leasingverträge, etc.) festzustellen;
- Der Manager kauft eine oder mehrere Arten von Wertpapieren mit großem Disagio (Abschlag);
- Es beginnt das Warten auf die Preiserholung – aktiv oder passiv. Aktiv kann ein Hedgefonds Manager werden, wenn seine Positionen entsprechend groß sind, sodass es die Restrukturierung, Refinanzierung oder Akquisition beeinflussen kann. Sonst bleibt nur „Kaufen und Halten".

Distressed Securities Manager können in einer solchen Notsituation oft geradezu Diskontpreise aufspüren, die einerseits die aufgetretenen Anomalien, andererseits die entstandene Unsicherheit über die Zukunft des Unternehmens widerspiegeln. Üblicherweise kann der Manager in eine Reihe diverser *Distressed* Finanzinstrumente, inklusive Aktien, Anleihen oder Schuldverschreibungen jeder Art investieren, je nach seinem bevorzugten Investmentstil. Traditionelle Investmentfonds dürfen in diese Finanzinstrumente normalerweise entweder gar nicht oder nur beschränkt investie-

[46] Ursprünglich hat man sie manchmal als "Geier" (*Vulture Funds*) bezeichnet, inzwischen aber schätzen sowohl die Investoren als auch die Unternehmen die Vorteile eines liquiden sekundären Marktes.

[47] Dazu müsste man anmerken, dass auch manche *High Yield Bonds*, bekannt als *Junk Bonds*, oft zu *Distressed Securities* gezählt werden.

ren, da ihr Rating meistens unter dem vorgeschriebenen Limit liegt. *Distressed Securities* Hedgefonds haben erstens das Mandat gerade in solche Finanzinstrumente zu investieren und zweitens sind sie bereit auch längere Perioden von Illiquidität zu akzeptieren.

Ein Unternehmen, das in eine wirtschaftliche Notsituation geraten ist, befindet sich oft bereits in Verhandlungen zum Beispiel über eine außergerichtliche Restrukturierung, oder in Verhandlungen mit einem finanzstarken potentiellen Partner oder Käufer, oder es hat den Konkurs eingereicht. Die Hedgefonds Manager, die sich auf *Distressed Securities* spezialisieren, nehmen in ihr Portfolio die ihrer Ansicht nach unterbewerteten Wertpapiere auf, wenn sie überzeugt sind, dass die Umstrukturierung und/oder neuer Finanzpartner, und/oder neues Management das Unternehmen nach einiger Zeit wieder zum historischen Ertragsniveau steuern können. Ein solcher Prozess kann natürlich Jahre dauern und bis dahin können die Wertpapiere unter Umständen auch völlig illiquide oder nur mit Verlust zu veräußern sein.

In der Reorganisationsphase eines Unternehmens kommt es immer wieder vor, dass zwei Finanzinstrumente dieses Unternehmens im Verhältnis zueinander inkorrekt bewertet sind. Dies ist eine typische Gelegenheit für *Distressed Securities* Manager, um eine Transaktion (genannt Kapitalstruktur Arbitrage – *Capital Structure* Arbitrage[48]) durchzuführen. Der Vorgang ist nicht anders, als jede andere Form von Arbitrage; es werden eine Long Position im unterbewerteten Instrument und eine Short Position im überbewerteten Instrument gebildet, um den typischen Arbitrage Profit zu erzielen. Wichtig ist es jene Finanzinstrumente (zum Beispiel eine Wandelanleihe und die Stammaktie) zu identifizieren, bei denen das Verhältnis zwischen dem potentiellen Risiko und dem erwarteten Ertrag am günstigsten ist.

Distressed securities Strategie unterliegt diversen Risikofaktoren:

- Idiosynkratisches Risiko – spezifisches Risiko des Unternehmens (des Emittenten). Es kann auch als spezifisches *Event* Risiko bezeichnet werden – praktisch der wichtigste Risikofaktor.
- Liquiditätsrisiko – diese Art von Risiko ist bei *Distressed Securities* selbstredend. Die Verkaufschancen sind oft über lange Zeitperioden nichtexistent. Aus diesem Grund bieten die *Distressed Securities* Hedgefonds oft nur jährliche Liquidität ihrer Anteile.
- Rechtsrisiko – bezogen auf den künftigen Ausgang der Restrukturierung, Refinanzierung oder Akquisition, etc.

[48] Beschrieben im Kapitel über andere Formen von Arbitrage Strategien.

- Bewertungsrisiko – da es keine offiziellen Kurse für *Distressed Securities* gibt, bewerten die Manager ihre Portfolios nach eigenen Kriterien, die am Ende nicht immer mit dem tatsächlichen (erreichbaren) Wert übereinstimmen.

Das Risikomanagement erfolgt in *Distressed Securities* Hedgefonds durch Portfoliodiversifikation, Anwendung von Hedging Techniken und Null Leverage oder nur in geringem Ausmaß[49]. Die Streuung des Portfolios kann man sowohl quer durch die Industrie als auch durch die Zeitzyklen der diversen Umstrukturierungen vornehmen. Wie bei den allgemein ereignis-orientierten Strategien beschrieben, gibt es in den meisten *Distressed Securities* Hedgefonds interne prozentuelle Limite für maximale Investition in einen Unternehmensfall. Manche *Distressed Securities* Manager versuchen zusätzlich ein Hedging aufzubauen, indem sie Futureskontrakte verwenden oder Short Positionen in Treasury Bills bilden.

Distressed Securities Hedgefonds weisen wenig Korrelation mit dem breiten Finanzmarkt auf und erfahrene, hoch spezialisierte Manager können oft gut in unterschiedlichen Marktsituationen performen. Als Nachteil der Strategie muss man erstens die Unsicherheit über den Ausgang einer Firmenumstrukturierung und zweitens die langen Perioden der Illiquidität vieler Positionen im Portfolio betonen. *Distressed Securities* ist eine gewissermaßen zyklische Strategie, da der Nachschub von neuen Wertpapieren dieser Art auf dem Markt vor allem in den Zeiten der schlechten wirtschaftlichen Konjunktur erfolgt. Hingegen erleichtert die gute wirtschaftliche Lage die Durchführung der Restrukturierungen und ermöglicht somit die Profite für *Distressed Securities* Hedgefonds. Der wichtigste Finanzmarkt für die *Distressed Securities* sind bei weitem die USA. Europa entwickelt sich stärker in diese Richtung speziell seit der Einführung der gemeinsamen Währung (große Emissionen in derselben Währung) in der Europäischen Union. Ein großer Markt, obwohl mit nur partieller Offenlegung, ist Japan, aber auch Südkorea, Kanada und etliche Staaten in Südamerika bieten ausreichend Möglichkeiten für *Distressed Securities* Investments.

Die durchschnittlichen jährlichen Erträge der *Distressed Securities* Industrie betrugen in den neunziger Jahren bei ca. 17% – 19%, nach dem Jahr 2000 hingegen erfuhren *Distressed Securities* Manager signifikante Verluste.

---

[49] In Wirklichkeit ist das Geld für Leverage schwer aufzutreiben; kaum ein Broker wäre bereit, Wertpapiere einer Firma im Konkurs zu belehnen.

5.3 Convertible Debenture Arbitrage

Convertible Debenture Arbitrage wird auch oft Regulation D Arbitrage genannt und ist nur auf bestimmte Wandelschuldverschreibungen der US-Firmen anwendbar. Regulation D ist eine Ausnahmeregelung der Securities and Exchange Commission (SEC), unter der bestimmte Schuldverschreibungen von der Registrierungspflicht ausgenommen sind[50]. Die Strategie ist grundsätzlich der üblichen *Convertible* Arbitrage ähnlich. Der wichtigste Unterschied ist, dass man in die Schuldverschreibungen von börsennotierten kleinen Unternehmen (*Micro* oder *Small Capitalisation*) investiert und dass die Investments der Regulation D unterliegen. Die Investments werden als Privatplatzierungen von nicht registrierten Wandelanleihen mit hohem Kupon und einer Laufzeit von 1,5 bis 5 Jahren strukturiert. Die Bedingungen des Investments werden meistens direkt mit dem Unternehmen verhandelt. Die wichtigste Entscheidung ist die Festlegung der Konversion – diese kann sowohl als fester oder als freier Preis verhandelt werden. Manchmal wird eine sogenannte *Lookback* Option eingebaut.

> **Lookback Option** – eine *Call* oder *Put* Option, die dem Inhaber das retroaktive Recht zum Kauf (*Call*) oder Verkauf (*Put*) des Basiswertes während der festgesetzten lookback Periode gibt. Beim call gilt der minimale Preis, beim put der maximale Preis.

Die Regulation D Investments erfordern eine umfangreiche *Bottom-up* Analyse der Unternehmen. Die Firmen profitieren durch eine Kapitalzufuhr. Die *Convertible Debenture* Arbitrage gehört zu den *Event-Driven* Strategien, ähnlich wie *Distressed Securities* und hat ähnliche Ertragsquellen. Die primäre Ertragsquelle ist das Premium für zusätzliches Kredit- und Liquiditätsrisiko verbunden mit Investments in Schuldverschreibungen mit niedrigerer Bonität.

---

50 Regulation D – Rules Governing the Limited Offer and Sale of Securities without Registration under the Securities Act of 1933.

6. Opportunistische (Direktionale) Strategien

Die wichtigsten direktionalen Strategien sind: Global *Macro*, *Equity Hedge* und *Equity Non-hedge*, *Equity Market Timing*, *Short Selling* und *Emerging Markets*.

6.1 Global Macro Investment

Ein Global *Macro* Manager zu sein, bedeutet eine einzigartige Kenntnis der globalen Märkte zu haben – jedoch nicht nur im makroöknomischem, aber auch zum Beispiel im politischen Sinne, oder im Sinne der unterschiedlichen wirtschaftlichen Kulturen in unterschiedlichen Weltregionen – und deren Zusammenhänge sachkundig analysieren zu können. Dazu gehört auch das Wissen um globale Finanzinstitutionen, Zentralbanken, Währungsbehörden, etc., sowie um rechtliche Vorgaben und Einschränkungen. Global *Macro* Manager zu sein ist auch eine intellektuelle Herausforderung. Die Global *Macro* Strategie ist untrennbar mit dem Namen George Soros verbunden und seine Aussage charakterisiert den Investmentprozess in einem Satz: „*I don't play the game by a particular set of rules; I look for changes in the rules of the game*“[51].Es ist nicht übertrieben zu sagen, dass George Soros der „Stammvater“ aller Global *Macro* Hedgefonds ist.

Die Global *Macro* Hedgefonds haben sich radikal von dem ursprünglichen Konzept von Alfred W. Jones entfernt – sie hedgen grundsätzlich gar nichts. Ihr Metier sind große, direktionale Transaktionen, die die Meinung des Managers über die makroökonomischen Entwicklungen widerspiegeln. Die Performance hängt ausschließlich von der Richtigkeit und Treffsicherheit der makroökonomischen Analyse und vom *Market Timing* ab.

Global *Macro* Investoren generieren Erträge, indem sie außerordentliche Ungleichheiten in der Bewertung sowie anhaltende Trends in den Aktienmärkten, Währungswechselkursen oder Warenmärkten etc. erkennen, die voraussichtlichen Bewegungsrichtungen der Preise abschätzen und große Transaktionen mit hohem, zum Teil sogar exzessivem Leverage, tätigen. Kleine Deals sind für die *Macro* Investoren uninteressant; sie möchten, sozusagen, nur das große Ganze. Um die möglichen Trends zu identifizieren, verwenden sie den globalen *Top-down* (oder Makromanagement) Ansatz (als Gegenteil zu *Bottom-up,* oder Mikromanagement). Die *Macro* Investment Spezialisten konzentrieren sich auf die globalen, makroökonomischen und politischen Trends und versuchen deren Auswirkung, vor

[51] George Soros, *Soros on Soros: Staying Ahead of the Game,* New York 1995.

allem auf die diversen Bereiche der Finanzmärkte, insbesondere aber auf die Bewertung von diversen Finanzinstrumenten, zu antizipieren. Sie unterliegen praktisch keinen Einschränkungen und bewegen sich von einer günstigen, großen Chance zu einer anderen Chance, von einem globalen Trend zum anderen Trend und auch von einer Strategie zu einer anderen Strategie, je nachdem was gerade gewinnbringend sein könnte.

George Soros und **Quantum Fund**

Die Währungen – also das „*heart of the matter*" der Finanzwelt – sind oft das beste, essentielle Investment der Global *Macro* Hedgefonds. Im Jahre 1992 bildete Soros im Quantum Fund eine riesige Short Position in Britischem Pfund im Wert von mehr als 10 Milliarden in der Erwartung einer Währungsabwertung. Trotz aller Bemühungen der britischen Regierung, das Pfund zu verteidigen, ging der Deal auf, die Währung verlor rund 20% und der Quantum Fund machte einen Gewinn von fast 1 Milliarde US-Dollar.

Allerdings, nicht weniger spektakulär waren auch die späteren Verluste. Während der Russland-Krise 1998 war LTCM nicht der einzige große Verlierer: der Quantum Fund verlor 2 Milliarden US-Dollar. 1999 folgte ein weiterer Misserfolg von George Soros: der Einbruch von Internetaktien wurde um ein Jahr zu früh antizipiert und brachte einen Verlust von ca. 0,7 Milliarden US-Dollar. Im Jahre 2000 haben Soros und seine Manager[52] wiederum auf steigende Technologieaktien gesetzt und endeten mit einem, fast schon peinlichem Verlust von 3 Milliarden US-Dollar, als der Nasdaq sank. Im April 2000 schrieb George Soros an die Investoren „My own needs are for more reliable stream of income to fund my charitable activities. To meet those needs, we shall convert the Quantum Fund into a lower risk/lower reward operation" und beendete damit die Geschichte des berühmtesten Global *Macro* Hedgefonds.

Hätte man allerdings bei George Soros 100.000 US-Dollar gleich am Anfang seiner großen Karriere im Jahre 1969 investiert, hätte man (thesaurierend) 1995 mehr als 200 Millionen (!) US-Dollar erhalten.

Keine andere direktionale oder nicht direktionale Hedgefonds Strategie hat ein so uneingeschränktes, äußerst flexibles Mandat, hoch spekulative Deals einzugehen, extrem konzentrierte Positionen zu bilden, exzessives Leverage anzuwenden, und in praktisch jedes Finanzinstrument, das auf dem Markt zu haben ist, zu investieren. *Macro* Hedgefonds zeichnen sich

[52] Zwei sehr bekannte Manager der Soros Fund Management Group: Stanley Druckenmiller (Quantum Fund) und Nick Roditi (Quota Fund) haben sich vom aktiven Management zurückgezogen.

durch die größte Flexibilität in der Industrie aus und können so auf der Basis des Leverage quer durch alle Sektoren, Märkte, Instrumente und Anlagestile investieren, je nachdem, was ihnen die globalen Märkte diktieren. Das Portfolio kann auf mehrere diverse Investments aufgeteilt sein, doch unter Umständen kann der Manager alles hochspekulativ auf eine Karte setzen. Wirklich große Trends sind aber nicht immer erkennbar und viele der Global *Macro* Hedgefonds bedienen sich temporär anderer Hedgefonds Strategien, während sie auf die große Chance warten. Transaktionen, von denen die Arbitrageure (*Fixed-income, Convertible, Merger* etc.) leben, beschäftigen die *Macro* Manager nur nebensächlich, obwohl sie gelegentlich auf Konditionen, in denen die Preismissverhältnisse auf einem bestimmten Sektor besonders krass sind, unter Umständen ein oder zwei Jahrzehnte warten müssen.

Die *Macro* Manager suchen außerordentliche, makroökonomische Bedingungen, die ab und zu auf den globalen Märkten erkennbar sind. Ein Investment erfolgt nach zwei vordringlichen Kriterien:

- einer eingehenden makroökonomischen Analyse
- einer Prognose über die antizipierten Veränderungen in den Währungs- und Aktienmärkten, in der Zinspolitik und in der globalen Politik und Wirtschaft.

Im Allgemeinen versuchen die Manager ungewöhnliche Preisfluktuationen zu identifizieren und ertragreich zu nutzen. Besonders interessant sind solche Ausnahmekonditionen, die sich nicht ins globale, makroökonomische Gleichgewicht (Equilibrium) einfügen.

Michael Steinhardt und **Steinhardt Partners**

Michael Steinhardt managte seinen *Macro* Fonds Steinhardt Partners für etliche Dekaden mit *High Risk/High Reward* Ansatz. Im Jahresdurchschnitt erreichte der Fonds die doppelte Performance des Standard & Poor's 500 Index. Im Frühjahr 1994 war der Fonds vornehmlich in europäische *Fixed-income* Instrumente investiert und verlor in der allgemeinen Rentenkrise 30%. Obwohl Steinhardt Partners in der Vergangenheit bereits große Volatilität überdauerte, wurde der Fonds geschlossen und die Managementfirma wurde aufgelöst.

Ein Global *Macro* Investment Spezialist erzielt eine überdurchschnittliche Performance, wenn er makroökonomische Situationen identifizieren kann, in denen die Konditionen am stärksten vom Equilibrium entfernt sind und die Risikoprämie sich am günstigsten gestalten würde. Vom Standpunkt des Risikomanagements ist nicht weniger wichtig das Vermögen, eine herannahende Trendumkehr rechtzeitig zu erkennen, die unter Umständen die zuvor so günstigen Konditionen für den *Macro* Investor negativ verändern könnte. Globales *Market Timing* ist für die *Macro* Strategie von größter Bedeutung[53].

Für den Investmentprozess sind also zwei Momente entscheidend:

- Identifizierung solcher globalen Investments, bei denen die Risikoprämie (das Risiko/Ertrag Verhältnis) besonders günstig ist;
- Rechtzeitiges Erkennen einer fundamentalen Trendumkehr, bevor sich die makroökonomische Lage ungünstig verändert (sprich: kehrt zum Equilibrium zurück)

Die Global *Macro* Spezialisten verfügen meistens über enorme Volumina, die mit keiner traditionellen Strategie und auch nicht mit den meisten anderen Hedgefonds Strategien einfach zu handhaben wären. Das erklärt auch, warum die Manager nach der Methode *Top-down* vorgehen; es wäre unmöglich oder zumindest äußerst schwierig, so große Volumina nach dem Prinzip *Bottom-up* zu veranlagen. *Macro* Manager erwecken auch bevorzugt die Aufmerksamkeit der Wirtschaftspresse, da die spektakulären Gewinne, ebenso wie die spektakulären Verluste, immer für eine Top-Schlagzeile gut sind.

Global *Macro* Manager sind an keinen bestimmten Investmentsektor gebunden und bewegen sich frei von einem makroökonomischen Trend zum anderen, immer auf der Suche nach globalen Gewinnmöglichkeiten. Das Fachkönnen des Manager ist in der Global *Macro* Strategie von noch größerer Bedeutung, als es ohnehin bei allen Hedgefonds der Fall ist und es ist eigentlich die einzige Hedgefonds Strategie, bei der „*Style Drift*" eine den makroökonomischen Umständen entsprechend erwünschte Erscheinung ist. Die außerordentlichen Volumina der Makro Hedgefonds wären bei anderen Strategien sicherlich ein Hindernis, doch für *Macro* Investments sind sie meistens von großem Vorteil. Die *Macro* Strategie wird im Allgemeinen als riskant bis spekulativ beurteilt, weil sie zwar

---

[53] Ein lehrreiches Beispiel war das Verhältnis von Dollar zu Yen in den Jahren 1994-1995. Der Yen war sehr stark und der Trend zu seiner Abschwächung wurde von vielen Makroinvestoren richtig erkannt. Die ertragreiche Trendumkehr kam aber erst 1995 und jene Investoren, die bereits 1994 vorzeitig gegen den Yen gewettet hatten, mussten empfindliche (bis katastrophale) Verluste hinnehmen.

enorme Gewinne, aber auch extreme Verluste bringen kann, speziell, wenn die „Wetten" mit hoch konzentrierten Positionen und mit hohem Leverage nicht aufgehen. Wenn man unter „spekulative Investments" Investments auf Basis nur allgemein prognostizierter Wertveränderungen versteht, dann sind Global *Macro* Hedgefonds spekulativ par excellence. Diese Strategie unterliegt praktisch allen Risikofaktoren, wie im Kapitel über das Risiko in Hedgefonds beschrieben. Im Gegensatz aber zu den „gehedgten" Hedgefonds Strategien ist Global *Macro* besonders dem Marktrisiko ausgesetzt, da sich der Markt gegen die direktional angelegten hoch konzentrierten Portfolios richten kann. Marktrisiko ist oft eine Art von *Event Risk* (Ereignisrisiko), wenn vom Manager unvorhergesehene Ereignisse, zum Beispiel politischer oder makroökonomischer Natur, eintreten. Die Tatsache, dass Global *Macro* Hedgefonds mit sehr großen Volumina und hoch konzentrierten Positionen arbeiten, erhöht wesentlich das Liquiditätsrisiko und das *Short Selling* Risiko („*Short Squeezes*") dieser Strategie. Die Bedeutung des Managers – und somit das Managerrisiko – kann nicht hoch genug eingeschätzt werden und wurde bereits erläutert.

Viele Vertreter der „bescheideneren" Investmentgemeinschaft - sowohl im traditionellen als auch im alternativen Bereich der Finanzindustrie – wollen aber in den schillernden *Macro* Managern lediglich *Top-down* Analysten sehen, die Erträge aus den Aktien-, Anleihen-, Währungs- und Warenmärkten zu generieren versuchen, ohne die grundlegende Analyse der Finanzinstrumenten oder der Unternehmen durchzuführen. Die Global *Macro* Investment Manager argumentieren hingegen, dass gerade die Teilnehmer am mikroökonomischen Markt von jenen Möglichkeiten profitieren, die von makroökonomischen Trends geschaffen und von *Macro* Managern für die Investments sichtbar und brauchbar gemacht wurden.

Im Frühjahr 2000 hat neben George Soros auch Julian Robertson – neben Soros der berühmteste Global *Macro* Manager – aufgegeben. Robertson schloss seinen Tiger Fund, der schon seit geraumer Zeit schwach oder negativ performte. Sowohl Soros als auch Robertson machten die „*Irrational Markets*" in der zweiten Hälfte 1999 und im ersten Quartal 2000 für ihre Misserfolge verantwortlich. Es schien für viele Investoren evident, dass die Zeit der Global *Macro* Hedgefonds vorbei sein könnte. Die Global Macro Strategie bewährt sich am besten in ineffizienten Märkten. Die modernen Kommunikations- und Informationssysteme verstärken aber die wirtschaftliche Leistungsfähigkeit der globalen Finanzmärkte. Im Jahre 2001 ergaben sich wieder neue Möglichkeiten für die Global *Macro* Strategie und Investoren versorgten *Macro* Hedgefonds mit neuen Mitteln. Es werden sicherlich immer wieder neue Chancen für Global *Macro* entstehen, doch gerade bei dieser Strategie sind seriöse Prognosen unmöglich und nur die Zeit kann zeigen, wie die neuen *Macro* Manager mit der Entwicklung der globalen Situation und der Finanzmärkte zu Rande kommen werden. Nicht wenige Anleger glauben noch immer, dass Global *Macro* das Potential hat, das gesamte Hedgefonds Universum zu schlagen. 1980 kannte kaum jemand den Namen George Soros, aber am Anfang der Neunziger war er eine Weltberühmtheit – es ist auch die Aufgabe der qualifizierten Investoren, potentiell gute *Macro* Manager zu identifizieren und ihnen langfristig, diszipliniert zu vertrauen. Global *Macro* Hedgefonds sind volatiler als andere Hedgefonds – wenn sich ein Investor in einem Global *Macro* Fonds während einer andauernd schlechten Performancephase unsicher fühlt, soll er diese Art von Investment lieber ganz bleiben lassen.

6.2 Equity Hedge und Equity Nonhedge

Die *Equity Hedge* Strategie ist grundsätzlich der *Equity Market-neutral* Strategie ähnlich, erhebt aber nicht den Anspruch, immer marktneutral zu agieren, sondern mehr oder weniger direktional, je nach Markteinschätzung des Managers. Die *Equity Hedge* Spezialisten bilden ihr Portfolio aus Long Positionen in Aktien sowie Short Positionen in Aktien oder Indexoptionen. Das Verhältnis zwischen den Long und Short Positionen hängt von den jeweiligen Marktkonditionen ab und kann sich im breitesten Spektrum zwischen netto Long bis netto Short bewegen. Der Clou dieser Strategie ist also Aktien zu kaufen, die besser sind als der Markt und Aktien zu verkaufen, die schlechter sind als der Markt. Grundsätzlich ist das also keine marktneutrale Strategie und sollte als opportunistisch bezeichnet werden.

Der Anteil der Long Positionen im Portfolio (Long Exposition) wird in steigenden Märkten erhöht und reduziert – unter Umständen bis auf Null – in fallenden Märkten, wenn wiederum die Short Exposition vorteilhaft ist. Generell sollen die Short Positionen in Aktien oder Indexoptionen kontinuierlich positive Performance sichern und gleichzeitig als Hedging gegen den Verfall der Aktienkurse dienen.

In **Equity Hedge** Strategie nennt man den Teil des Portfolios, in dem die Long Positionen durch entsprechende Short Positionen abgesichert sind, „innerhalb des Hedging“ (*within the hedge*).

> Obwohl der Teil des Investments, der sich innerhalb des Hedging befindet, gewisse Unabhängigkeit vom Markt suggeriert, ist es durchaus möglich, dass ein *Equity Hedge* Portfolio bei negativen Marktkonditionen[54] auch auf beiden Seiten - Long und Short - gleichzeitig verliert. Der ungesicherte Teil des Portfolios ist natürlich allen Launen des Marktes ausgesetzt

Die wichtigsten Faktoren für die *Equity Hedge* Strategie sind:

- quantitative und qualitative Analyse[55] – ob und welche von den zwei für den Manager bei Portfoliogestaltung wichtiger ist
- das Investmentuniversum
- der Investmentstil – ob mehr Nachdruck auf die Erhaltung des Kapitals (*Value*) oder auf das Wachstumspotential (*Growth*) gelegt wird
- die angestrebte Liquidität des Portfolios
- die Nettoexposition Long und Short zum Aktienmarkt
- die bevorzugten Informationsquellen für Research
- die Anwendung des Leverage

Die Positionen eines *Equity Hedge* Portfolios müssen so ausgewählt werden, dass bei steigenden Kursen die Long Titel im Durchschnitt mehr als der Markt gewinnen, die Short gehaltenen Titel aber zumindest unter dem Durchschnitt der Marktsteigerung bleiben (also durch ihren Kursanstieg nicht zu viel verlieren). Bei fallenden Kursen soll sich dieses Verhältnis umgekehrt gestalten: die Short Titel sollen im positiven Fall deutlich stärker verlieren als die Long Positionen, von denen man eher stagnierende Preise oder im negativen Fall geringe Verluste erwartet. Bei optimaler Aktienauswahl ist es durchaus möglich, dass ein *Equity Hedge* Portfolio sogar am selben Tag sowohl mit den steigenden Long als auch mit den gleichzeitig fallenden Short Positionen gewinnt – wiedereinmal der „doppelte Alpha“ Effekt. Die schlimmste Situation für einen *Equity Hedge* Manager wäre, wenn seine Long Positionen fallen und gleichzeitig seine Short Positionen steigen würden. Bei schlechter Aktienauswahl können sehr wohl auf beiden Seiten Verluste eintreten.

---

54 Die negativen Konditionen können sowohl bei Hausse als auch bei Baisse entstehen, doch kann, wie bereits erwähnt, bei positiven Konditionen die *Equity Hedge* Strategie auch gleichzeitig auf beiden Seiten gewinnen.

55 Die quantitative und qualitative Analyse wird ausführlich im Kapitel „Bewertung der Hedgefonds“ beschrieben.

Die *Equity Hedge* Spezialisten haben zwar ähnliche Ertragsquellen wie die traditionellen Aktienmanager bei Hausse, doch unterscheiden sie sich von ihnen entschieden in der Anwendung des *Short Selling* und des Hedging gegen die negative Marktentwicklung, was zudem die Ertragsquellen ausweitet:

- Die Performance des Long/Short Portfolios sowohl bei positiven als auch bei negativen Kursen – „doppelter Alphaertrag";
- Ein kleiner, risikoloser Ertrag von der Cashkollateral für *Short Selling*;
- Ein Zinsertrag von der Cashposition auf dem *Margin Account*.

Die Dividendenerträge auf der Long Seite sind mit den traditionellen Portfolios gemeinsam, die Dividenden der Short Positionen sind hingegen eine Verbindlichkeit im Long/Short Portfolio.

Bei kontinuierlich steigenden Kursen schneidet *Equity Hedge* normalerweise schlechter ab als die traditionellen *Long-only* Aktieninvestments, doch da diese Strategie auch bei fallenden Kursen gewinnt, kann sie kumulativ langfristig auf bessere und konstantere Ergebnisse mit geringer Volatilität und reduzierterem Marktrisiko verweisen als die *Long-only* Aktienfonds.

Die meisten *Equity Hedge* Manager verwenden Leverage im unterschiedlichen Ausmaß, um neue Positionen dem Portfolio beizufügen, ohne vorher bestehende Positionen zum Zwecke der Finanzierung zu liquidieren. Die aggressiveren *Equity Hedge* Spezialisten riskieren mehr Leverage, um möglichst schnell auch kurzfristig auftretende Chancen auf dem Aktienmarkt zu nutzen (*Market Timing*). Konservative Manager hingegen gehen mit dem Leverage deutlich sparsamer um, doch generell ist dessen Anwendung nicht untypisch für alle *Equity Hedge* Fonds. Die direktionale Marktexposition der *Equity Hedge* Fonds kann diametral unterschiedlich sein – von netto Long bis netto Short, je nach Marktlage und der Meinung des Managers. Wie bei den marktneutralen Aktienfonds (*Equity Market-neutral*) gilt hier auch die vereinfachte Formel der Marktexposition[56]:

$$\text{Marktexposition} = \frac{\text{Long Exposition} - \text{Short Exposition}}{\text{Kapital}}$$

Equity Hedge Manager, die eine Marktexposition ihres Portfolios zwischen 0 und 100 Prozent halten, werden als „konservativ" bezeichnet. Risikofreudige oder aggressivere Manager erhöhen die Marktexposition über 100

[56] Vgl. im Kapitel über *Equity Market-neutral*.

Prozent oder – alternativ – vergrößern die netto Short Exposition ihres Portfolios. Die Short Positionen spielen eine doppelte Rolle: einerseits Hedging und andererseits zusätzliche Performancequelle. In diesem Kontext ist es wichtig zu unterscheiden, ob die Marktexposition aufgrund der Short Positionen lediglich durch reine Hedging Positionen verursacht wird, was nicht nur weniger riskant sondern auch erwünscht ist, oder ob es sich um sogenannte Handelspositionen (*Trading Position*) handelt, die primär auch einen Ertrag bringen sollen und spekulativ angelegt sind.

Die streng marktneutral ausgerichteten Long/Short Hedgefonds lukrieren vor allem den Alphaertrag (doppeltes Alpha) und versuchen den Markteinfluss zu eliminieren, die *Equity Hedge* Fonds hingegen können durch ihre der Markttendenz teilweise angepassten Portfolios auch vom Betaertrag (also marktbedingt) profitieren.

Die *Equity Hedge* Manager konzentrieren sich hauptsächlich auf die fundamentale *Bottom-up* Analyse einzelner Unternehmen und beachten relativ selten die Makrotrends auf dem Aktienmarkt, bevor sie sich für ein Investment entscheiden. Dieses subjektive *Stock-picking* ist auch das primäre Risiko, dem sie ausgesetzt sind. Vor allem für jene Manager, die zu sehr die Exposition ihres Portfolios an die Marktbewegungen anpassen, besteht das Risiko, dass sie entweder zu sehr Long im plötzlich fallenden Markt oder zu sehr Short im steigenden Markt exponiert sind.

Hedging im *Equity Hedge* Portfolio kann verschiedene Formen annehmen. Zum Beispiel könnte man das spezifische Industrierisiko in einem bestimmten Industriesektor durch simultanen Aufbau von Long und Short Positionen aus demselben Sektor reduzieren, oder man könnte das ganze Long Portfolio durch Indexoptionen absichern. Viele Manager haben interne Limits für die Größe der Einzelpositionen, um das Portfolio zu diversifizieren und den potentiell negativen Impakt der Einzelpositionen auf das gesamte Portfolio zu beschränken.

Die öfter wiederkehrenden bullischen Aktienmärkte haben eine Sonderform von *Equity Hedge* begünstigt, genannt *Equity Nonhedge*[57]. Diese Strategie ist den traditionellen *Long-only* Investments äußerst ähnlich, hat allerdings das Mandat, das Leverage uneingeschränkt anzuwenden. Die meisten *Equity Nonhedge* Manager behalten sich auch die Möglichkeit vor, Short Positionen zu bilden, obwohl das *Short Selling* keine konstante Komponente ihres Portfolios ist. So gesehen ist *Equity Nonhedge* nur eine Variation von *Equity Hedge*, bei der die Long Marktexposition und somit das Marktrisiko durch das Leverage verstärkt wird.

[57] Seit 2000 klarerweise weniger populär…

Sowohl die *Equity Hedge* als auch die *Equity Nonhedge* Investments unterscheiden sich von den traditionellen Aktienfonds durch ihre Freiheit folgende Portfoliokomponenten zu verwenden:

- Hedging der Long Positionen
- Leverage
- *Short Selling* (als Hedging Technik oder Handelsposition)

Längere Hausse Perioden haben immer wieder viele *Equity Hedge* Spezialisten dazu verleitet, ihre Short Positionen zu Gunsten der Long Positionen mit mehr oder weniger Leverage aufzugeben – was praktisch dem Stil *Equity Nonhedge* entspricht. Viele von ihnen haben bei den Marktabschwüngen ab dem Jahr 2000 genauso wie *Long-only* Manager große Verluste in der Performance hinnehmen müssen. Ein *Equity Hedge* Manager muss sich also durch eine ausgeprägte Investmentdisziplin auszeichnen, um über längere Perioden erfolgreich gute und konstante Ergebnisse bei reduziertem Risiko zu produzieren.

Die hauptsächlichen Risikofaktoren in der *Equity Hedge* Strategie sind:

- Die subjektive Auswahl der Aktien (*Stock-picking*)
- Spezifisches Risiko bei manchen Short Positionen, auch wenn sie nur zur Absicherung des Portfolios aufgebaut wurden
- Systemisches Marktrisiko, wenn die Exposition des Portfolios mehr auf Long Positionen oder mehr auf Short Positionen ausgerichtet ist und der Markt sich umgekehrt zu den Erwartungen des Managers bewegt
- Sektorrisiko – wenn der Manager stärkere Exposition zu einem Industriesektor hat
- Das Aktienuniversum – z.B. *Large Caps* bieten mehr Liquidität als die *Small Caps*
- Verkaufsdisziplin – wenn sich der Kurs einer Aktie nicht so entwickelt, wie vom Manager erwartet
- Leverage – wenn exzessiv oder unrichtig angewendet
- *Event* Risiko (auch Volatilitätsrisiko) – wie bei *Equity Market-neutral* bereits beschrieben
- Operationales Risiko und Exekutionsrisiko – wie bereits beschrieben
- Das Short Portfolio unterliegt den Risikofaktoren des *Short Selling*[58]

---

[58] Siehe Kapitel über *Short Selling*.

Die Liquidität ist bei den *Equity Hedge* Portfolios eine Funktion der Marktkapitalisierung der Firmen, deren Aktien im Portfolio gehalten werden, und der Größe dieser Positionen im Verhältnis zum Gesamtvermögen des Fonds.

Auf der Long Seite des Portfolios gleicht die *Equity Hedge* Strategie den traditionellen Investmentfonds und kann trotzdem mit ihnen in steigenden Märkten nicht voll mithalten. Ihre Stärke und die Kontinuität und Konsistenz der Erträge zeigt sich hingegen deutlich in fallenden Märkten, wenn die traditionellen Investments unweigerlich verlieren.

6.3 Equity Market Timing

Equity Market Timing Strategie basiert auf technischen Handelsmodellen, mit deren Hilfe temporäre Investmentmöglichkeiten auf globalen Aktienmärkten gesucht werden – meistens in bestimmten Industriesektoren. Es sind üblicherweise Trendfolgemodelle, die Kauf- und Verkaufssignale für einen Sektor erzeugen. Falls sich gerade keine opportune Möglichkeit bietet ein Long Portfolio in Aktien zu bilden, wechselt der Manager kurzfristig zu den Money Market Instrumenten oder zu den Anleihen mit kurzen Laufzeiten. Meistens investieren die *Equity Market Timing* Manager nicht direkt in die Aktienmärkte sondern über die traditionellen Investmentfonds, die auf einen bestimmten Industriesektor spezialisiert sind.

Die zwei populärsten Arten von *Equity Market Timing* sind:

- Sektor Timing – profitiert von kleinen Aufwärtsbewegungen in einem Sektor, z.B. aufgrund besserer als erwartet Ertragsresultate, wenn diese Information nicht sofort im Kurs umgesetzt wird. Besonders bei *Small Caps* kann auf dem Markt eine gewisse Verzögerung entstehen, die *Time* Arbitrage ermöglicht.
- Zeitzonen Arbitrage (*Time Zone* Arbitrage) – die US *Mutual Funds*, die sich auf europäische oder asiatische Aktien spezialisieren, können in den USA zu den europäischen bzw. asiatischen Schlusskursen erworben werden. Wenn am Ende des US-Handelstages die Märkte steigen, ist es sehr wahrscheinlich, dass Asien und Europa am nächsten Morgen auch mit steigenden Kursen eröffnen werden (uns somit wird auch der Wert der *Mutual Funds* steigen).

Voraussetzung ist die tägliche Liquidität der Fonds (ohnehin vorhanden bei allen traditionellen *Mutual Funds*) und kein Ausgabeaufschlag beim Kauf (bzw. keine Verkaufskosten). *Equity Market Timing* nützt minimale Marktineffizienz wie eben die Neigung der Industriesektoren zu ähnlichem

Verhalten, Unterschiede in Informationsverarbeitung des Marktes in Bezug auf *Small Caps* und *Large Caps* Aktien, unterschiedliche Handelszeiten rund um den Erdball.

Die *Equity Market Timing* Strategie unterliegt mehreren Risikofaktoren, davon sind die wichtigsten: Marktrisiko und Sektorrisiko – speziell bei einer unerwarteten Trendumkehr – weiter operatives Risiko, insbesondere Exekutionsrisiko. Die *Securities Exchange Commission* (SEC) hat vor nicht allzu langer Zeit folgende Empfehlung an die US *Mutual Funds* ausgesprochen: die Fonds sollen trotz der Zeitzonenunterschiede ihre Preise so weit fair gestalten, dass zumindest die *Time Zone* Arbitrage unmöglich gemacht wird.

6.4 Short Selling Fonds

Short Selling gehört zum vordergründigen Charakteristikum der meisten Hedgefonds und wurde in diesem Buch bereits ausführlich beschrieben. Es ist für die meisten Hedgefonds eine Komponente ihrer Strategie, die vor allem als eine Form von Hedging und manchmal als eine zusätzliche, kurzfristige Ertragsquelle verwendet wird, wenn die Short Positionen nicht als reine Absicherung sondern auch als Handelspositionen gebildet werden. Eine der Formen der Hedgefonds spezialisiert sich ausschließlich auf *Short Selling*. Es ist eine relativ geringe Anzahl der Hedgefonds, deren Manager eine echte *Short-only* Strategie verfolgen[59].

Die *Short Selling* Manager versuchen von fallenden Aktienkursen Gewinne zu erreichen. Die Strategie ist stark informationsgebunden – die Antizipation des Kursverfalls basiert auf eingehenden Bewertungsstudien, die die Überbewertung bestimmter Aktien aufzeigen. Wie immer beim *Short Selling* verkauft der Manager dazu Wertpapiere, die er nicht tatsächlich besitzt, um von deren erwarteten Preisverfall zu profitieren. Der Manager leiht sich zu diesem Zweck die Wertpapiere von einem Dritten – meistens vom oder via Broker – und verkauft sie weiter auf dem Markt in der Erwartung einer Marktkorrektur in absehbarer Zeit. Der *Short Selling* Spezialist bezahlt auch alle Dividenden, die in dieser Zeit für die geliehenen Aktien anfallen können. Wenn man eine Aktie Long hält, bedeutet die Dividende einen zusätzlichen Ertrag – wenn dieselbe Aktie hingegen Short gehalten wird, ist die Dividende ein zusätzlicher Kostenfaktor[60]. Bei Aktien mit höheren Dividendenzahlungen kann es ziemlich kostspielig für den

---

[59] Vor 1983 existierte kein offiziell registrierter *Short Selling* Fonds.

[60] Vgl. auch Kapitel über *Short Selling, Equity Market-neutral* und *Equity Hedge*.

Short Seller ausfallen und seinen Ertrag verkleinern. Wenn der Aktienkurs wie erwartet fällt, wird auch die Deckung entsprechend verringert[61] und der Manager kann mit dem frei gewordenen Bargeld beliebig disponieren. Sollte allerdings der Aktienkurs steigen, muss der *Short Seller* die Deckung zusätzlich aufstocken. Zu einem späteren Zeitpunkt muss der Manager tatsächlich die Werte auf dem Wertpapiermarkt kaufen, um sie an den Verleiher zurückzugeben. Wenn der *Short Selling* Manager die Wertpapiere billiger kaufen kann, als er diese zuvor verkauft hat, erzielt er auf diese Weise einen positiven Ertrag. Ein zusätzlicher, risikofreier Ertrag kommt von den Zinsen aus der Bargeldposition, die der Manager nach dem Leerverkauf der Aktien gebildet hatte. Sollte aber der Preis – wider Erwarten – steigen, ist der *Short Selling* Manager gezwungen, die Aktien zu einem höheren Preis auf dem freien Markt zu besorgen und erleidet damit einen Verlust.

Das *Short Selling* als die alleinige Portfoliostrategie birgt für unerfahrene oder unvorsichtige Manager eine relativ große Gefahr in sich. Bei einer Long Position im Portfolio ist der maximale Verlust abschätzbar: der Kurs der Aktie kann maximal bis auf Null fallen und einen Totalverlust verursachen. Das Steigerungspotential des Aktienkurses ist hingegen zumindest theoretisch nach oben offen und eine Short Position in einer unerwartet boomenden Aktie kann unter Umständen einen Verlust von weit über hundert Prozent zur Folge haben. Die Antwort der *Short Selling* Manager darauf ist, dass sie schon wesentlich mehr Aktienkurse bei Null als bei der Unendlichkeit gesehen haben... *Short Sellers* sind oft Einzelgänger, die das Schwimmen gegen den Markttrend und gegen die Mehrheit der Marktteilnehmer genießen und *Short-only* Strategie als Lebensmission erachten.

Die wichtigsten Faktoren für den Investmentprozess sind:

- Fundamentalanalyse
- Eignung des Aktienuniversums fürs *Short Selling*
- Breite Diversifikation des Portfolios
- Hohe Liquidität aller Positionen
- Investmentdisziplin

Der *Short Selling* Spezialist muss eine solide Fundamentalanalyse durchführen, um solche Investments zu finden, deren Substanzwert signifikant kleiner ist als ihr aktueller Marktwert. Besonders vorteilhaft für den *Short Selling* Manager ist das rechtzeitige Eintreten eines den Kursverfall einer

---

[61] Das Portfolio wird laufend nach den aktuellen Marktpreisen bewertet (*Mark to Market*).

Aktie auslösenden oder beschleunigenden Ereignisses – daher ist es nicht nur eine opportunistisch-direktionale, sondern auch zum Teil eine ereignisorientierte Strategie. Als Katalysator können zum Beispiel die finanziellen Probleme eines Unternehmens, bis hin zur Pleite, oder der Verlust eines wichtigen Auftraggebers, etc. wirken.

Außer der Fundamentalanalyse ist vor allem die breite Diversifikation der Short Positionen und deren Liquidität wichtig. Effiziente Diversifikation bedeutet nicht, dass man zum Beispiel 50 verschiedene Technologiewerte im Portfolio hat – ein für den *Short Seller* negativer Trend bezieht sich meistens auf die gesamte Industrie. Wenn die negative Entwicklung (sprich: steigende Märkte) zuerst nur einige Werte betrifft, werden meistens viele andere mehr oder weniger automatisch von der Markttendenz mitgezogen – der bullische Aktienmarkt der Neunziger hat dies ausreichend bestätigt.

Es gehört auch eine große Portion Disziplin zum *Short Selling*, um rechtzeitig die negativen Positionen zu schließen und die positiven nicht übermäßig aufzustocken. Das Management eines *Short-only* Portfolios erfordert vom Manager auch ständige Wachsamkeit, da eine unbeachtete Trendumkehr für seine Investments enorm negative Folgen haben könnte. Ein *Long-only* Portfolio kann man über Jahre hinweg passiv managen und auf langfristig positive Tendenz des Aktienmarktes setzen, ein Short Portfolio hingegen, das nicht aktiv gemanagt wird, führt unweigerlich zu Verlusten. Für beide Arten von Investment ist die Wertpapierauswahl der Haupttreiber der Performance.

Die Neunziger Jahre waren den *Short Sellers* bekannter Weise nicht gut gesonnen – der langanhaltende, bis zum *Bubble*-Effekt steigende Markt bot nur selten profitable Gelegenheiten für effizientes *Short Selling*. Die lange Hausse-Periode bewirkte, dass sogar überbewertete, minderwertige Aktien, getragen von dem allgemeinen Aufwärtstrend des Marktes, entweder halbwegs gute Performance lieferten, oder zumindest nicht schlecht genug waren, um dem *Short Selling* Manager eine adäquate Profitmöglichkeit zu bieten. Viele *Short Sellers* blickten auf ihren größten Fehler zurück: sie waren Short während der längsten Hausse-Periode des Jahrhunderts[62].

Situationen hingegen, wie zum Beispiel im August 1998 oder im September 2001 gehörten zu den Sternstunden der *Short Selling* Manager (nur falls sie die richtigen Wertpapiere Short verkauft haben!), da sie die einzigen waren, die von der allgemeinen Misere profitieren – nicht ohne dabei Missgefühle der *Long-only* Spezialisten zu erwecken. Es ist menschlich klar verständlich, dass große Gewinne mancher *Short Sellers* nach den

---

62 Vgl. in: Fano-Leszczynski, "Hedgefonds...".

dramatischen Ereignissen von 9/11 nicht zum öffentlichen Jubel geführt haben. Solche Ereignisse sind aber völlig unerwartet – auch für die *Short Sellers*. Die *Short Selling* Strategie lebt nicht von solch dramatischen negativen *Events*, sondern von einer soliden und aufwändigen Fundamentalanalyse. Ein verbreiteter Ansatz ist zum Beispiel die Auswahl jener Unternehmen, die ein aggressives *Accounting* verwenden, da es dabei öfter zu größeren (negativen) Korrekturen durch die Prüfer kommen kann. Die meisten *Short Selling* Manager suchen auch nach Katalysatoren, die die schwachen Finanzen einer Firma öffentlich aufdecken würden. Das könnte zum Beispiel eine bevorstehende Revision sein.

Die Ertragsquelle des *Short Selling* ist die Ineffizienz der Marktbewertung vieler Aktienkurse, die gute Gelegenheiten für die *Short Selling* Manager bieten. Die Ursachen dieser Ineffizienz sind mannigfaltig:

- Das praktisch unlimitierte Verlustpotential bildet für viele Investoren eine psychologische Barriere, um Leerverkauf nicht zu verwenden
- Analysten zögern meistens sehr lange, bevor sie die Empfehlung „verkaufen“ für eine Aktie abgeben[63]
- Vielen Finanzinstitutionen ist es nicht erlaubt, sich in *Short Selling* zu engagieren

Manche Manager verwenden Derivative (Optionen auf einzelne Aktien, Indexoptionen, Futures oder *Forwards*), um *Short Selling* Strategie zu implementieren. Andere wiederum hedgen ihre Short Positionen mit einem Long Portfolio, was sehr der Long/Short Strategie (mit einer Short Neigung) ähnelt.

Da *Short Selling* praktisch die spiegelverkehrte Strategie zum traditionellen *Long-only* Aktieninvestment ist, unterliegt sie auch den gleichen Risikofaktoren, obwohl in verkehrten Marktsituationen. Die Risikofaktoren sind vor allem: generelles Marktrisiko, spezifisches Aktienrisiko und unerwartete Unternehmensnachrichten. So, wie die Long Investoren schlechte Nachrichten fürchten, zittern die *Short Sellers* vor guten Ereignissen: unerwartet positive Performancedaten, Fusionen, manchmal auch eine Betriebsaufspaltung können ihre Portfolios durcheinander bringen. In einem gut diversifizierten Long Portfolio wird der Anteil einer sich negativ entwickelnden Aktie (negativ = fallender Kurs) immer kleiner. Hingegen wird der Anteil einer sich negativ entwickelnden Aktie (negativ = steigender Kurs) in einem gut diversifizierten Short Portfolio immer größer – wenn die Position nicht rechtzeitig geschlossen wird, kann sie das gesamte

63 Gründe dafür wurden bereits beschrieben.

Portfolio gefährden. Die Diversifizierung und deren ständige Anpassung an die Entwicklung der Kurse ist daher in einem Short Portfolio noch wesentlich wichtiger als in einem Long Portfolio.

Zu den spezifischen Risikofaktoren der *Short Selling* Strategie gehört die Tatsache, dass die Wertpapiere geliehen werden müssen, bevor sie verkauft werden können. Nicht alle Aktien sind für *Short Selling* erhältlich, was zu einer unzureichenden Portfoliodiversifizierung führen kann. Zu einer weiteren Verzerrung der Portfoliodiversifizierung kann es kommen, wenn eine Position aufgrund des steigenden Aktienkurses im Verhältnis zum gesamten Portfolio automatisch immer größer wird.

Short Selling unterliegt in den meisten Jurisdiktionen gewissen Restriktionen, wie zum Beispiel der US *Uptick* Regelung[64]. Solche Regelungen sollen verhindern, dass sich die *Short Sellers* auf eine Aktie stürzen, die sich bereits im freien Fall befindet und so die Lage noch rapider verschlimmern[65]. Es besteht außerdem immer die Gefahr, dass der Broker vorzeitig die Rückgabe einer Aktie verlangt. Probleme können auch niedrige Marktzinsen verursachen, da der Ertrag aus der Cashposition eine wichtige Komponente ist, sowie die Gefahr der *Short Squeezes*. Die sogenannten „*Short Squeezes*" entstehen, wenn sich zeitweise eine plötzliche, unerwartet große Nachfrage nach einer Aktie entwickelt und der *Short Seller* gezwungen ist, seine Positionen zu ungünstigen Kursen zu decken. Wichtig dabei sind die vom Broker vorgegebenen Konditionen, wie schnell die Deckung gegebenenfalls erfolgen muss. Die *Short Squeezes* kann man durch Verwendung von nur solchen Finanzinstrumenten vermeiden, die auch für Leerverkäufe leicht verfügbar sind, und durch Limitierung der einzelnen Short Positionen.

In den neunziger Jahren gehörte *Short Selling* – invers zu Long Aktieninvestment – zu den am schlechtesten performenden Sektoren der Hedgefonds Industrie. Nur wenige Manager haben diese Zeit überstanden. Die Baisse ab dem Jahre 2000 hat dem *Short Selling* zu neuem Aufschwung verholfen. Wie schwierig diese Strategie tatsächlich ist, zeigen die Ergebnisse für 2001 – trotz globaler Aktienverluste haben die *Short Selling* Fonds als Gruppe negativ abgeschnitten[66]. Und trotzdem: „Ein Finanzmarkt ohne Bären wäre wie ein Volk ohne die freie Presse"[67].

---

64 Siehe Kapitel über *Short Selling*.

65 Es sollen "*Bear Rides*" verhindert werden – auf der Long Seite gibt es keine ähnlichen Regelungen.

66 Laut CSFB/Tremont Index.

67 Bernard Baruch: "A market without bears would be like a nation without free press".

6.5 Emerging Markets Fonds

Als *Emerging Markets* – Schwellenländer – werden im Allgemeinen die Märkte in ökonomisch und finanziell unterentwickelten Ländern bezeichnet. Welche Märkte sich als *Emerging Markets* qualifizieren wird immer wieder, auch von der Weltbank, revidiert. Grundsätzlich sind solche Märkte in Lateinamerika, Osteuropa, in den Ländern der früheren Sowjetunion, in Afrika und in manchen Regionen Asiens zu finden. Die *Emerging Markets* Länder werden rapiden tiefgreifenden Veränderungen sowohl im makro- als auch im mikroökonomischen Bereich unterzogen. Es handelt sich dabei nicht lediglich um einen allmählichen Übergang von der landwirtschaftlichen zur industriellen Gesellschaft, sondern um eine weitreichende, ökonomische Umstrukturierung auf dem Weg zur freien Marktwirtschaft[68]. Obwohl es mehrere unterschiedliche *Emerging Markets* gibt, kann man sie alle durch gewisse gemeinsame Faktoren charakterisieren. Diese typischen Faktoren ergeben sich vor allem aus der Unterentwicklung der Märkte, die wiederum hauptsächlich dann entsteht, wenn verlässliche Informationen über Unternehmen entweder nicht vorhanden, oder besonders schwer zugänglich, oder schlicht und einfach inkorrekt sind. Der Informationsmangel verursacht, dass der Markt viele Finanzinstrumente falsch bewertet, meistens unter ihrem tatsächlichen Wert.

Emerging Markets sind keine einfachen Investmentmärkte. Die meisten Anleger, die gewohnt sind, in effizienten Märkten mit relativ gut bekannten Risikoquellen zu investieren, haben kaum Vertrauen in die *Emerging Markets*. Viele Investoren betrachten sie aber als eine potentielle Investmentdiversifizierung, die unter Umständen interessantere Erträge im Vergleich zu den traditionellen Anlageklassen bringen könnte.

Der Manager eines *Emerging Markets* Hedgefonds hat mit vielen Schwierigkeiten zu kämpfen, wie zum Beispiel eine unzureichende Marktinfrastruktur, speziell im Finanzbereich, ein eingeschränkter Zugang zu verlässlichen Informationsquellen, die Illiquidität vieler Instrumente, und eine hohe Wahrscheinlichkeit politischer Turbulenzen. Dies alles bewirkt, dass der Anleger meistens viel größeren Risiken ausgesetzt ist als in den entwickelten, effizienten Märkten. Man versucht zwar durch diverse marktwirtschaftliche und auch politische Reformen die Investoren zu motivieren, doch diese Maßnahmen greifen nicht immer oder sie werden auch einfach nicht akzeptiert. Die gleichen Faktoren aber, die das Risiko verursachen oder zumindest entscheidend vergrößern, führen auch dazu, dass

[68] Die Entstehung von *Emerging Market* in Russland in den Neunziger Jahren ist hierfür ein perfektes Beispiel.

die *Emerging Markets* einzigartige Investmentmöglichkeiten für die Anleger bieten, die sich ihrer Herausforderung stellen wollen.

Verlässliche, öffentliche Informationsquellen über die finanziellen Gegebenheiten sind in den *Emerging Markets* oft nicht vorhanden. Die *Emerging Markets* Spezialisten verwenden ihr spezifisches Wissen sowie auch ihre Präsenz vor Ort auf solchen Märkten, um sich einen Informationsvorsprung zu verschaffen. Dies ermöglicht ihnen inkorrekte Bewertungen der Finanzinstrumente schneller zu identifizieren und die ausgeprägte Ineffizienz des Marktes für die Performance ihres Portfolios ertragreich zu nutzen. Meistens werden die Profite durch Investitionen in unterbewertete Finanzinstrumente erreicht – der Grund dafür ist simpel: *Short Selling* ist wegen der Marktineffizienz oft undurchführbar und die Unterentwicklung der *Emerging Markets* bewirkt, dass grundsätzlich nur Investments in Long Positionen möglich sind und sich die Strategien der Hedgefonds prinzipiell kaum von den Strategien der traditionellen *Long-only* Investmentfonds auf diesen Märkten unterscheiden.

Die Aufgabe der *Emerging Markets* Manager ist den Markt nach inkorrekt bewerteten Wertpapieren durchzuforsten und in diese zu investieren, bevor der Markt selbst die Korrektur der Bewertung vornimmt, wozu auch die Investments der *Emerging Markets* Hedgefonds deutlich beitragen. Je ineffizienter der Markt, desto größer können dabei die potentiellen Gewinne ausfallen. Es ist auch schon öfter vorgekommen, zum Beispiel auf den osteuropäischen Märkten in Zeiten der unkritischen Börsebegeisterung, dass die Marktkorrektur über das Ziel geschossen ist und aus einem unterbewerteten Finanzinstrument plötzlich ein überbewertetes schuf. Da aber *Short Selling* aufgrund der Marktineffizienz und der unterentwickelten Infrastruktur im Bereich der Wertpapiere selten möglich war, bildeten die überbewerteten Instrumente keine so guten Investments.

Emerging Markets Manager können global oder regional (zum Beispiel in Lateinamerika) diversifizieren oder nur in einzelnen Ländern (zum Beispiel in Mexiko oder Russland) investieren. Manche Spezialisten hingegen investieren nur in einen bestimmten Industriesektor (zum Beispiel die Ölwirtschaft), den sie gut kennen und verstehen. Sie konzentrieren sich vor allem auf die fundamentale *Bottom-up* Analyse der Unternehmer und können so die Firmen identifizieren, die der breiteren Öffentlichkeit nicht bekannt sind und oft weit unter ihrem Substanzwert (*Intrinsic Value)* gehandelt werden. Die fundamentale Analyse hilft dem Investor zu erkennen, ob das Wachstum eines Unternehmens tatsächlich substantiell ist oder nur durch die Privatisierung kurzzeitig vergrößert wird. Die besten Spezialisten entwickeln eigene Mechanismen, um einen größeren Informationsvorsprung zu erlangen, da in dem Moment, in dem die Unternehmensdaten öffentlich verbreitet sind, die Chancen auf besonders gute Transaktionen meistens vorbei sind oder zumindest wesentlich geschmälert werden. Manchmal kann man über Artikel in Zeitungen und Zeitschriften auf interessante Ideen kommen, doch entscheidend ist die Präsenz vor Ort; Treffen mit lokalen Managern, Händlern und Regierungsverwaltern, um die lokalen politischen und ökonomischen Gegebenheiten besser kennen zulernen und neueste oder bald bevorstehende Privatisierungen zu identifizieren. Vor der eigentlichen Investition ist auch die Besichtigung des Unternehmens äußerst empfehlenswert. Das Managementteam des Unternehmens soll gut qualifiziert, ehrlich (Korruption ist in den *Emerging Markets* meistens auf der Tagesordnung), engagiert in seiner Arbeit und orientiert auf die freie Wirtschaft sein. Die Art, wie der *Emerging Markets* Manager das Wechselkursrisiko diverser, meist schwacher Währungen meistert, kann entscheidend zum Gewinn oder Verlust des Hedgefonds beitragen.

Die Kriterien für ein Investment in Aktien eines Unternehmens kann man so zusammenfassen:

- Die Aktie ist unterbewertet
- Es gibt großes Wachstumspotential der Erträge
- Das Unternehmen ist führend auf einem bestimmten Sektor
- Das Management ist sehr progressiv punkto der Aktionärsrechte
- Das Finanzmanagement verbessert sich und nähert sich den internationalen Standards

Die wesentlichsten Gründe für den Verkauf der Aktien wären hingegen:

- Die Aktie hat ihre korrekte Bewertung erreicht oder ist bereits überbewertet
- Der Markt verursacht ein zu großes Risiko
- Die fundamentalen Daten des Unternehmens oder auch der Industrie verschlechtern sich zusehends

Das Portfolio soll diversifizierte Positionen in unterbewerteten Wertpapieren erhalten. Positionen, die ihren voraussichtlich korrekten Wert erreicht haben, werden mit Gewinn verkauft. Das Leverage in einem solchen Portfolio kann Erträge multiplizieren aber auch sehr riskant sein. Ein Beispiel dafür waren die katastrophalen Verluste der Hedgefonds mit Leverage im Portfolio in Russland im Sommer und Frühherbst 1998. Viele *Emerging Markets* Spezialisten verwenden kein Leverage, da dies die sowieso hohe Volatilität eines Portfolios zusätzlich verstärken würde. Hedging oder *Short Selling* ist in den *Emerging Markets* entweder aufgrund der fehlenden finanziellen Infrastruktur gar nicht möglich oder die Kosten solcher

Transaktionen sind viel zu hoch, um sie effizient einzusetzen. Manche Manager verwenden fürs Hedging Instrumente anderer Märkte; z.B. die American Depository Receipts (ADRs), die ein Investment in einem ausländischen Unternehmen zertifizieren und auf den Börsen gehandelt werden. Manager, die doch irgendwie versuchen ihre Positionen zu hedgen, sind gezwungen nichtgelistete *Over-the-counter* (OTC) Instrumente zu verwenden. Diese Situation ändert sich mit der fortschreitenden Entwicklung der Märkte.

Die Risikofaktoren der *Emerging Markets* sind offensichtlich. Allen voran sind folgende:

- Marktrisiko
- Währungsrisiko
- Spezifisches Landesrisiko (politisches, ökonomisches, etc.)
- Liquiditätsrisiko

Die *Emerging Markets* Indices sind noch weniger als eine verlässliche Benchmark verwendbar als die anderen Hedgefonds Indices – die wichtigsten Probleme der Indexierung wurden bereits beschrieben[69]. Die *Emerging Markets* Indices sind relativ neugebildet und werden noch stärker von gewissen Verzerrungen beeinflusst. Dazu gehören vor allem *Survivorship Bias* und *Selection Bias*. Beide Verzerrungen resultieren in Überbewertung der Erträge und Unterbewertung des Risikos der *Emerging Markets*.

Krisen der *Emerging Markets* und die Hedgefonds

Vertreter mancher Länder behaupten, dass die spekulativen Transaktionen der Hedgefonds eine Krise der *Emerging Markets* verursachen können. Die Anschuldigungen waren speziell laut nach der Asienkrise in 1997 (Währungsabwertung in Thailand, etc.). Es wurden etliche Studien dieses Themas u.a. auch vom IMF durchgeführt[70], die folgendes festgestellt haben:

- Hedgefonds haben die Asienkrise nicht ausgelöst und auch keine zentrale Rolle in weiterer Folge gespielt

---

[69] Siehe im Kapitel über Hedgefonds Indices.

[70] Z.B.: Eichengreen, Mathieson, Chadha, Jansen, Kordes und Sharma "Hedge funds and financial market dynamics", International Monetary Fund, Washington 1998; Fung, Hsieh "A primer on hedge funds" Journal of Empirical Finance, 6, 1999.

- Die größten Hedgefonds (solche, die aufgrund der Kapitalisierung eventuell einen Einfluss ausüben könnten) haben während der Asienkrise keine wesentlich anderen Positionen oder Marktexpositionen als sonst gehabt.

Für unerfahrene Investoren ist die Dynamik der *Emerging Markets* oft schwierig zu begreifen. Die Märkte sich hoch volatil und die Gründe dafür sind nicht immer für Außenstehende erkennbar. In den *Emerging Markets* kann man auf der mikroökonomischen Ebene exzellente Investments auch dann finden, wenn die Makrotrends ungünstig sind, wie zum Beispiel vor einigen Jahren in Asien. Vielleicht der beste, wenn auch riskante Ansatz ist so früh wie möglich in jene Märkte zu investieren, die gerade am Anfang der politischen, gesellschaftlichen und ökonomischen Veränderungen stehen.

7. Andere Arbitrage Strategien

Manche Arbitrage Arten (darunter speziell *Merger* Arbitrage) weisen eine zyklische Entwicklung auf und bringen nicht immer namhafte Erträge oder performen in manchen Zyklen besonders stark. Um diese zyklischen Perioden auszugleichen werden oft die zuvor beschriebenen Arten der Arbitrage: *Fixed-income, Convertible* und *Merger*, zu einer gemischten Arbitrage Strategie verbunden. Eine solche gemischte Strategie wird oft *Relative-value* Arbitrage genannt[71]. *Relative-value* Arbitrage hat die bereits beschriebenen Risikofaktoren einzelner Arbitrage Arten sowie zusätzlich zwei eigene Risikoquellen, die aus der Strategiemischung und aus der Gewichtung der einzelnen Arbitrage Arten entstehen. Die Strategiemischung und die Gewichtung erlauben jedoch der *Relative-value* Arbitrage viel größere Flexibilität in der Anpassung an die jeweiligen Marktkonditionen und effizientere Risikostreuung der einzelnen Arbitrage Arten. Unter normalen Marktbedingungen zeigt die *Relative-value* Arbitrage wenig Korrelation mit den traditionellen Investments und bildet somit eine gute Alternative als Beimischung zum Aktien- und/oder Anleihenportfolio, obwohl auch diese Strategie nicht gegen die unerwarteten, extrem starken Marktabschwünge gefeilt ist.

Andere Arbitrage Formen sind zum Beispiel *Mortgage-backed* Arbitrage, *Statistical* Arbitrage, *Closed-end Fund* Arbitrage, *Pair Trading* oder *Capital-Structure* Arbitrage, ADR Arbitrage oder Aktienindex Arbitrage.

[71] Wie öfter bei den Hedgefonds, ist dieser Begriff nicht ganz eindeutig, weil man auch *Equity Market neutral* Strategie als *Relative Value* definiert.

7.1 Mortgage-backed Arbitrage

Mortgage-backed Securities (MBS) sind diverse Arten von Schuldverschreibungen, die mit Immobilien abgesichert sind. Einer der primären Vorteile von MBS Investments ist, dass ihre Rendite meistens höher ist, als die Renditen der *US Treasury Notes* und der Anleihen mit vergleichbarer Laufzeit, obwohl das zusätzliche Kreditrisiko relativ klein ist. Manche Hedgefonds Manager versuchen diese Tendenz gewinnbringend auszunutzen, indem sie eine Long Position in den MBS Instrumenten halten und diese mit einer Short Position in den US Treasury Notes absichern.

7.2 Statistical Arbitrage

Statistische Arbitrage[72] versucht oft die sogenannte *Mean Reversion* (Rückkehr zum arithmetischen Mittelwert) auszunutzen. Dies ist die Tendenz mancher Finanzinstrumente, nach stärkeren Steigerungen oder Verlusten im Kurs wieder zu ihrem historischen Durchschnittswert zurückzukommen. Praktisch bedeutet es, dass nach jeder stärkeren Abweichung vom Durchschnittswert die Wahrscheinlichkeit steigt, dass die nächste Bewegung des Kurses wieder zum langjährigen Wert führen wird. Diese Tendenz wird für Käufe bei negativen und für Verkäufe bei positiven Wertveränderungen genutzt. Die Manager, deren Strategie auf *Mean Reversion* basiert, verkaufen *Short* Aktien mit historisch überdurchschnittlich hohem Kurs und kaufen *Long* jene, die einen historisch unterdurchschnittlich niedrigen Kurs aufweisen. Die *Statistical* Arbitrage versucht also sowohl die Konvergenz als auch die Divergenz der Wertpapierkurse positiv auszunutzen.

7.3 Closed-end Fund Arbitrage

Geschlossene Fonds, die an einer Börse notieren, können eine Arbitrage Gelegenheit bieten, wenn es einen Unterschied zwischen ihrem Nettoinventarwert (*Net Asset Value*) und dem Handelskurs gibt. Die geschlossenen Fonds emittieren nur eine beschränkte Anzahl der Anteile, die man im Gegensatz zu den offenen Fonds (*Open-end*) nicht immer vom Fonds kaufen und an den Fonds wiederverkaufen kann. Nur am Ende der vorgesehenen Laufzeit werden die Anteile vom Fonds zurückgenommen. Die Differenzen entstehen, weil die *Closed-end* Fonds oft schlechtere Liquidität aufweisen und die Bewertung manchmal ineffizient ist. Es ist sowohl ein

[72] Beschrieben auch im Kapitel über Long/Short Aktienstrategien.

Agio als auch ein Disagio möglich[73]. Die Arbitrage im Bereich der geschlossenen Fonds kann sehr herausfordernd sein. In diesem Zusammenhang wird oft das Beispiel des Quota Fund aus der Quantum Gruppe von George Soros zitiert, wo die Preisdifferenz einige Zeit mehr als 50% betrug und so zu großen Arbitrage Erträgen führte – allerdings nur so lange, bis der Manager Nick Roditi aus gesundheitlichen Gründen seinen Rücktritt auf unbestimmte Zeit erklärte und die Preisdifferenz binnen kurzer Zeit verschwand. Eine einfache Version von *Closed-end Fund* Arbitrage ist, wenn zum Beispiel der Fonds mit einem Disagio gehandelt wird und es gleichzeitig möglich ist, das Portfolio zu annehmbaren Kosten zu replizieren – der Arbitrageur würde den Fonds (Long) kaufen und das replizierte Portfolio (Short) verkaufen und bei Fälligkeit des Fonds den Preisunterschied als Profit gewinnen.

7.4 Pair Trading

Vom *Pair Trading*[74] spricht man, wenn eine Long Position mit einer Short Position im selben Industriesektor abgesichert ist. Oft sind es zwei konkurrierende Unternehmen, deren Aktien ein gegenseitiges Hedging bilden. Es kann vorkommen, dass auf Grund der Marktkonditionen eine negative Kursentwicklung die gesamte Industrie betrifft und *Pair Trading* als Absicherung wertlos ist. Es ist grundsätzlich eine Aktienstrategie – ähnlich der Long/Short Strategie – trägt aber, wie die *Statistical* Arbitrage, die Merkmale der Arbitrage.

7.5 Capital-structure Arbitrage

Capital-structure Arbitrage[75] versucht diverse Formen der Kapitalstruktur eines Unternehmens auszunutzen. Wie immer bei Arbitrage werden auch hier Long und Short Positionen gebildet, z.B. eine Long Position in stimmberechtigten Aktien und eine Short Position in stimmrechtslosen Aktien einer Firma, oder Long die Aktie der Holdinggesellschaft und Short die Aktie der Tochtergesellschaft etc.

---

[73] Es wird von Arbitrage Spezialisten behauptet, dass dies ein großes Mysterium ist, warum solche Diskrepanzen bei geschlossen Fonds überhaupt entstehen können.

[74] Beschrieben auch im Kapitel über Long/Short Aktienstrategien.

[75] Siehe auch Kapitel über *Distressed Securities*.

7.6 ADR Arbitrage

Hedgefonds, die diese Strategie verwenden, investieren grundsätzlich in die *American Depositary Receipts* (ADR) und die ihnen zugrunde liegenden Aktien. Ein ADR Finanzinstrument ist ein in US-Dollar denominiertes Zertifikat, das in den USA emittiert wurde und an einer amerikanischen Börse notiert. Ein ADR wird auf die Aktien eines ausländischen Unternehmens begeben, die von einer US-Bank gehalten werden. Unterschiede zwischen dem amerikanischen Finanzmarkt und den ausländischen Märkten (z.B. wegen der Marktsegmentierung) bieten eine Gelegenheit für die Arbitrage. Die Implementierung der Strategie ist der *Convertible* Arbitrage ziemlich ähnlich, jedoch für viele kleinere Hedgefonds zu kostspielig und wird mehrheitlich von großen Händlern und Investmentbanken betrieben.

7.7 Aktienindex Arbitrage

Aktienindex Arbitrage ist eine Nischenstrategie, die meistens versucht die Differenzen zwischen den Terminkontrakten auf einen Aktienindex (*Index Future*) und dem unterliegenden Aktienkorb auszunutzen. Diese Form der Strategie ist relativ einfach sowohl in der Bewertung als auch in der Implementierung. Auch die Ankündigungen einer Indexanpassung – wenn die Zusammensetzung des Index modifiziert wird – werden für Arbitragetransaktionen ausgenützt, da alle Indexfonds auch ihre Positionen der neuen Situation anpassen. Klassische Form ist: *Long* Position in den Aktien, die dem Index beigefügt werden sollen, *Short* Position im Index selbst.

8. Dachfonds

Der Begriff „Dachfonds" hat weder etwas mit einer bestimmten Investmentstrategie zu tun noch ist er nur einem Bereich der Investmentfondsindustrie vorbehalten: die Dachfonds sind sowohl in der Welt der traditionellen (*Fund of Funds*) als auch der alternativen (*Fund of Hedge Funds*) Investments zu finden. Die Dachfonds tun genau das, was ihre englische Bezeichnung definiert: sie investieren in andere Fonds. Unter den traditionellen Investments sind sie eher eine Randerscheinung, obwohl auch hier die Zahl der Dachfonds in den neunziger Jahren des 20. Jahrhunderts deutlich gestiegen ist. Hauptsächlich haben sie sich jedoch unter den alternativen Investments entwickelt: ein Dachfonds ist oft der optimale Weg für einen durchschnittlichen Privatanleger oder für einen kleinen institutionellen Anleger, um in die Hedgefonds Industrie zu investieren und auch für viele Großanleger der einfachste Weg, um in diese Industrie vorsichtig einzusteigen. Die Komplexität der alternativen Investments und die damit verbundene Notwendigkeit der breiten Diversifizierung haben wesentlich zum starken Wachstum der Multi-Manager Dachfonds beigetragen.

Die zunehmende Entwicklung von Dachfonds hat auch die Expandierung der gesamten Hedgefonds Industrie begünstigt. In den USA waren die Hedgefonds ursprünglich auf maximal 100 Investoren begrenzt. Dies hatte zur Folge, dass viele Fonds ein sehr hohes Mindestinvestment verlangten. Die zahlreich gegründeten Dachfonds mit signifikant kleineren Einstiegsummen boten vielen kleineren Investoren den Zugang zu einem diversifizierten Hedgefonds Portfolio. Der National Securities Markets Improvement Act aus dem Jahr 1996 hat zwar die Begrenzung der Investorenanzahl aufgehoben, doch änderte dies nichts an der Beliebtheit der Dachfonds.

8.1 Vorteile der Dachfonds

Die **Wertschöpfung**, die ein Dachfonds für seine Investoren bringt, liegt primär in der Managerselektion. Die Identifizierung und Bewertung der Manager ist der Schlüssel zum Erfolg für die Dachfonds in der Hedgefonds Industrie, da gerade dieser Teil der Finanzwelt noch mehr von den Menschen und Beziehungen abhängt, als die anderen Bereiche. Der Investor erwartet mehr von den Fähigkeiten des Managers, als von der Strategie oder vom Investmentprozess. Der Vorteil des Dachfondsinvestments ist offensichtlich: der professionelle Manager des Dachfonds (oft auch als Konsulent bezeichnet), mit seinen Kenntnissen der Hedgefonds Industrie, sucht nach umfangreicher Research der Strategie seines Dachfonds entsprechende Subfonds aus und nimmt dem Anleger die Entscheidung ab, in welche Einzelfonds er investieren soll – die schwierige Frage der *Asset Allocation* ist somit für den Investor problemlos und professionell gelöst. Ein gut zusammengestellter und gut gemanagter Dachfonds soll den Anlegern auch die Vorteile der breiteren Risikodiversifizierung bringen.

Der Dachfonds selbst ist ein für den Investor transparentes Vehikel und die Überprüfung der Subfonds wird dem Manager überlassen. Oft sind dies dem breiten Publikum überhaupt nicht zugängliche Fonds, weil sie zum Beispiel für neue Kunden geschlossen sind, oder als „private offerings“ nicht beworben werden dürfen. Somit ist es für den Anleger schwierig von ihrer Existenz überhaupt zu erfahren, oder das Mindestinvestment beträgt von einer Million US-Dollar oder Euro aufwärts und übersteigt bei weitem die finanziellen Möglichkeiten eines Privatanlegers oder auch eines kleineren institutionellen Anlegers[76]. Ein Dachfonds hingegen, abhängig vom Recht, unter dem er gegründet wurde, bietet meistens relativ moderate Einstiegsummen.

Die Vorteile eines Dachfonds-Investments kann man in folgende Punkte zusammenfassen:

- Professionelles Management und *Asset Allocation*
  - fundamentale Kenntnis der Strategien und deren Risiken
  - Zugang zu wichtigen Informationen und Daten der Manager
  - professionelle *Due Diligence*
  - kontinuierliches Monitoring und aktives Risikomanagement
- Effizientere Risikodiversifizierung
- Zugang zu geschlossenen Hedgefonds
- Bessere interne und externe Transparenz
- Erschwinglichkeit und Zugänglichkeit für kleinere Investoren

8.1.1 Professionelles Management und Asset Allocation

Ein professionell geführter Dachfonds ist kein zufälliges Konglomerat von Subfonds, die einem gerade interessant erscheinen, sondern ein ausgewogenes Portfolio mit klaren Investmentrichtlinien und klarer Strategie, das auch versucht, mit Hilfe von ausgeklügelten Techniken die optimale Streuung zu erreichen und somit das Risiko zu reduzieren. Die Investoren profitieren vom Expertenwissen der Manager, die meistens eine langjährige Erfahrung in der Industrie sowie die Expertise in der Bewertung der komplexen Strategien vorweisen können. Der Dachfondsmanager kann die Auswahl der Subfonds (*Fund Picking*) für bestimmte vorgegebene Parameter optimieren: zum Beispiel für einen bestimmten Jahresertrag bei reduziertem Risiko und niedriger Volatilität. Weitere Vorteile wären z.B. die Wahl des richtigen Kaufzeitpunkts (*Market Timing* oder *Strategy Timing* [77]) bei Hedgefonds mit zyklischen Strategien (z.B. *Merger* Arbitrage) oder ganz einfach die strategische Allokation, also die Wahl der besten Fonds, um ein bestimmtes Ziel zu erreichen. Zu den potentiellen Gefahren eines

---

[76] Große institutionelle Anleger lassen von den Profis oft eigene Dachfonds zusammenstellen.

[77] Das systemische oder diskretionäre Switchen zwischen unterschiedlichen Strategien bewährt sich nicht immer, da es von der Prognose der künftigen Marktentwicklung abhängig ist, und die ist, wie wir leider wissen, nicht selten unzutreffend. Z.B. die Überkonzentration vieler Dachfonds Ende der neunziger Jahre auf Long/Short Strategien hat ihnen 2000 – 2002 stärkere Verluste und eine Performance unter den Erwartungen beschert.

Dachfonds kann leider auch der Manager selbst gehören: manche Manager können zum Beispiel etliche Subfonds aussuchen und sich fortan vornehmlich der Beschaffung neuen Kapitals widmen, ohne sich um das Portfolio allzu sehr zu kümmern. Oder die Auswahl der Subfonds erfolgt nur auf Grund ihrer erfolgreichen Performance in der unmittelbaren Vergangenheit, ohne Verständnis für die Entwicklung der Märkte und für ihren Einfluss auf eine bestimmte Strategie. Für einen Investor ist es daher wichtig zu wissen, welche Strategie der Manager des Dachfonds verfolgt und mit welchem Ansatz er versucht, die vorgenommenen Investmentziele zu realisieren.

Die wichtigsten Grundstrategien der Dachfonds sind[78]:

- Total *Return* – oft auch als *Target Return* oder *Relative Value* beschrieben. Der Dachfondsmanager investiert die Gelder in solche Hedgefonds, die seiner Meinung nach eine Gesamtperformance von meistens 10% bis 15% pro Jahr bringen sollten. Zur Auswahl kommen hier vor allem jene Einzelfonds, die marktneutrale Strategien mit reduziertem Risiko verfolgen.
- Maximum *Return* – hier werden Investments in solche Fonds getätigt, die nach Meinung des Dachfondsmanagers durch ihre Strategie maximale Gewinne generieren könnten, auch wenn damit ein hohes Risiko und hohe Volatilität verbunden sind.
- Gewidmet einer Strategie – es werden nur solche Einzelfonds ausgewählt, die nur eine bestimmte Strategie, wie z. B. *Merger* Arbitrage oder *Event Driven* oder *Emerging Markets*, verfolgen.
- Mischung aus den oben genannten Strategien – das Ziel des Dachfondsmanagers ist es, die marktneutralen, risikoarmen Fonds mit aggressiveren und risikoreichen Fonds zu mischen, um eine Performance und eine Volatilität zwischen dem Ansatz „total return“ und „maximum return“ zu erreichen.

Zu den wichtigsten *raison d'etre* der Dachfonds gehört unter anderem auch die Tatsache, dass viele der Hedgefonds komplizierte, technisch aufwendige Transaktionen durchführen, deren Verständnis die Möglichkeiten eines Durchschnittsanlegers, die richtige Mischung von implementierenden Subfonds im Dachfonds zu erreichen, bei weitem übersteigt. Einmal getätigte Investments bedürfen ständiger Überwachung: die Welt der Hedgefonds ändert sich schnell und ein bislang guter Performer kann alsbald auch größere Verluste schreiben. Monitoring ist also eine wichtige, konti-

[78] Angeführt nach: Fano-Leszczynski, “Hedgefonds…”.

nuierliche Aufgabe des Dachfondsmanagers, der auch über die Resourcen und die entsprechende Infrastruktur dafür verfügen sollte.

Es wird oft – zu Unrecht – übersehen, dass das Management eines hoch qualitativen Dachfonds signifikante Erfahrung, tiefen Einblick in die Industrie und profundes Fachkönnen verlangt. Um die komplexe Aufgabe der Portfolio-Strukturierung bewältigen zu können, muss der Dachfondsmanager tiefe Kenntnis der Hedgefonds, sowohl in Bezug auf generelle Strategien als auch auf den individuellen Ansatz eines Managers, aufbringen. Das Verstehen, wie die Erträge einer Strategie in der Vergangenheit erreicht wurden, ist eine *conditio sine qua non* für einen Dachfondsmanager. Neben dieser *ex-post* Analyse muss er auch die künftig zu erwartende Performance, Volatilität und Korrelation seines Portfolios berechnen können. Besonders wichtig ist auch die Beurteilung diverser – auch makroökonomischer – Faktoren, die die Performance oder die Risikoparameter beeinflussen können. Einer der wichtigsten Vorteile der Dachfonds im Bereich der alternativen Investments, die Manager- und Strategiestreuung, kann nur dann effizient und professionell durchgeführt werden, wenn der Dachfondsmanager eine fundamentale Expertise der Korrelationen zwischen den Strategien und Anlageklassen unter diversen Marktsituationen beherrscht. Dazu gehört auch die Expertise, welche Marktkonditionen für welche Strategie günstig sind, und welche sich besonders negativ auswirken können[79]. Ein gut diversifiziertes Portfolio soll auf Strategien aufgeteilt werden, die keine oder nur niedrige Korrelation und gleichzeitig unterschiedliche Ertragsparameter in variierenden Marktkonditionen aufweisen; erst dann soll das spezifische Risiko jeder Strategie zusätzlich auf etliche Manager diversifiziert werden. Die meisten Dachfonds-Portfolios werden aus einer Mischung von Strategie- (*Top-down*) und Managerselektion (*Bottom-up*) konstruiert. Manche Dachfondsmanager verwenden bei der Auswahl den ökonometrischen Ansatz, andere wiederum verlassen sich auf ihre persönlichen Kontakte in der Industrie, und das nicht ohne Erfolg. Die Zusammenstellung jener Dachfonds, die für ein breiteres Publikum bestimmt sind, bevorzugt manchmal diese Hedgefonds (oder Strategien), die gerade in letzter Zeit sehr gut performt haben und deren Namen einen höheren Bekanntheitsgrad erreicht haben, was meistens die Marketingbemühungen des Managers spiegelt.

Einen Dachfonds zu gründen ist eine relativ einfache Aufgabe, diesen erfolgreich über Jahre zu managen, schon eine wesentlich schwierigere. Die Problematik und der Aufwand, der mit dem Sammeln der Informationen innerhalb der undurchsichtigen Hedgefonds Industrie verbunden ist,

---

[79] Dies kann so unterschiedlich sein, wie die Strategien selber: z.B. *Merger* Arbitrage und Short Selling.

bildet womöglich die größte Hürde, um in das Dachfondsgeschäft auf professionelle und den Erwartungen der institutionellen Kunden entsprechende Art Eingang zu finden. Langjährige Erfahrung ist dabei unschätzbar, da sich der Manager nur so eine dauerhafte Position in der Informationsschleife erarbeiten kann. Die meisten Hedgefonds setzten sich als Ziel die absoluten Erträge und niedrige Volatilität verglichen mit den traditionellen Anlageklassen der Aktien und Anleihen. Die Kapitalerhaltung oder Vermögensbewahrung sind also folglich auch das Ziel der meisten Dachfonds im Bereich der Hedgefonds Industrie.

8.1.2 Effizientere Risikodiversifizierung

Grundsätzlich kann ein Dachfonds seine Investitionen quer durch alle Finanzinstrumente, Strategien und Märkte und Industriesektoren streuen. Das allein ergibt bereits eine effiziente Risikostreuung, da diverse Hedgefonds Strategien nur selten miteinander korrelieren und deren Mischung in einem Portfolio durchaus interessante Ergebnisse bringen kann. Es gibt allerdings verschiedene Meinungen, was die richtige Anzahl der Subfonds in einem Dachfonds betrifft: manche Manager entscheiden sich für konzentrierte Portfolios mit nur 10 bis 15 Subfonds, andere wiederum bevorzugen hochdiversifizierte Dachfonds mit 50 oder sogar mehr Subfonds[80]. Ein gut strukturierter Dachfonds resultiert in niedriger Volatilität und besseren Risikokennzahlen, wie z. B. Sharpe Ratio[81], da der Manager verschiedene Investmentstile und Strategien mit historisch niedriger Korrelation mischt. Bei einem Dachfonds, der nur einer Strategie gewidmet ist, sieht es schon anders aus: die Gelder sind zwar auf mehrere Manager aufgeteilt, was das Managerrisiko mindert, doch diese Manager haben oft ziemlich ähnliche Portfolios und nicht selten die gleichen „Wetten", wie zum Beispiel die 1994 zahlreich gegründeten Hedgefonds mit Fokus auf Russland, die mehrheitlich von den russischen Privatisierungsscheinen profitieren wollten. Auch die Dachfonds mit dem konservativen „*Total Return*" Ansatz sind vor größeren Verlusten nicht immer gefeit. 1994 haben viele - vermeintlich marktneutrale - Dachfonds signifikante Verluste eingefahren als sie in MBS-Papiere (*Mortgage-backed Securities*) investierten. Solche Investments haben zwar bis 1994 meistens verlässliche,

---

80 In vielen Ländern wird die Mindeststreuung vom Gesetz vorgegeben und meistens sehr niedrig gehalten: z. B. 10 Subfonds bei den in Österreich domizilierten Dachfonds und nur 5 bei den in Deutschland zum Vertrieb zugelassenen Dachfonds.

81 Sharpe Ratio, genannt nach William Sharpe, misst die Performance im Vergleich zum Risiko.

konstante Profite mit niedriger Volatilität gebracht, doch die Zinsratenveränderung, verbunden mit den daraus resultierenden Liquiditätsproblemen von MBS-Papieren, haben ihre potentiellen Schwächen zu Tage gebracht[82].

Die Entscheidung, ob eine bestimmte Strategie langfristig gute Performance bringen kann, muss daher jeder Investor für sich treffen und er sollte auch bei konservativen Dachfonds die Strategie der einzelnen Subfonds genau hinterfragen.

Die effiziente Risikostreuung in einem Dachfonds bezieht sich auf zwei grundsätzliche Risikoquellen in der Hedgefonds Industrie:

- Marktrisiko – externes Risiko
- Managerrisiko (oder Kreditrisiko) – internes Risiko

Die Diversifizierung des Marktrisikos wurde bereits beschrieben, dem Managerrisiko begegnen viele Dachfondsmanager schlicht und einfach mit einer Überzahl an Subfonds. Diese Methode bewirkt lediglich, dass im Falle einer Bankrotterklärung eines der Subfonds der Verlust im Gesamtvolumen des Dachfonds niedrig gehalten werden kann. Es ist hingegen sehr fragwürdig, ob der Dachfondsmanager tatsächlich imstande ist folgende Aufgaben bei so vielen Subfonds effizient zu bewältigen:

- Genaue *Due Diligence* vor dem ersten Investment
- Kontrolle aller Dokumente, Berichte und Verträge des Hedgefonds
- Zugang zu den Handelsaktivitäten des Hedgefonds, um rechtzeitig potentielle Risikoquellen, wie z.B. Änderungen im Investmentstil oder -methode zu erkennen
- Kontrolle des angewandten Leverage
- Ausreichende Transparenz, um die Gefahr eines Betruges möglichst auszuschließen.

Das Managerrisiko kann man vor allem durch genügende Transparenz, kontinuierliches Monitoring und beste professionelle Kontakte zum Manager selbst verringern. Die statistischen Daten der Dachfonds zeigen zudem, dass die Überzahl an Subfonds sehr oft zu nur mäßigen Erträgen des Gesamtportfolios führt.

Die Transparenz der Positionen in einzelnen Portfolios ist zwar ein sehr großes Thema in der Hedgefonds Industrie, für das Risikomanagement eines Dachfonds sind jedoch die Strukturen und vor allem die Investmentrichtlinien wichtiger. Dazu gehören unter anderem: die maximale Größe

---

[82] Angeführt nach: Fano-Leszczynski, "Hedgefonds...".

der einzelnen Investments (in einen Subfonds), die minimale vorgeschriebene Diversifizierung (zum Beispiel mindestens 5 Subfonds), maximales Leverage und maximale Gesamtexposition zum Markt. Solche Richtlinien sollen eingehalten werden, obwohl manche Ausnahmen zumindest verständlich sind, wenn zum Beispiel ein Subfonds eine größere Allokation auf Grund der bevorstehenden Schließung erhält oder das Leverage kurzfristig vergrößert wird, um die Liquidität für die Rückkäufe zu beschaffen. Das Leverage wird nicht immer von den Investoren richtig verstanden. Gut diversifizierte Dachfonds sollen grundsätzlich niedrige Volatilität aufweisen und die Anwendung des Leverage kann sehr attraktive Vorteile bieten, wenn man dabei das Gesamtrisiko nicht vernachlässigt. Es soll auch immer bedacht werden, dass die Subfonds bereits mit hoher Fremdkapitalaufnahme arbeiten könnten[83].

8.1.3 Zugang zu geschlossenen Hedgefonds

Bereits relativ viele der besten Hedgefonds sind nicht nur für kleinere Anleger, sondern oft auch für jegliche neue Geldzuflüsse geschlossen. Die Manager kommen an die Grenze der optimalen Kapazität und wollen die namhaften Erträge ihrer Investoren nicht durch weitere neue Investments verwässern. Dachfondsmanager mit langjähriger Erfahrung und besten Kontakten in der Hedgefonds Industrie können oft auch zu diesen Hedgefonds den Zugang erreichen und ein solcher Manager ist tatsächlich sein Geld wert. Die Hedgefonds dürfen nämlich ihre Anleger ungleich behandeln: manche Hedgefonds sind effektiv für alle neuen Investoren geschlossen (*Hard Close*), andere wiederum akzeptieren inoffiziell langfristige Investoren mit großen Investments (*Soft Close*). Oft sind dies nur Einmalinvestments ohne Möglichkeit der Aufstockung, aber das stetig wachsende Volumen eines Dachfonds verursacht, dass die anfängliche Zuteilung der Geldmittel in den geschlossenen Subfonds prozentuell immer kleiner wird und immer mehr Geldmittel entweder in schlechteren aber offenen Subfonds oder im Cash gehalten werden müssen, was wiederum die Performance des Dachfonds beeinträchtigt. Allerdings wäre es bei der nicht zuletzt auf Grund gesetzlicher Vorgaben sprunghaft wachsenden Zahl der Dachfonds naiv zu glauben, dass sie alle zu den besten Hedgefonds Zugang haben.

---

[83] Siehe das Kapitel über das Leverage.

8.1.4 Bessere interne und externe Transparenz

Das „*Black Box*“ Syndrom gehört zu den bekanntesten Nachteilen der Hedgefonds Investments. Den durchschnittlichen Kunden wird nur in seltenen Fällen und meistens mit zeitlicher Verzögerung der Einblick in das Portfolio eines Hedgefonds gewährt. Wesentlich besser werden jene Anleger behandelt, die sehr große Beträge langfristig investieren. Dazu gehören auch die Dachfonds und dies erklärt, warum sie unter den institutionellen Investoren so beliebt sind: die Institutionen können so einen sehr wichtigen Teil ihrer Verantwortung den eigenen Kunden gegenüber an den Dachfondsmanager delegieren. Viele große Dachfonds hüten zwar die Zusammenstellung ihrer Subfonds genauso eifersüchtig wie die Hedgefonds ihre Einzelpositionen, doch diese Dachfonds, die öffentlich registriert sind, müssen zumindest im Jahresbericht ihre Investments bekannt geben. Dies gibt den Investoren ein Gefühl gewisser Transparenz, obwohl sie letztendlich nur die Namen der Subfonds erfahren, selten Details über ihre Strategien und die Positionen in ihren Portfolios schon gar nicht.

Leider kommt es in manchen Dachfonds vor, dass auch der Manager keinen Einblick in das Portfolio eines Hedgefonds bekommt. Wenn er trotzdem investiert, argumentiert er meistens mit dem in der Hedgefonds Industrie allzu gut bekannten Spruch: die besten Manager zeigen ihr Portfolio nicht. Es gibt tatsächlich Manager mit exzellentem *Track Record*, die ihre Positionen nicht verraten. Es wäre allerdings maßlos übertrieben die beste Performance immer mit dem Mangel an Transparenz zu verbinden und somit kritiklos eine „*Black Box*“ in Kauf zu nehmen. Es kann ja auch vorkommen, dass der Manager nicht nur wirklich gute Gründe für seine Zurückhaltung hat und zum Beispiel nicht imstande ist plausibel nachzuweisen, dass seine Investmentmethode unter diversen Marktbedingungen positive Erträge bringen kann. Wer seinen Vorteil nicht erklären will, hat vielleicht keinen.

8.1.5 Erschwinglichkeit und Zugänglichkeit für kleinere Investoren

Ein Dachfonds ist das ultimative Finanzvehikel, das die ursprünglich elitäre Welt der Hedgefonds für einen kleineren Investor erschwinglich macht. Die moderaten Einstiegsummen von meistens € 10.000 bis € 100.000 erlauben die Überwindung der branchenüblichen Mindestinvestments von 1 Million Euro oder Dollar und bieten auch noch für dieses „Kleingeld“ eine genügend breite Diversifizierung. Manche der Dachfonds sind auf europäischen Börsen gelistet – zum Beispiel in Dublin, Luxembourg, London,

Zürich oder Frankfurt – was für viele Anleger die Zeichnung und Abwicklung erleichtert und eine zusätzliche Sicherheit darstellt.

8.2 Die (leider) kritischen Punkte

Dass all diese beschriebenen Vorteile nicht umsonst sind, versteht sich von selbst – die Nachteile kann man in folgenden Punkten zusammenfassen:

- Doppelte Gebühren
- Probleme mit der Liquidität
- Fragliche Risikostreuung und keine Kontrolle für den Investor

8.2.1 Doppelte Gebühren

Man muss einfach in Kauf nehmen, dass außer den Gebühren der Subfonds auch noch zusätzlich die Gebühren des Dachfonds zu zahlen sind: die Managementgebühr liegt meistens zwischen 1% bis 2% per anno und manche der Dachfonds verrechnen auch noch die Performancegebühr, meistens von 10% des Jahresertrages. Wenn also die Subfonds die typischen Gebühren – 2% und 20% – verrechnen und der Dachfonds obenauf noch 1% und 10% berechnet, bedeutet es für den Anleger jährliche Kosten von 3% für das Management und 30% für die Performance. Bei einem durchschnittlichen Bruttoertrag der Subfonds von 20% im Jahr bleiben tatsächlich für den Anleger weniger als 12%[84]. Wenn man also die Gebühren der Subfonds und jene des Dachfonds addiert, wird es offensichtlich, dass man einen gut performenden Dachfonds benötigt, um nach all diesen Gebühren noch einen namhaften Nettoertrag zu erwirtschaften. Dies ist sicherlich ein Nachteil, auch wenn niemand erwartet, dass ein Dachfondsmanager umsonst arbeiten würde. Jeder Anleger sollte daher für sich selbst die Frage beantworten, ob er mit dem, was unter dem Strich nach Abzug aller Gebühren bleibt, zufrieden ist oder nicht. Beachten sollte man dabei nicht nur die absoluten Nettozahlen, sondern auch Faktoren, wie Risikokontrolle, Volatilität, die potentielle Gefahr des totalen Kapitalverlustes, etc. Die „dunkle Seite" der doppelten Gebühren sind diverse Vereinbarungen zwischen dem Dachfonds und den Subfonds (zum Beispiel die Retrozessionen, wenn der Subfonds einen Teil seiner Management Fee dem

[84] Jedem Dachfonds werden natürlich auch eigene Depot- und Verwaltungsgebühren (im Durchschnitt ca. 0,5%), sowie die Kosten des Wirtschaftsprüfers und der Fondsgründung verrechnet, die hier nicht berücksichtigt sind. Üblicherweise haben die Dachfonds auch eigene Verkaufsgebühren.

Dachfonds rückerstattet oder *Kickbacks* vom Broker, wenn er auf Betreiben des Dachfondsmanagers zusätzliches Geschäft von den Subfonds erhält). In manchen Dachfonds werden diese Zahlungen zu Gunsten der Performance verrechnet, in anderen wiederum werden sie nicht einmal erwähnt[85].

8.2.2 Probleme mit der Liquidität

Ein wesentliches Problem stellt die Liquidität[86] der Dachfonds dar. Die meisten Dachfonds erlauben nur monatlichen Ausstieg und diese Restriktion ist mit der Liquidität der Subfonds verbunden. Anders formuliert: erst wenn der Dachfonds selbst seine Geldmittel in den Subfonds flüssig machen kann, kann der Investor sein Geld vom Dachfonds bekommen. Auf den ersten Blick erscheint es für den Anleger günstiger, in Dachfonds mit liberalen – zum Beispiel monatlichen – Liquiditätsbedingungen zu investieren. Allerdings, wenn man einen Dachfonds auswählt, der nur in Hedgefonds mit monatlicher Liquidität investiert und deshalb auch problemlos monatliche Liquidität bieten kann, sortiert man in vorhinein viele Top-Performer aus, die auf Grund ihrer Strategie nur vierteljährliche oder sogar jährliche Liquidität anbieten können[87]. Zugegeben: auch wenn man eine Investition in einen Dachfonds als langfristig betrachten soll, ist alles was die monatliche Liquidität übersteigt nur für fortgeschrittene oder institutionelle Investoren geeignet.

Grundsätzlich kann ein Dachfondsmanager zwischen vier Investmentgruppen wählen: offene Hedgefonds (*Open-end Fund*), geschlossene Hedgefonds (*Closed-end Fund*), strukturierte Produkte, gemanagte Konten (*Managed Accounts*) – alle mit spezifischen Liquiditätsproblemen. Die am besten bekannten offenen Hedgefonds haben ihre – auch bereits bekannten – Verkaufsfristen von 1 Monat bis zu 1 Jahr. Die geschlossenen Hedgefonds, die meistens als Investmentfirmen gegründet wurden und auf einer Börse notieren, können täglich ihre Anteile handeln. Allerdings sind sie

---

[85] In den *Offshore* Jurisdiktionen ist diese Entscheidung dem Management überlassen (im Gegensatz zu Europa).

[86] Unter Liquidität versteht man die Bedingungen, die zu erfüllen sind, um in einen Fonds zu investieren und vor allem um dessen Anteile verkaufen zu können – siehe auch Kapitel über Liquidität.

[87] Die Autorin hat selbst einige Zeit einen Dachfonds mit monatlicher Liquidität verwaltet, der sowohl in Subfonds mit monatlicher als auch mit vierteljährlicher Liquidität investierte. Beim Ausstieg eines großen Investors war es nicht einfach, rechtzeitig die Geldmittel flüssig zu machen und es waren von den Verkäufen immer in erster Linie – gezwungenermaßen - die Subfonds mit monatlicher Liquidität betroffen.

aus diversen Gründen für die meisten Investoren ungeeignet, so dass der Handel mit ihren Anteilen nur sporadisch stattfindet und es sehr schwierig ist, größere Anzahl von Anteilen ohne einen signifikanten Preisverlust rasch zu verkaufen. Strukturierte Produkte hingegen werden für spezifische Anlegerbedürfnisse begeben (meistens wegen der Kapitalgarantie) und haben eine bestimmte Laufzeit. Der vorzeitige Verkauf bringt automatisch relativ große Verluste. *Managed Accounts* bringen die höchste Flexibilität, da sie nicht an solche Konditionen gebunden sind wie die anderen drei Produktgruppen. Die Liquidität eines *Managed Account* hängt nur von der Liquidität der Einzelpositionen ab und solange es Investments mit einem liquiden Kapitalmarkt sind, kann man sie täglich verkaufen. Da ein *Managed Account* auch die tägliche Transparenz gewährt, ermöglicht diese Art von Investment auch ein pro-aktives und nicht nur reaktives Risikomanagement[88].

Die Dachfonds können dem Liquiditätsproblem auf folgende Weise begegnen:

- Am einfachsten ist es, in Hedgefonds mit hoher (z. B. monatlicher) Liquidität zu investieren. Dazu gehören allerdings meistens die direktionalen Strategien, also Hedgefonds mit hoher Volatilität, die auch noch öfter untereinander korrelieren, da sie auf den gleichen Märkten agieren – weitere Nachteile dieses Ansatzes wurden bereits beschrieben. Strategien, die die Ineffizienz der kleineren, weniger liquiden Märkte oder *per se* ein Liquiditätspremium ausnützen wollen (z. B. *Distressed Debt*) sind als Investment eines Dachfonds ungeeignet.
- Der Dachfondsmanager kann immer eine ausreichende Bargeldposition halten und diese zum Beispiel in einen täglich oder wöchentlich fälligen Geldmarktfonds investieren. Der offensichtliche Nachteil ist dabei, dass man mit Cash nur wenig verdienen kann und das die Performance des gesamten Dachfonds belastet.
- Der Manager kann versuchen, die Rückkäufe mit den neuen (potentiellen) Geldzuflüssen auszubalancieren. Im Falle eines Dachfonds mit guter Performance und noch besserem Marketing kann es öfter auch gelingen, ist aber ein ziemliches Glückspiel.
- Listing auf einem sekundären Markt – zum Beispiel im Internet. Diese Möglichkeit ist zwar noch immer unterentwickelt, doch bietet sie etliche Vorteile, wie größere Liquidität für Investoren und Umgehung von unerwünschten Verkäufen der Subfonds-Anteile für die Dachfonds[89].

---

88 Die Problematik der *Managed Accounts* ist im anderen Kapitel beschrieben.

89 Die bekanntesten Sekundärmärkte im Internet sind: HedgeTrust Exchange, PlusFunds.com oder Hedgebay.com.

- Jene Dachfonds, die eine mächtige Finanzinstitution im Hintergrund haben (zum Beispiel eine Bank oder eine Versicherung) können oft zu einer guten – wenn nicht sogar der besten – Lösung greifen: im Falle eines großen Rückkaufes, der den Rahmen der üblichen Liquidität sprengen würde, kann die Finanzinstitution die notwendige Anzahl der Dachfondsanteile auf eigenes Nostro übernehmen, bis ein geregelter Verkauf im Subfonds möglich ist oder bis neue Investoren die Anteile gezeichnet haben.

Das Thema „Liquidität" ist mittlerweile fast zu einer Streitfrage geworden: die Manager können nur dann wirklich effizient die Hedgefonds Strategien entfalten, wenn sie keine unerwarteten oder zu häufigen Geldabflüsse meistern müssen. Am besten ist für sie also die jährliche oder zumindest vierteljährliche Liquidität. Erfahrene Investoren wissen das sehr wohl und betrachten eine Anlage in die Hedgefonds als langfristiges Investment. Gleichzeitig wagen immer mehr neue Investoren zwar ein Hedgefonds Investment, hätten aber am liebsten die tägliche Liquidität, die sie von den traditionellen Investments gewohnt sind. Das bezeugt nur vollkommenes Unverständnis für die Natur der Hedgefonds – alternativen Strategien und tägliche Liquidität schließen sich aus. Hedgefonds, die neue Investoren mit täglicher Liquidität locken wollen, sollte man nicht wirklich als ernsthaft betrachten.

8.2.3 Fragliche Risikostreuung und keine Kontrolle für den Investor

Der Investor hat grundsätzlich keinen Einfluss auf die Zusammenstellung der Subfonds. Sowohl die Entscheidung als auch das Monitoring der Subfonds wird dem Dachfondsmanager überlassen. Hat man es mit einem wirklichen Experten der Hedgefonds Industrie zu tun, ist diese Situation optimal. Leider verstehen manche Dachfondsmanager ihren Job lediglich als das Durchsuchen der Top-Rankings diverser Datenbanken, und zwar so lange, bis man einfach einen Kandidaten findet, der das angebotene Investment akzeptiert. In manchen Dachfonds beschränkt sich die viel gepriesene Diversifizierung tatsächlich nur auf die Streuung des Managerrisiko, was sowieso automatisch erfolgt, wenn die Anzahl der Subfonds groß genug ist[90]. Weniger Beachtung wird da oft der Korrelation unter den Subfonds geschenkt und so kann es vorkommen, dass sich zum Beispiel die Positionen eines Fonds mit den Positionen eines anderen Fonds neutralisie-

[90] Von dieser Kritik sind natürlich alle Spezial-Dachfonds ausgenommen, die sich z.B. auf einen Sektor oder eine Strategie konzentrieren.

ren (kleineres Übel, bringt aber keine Performance), oder dass bestimmte Investments in mehreren Fonds dupliziert sind und die Risikostreuung sehr fraglich erscheint (eindeutig das größere Übel). Von manchen Hedgefonds Experten wird auch argumentiert, dass viele Dachfonds zu hohe Diversifizierung haben: einfache Ansammlung einer großen Zahl der Subfonds kann kaum zu besseren Erträgen oder höherer Risikokontrolle beitragen. Grundsätzlich soll ein guter Dachfondsmanager mit einer Auswahl von 15 – 25 Hedgefonds die optimalen Ergebnisse und Risikoparameter erreichen können[91].

Der Investmentprozess für Dachfonds besteht aus drei wesentlichen Elementen:

- Strategieauswahl und Anlage des Fondsvermögens (*Asset Allocation*) – *Top-down* Analyse
- Bewertung und Auswahl der Manager (*Due Diligence*) – *Bottom-up* Analyse
- Monitoring und Controlling

Tatsächlich aber unterscheidet sich die Portfolio Allokation der meisten Dachfonds dadurch, dass sie entweder die *Top-down* Analyse oder die *Bottom-up* Analyse als die wichtigere Prozedur erachten. Die Dachfondsmanager, die größeren Wert auf die Strategie legen, bestimmen zuerst auf Grund einer Makroanalyse die optimale Zuteilung des Fondsvermögens pro Strategie und versuchen als Zweites solche Manager zu finden, die ihrer Allokation entsprechen. Umgekehrt, wenn der Dachfondsmanager das „*Fund-picking*" als vordergründig erachtet, sucht er die besten Manager unabhängig davon, welche Strategie sie verfolgen. Viele Dachfonds werben auch viel öfter damit, dass sie die besten oder die richtigen Manager auswählen, als mit ihrer Portfoliokonstruktion. Für die konstante und kontinuierliche Performance eines Dachfonds über mehrere Jahre ist allerdings die strukturierte Anlage des Fondsvermögens wesentlicher.

Monitoring und Controlling wird leider oft vernachlässigt, obwohl es ein unbedingter Teil des effektiven Post-Investment Risikomanagements ist. Es ist die kontinuierliche Aufgabe des Dachfondsmanagers folgendes zu überwachen:

---

[91] John Okunev und Derek White von Principal Global Investors sind in ihrer Studie "An Analysis of the Risk Factors Underlying Hedge Fund Returns" (in: Intelligent Hedge Fund Investing, Edit. Barry Schachter, London 2004) zu überraschenden und gar nicht erfreulichen Ergebnissen gekommen: die Dachfonds Indizes (HFR, CSFB Tremont) haben starke positive Exposition zu den Aktien (speziell *Small Caps*) und zu den *High Yield* Anleihen.

- Wie verändert sich der Risikograd des gesamten Portfolios? Steigt die Verlustgefahr auf Grund der Marktlage?
- Ob die einzelnen Subfonds innerhalb ihrer bestimmten Risikoparameter operieren, oder ob sie diese verändern (zum Beispiel auf Grund einer Strategieabweichung, zu hohem Leverage, etc.)

Aktives Risikomanagement soll keinesfalls Zweifel an der Kernstrategie des Subfondsmanagers bedeuten, sondern ist vielmehr die Kontrolle, ob die vereinbarten Grundregeln eingehalten werden. Eines der größten Probleme der Hedgefonds Industrie ist ungenügende Information – diese Tatsache schafft einen ineffizienten Markt und ein solcher Markt verlangt immer nach einem aktiven Risikomanagement.

Manche Dachfonds investieren einen Teil ihres Kapitals in neue Fonds von kaum erfahrenen und noch unbekannten Managern (Inkubatorfonds), um den Aktionären zu demonstrieren, dass sie ständig auf der Suche nach neuen Talenten sind. In ihrer Rolle als sozusagen Vermittler zwischen den Investoren und den Fonds unterstützen die Dachfonds die Marketingbemühungen der neu gegründeten Hedgefonds und erleichtern deren Entwicklung.

In den frühen Achtziger Jahren erfuhr man über neue, begabte Manager meistens durch die Mundpropaganda anderer Manager oder Broker[92]. Dank zahlreicher Publikationen, internationaler Konferenzen, Rankinglisten, Datenbanken und unzähligen Websites im Internet ist es heutzutage kaum wahrscheinlich, dass ein guter Performer längere Zeit unentdeckt bleibt. Diese Entwicklung ermöglicht den Dachfondsmanagern einerseits schnellen und billigen Zugang zu enormen Informationsmengen, was wiederum zu einer effizienteren Allokation des Kapitals beiträgt, doch anderseits lässt die hohe Geschwindigkeit, mit der die Informationen verbreitet werden, auch ein potentiell gefährliches Verhaltensmuster der Investoren entstehen: sogar jene Manager, die kaum einen unabhängigen *Track Record* vorweisen können, ziehen große Geldsummen oft schneller an, als sie ein effizient funktionierendes *Back Office* zur Umsetzung der Performance aufbauen können. Sie alle wollen bei der ersten Zeichnungsfrist dabei sein und auf jeden Fall vor der eventuellen Schließung des Fonds für neue Kunden bereits investiert sein.

Dachfonds sind ein durchaus interessantes Investmentvehikel für all jene private und institutionelle Investoren, die einen – in jeder Hinsicht – einfachen Zugang zur Hedgefonds Industrie suchen, aber aus unterschiedlichen Gründen nicht direkt in einzelne Hedgefonds investieren können.

---

92 Vgl. in Fano-Leszczynski, "Hedgefonds...".

Grundsätzlich bieten sie die beste Lösung für alle Anleger, die sich entweder bei den Hedgefonds nicht auskennen, sich vor ihnen doch irgendwie fürchten oder nicht genug vermögend sind. Gegenüber einem Hedgefonds Portfolio bietet ein Dachfonds einerseits viele positive Aspekte, andererseits werden auch manche negative Aspekte neutralisiert. Die Dachfonds im Bereich der Hedgefonds Industrie sind noch heterogener als ihre Subfonds. Ihre Performance kann sich nicht nur auf Grund der Fähigkeiten ihrer Manager stark unterscheiden, sondern auch, weil sie unterschiedliche strategische Investmentrichtlinien haben. Um diese Vielfalt an Stilen, Methoden und Investmentansätzen vergleichen zu können, müsste man die Dachfonds zumindest in grobe Strategiegruppen segmentieren.

Die allzu starke Vermehrung der Dachfonds bringt allerdings eine Reihe von potentiellen Gefahren mit sich. Es entsteht eindeutig der Eindruck eines viel größeren Angebotes der Hedgefonds Industrie, als es tatsächlich der Fall ist. Die Hedgefonds Strategien wurden keinesfalls für Masseninvestments entwickelt – ein massiver Einstieg der institutionellen Investoren (meistens via Dachfonds) könnte die Landschaft der Hedgefonds Industrie dramatisch verändern, weil sie den Hedgefonds zu starkem Wachstum verhelfen würden. Dieses Wachstum könnte auf Kosten der Qualität geschehen: da gute Hedgefonds (noch dazu mit einem entsprechend langen *Track Record*, etc., etc.) nicht von heute auf morgen gegründet werden, könnten die Dachfondsmanager bald mit immer größerem Schwierigkeiten bei der Suche nach einem guten und vor allem konsistent performenden Hedgefonds konfrontiert werden. Eine weitere Gefahr liegt in der mangelnden Erfahrung oder schlicht Inkompetenz mancher Dachfondsmanager – der Zugang zu den diversen Hedgefonds Datenbanken im Internet allein macht noch aus keinem Anfänger einen Manager. Dies resultiert in schlechter oder unzureichender Ausführung von *Due Diligence*, in schlechten Dachfonds- Portfolios und in einer Überkonzentration auf eine relativ geringe Anzahl der bekanntesten Hedgefonds (soweit noch offen...). Unter Umständen könnten sich mit der Zeit systemische Risiken entwickeln, die der gesamten Industrie einen Schaden bringen würden. Als Konsequenz könnte man sich in absehbarer Zeit eine Welle der Konsolidierung unter den Dachfonds vorstellen. Es würde – paradoxer Weise – zur Entstehung von *Survivorship Bias*[93] auch unter den Dachfonds und möglicherweise zur Konzentration auf vergleichbar wenige Mega-Dachfonds führen, die wiederum bald für neue Investoren geschlossen werden müssten.

93 *Survivorship Bias* ist gut bekannt in der Hedgefonds Industrie: es ist eine Schwachstelle in den Datenbanken, dass die nicht erfolgreichen Hedgefonds eliminiert werden, was zur Verzerrungen in diversen Auswertungen führt.

9. Strukturierte Produkte

Alternative Investments und speziell die Hedgefonds ziehen vermehrt das Interesse immer neuer Anlegergruppen auf sich. Das Debakel von Long-Term Capital Management hat hier doppelte Arbeit geleistet: sowohl das Interesse an den Hedgefonds als auch die Zurückhaltung vor einem direkten Investment sind beim breitem Publikum gewachsen. Potentielle Investoren füllen sich von den Diversifizierungsvorteilen und Performanceparametern angesprochen, zögern aber vor einer Investmententscheidung. Die Hedgefonds Industrie ist noch immer von einer Sensationslust der Presse umgeben, und von durchschnittlichen Anlegern werden die Hedgefonds weiterhin als extrem riskant, verlustanfällig und irgendwie etwas unheimlich wahrgenommen. Die hohen Mindestinvestments sind für Privatanleger ein weiteres, oft unüberwindbares Hindernis. Vielen institutionellen Investoren hingegen ist es oft gesetzlich nicht erlaubt, in nicht gelistete oder nicht „ordentlich" registrierte Investmentvehikel zu investieren, außer sie erhalten eine Absicherung des Kapitals.

Um diesen Investoren doch den Zugang zur Hedgefonds Industrie zu ermöglichen, wurden diverse Formen von strukturierten Produkten konzipiert, die mit den Hedgefonds als Basiswert verknüpft sind. Die größte Popularität haben dabei die kapitalgarantierten Produkte erreicht. Sie bieten den Investoren folgende Vorteile:

- einen risikoarmen Einstieg in die Hedgefonds Investments
- eine rationale Lösung für ein gesetzkonformes Hedgefonds Investment mit Anlegerschutz – besonders wichtig für viele institutionelle Investoren
- bessere steuerliche Behandlung als beim direkten Investment, wenn sie zum Beispiel als verzinsliches Finanzinstrument betrachtet werden (zumindest in vielen Ländern)

Die Hedgefonds profitieren durch strukturierte Produkte mittels indirekter Distribution auch in diesen Ländern, wo direkte Distribution aufgrund der Gesetzeslage nicht erlaubt wäre.

In der typischen, eher einfachen Form haben sie meistens mittelfristige Laufzeiten von 3 bis 10 Jahren, die Rückzahlung am Ende der Laufzeit hängt von der Performance eines Hedgefonds ab. Die wichtigsten Merkmale dieser Produkte sind:

- Kapitalgarantie – sie liegt meistens bei 100%, aber für die risikofreudigeren Anleger kann sie auch deutlich darunter sein. Das Kapital wird unabhängig vom Basiswert des Produktes (Hedgefonds) abgesichert.
- Beteiligung an positiver Performance – meistens ist es ein prozentueller Anteil vom Ertrag des zugrundeliegenden Hedgefonds.
- Ertragsgarantie – in manchen Produkten wird auch ein minimaler Ertrag zusätzlich zum Kapital garantiert und kann als eine Art Dividende während der Laufzeit ausbezahlt werden[94].

Die Beteiligung an der Performance des Hedgefonds kann unterschiedlich sein. Sie hängt von dem Ausmaß der Kapitalgarantie und der Art, wie die Garantie abgesichert ist, ab und liegt meistens zwischen 30% und 80%. Für ein einfaches Produkt mit 100% Kapitalgarantie und einem Hedgefonds als Basiswert ist die Berechnungsformel für die Rückzahlung am Ende der Laufzeit recht einfach:

100% + (Beteiligungsrate x Hedgefonds Performance)

Die Kapitalgarantie kann nur auf Kosten der Beteiligung an der Hedgefonds Performance gewährleistet werden – je niedriger die Kapitalgarantie (unter 100%), desto größer das Investment im Hedgefonds.

Ein Anleger, der die Hedgefonds als extrem riskant und verlustanfällig ansieht, müsste sich eigentlich wundern, warum sich eine Bank auf dieses unberechenbare Investmentvehikel eine Kapitalgarantie abzugeben traut. In Wirklichkeit geht die begebende Bank kaum Risiko ein. Der Kunde will eine Absicherung seines Kapitals und bekommt sie auch, allerdings zur Lasten des Ertrages, den er sonst vom Hedgefonds Investment hätte. Grundsätzlich verkauft der Emittent dem Kunden eine Kapitalgarantie, die eine Art *Short Put* Option ist, mit einem Hedgefonds als Basiswert. Diese Position wird vom Emittenten sofort am Markt abgesichert – die einfachste Form sind die Nullkuponanleihen (Zerobonds). Der Emittent versucht nicht mit der Performance des zugrundeliegenden Hedgefonds zu spekulieren, sondern stellt dem Investor eine Dienstleistung zur Verfügung, für die er diverse Gebühren bekommt. Dies können zum Beispiel folgende Gebühren sein:

---

[94] Gedacht vor allem für die Anleger, die nur in ausschüttende Produkte investieren .

- vom Investor: Ausgabeaufschlag und Garantiegebühr oder Managementgebühr[95] des kapitalgarantierten Produktes
- vom Hedgefonds: Bestandsprovisionen oder, wenn der Hedgefonds dem Emittenten gehört, die gesamte Management- und Performancegebühr

Die Interessen des Emittenten und des Investors sind bei einem kapitalgarantierten Produkt in manchen Aspekten ziemlich unterschiedlich. Der Emittent will eine möglichst risikoarme Absicherung der Garantie und möglichst wenig Risiko beim Hedgefonds – daher werden öfter Dachfonds als Single Hedgefonds herangezogen, da sie bereits durch Streuung das Risiko diversifizieren und niedrigere Volatilität haben. Höhere Volatilität bedeutet aber mehr Chancen, den Markt zu schlagen und ist praktisch die einzige Möglichkeit, höhere Performance für das strukturierte Produkt zu erlangen, weil das Kapital bereits mit den Zerobonds abgesichert ist. Wenn die Kapitalgarantie mit einem Link zu einem konservativen Hedgefonds mit niedriger Volatilität ausgestattet ist, zahlt der Investor hohe Gebühren eigentlich nur, um seine latente Angst vor dem Hedgefonds abzusichern. Ruhiger Schlaf sollte ihm das wert sein.

Die Art, wie der Emittent die Kapitalgarantie absichert, hängt von seiner eigenen Risikobereitschaft und Kenntnissen im Financial Engineering ab. Generell kann man drei Ansätze unterscheiden:

- *Der 1. Ansatz – die einfachste risikoarme Form:*
  das Kapital wird zwischen einem Investment in Zerobonds und einem Hedgefonds aufgeteilt. Die Nullkuponanleihe soll hohe Bonität und die gleiche Laufzeit wie das Garantieprodukt haben, da sie die Kapitalabsicherung gewährleistet. Das Hedgefonds Investment lässt das Garantieprodukt von seiner Performance profitieren.

Angenommen, dass ein **Zerobond** mit 1000 € Nominalwert und 3 Jahren Laufzeit einen Wert von 880 € hat[96]; der Emittent des 3-jähringen, kapitalgarantierten Produktes investiert 88% der Geldmittel der Investoren in die Anleihe und die restlichen 12% in einen Hedgefonds (von € 1.000.000 geht € 880.000 in die Anleihe und € 120.000 in den Fonds). Am Ende der Laufzeit bekommt das strukturierte Produkt 100% des Wertes von der Anleihe plus den Wert des Hedgefonds Investments: bei einem Gewinn von insgesamt 50% (kumulativ bei 14,5% Jahresdurchschnitt) wären es in diesem Beispiel € 180.000, bei Null Performance wären es €120.000, bei einem Verlust von 50% wären es € 60.000. Die Auszahlung hätte sich also zwi-

[95] Eine Managementgebühr wird nicht immer verrechnet.
[96] Ungefährer, runder Wert bei niedrigen Zinsen, der nur als Beispiel dient.

schen 106% und 118% mit einer Performance zwischen 6% und 18% bewegt – vor den Gebühren (allein der übliche Ausgabeaufschlag von 3% hätte die Performance deutlich verringert). Der Investor hätte bestenfalls ca. ein Drittel der Performance des Hedgefonds (vor Gebühren) lukrieren können, hätte aber sein Kapital nicht aufs Spiel gesetzt.

- *Der 2. Ansatz – basierend auf Optionsstrategie:*
zur Absicherung der Kapitalgarantie werden gleichfalls Zerobonds gekauft, das Investment in einen Hedgefonds wird durch *Call* Option auf den Fonds ersetzt. Durch die *Call* Option auf den Hedgefonds wird das Investment mit einem Leverage ausgestattet, da man nur die Prämie zahlen muss und somit ein größerer Anteil dadurch in den Fonds investiert wird. Der Gewinn des kapitalgarantierten Produktes wird bei positiver Performance des Hedgefonds höher ausfallen als im ersten Ansatz. Bei einem Verlust hingegen verfällt die Option und der Investor bekommt nur sein Kapital. Das größte Problem ist die Beschaffung der Option auf einen Hedgefonds, da solche nicht auf organisierten Märkten gehandelt werden.

- *Der 3. Ansatz – basierend auf dynamischem Handel:*
das Kapital wird zwischen die Nullkuponanleihen und einen Hedgefonds aufgeteilt, allerdings nicht in einem fixen Verhältnis, wie im ersten Ansatz. Das Kapital wird dynamisch zwischen den zwei Investments nach einer festgelegten Allokationsregel verschoben. Der dynamische Handel wird meistens nach zwei Methoden implementiert:
  1. die sogenannte konstant proportionale Portfolioversicherung (*Constant Proportion Portfolio Insurance* – CPPI) teilt das Kapital dynamisch zwischen Zerobonds und Hedgefonds. Wenn der Wert des Hedgefonds steigt, werden dort mehr Mittel investiert, wenn hingegen der Hedgefonds schlecht performt werden mehr Mittel in die Zerobonds investiert, um die Kapitalgarantie abzusichern. Das Portfolio wird regelmäßig – meistens monatlich re-balanciert[97].
  2. die Methode der Eventualimmunisierung (*Contingent Immunization*) vergleicht ständig den Wert des Portfolios mit dem Betrag, der in Zerobonds investiert werden müsste, um die Deckung der Kapitalgarantie zu gewährleisten. Solange der Wert des Portfolios höher ist, bleibt das ganze Kapital im Hedgefonds investiert. Sinkt das Portfolio hingegen unter den errechneten Wert, wird das gesamte Kapital zu den

[97] Für Hedgefonds mit niedriger Liquidität – z.B. jährlich – nicht geeignet, da das Portfolio nicht oft genug re-balanciert wäre.

Zerobonds verschoben – bei volatilen Hedgefonds kann das sehr bald geschehen und bei einem darauffolgenden Aufschwung ist ein rechtzeitiges Re-Investment eher selten möglich.

Lock-in Feature

In manchen strukturierten Produkten mit Kapitalgarantie ist ein *Lock-in* Feature eingebaut, das die bereits vor der Fälligkeit erzielten Profite in festverzinsliche Instrumente einschließen und somit absichern soll – besonders wichtig, wenn das Produkt mit einem volatilen Hedgefonds oder einem Futuresfonds verbunden ist.

Den ersten Ansatz kann praktisch jeder erfahrene Investor für sich selbst implementieren, ohne einem Emittenten die Gebühren zu bezahlen. Grundsätzlich genügt es dazu ein Portfolio aus Nullkuponanleihen und Hedgefonds Anteilen zusammenzustellen, wenn man über ausreichend großes Kapital verfügt, um die Mindestinvestmentgrenzen der Hedgefonds zu meistern. Kleinere Anleger brauchen die Hilfe eines Emittenten.

Der zweite und der dritte Ansatz sind für einen Investor wesentlich schwieriger und zeitaufwändiger direkt zu implementieren, bringen aber viel effizientere Ausnützung des *Upside*-Potentials eines Hedgefonds; die angemessenen Gebühren des Emittenten sind bei diesen Strategien voll berechtigt.

Eines der bekanntesten strukturierten Produkte ist **Xavex HedgeSelect**– begeben von der Deutsche Bank AG als Zertifikat auf einen Hedgefonds Index im September 2000 mit einer Laufzeit von 8 Jahren. In der Struktur ohne Kapitalgarantie sollten die Investoren dieses Produktes voll an sowohl positiver als auch negativer Performance des HedgeSelect Index partizipieren. Das Zertifikat hatte ein niedriges Mindestinvestment (€ 10.000), sicherte die Wechselkurse $/€ ab, war an der Börse in Frankfurt gelistet und hatte eine günstige Besteuerung in Deutschland. Der zugrundeliegende Hedgefonds Index war zwar zwischen 15-50 Fonds diversifiziert, hatte aber leider etliche schlechte Performer, die die Gesamtperformance belasteten. In Verbindung mit hohen Gebühren führte es zu schlechten Erträgen des Produktes, unter den Erwartungen der Anleger – obwohl die Subfonds des Index keine Kauf- und Verkaufgebühren verrechneten, waren der Ausgabeaufschlag von 2% und eine monatliche Gebühr von 0,27% eindeutig zu hoch. Es wurde zwar keine Performancegebühr eingehoben, allerdings wurde auch die versprochene Jahresperformance von 12%-15% bei weitem verfehlt.

Die potentiellen Investoren sollen auf jeden Fall ihr Augenmerk auf die Gebühren eines strukturierten Produktes richten und überlegen, ob ein kleineres, aber direktes Investment in Hedgefonds tatsächlich wesentlich riskanter wäre. Anleger, die kapitalgarantierte Produkte suchen, sind meistens konservativ und haben bereits im Portfolio namhafte Anleihenbestände – der große Anteil der Zerobonds in strukturierten Produkten kann diese Bestände übermäßig vergrößern. Wohlgemerkt, die Zerobonds sind auch nicht gänzlich ohne Risiko, da sie auf die Zinserhöhungen exponiert sind und mit den kurz- und mittelfristigen Anleihenmärkten korrelieren[98]. Der hohe Anteil der Zerobonds soll regelmäßig bei etwaigen Zinsveränderungen adjustiert werden. Ein weiterer Nachteil der kapitalgarantierten Produkte ist ihre niedrige Liquidität. Obwohl man sie meistens auch während der Laufzeit verkaufen kann[99], wird die Kapitalgarantie nur beim Halten bis zur Fälligkeit gewährleistet.

Die kapitalgarantierten Produkte wurden in den achtziger Jahren entwickelt. Damals waren die Zinsen vergleichbar sehr hoch und man benötigte bei kurzfristigen Laufzeiten einen relativ kleineren Teil der Geldmittel für die Garantieabsicherung. Bei niedrigem Zinsniveau muss man entweder mehr Kapital in die Absicherung investieren, was wiederum die Performance des strukturierten Produktes beeinträchtigt oder die Laufzeit muss erheblich verlängert werden[100], was auch seit einiger Zeit als Trend erkennbar ist und bei den Anlegern auf höhere Akzeptanz trifft.

---

98 Dieses Risiko der Zinsveräderung für Zerobonds wird bei differenzierteren Produkten abgesichert.

99 Dies hängt aber auch von der Häufigkeit der Bewertung des Hedgefonds ab.

100 Lange Laufzeit mach das Produkt wiederum auf potentielle Zinsveränderungen anfälliger.

TEIL III
DER WIDERSPENSTIGEN ZÄHMUNG

1. Bewertung der Hedgefonds

"Evaluation process is more art then science"
Brian A. Wolf, CFA

Viele Hedgefonds bieten ihren Investoren attraktive Erträge mit gleichzeitig sehr wünschenswerten Risikoparametern. In den Augen eines durchschnittlichen Anlegers gehören jedoch die Hedgefonds noch immer zu den riskantesten Investitionen in der gesamten Finanzindustrie. Die Medien, die jeder negativen Nachricht aus diesem Bereich sensationslustig regelrecht nachjagen, tragen wesentlich zu dieser verbreiteten Meinung bei. In Wirklichkeit konzentriert sich das ganze Problem mit den Hedgefonds auf zwei wichtige Punkte: die Auswahl der richtigen Strategie und die Auswahl des besten Managers. Einen guten Manager zu identifizieren – frei nach David Halberstams „the best and the brightest" – gehört zu den wichtigsten und gleichzeitig schwierigsten Aufgaben, mit denen ein potentieller Investor oder ein Investmentberater konfrontiert werden kann. Lange Jahre war die Fondsselektion überhaupt keine Frage. Die Informationen über die noch relativ wenigen Hedgefonds wurden durch Mundpropaganda in einer kompetenten Gruppe von großen institutionellen und sehr vermögenden privaten Investoren ausgetauscht. Der wirtschaftliche Boom der Neunziger Jahre begünstigte auch das starke Wachstum der Zahl der Hedgefonds und so steht man heute vor einer Entscheidung für einen Fonds aus mehreren Tausend im Angebot. Jeder Investor soll aber vor allem nicht vergessen, dass er nicht in eine Anlageklasse, sondern in eine Strategie investiert, was bedeutet, dass sein Investment von den Fähigkeiten des Managers und von der Beständigkeit der Strategie selbst abhängt. Die Recherche für die Fondsauswahl stellt auch für einen fortgeschrittenen Investor eine große Herausforderung dar. Die Heterogenität der Industrie erschwert wesentlich die Entscheidung, da sogar in einer ausgeglichenen Gruppe die Differenzen im Risiko und im Ertrag erheblich sein können. Ähnlich wie bei den traditionellen Investments, bedient man sich bei der Fondsauswertung der qualitativen (*Bottom-up*) und quantitativen (*Top-down*) Analyse, obwohl sie bei den alternativen Investments meistens komplexer und schwieriger ist als bei den Traditionellen. Eine besondere Herausforderung stellt die Performance der „*Pure Skill*“ Hedgefonds Strategien dar, weil man nicht immer die Fähigkeiten des Managers von purem Glück unterscheiden kann. Ein Hedgefonds Investment soll immer von einer Pre-Investment Analyse und von einem Post-Investment Risikomanagement begleitet werden.

1.1 Qualitative Analyse

Eine eingehende qualitative Analyse gehört zu den vordringlichsten Voraussetzungen bei der Auswertung eines Hedgefonds. Dieser Prozess wird auf Englisch *Due Diligence* genannt, was man als gebührende oder vorschriftsmäßige Sorgfalt übersetzen kann. Erst wenn die Ergebnisse der qualitativen Analyse zufriedenstellend sind, kann man zu der quantitativen Analyse übergehen – es nützt nämlich wenig, wenn ein Manager mit kaum Geld und im Alleingang einige Monate lang gute Performance liefert aber kein *Back Office* hat und organisatorisch völlig überfordert ist.

Die qualitative Analyse soll vor allem helfen festzustellen, wie groß die Wahrscheinlichkeit ist, dass die gute Performance eines Managers oder eines Hedgefonds aus der Vergangenheit auch in Zukunft zu wiederholen ist. Das primäre Ziel der qualitativen Analyse ist zu erfahren, mit welcher generellen Strategie ein Hedgefonds arbeitet, wie seine Investmentphilosophie ist, aus welchen Ertragsquellen die Performance lukriert wird und wie konstant die Ergebnisse auch in Zukunft sein können. Die Informationen aus der qualitativen Analyse – über den Manager selbst, die Organisation, die Industrie und die Marktbedingungen – sollte man sozusagen über die Performancedaten und Risikokennzahlen legen und sich so ein Bild über die mögliche, künftige Entwicklung des Managers, dessen Investmentstiles und Investmentstrategie und auch der Investmentfirma zu machen. Fixe Punkte sind dabei alle schriftlichen Unterlagen eines Hedgefonds, wie Emissionsprospekt, Zeichnungsvertrag, Satzung und die geprüften Jahresberichte sowie die Überprüfung der Referenzen des Managers[1]. Die schriftlichen Unterlagen geben den Aufschluss über die organisatorische und rechtliche Struktur eines Fonds sowie über die Grundlagen seiner Strategie, das Investmentziel, die Investmentmethode sowie über die Kosten und Gebühren[2]. *Due Diligence* gibt weiter den Aufschluss über die professionelle Vergangenheit und die Referenzen des Managers, über die verwendete Technologie und die Organisation des *Back Office*, über das

1 Siehe auch Kapitel über die Strukturen der Hedgefonds.
2 Siehe Kapitel über die Strukturen der Hedgefonds.

interne Risikomanagement des Hedgefonds und Ähnliches. Die Untersuchung ist in Form eines Fragebogens zusammengefasst[3]. Hedgefonds mit ausgebautem *Back Office*, die aktiv neue Investoren suchen, beschäftigen oft Mitarbeiter speziell für die effiziente Bearbeitung der diversen *Due Diligence* Unterlagen. Die systemische Bewertung der Fragen ermöglicht Vergleiche zwischen den diversen Fondsgesellschaften. Man soll dabei nicht vergessen, dass ein Hedgefonds von seiner Natur aus zwei wichtige Risikofaktoren enthält. Erstens gibt die Hedgefonds Struktur dem Manager sehr viel Freiheit in der Entscheidung, nach welcher Methode und in welche Finanzinstrumente er das Geld investiert. Zweitens gibt die Performancegebühr dem Manager einen finanziellen Anreiz, noch mehr Risiko zu wagen. Unter anderem aus diesen zwei Gründen wird es vom Manager erwartet und verlangt – und mittlerweile ist es ein Standard in der Hedgefonds Industrie – dass er einen wesentlichen Teil seines eigenen Vermögens in seinen Hedgefonds investiert. Dies soll eine Art Garantie sein, dass der Manager kein unnötiges oder übermäßiges Risiko eingehen wird und hilft eine Allianz zwischen den Interessen des Investors und des Managers zu bilden. Es ist ein großes Plus der Hedgefonds und einer der Gründe, warum sie für viele aufgeklärte Anleger so attraktiv sind. Dazu sollte man anmerken, dass viele Investmentbanken ihre Händler mit den Kundengeldern genauso wie Hedgefonds Manager agieren lassen, aber ein Verlust des Händlers auf sein Privatvermögen keine Auswirkung hat – höchstens auf seinen Jahresbonus. Eine wichtige Rolle spielen auch die Firmen und Institutionen, mit denen der Hedgefonds zusammenarbeitet, wie der Broker, der Rechtsberater, der Wirtschaftsprüfer oder die Bank – klarerweise, je bekannter und angesehener die Namen, desto besser[4]. Ein Investment in einen Hedgefonds bedeutet nicht, dass der Prozess der *Due Diligence* abgeschlossen ist. Es ist vielmehr eine kontinuierliche Aufgabe, die ins Monotoring übergeht und viel Aufwand und Energie verlangt.

Die *Due Diligence* untersucht folgende Bereiche:

- Investmentstrategie
- Struktur des Hedgefonds
- Managementteam
- Investmentprozess
- Infrastruktur

---

[3] Es gibt zahlreiche Versionen solcher Fragebögen, unter anderem auch von AIMA.

[4] Siehe Kapitel über die Strukturen der Hedgefonds.

1.1.1 Investmentstrategie

Der potentielle Investor soll nicht nur die Performanceergebnisse kennen, sondern auch verstehen, wie der Manager die Performance erzielt hat: mit welcher Strategie, mit welchen Finanzinstrumenten, auf welchen Finanzmärkten, mit welcher Investmentmethode und unter welchen Marktkonditionen. Das „*Number Crunching*" der quantitativen Auswertung ist im Falle der alternativen Investments bei weitem nicht so aufschlussreich, wie bei den Traditionellen. Keine Benchmark ist adäquat genug, um die tatsächlichen Fähigkeiten des Managers zu beurteilen – auch an sich anspruchslose Strategien (z.B. traditionelle Aktienstrategie Long im boomenden Aktienmarkt) können großartige Erträge liefern oder es kommt auch vor, dass der Manager einfach Glück hatte und nicht imstande wäre, seine Ergebnisse unter erschwerten Marktkonditionen auch nur annähernd zu wiederholen. Das Verständnis der Investmentstrategie hilft dem Investor zu beurteilen, ob die Performance konsistent mit der Strategie ist. Es ist schon bedenklich genug, wenn der Manager unter den Erwartungen performt, doch die Alarmglocken sollten richtig läuten, wenn die Performance für die Möglichkeiten einer bestimmten Strategie eindeutig zu hoch ist – das weist immer auf hohes Risikopotential hin und sollte eingehend hinterfragt werden. Hilfreich sind dabei die geprüften Jahresbilanzen, Informationen über Leverage (notwendig oder rein spekulativ und in welcher Höhe), Konzentration der Einzelpositionen und die Liquidität der verwendeten Finanzinstrumente. Wichtig ist auch zu erfahren, wie die Erfolgsaussichten der Strategie sind, speziell die mögliche Abhängigkeit von z. B. Marktzyklen, Kapazitätsgrenzen etc. Wesentliche Aussagekraft hat oft die Cashposition des Fonds und die prozentuellen Veränderungen ihrer Größe im Verlauf der diversen Marktperioden.

1.1.2 Struktur des Hedgefonds

Der organisatorische Aufbau und das rechtliche Umfeld des Hedgefonds sind von großer Bedeutung, besonders für die institutionellen Investoren, aber auch für die Privaten. Bereits das Land der Registrierung (das Domizil) des Hedgefonds gibt dem Investor Auskunft über die Rechte der Aktionäre (entsprechend der lokalen Jurisdiktion), den Umfang der Fondsaufsicht, die steuerlichen Rahmenbedingungen, etc. Der Emissionsprospekt des Hedgefonds enthält eine Reihe wichtiger Informationen:

- Rechtliche Form der Investmentgesellschaft
- Subskriptions- und Verkaufsbedingungen
- Gebühren und Kosten, die von den Investoren zu tragen sind

- *Lock-up* Perioden und mögliche andere Restriktionen
- Direktoren des Fonds und ihre professionelle Erfahrung (Aufsichtsrat)
- *Key-man* Bedingungen
- Investmentberater oder Managementgesellschaft
- Servicefirmen, mit denen der Fonds arbeitet (Verwalter, Wirtschaftsprüfer, Depotbank, Prime Broker, Rechtsberater, etc.)

Der Wirtschaftsprüfer und der Verwalter können weiter die Auskunft darüber erteilen, ob zum Beispiel Probleme bei der Bewertung der Performance, Berechnung des Nettoinventarwertes (*Net Asset Value*) oder bei Überweisungen aufgetreten sind, wie groß das Gesamtvolumen des Fonds und die Anzahl der Investoren ist, sowie über etwaige Möglichkeiten, in die selbe Strategie auf unterschiedliche Weise zu investieren (zum Beispiel *Offshore* und *Onshore* Variante, diverse Anteilstypen, *Managed Accounts*, etc.). In manchen Fällen ist es auch ratsam, die Satzung der Fondsgesellschaft (*Memorandum and Articles of Association*) und diverse Verträge durchzusehen.

1.1.3 Managementteam

Der Manager oder das Managementteam sind – wie immer wieder betont – für einen Hedgefonds aus spezifischen Gründen noch wichtiger als für einen traditionellen Investmentfonds. Ein Hedgefonds Manager darf sich nicht auf die positiven Marktbewegungen verlassen, sondern muss imstande sein, auch bei widrigen wirtschaftlichen Zyklen und Konditionen die erwartete Performance zu erreichen.

Die prinzipiellen Fragen lauten:

- Wer sind die handelnden Personen des Fonds, wie ist ihre berufliche Erfahrung, Karriereverlauf, Reputation und persönliche Integrität (oft auch der Lebensstil)
- wurden die berichteten Performanceergebnisse vom derzeitigen Manager erzielt oder etwa von seinem Vorgänger
- hat der Manager mit der Strategie schon vor der Fondsgründung gearbeitet
- wurde die Strategie im Verlauf der Zeitperiode, die als *Track Record* dient, geändert und wenn ja, aus welchem Grund
- hat der Manager sein eigenes Geld in die Strategie investiert
- Wurden jemals rechtliche Schritte gegen sie unternommen
- Sind die Manager bei namhaften Aufsichtsbehörden offiziell registriert

- Eventuelle Interessenkonflikte – z.B. Arbeit für mehr als einen Fonds oder finanzielle Anreize von bestimmten Serviceanbietern
- Ist der Hedgefonds eine „*one-man-show*"
- Wie abhängig ist der Fonds von einzelnen Personen
- Auf welcher Basis wird der Manager oder das Team entlohnt (die Frage der ausreichenden Motivation oder der potentiellen Versuchung – Performance Fee)

Interessant ist es auch immer, den Manager nach seinen Mitbewerbern zu fragen und wo sein Vorteil („*edge*") gegenüber der Konkurrenz liegt. Schließlich kennt niemand die Konkurrenz und die potentiellen Korrelationen in der Hedgefonds Industrie besser als die Insider.

1.1.4 Investmentprozess

Es geht hier vor allem um die Frage, wie die Investmententscheidungen getroffen werden – ist es die alleinige Entscheidung des Managers oder eines Investmentkomitees; wer ist autorisiert, die Transaktionen durchzuführen und wie wird dem potentiellen Missbrauch vorgebeugt; gibt es ein unabhängiges Risikomanagement, internes Controlling und doppelte Preis- und Kontoabstimmung sowohl intern als auch in Bezug auf den Verwalter und den Broker. In Fällen, wo die Investmententscheidungen auf Basis eines Computermodels getroffen werden, ist es wichtig mit dem Programmierer dieses Systems zu sprechen[5].

1.1.5 Infrastruktur

Die Untersuchung der Infrastruktur bezieht sich vor allem auf die angewendete Technologie: die Hardware und die Software sind von grundlegender Bedeutung für Hedgefonds Strategien, die sehr oft auf eigenem Computermodell basieren. Darüber hinaus ist es wichtig zu erfahren, ob es eine Absicherung gibt, die die Wiederherstellung der Daten nach einem Systemausfall gewährleistet. Das *Back Office* des Hedgefonds soll man auf keinen Fall unterschätzen, da viele kleinere Gesellschaften so manche Investmentchance aufgrund unzureichender Abwicklungskapazitäten nicht nützen konnten.

---

[5] Das betrifft viel mehr die Futureshändler als die Hedgefonds.

Die „**eight Ps**“ der qualitativen Analyse – im Englischen spricht man oft in Kurzform von den acht „P“ der qualitativen Analyse, welche sind: *People, Product, Process, Performance, Partnership, Portfolio, Peers* und *Potential.* Sie umfassen tatsächlich die wichtigsten Bereiche, die es zu untersuchen gilt.

1.2 Quantitative Analyse

Dem Risikomanager stehen heute zahlreiche quantitative Performance- und Risikobemessungstools zur Verfügung und es bedarf keiner großen Anstrengung, mit Hilfe der quantitativen Analyse einen Hedgefonds namhaft zu machen, der in der Vergangenheit gute Performance erzielt hat. Das eigentliche Problem dabei ist aber erstens, dass sich die Erträge eben nur auf die Vergangenheit beziehen und zweitens, dass sich manche Performance- und Risikofaktoren einer einfachen Quantifizierung entziehen.

Jeder Investor betrachtet zuerst die historischen Performancedaten und obwohl überall die Warnung „Erträge in der Vergangenheit sind keine Garantie für zukünftige Erfolge“ in zahlreichen Abwandlungen zu finden ist, haben die historischen Ergebnisse doch eine große Aussagekraft, was die Fähigkeiten des Managers und die Richtigkeit seiner Strategie betrifft. Und trotzdem sind die historischen Performancedaten bei weitem unzureichend, um als Indikator für die künftigen Erträge zu fungieren. Die beste Methode, die potentielle Entwicklung eines Hedgefonds zu prognostizieren ist seine Strategie genau zu verstehen. Nur so kann man die Performanceerwartungen an die Marktbedingungen anpassen und verifizieren.

Tatsächlich bergen die historischen *Track Records* viele Ungenauigkeiten. Die Hedgefonds haben eine relativ kurze Geschichte. Der erste Hedgefonds wurde zwar bereits 1949 aufgelegt, doch tatsächlich entwickelte sich diese Industrie verstärkt erst gegen Ende der Achtziger Jahre und erlebte ihre richtige Expansion Mitte der Neunziger. Es gibt zwar zahlreiche Datenbanken, deren Aufzeichnungen über Internet zu einem Durchschnittspreis von ein paar Tausend US-Dollar Jahresgebühr zu haben sind, doch auch die besten können nicht immer wirklich verlässliche Daten liefern[6]. Weitere Diskrepanzen entstehen, wenn man zwei Hedgefonds mit ähnli-

---

6 Wie z.B. Rama Rao und Jerry Szilagyi in ihrem Bericht „The Coming Evolution of the Hedge Fund Industry“ (veröffentlicht von RR Capital Management Corp. In März 1998): „Reporting of the data on hedge funds is voluntary and therefore, no one source is comprehensive“. Verglichen zu den traditionellen Investmentfonds haben die Hedgefonds mehr privaten Charakter und sind nicht verpflichtet ihre Ergebnisse zu veröffentlichen.

cher Strategie, zum Beispiel *Convertible* Arbitrage, aber mit signifikanten Unterschieden im Volumen vergleicht – oft ist die Größe des Fonds eine zusätzliche Herausforderung und Belastung. Die Hedgefonds haben üblicherweise nur monatliche Bewertung der Performance, relativ selten gibt es wöchentliche Schätzungen. Das alleine erzeugt bereits eine gewisse Datenknappheit verglichen zu den täglich bewerteten traditionellen Investmentfonds und jenen Wertpapieren, die bei jedem *tick* der Börse einen neuen Kurs haben. Die niedrige Frequenz der Performancebewertung kann zudem einen materiellen Impakt auf die Kalkulation der kumulativen Daten haben und lässt sie meistens besser abschneiden. Die Performancedaten werden meistens vom Manager oder vom Administrator des Hedgefonds geliefert an die Datenbanken und die Betreiber der Datenbanken haben oft keine Garantie für die Richtigkeit deren Zahlen. Diese Performancedaten sollen aber zumindest einmal im Jahr von einem Wirtschaftsprüfer des Fonds kontrolliert werden. Anders verhält es sich mit den theoretisch rückgerechneten historischen Performancedaten bei Fonds, die erst vor einer relativ kurzen Zeit aufgelegt wurden und noch keine ausreichend lange, tatsächliche Performance bieten können. Diese Daten sind rein theoretisch, völlig ungeprüft und es kann vorkommen, dass im echten Fonds unter realen Marktbedingungen eine ähnliche Performance kaum erreichbar ist. Bei einer hypothetisch rückgerechneten Performance sollte man zumindest feststellen, ob bei ihrer Bewertung auch die theoretischen Gebühren des Hedgefonds berücksichtigt wurden (mittlerweile ist es meistens der Fall).

Manche Hedgefonds liefern keine Performancedaten mehr, wenn sie für neue Investoren geschlossen wurden oder auch wenn sie einfach wiederholt schlechte Ergebnisse erreicht haben und diese nicht unbedingt bekannt geben wollen. Gar nicht wenige, gute Hedgefonds mit einem langen *Track Record* liefern prinzipiell keine Informationen an die allgemein zugänglichen Datenbanken, weil sie keine Zufallsinvestoren anziehen wollen oder ihre Strategien ohne Neugier der breiteren Öffentlichkeit und der Konkurrenz verfolgen möchten.

Ein weiteres Problem der quantitativen Analyse der Hedgefonds stellt ihre Komplexität und Heterogenität dar. Die alternativen Investments sind extrem flexible Finanzvehikel, die imstande sind, ihre Positionen, ihre Exposition zum Markt und ihr Risiko binnen kurzer Zeit zu wechseln, wenn diese Notwendigkeit entsteht. Mehrere gut bekannte Datenbanken, wie zum Beispiel TASS, Evaluation Associates, MAR, CSFB/Tremont, Hennessey oder Van Hedge, die die Performancedaten der Hedgefonds sammeln, versuchen auch die Industrie zu kategorisieren und meistens tun sie das auf ähnliche Weise. Es kommt aber immer wieder vor, dass derselbe Fonds aufgrund unklarer Definitionen und variierender Betrachtungsweise unterschiedlich zugeordnet wird. Die Klassifizierung der diversen Strategien und Investmentstile der Hedgefonds gleicht noch immer einer Sisyphusarbeit und wird nie wirklich zufriedenstellend sein (beschrieben im Kapitel über die Kategorien der Hedgefonds).

Ein wichtiges Problem in der Performancebewertung der Hedgefonds ist die Tatsache, dass viele Kennziffern aus dem Bereich des traditionellen Investment stammen und manche davon für die Hedgefonds Strategien nicht geeignet sind oder verfälschende, nicht aussagekräftige Ergebnisse auch in Bezug auf das Risiko liefern. Deshalb wurden auch für die speziellen Bedürfnisse der Hedgefonds neue Kennzahlen und Methoden entwickelt.

Die quantitative Analyse der Ergebnisse eines Hedgefonds basiert grundsätzlich auf folgenden fünf Punkten:

- Performance
- Risiko versus Erträge
- Effizienz der Strategie
- Konsistenz der Erträge
- Korrelation mit dem Markt.

1.2.1 Performance

Die Performance ist für jeden Investor am interessantesten und klarerweise je höher, desto besser – natürlich bei angemessenem Risiko und akzeptabler Volatilität. Die wichtigsten Daten sind:

- Gesamtperformance seit der Auflage des Fonds – besonders beachtenswert ist die kumulative Performance

Kumulative Erträge – das achte Weltwunder[7]

Ein Fonds mit konstanter, durchschnittlicher Jahresperformance von 15,75% verdoppelt seinen Wert bereits nach fünf Jahren, obwohl das einfache Zusammenzählen der Jahreserträge nur 78,75% ergeben würde. Genauso stark wirkt es in die umgekehrte Richtung bei negativen Erträgen (sprich: Verlusten). Die Schlussfolgerung ist also, je konstanter die Performance (oder je niedriger die Volatilität) desto besser die langfristigen Ergebnisse.

- durchschnittliche jährliche Performance – diese wird geometrisch berechnet, da arithmetische Berechnung bei negativen Zahlen die tatsächlichen Erträge zu hoch auswertet und so verfälscht
- rollende 12 Monate – Berechnung von maximalen, minimalen und durchschnittlichen Erträgen in 12-monatigen Perioden kann einen Aufschluss über die Konsistenz der Erträge und deren eventuell zyklisches Auftreten geben

Dazu sollte man noch erwähnen, dass der (meistens monatlich) berechnete Rechenwert (genannt auch Nettoinventarwert) eines Hedgefonds pro Anteil (NAV – *Net Asset Value*) eigentlich nur eine als Wert ausgedrückte Zusammenfassung der Aktivitäten des Hedgefonds darstellt und nichts über das Risiko und die Art dieser Aktivitäten und die Veränderungen in seinen Investments aussagt.

1.2.2 Risiko

Das Risiko, das den erreichten Erträgen inhärent war, relativiert die Performancezahlen nach dem Motto: hohes Risiko – hohe Erträge. Folgende Parameter veranschaulichen das Risiko, das mit der Performance eines Fonds verbunden ist:

- Standard Deviation (Standardabweichung) – eine Kennzahl die aussagt, wie weit sich ein Hedgefonds in seinen Erträgen vom Durchschnitt entfernt. Standard Deviation definiert traditionell das Risiko als eine Variable der Erträge. Je niedriger die Standard Deviation (ausgedrückt in %), desto niedriger auch das Risiko[8]. Statistisch gesehen misst die Standard Deviation, wie die Ergebnisse eines Fonds rund um den zentralen Durchschnittswert verteilt sind. Je volatiler und verstreuter der *Track Record* eines Managers, desto weniger voraussagbar seine Performance in der Zukunft. Ein gewisser Nachteil in der Berechnung der Standardabweichung ergibt sich daraus, dass dabei die arithmetische Kalkulation der monatlichen Durchschnittswerte herangezogen wird, die immer die Durchschnittserträge höher erscheinen lässt als die geometrische Berechnung. Zudem wird angenommen, dass die Distribution der Erträge normal ist, was bei den Hedgefonds sicherlich nicht Gang und Gebe ist.

7 Zitiert nach: Fano-Leszczynski, "Hedgefonds...".

8 Standard Deviation ist nicht optimal für die Hedgefonds, die nur positive Ergebnisse zu liefern versuchen, da sie die Volatilität auf beiden Seiten bestraft: nicht nur die stark negativen, sondern auch die unerwartet hohen positiven Zahlen. Etwas adäquater ist die *Downside Deviation*.

- *Downside Deviation* – eine weitere Form der Abweichungsberechnung, die im Gegensatz zur Standardabweichung die Fonds mit konstant positiver Performance nicht benachteiligt (nur negative Abweichung ist in die Kalkulation inkludiert). Kein Investor hätte etwas gegen die überdurchschnittlich hohen Ergebnisse, sehr wohl aber gegen die unterdurchschnittlich niedrigen (negativen) Resultate – dies wird von der *Downside Deviation* berücksichtigt.
- Maximaler *Drawdown* – bewertet prozentuell den größten, aufeinanderfolgenden Verlust eines Investments (von einem Höchstpunkt zum neuen Höchstpunkt nach den Verlusten). Berechnet in Monaten zeigt, er wie lange die Verlustperiode angehalten hat und wie lange der Ausgleich des Verlustes dauerte.

1.2.3 Effizienz

Die Effizienz der Strategie bewertet die Erträge und das Risiko zugleich. Sie misst sozusagen, wie viele Einheiten des Risikos auf eine Einheit des Ertrags fallen. Dies bedeutet, je höher die Effizienz, desto höher der Ertrag bei einer bestimmten Risikostufe. Das Interesse der Anleger, obwohl noch immer sehr stark auf die absoluten Erträge fokussiert, verlagert sich auch immer mehr in die Richtung der risikobereinigten Ergebnisse und des Risiko – Ertrag Verhältnisses. Die am häufigsten benutzten Berechnungsarten der Effizienz – eben des Risiko/Ertrag Verhältnisses – eines Hedgefonds sind Sharpe Ratio und Sortino Ratio.

Efficient Frontier – eine linear dargestellte Auswahl von Investmentportfolios, deren Erträge am höchsten im Vergleich zum getragenem Risiko (als Standard Deviation) sind. Auf der Linie des *Efficient Frontier* liegen die Portfolios mit dem optimalen Risiko/Ertrag Verhältnis.

Sharpe Ratio, eingeführt von William F. Sharpe in 1966, ist vielleicht die am besten bekannte Kenngröße für die risikobereinigte Performance. Sie vergleicht den Ertrag mit der Volatilität der Performance, indem der Ertrag über der risikofreien Rate durch die Standard Deviation dividiert wird.

Berechnung von Sharpe Ratio

Sharpe Ratio = $(M_R - R_{RF}) \div SD$

M_R - Durchschnitt der Erträge
R_{RF} - Risikofreier Ertrag der Periode
SD - Standard Deviation als Kenngröße der Volatilität

Die Sharpe Ratio erlaubt den Vergleich von zwei Investments, wobei es wichtig ist, dass die gleiche risikofreie Rate[9] für die Berechnung verwendet wird – sonst kann man zum Beispiel die Sharpe Ratio zweier Hedgefonds nicht korrekt vergleichen. Genauso wichtig ist es, die Aussage dieser Kenngröße richtig zu interpretieren. Die übliche Interpretation ist: je höher der Wert der Sharpe Ratio, desto konstanter und risikoarmer die Performance des Fonds. Wenn man jedoch zum Beispiel zwei Fonds mit folgenden Werten vergleicht: Hedgefonds X – Ertrag 10%, Standardabweichung 5% und Hedgefonds Y – Ertrag 20%, Standardabweichung 10%, wird sich herausstellen, dass der Hedgefonds Y trotz höherer Standard Deviation (Volatilität!) eine höhere Sharpe Ratio (Hedgefonds X: Sharpe Ratio von 1,05 und Hedgefonds Y: Sharpe Ratio von 1,53[10]) und somit ein besseres Risiko – Ertrag Verhältnis hat. Praktisch bedeutet dies, dass bei einem Investment mit einer Sharpe Ratio von 0,50, eine Erhöhung der Volatilität um 1% einen Ertragszuwachs von 0,5% mit sich bringen würde. Laut William Sharpe ist die höhere Volatilität (gemessen durch die Standard Deviation) nicht negativ zu verstehen, solange sie von entsprechend höherem Ertrag begleitet wird[11]. Wie die meisten Kenngrößen, ist auch die Sharpe Ratio nicht für alle Investments optimal und wird daher ständig modifiziert. Eine neue Variante wurde zum Beispiel für die Dachfonds entwickelt: für jeden Subfonds wird zuerst eine sogenannte Marginal Sharpe Ratio berechnet und diese Werte ergeben erst zusammen die Sharpe Ratio (bezeichnet als Alternative Sharpe Ratio) des Dachfonds[12], die adäquater sein soll als die traditionelle, für Einzelfonds konzipierte Berechnung.

Sortino Ratio wurde von Frank A. Sortino entwickelt, weil die – von den Investoren so gern gesehene – Volatilität auf der oberen Seite der Per-

9 Meistens werden T-bills oder Libor verwendet.

10 Sharpe Ratio für Hedgefonds X und Y wurde hier mit einer risikofreien Rate von 4,75% berechnet.

11 Klingt fast wie "*no risk, no fun*".

12 Vorgestellt von Bernard Lee und Youngju Lee "The Alternative Sharpe Ratio" (in: Intelligent Hedge Fund Investing, Edit. Barry Schachter, London 2004).

formance die Sharpe Ratio vermindern kann[13]. Das heißt, dass sich nicht nur die Monate mit stärkeren Verlusten auf die Berechnung negativ auswirken, sondern genauso jene Monate, in denen besonders eine positive Performance erreicht wurde. Sortino Ratio hingegen dividiert den Ertrag über der risikofreien Rate durch die *Downside Deviation*, also nur durch die Abweichung auf der negativen Seite der Performance. Somit wird der Manager für überdurchschnittliche positive Erträge nicht „bestraft".

Berechnung von Sortino Ratio

Sortino Ratio = $(M_R - R_{MAR}) \div DD_{MAR}$

M_R - Durchschnitt der kumulativen Erträge
R_{MAR} - minimaler akzeptabler Ertrag der Periode
DD_{MAR} - Downside Deviation

Als minimaler akzeptabler Ertrag werden jeweils Werte von 0%, 5% und 10% eingefügt.

Auch hier gilt die Interpretation, je höher der Wert desto besser das Risiko/Ertrag Verhältnis des Investments. Die Berechnung der Sharpe Ratio für einen Anleihen- und Aktienindex über einen Zeitraum von 25 Jahren ergibt nur einen geringen Unterschied. Die Sortino Ratio ist hingegen für die gleiche Periode differenzierter: beim minimalen Ertrag von 0% und 5% schneiden die Anleihen deutlich besser ab, beim minimalen Ertrag von 10% sind die Aktien eindeutig das bessere Investment.

Seltener verwendet werden zum Beispiel Treynor Ratio und Jensen Ratio.

Treynor Ratio ist der populären Sharpe Ratio ähnlich, vergleicht jedoch den Ertrag eines Portfolios mit dem systemischen Risiko, das als Beta ausgedrückt wird:

$$\text{Treynor Ratio} = \frac{\text{Portfolioertrag} - \text{risikofreie Rate}}{\text{Beta}}$$

Je niedriger der Beta-Wert eines Portfolios, desto höher das Treynor Ratio und desto geringer das Risiko.

---

13 Es gibt auch weitere Situationen, in den Sharpe Ratio inadäquat ist, verbunden mit den Unzulänglichkeiten der verwendeten Standardabweichung.

Jensen Ratio misst den Ertrag über dem erwarteten Ertrag (berechnet anhand von CAPM) – es ist sozusagen das Alpha eines Investments und wird auch als „Jensens Alpha" bezeichnet.

Zwei Kenngrößen wurden entwickelt, um den maximalen Verlust risikobereinigt zu analysieren: die Sterling Ratio (von Dean Jones) und die Calmar Ratio (von Terry Young). Beide sind Risiko/Ertrag Kenngrößen, die berechnen, welches Investment den höchsten Ertrag bei gleichzeitig niedrigster Volatilität aufweist.

Berechnung von Calmar Ratio

$$\text{Calmar Ratio} = M_{R3y} \div AMD$$

Berechnung von Sterling Ratio

$$\text{Sterling Ratio} = M_{R3y} \div (AMD - 10\%)$$

M_{R3y} - Durchschnitt der Erträge in den letzten 3 Jahren
AMD - durchschnittlicher maximaler Verlust (*drawdown*) in jedem der 3 Jahre

Auch bei diesen zwei Ratio gilt es: je höher der Wert, desto besser das Risiko – Ertrag Verhältnis des Investments.

1.2.4 Konsistenz

Die Konsistenz der Erträge ist besonders wichtig für die Hedgefonds, da sie sich auf eines ihrer wesentlichsten Merkmale bezieht: absolute, positive Erträge unabhängig von den Marktbewegungen zu generieren. Die Konsistenz wird am einfachsten bewertet, indem man folgende Daten vergleicht:

- Gesamtanzahl der Monate
- Anzahl der positiven Monate (mit positiver Performance)
- Prozentsatz der positiven Monate
- durchschnittlicher monatlicher Ertrag der positiven Monate

Im Kontrast dazu:

- Anzahl der negativen Monate
- Prozentsatz der negativen Monate
- durchschnittlicher monatlicher Ertrag (Verlust) der negativen Monate

Und als Benchmark Vergleich:

- durchschnittlicher monatlicher Ertrag eines Index in positiven Monaten
- durchschnittlicher monatlicher Ertrag eines Index in negativen Monaten.

Dazu müsste man anmerken, dass die meisten Hedgefonds absolute Erträge und nicht relative Erträge im Vergleich zu einem Referenzindex anpeilen. Trotzdem werden oft Vergleiche mit traditionellen Indices als Marketingtool und Gegenüberstellung zu traditionellen Investments herangezogen.

Die Analyse der Konsistenz ist wichtig, wenn man zwei Hedgefonds mit gleichem Investmentstil und/oder gleicher Strategie beurteilen möchte. Unterschiedliche Stile und Strategien kann man nicht wirklich eindeutig vergleichen, da ihre Ertragsmuster signifikant variieren können.

Snail trail, oder die Schneckenspur[14]

Eine Methode, die Konsistenz der Erträge zu analysieren. Sie umfasst drei wichtigen Faktoren:

- die Performance eines Managers im Vergleich zu einem anderen Manager mit ähnlichen Stil, einer Gruppe von Managern oder zu einem Index;

- die relative Volatilität eines Managers im Vergleich zu einem anderen Manager mit ähnlichem Stil, einer Gruppe von Managern oder zu einem Index;

- wie hat sich das Ertrag/Risiko - Verhältnis einer Strategie mit der Zeit verändert

Diese Analyse lässt feststellen, wie ein Manager im Vergleich zu anderen Managern performt und ob sein Risiko höher oder niedriger war als das der Vergleichsgruppe.

[14] Zitiert nach: Fano-Leszczynski, “Hedgefonds…”.

1.2.5 Korrelation

Niedrige Korrelation der Hedgefonds mit den traditionellen Investments gehört zu ihren wichtigsten Merkmalen. Das erlaubt den Hedgefonds als Beimischung zu einem traditionellen Portfolio die Vorteile der breiten Diversifizierung zu bringen, was wiederum das Ertrag/Risiko – Verhältnis des Portfolios verbessert. Die Korrelation untersucht das Verhältnis zwischen den Erträgen eines Hedgefonds und der Performance eines Referenzindex (Benchmark)[15]. Als Benchmark werden meistens die traditionellen Aktien- und Anleihenindizes herangezogen.

> Die **Korrelation** bewegt sich immer zwischen +1 und –1. Ein Korrelationswert von +1 bedeutet, dass sich der Hedgefonds und der Index im gleichen Ausmaß in die gleiche Richtung bewegen. Hingegen bedeutet die Korrelation von -1, dass der Hedgefonds und der Index eine perfekt negative Korrelation haben und sich spiegelverkehrt verhalten. Eine Korrelation um den Nullwert bedeutet, dass die Erträge des Hedgefonds und des Index keine Abhängigkeit voneinander aufweisen.

Einen guten Aufschluss über die Korrelation eines Hedgefonds und einer Benchmark gibt auch die Analyse der monatlichen Performance – für den Aktionär eines Hedgefonds sind natürlich jene Monate am interessantesten, in denen der Index fällt und der Fonds steigt.

Ähnlich der *Downside Deviation* gibt es auch die Bemessung der *Downside* Korrelation, weil es ein überaus positives Zeichen ist, wenn zum Beispiel ein Hedgefonds mit einem anderen Investment bei steigenden Kursen positiv korreliert, sich aber bei fallenden Kursen negativ, sprich: nicht korrelierend verhält. Dieser Aspekt der Korrelation ist für die Hedgefonds besonders wichtig, weil sie grundsätzlich absolute Erträge anpeilen.

Außer den oben beschriebenen Daten sollte man immer solche Faktoren wie Leverage, gemanagtes Gesamtvolumen oder etwaige Veränderungen im Team, das die Performance bis dato geliefert hat, die Größe des Teams und der Organisation, die möglicherweise hinter ihm steht, oder auch die Gebühren und Kosten des Fonds bedenken[16].

Unerfahrene Investoren werden manchmal von tollen quantitativen Performancedaten eines Hedgefonds regelrecht geblendet – man soll trotzdem immer beachten, dass die quantitative Analyse alleine unzureichend ist, um

[15] Für eine verlässliche Korrelationsanalyse werden mehr als 30 Datenpunkte bewertet.

[16] Vgl. auch Kapitel über das Risiko.

einen wirklich guten und langfristig verlässlichen Hedgefonds zu finden und muss immer von einer eingehenden qualitativen Analyse begleitet werden. Auch die Bewertung des Risikos, das einem Investmentstil oder einer Investmentstrategie zueigen ist, soll sich sowohl auf quantitative als auch qualitative Analyse und kontinuierliches Monitoring stützen – dies obwohl die quantitative Analyse sehr viele, aufschlussreiche Daten über die Performance und das Risiko liefert und ein wichtiges Instrument für die Bewertung der Hedgefonds darstellt.

Die qualitative Analyse ist sehr aufwendig und zeitraubend, wohingegen es für die quantitative Analyse genügt, lediglich die vom Manager gelieferten Daten (am besten natürlich bestätigt von einer unabhängigen Quelle – zum Beispiel vom Broker oder Wirtschaftsprüfer) mit Hilfe von Computerprogrammen zu bearbeiten. Die qualitative Analyse verlangt viel mehr Aufwand beim Zusammenstellen der Informationen und ist auch viel subjektiver in ihrer Natur. Über ein Investment sollte man allerdings nicht nur aufgrund der quantitativen Ergebnisse entscheiden. Wenn die Durchführung einer zufriedenstellenden qualitativen Analyse aus irgendeinem Grund nicht möglich ist, sollte man sich eigentlich gegen das Investment aussprechen.

Für die meisten Investoren ist klarerweise der Nettoinventarwert (NAV – *Net Asset Value*) die wichtigste Performancebemessung. Die traditionellen Investmentfonds berechnen den NAV täglich, was die Voraussetzung für ihre tägliche Liquidität ist. Die Hedgefonds bewerten ihre Investments seltener – meistens monatlich. Für den Administrator ist die Auswertung deutlich aufwändiger. Die wichtigsten Probleme sind:

- bei manchen, meist illiquiden Finanzinstrumenten der Hedgefonds ist nur eine Schätzung möglich, wenn sie z.B. nicht börsennotiert sind, diverse *Over-the-counter* Instrumente, Privatplatzierungen, *Distressed Securities* (speziell die Verbindlichkeiten), exotische Optionen, etc.
- viele Hedgefonds haben in den Portfolios große Verbindlichkeiten, z.B. die Short Positionen, Leverage, Derivative, etc.
- Hedgefonds verrechnen die Performance Fee, die bei offenen Fonds zu Ungleichheiten für die Investoren führen kann

Die Investoren der offenen (*Open-end*) Hedgefonds können die Anteile meistens monatlich zeichnen und verkaufen. Die Performancegebühr wird in den meisten Fällen jährlich verrechnet. Für die Investoren, die unterjährig eingestiegen sind, kann sich durch die Performance Fee eine Mehrbelastung im ersten Jahr ergeben, für jene Investoren hingegen, die unterjährig verkaufen, kann es vorkommen, dass sie im letzten Jahr nicht von der Performance Fee belastet werden.

In geschlossenen Fondsstrukturen, wenn nach der ersten Zeichnungsfrist keine Investoren aufgenommen werden (wie zum Beispiel in vielen der *Limited Partnerships*) gibt es dieses Problem nicht. Die offenen Hedgefonds versuchen diese Differenzen auszugleichen, indem sie kontinuierlich entsprechende Rückstellungen bilden oder Ausgleichfaktoren anwenden (*Equalization Factor*). Eine direkte Lösung wäre, mehrere Serien der Anteile zu begeben, und zwar eine eigene Serie für jeden neuen Investor, die jeweils separat bewertet wird, um die Höhe der Performancegebühr korrekt und unter der Berücksichtigung der jeweiligen Kauf- und Verkaufzeitpunkte einzuheben. Manche Hedgefonds praktizieren diese Methode, die allerdings nur bei strikten Privatplatzierungen mit einer überschaubaren Gruppe von Investoren ausführbar ist: die Anzahl der Investoren laut US-Regelungen darf zum Beispiel für die Hedgefonds 100 nicht überschreiten. Für Hedgefonds, die sich einem breiteren Publikum öffnen, ist es vor allem aus zwei Gründen nicht möglich: erstens gibt es keinen gemeinsamen NAV für den Fonds sondern separate Werte für bereits bestehende Investoren, die nicht öffentlich publiziert werden (und wonach soll sich ein Anleger aus dem breiteren Investmentpublikum richten?), zweitens ist es schlicht und einfach nicht praktikabel, da es für die große Zahl der Anleger zu aufwändig wäre und die Administration zu kostspielig (was wiederum die Performance belasten würde). Sobald die Kunden bei unterschiedlichen Nettoinventarwerten in einen Hedgefonds investieren, subventionieren sie sich gegenseitig, zu einem gewissen Grad entweder beim Kauf oder beim Verkauf der Anteile.

2. Hedgefonds und Risiko

„If you want to earn a return, you have to take risk.
If you don't want risk, buy US Treasury Bills".
Robert A. Jaeger, EACM

Die größte Herausforderung und ein „*hot issue*" für einen Hedgefonds Investor ist – neben der Auswahl des richtigen Fonds – vor allem die richtige Einschätzung des Risikos. Das Risikomanagement ist sowohl für den Hedgefonds Manager als auch für den Investor von essentieller Bedeutung. Das aktive Risikomanagement ist aber nicht mit einer positiven Performance gleichzusetzen – jede Strategie unterliegt diversen Risikofaktoren und kann von widrigen Marktkonditionen beeinträchtigt werden. Das Risiko in den Finanzmärkten ist durch den Faktor Unsicherheit definiert – insbesondere durch Unsicherheit verbunden mit dem Ergebnis eines Investments, mit einer Position, mit der Arbeit eines Investmentmanagers oder mit einem Fonds. Der zweite Faktor ist die Exposition zum Markt, die automatisch entsteht, wenn man eine Wertpapierposition hält. Ein Risikomanager ist imstande, die Exposition eines Portfolios zu kontrollieren[17], die Unsicherheit der künftigen Entwicklung hingegen ist *per se* unkontrollierbar. Die Risikobemessung beginnt immer mit der Analyse dieser beiden Faktoren. Dem Risikomanager steht heutzutage eine große Auswahl an Softwareprogrammen zur Verfügung, mit deren Hilfe eine überwältigend diversifizierte, quantitative Risikobemessung möglich ist. Einerseits ist das eine äußerst effiziente Hilfe, andererseits sehen sich die tatsächlichen Entscheidungsträger oft mit einer Überzahl an Informationsdaten konfrontiert, die einfach entweder schon zu komplex oder zu umfangreich sind, um auf deren Basis eine rationale Investmententscheidung zu treffen.

Das Finanzrisiko wird in der Hedgefonds Industrie von einer Reihe unterschiedlicher, nicht-quantitativer Faktoren bestimmt, von denen manche bekannt und relativ leicht voraussagbar, andere wiederum zufällig und unberechenbar sind, da das Risiko ständig einer dynamischen Entwicklung unterliegt. Das Risiko ist zu komplex, um es verlässlich und eindeutig zu messen, man kann aber versuchen die Risikofaktoren zumindest annähernd zu bestimmen. Die Hedgefonds gehen bewusst andere Risikofaktoren an als die traditionellen Investmentfonds – ihre Investoren erhalten dafür eine Risikoprämie in Form von absoluten Erträgen.

Ein Hedgefonds darf in beinahe alle Finanzinstrumente investieren – von Aktien und Anleihen bis zu maßgeschneiderten Derivativhybriden. Die immer wieder Aufsehen erregenden, negativen Schlagzeilen haben bewirkt, dass „riskantes Investment“ noch immer die primäre Assoziation eines durchschnittlichen Anlegers mit dem Bergriff „Hedgefonds“ ist, und in der verbreiteten Meinung der meisten Anleger gerade die Hedgefonds oder die alternativen Investments im allgemeinen ein größeres Risiko eingehen als die traditionellen Investments. Deshalb ist es besonders wichtig, dass das Risiko bei den Hedgefonds erkannt und richtig eingeschätzt wird.

Die Risikokontrolle sollte für die Mehrheit der Anleger eine höhere Wichtigkeit haben als die überdurchschnittliche Performance. Konstante und kontinuierliche Performance mit relativ kontrollierbarem Risiko kumuliert langfristig bessere Erträge als risikoreiche Spekulationen. Wie aber im Kapitel über die Bewertung der Hedgefonds betont wurde, beziehen sich die historischen Daten und deren statistische Auswertung auf die Ver-

---

[17] Kontrollieren heißt aber nicht zwangsläufig dagegen abzusichern, sondern oft einfach überblicken.

gangenheit und der Investor kann nur hoffen, dass auch die Zukunft das halten wird, was die Vergangenheit versprach.

2.1 Long-Term Investment - Zeitfaktor in Hedgefonds

Ein Vermögen aufzubauen bedeutet langfristig zu investieren. Ungeduldige oder verängstigte Investoren verlieren die richtige, langfristige Sicht ihrer Investmentziele und bringen sich selbst mehr Schaden als Nutzen. Bevor die wichtigsten Risikofaktoren beschrieben werden, sollte man also zuerst den Faktor Zeit erwägen. Der Zeithorizont eines Anlegers spielt nämlich bei Hedgefonds Investitionen eine wesentliche Rolle. Die Konzentration auf langfristige Investmentpläne und fundamentale Analyse der Marktlage erlaubt dem Investor eine wesentlich effizientere Vermögensverwaltung. Generell wird das Gesamtrisiko eines Investments höher, je kürzer der Zeithorizont ist. Deutlich mehr Strategien sind langfristig profitabel im Gegensatz zu kurzfristigen Spekulationen. Länger existierende Hedgefonds führen eine Statistik der positiven und negativen Jahreserträge (bei einem guten Hedgefonds sollen Verlustjahre zu wirklichen Ausnahmen gehören), andere berechnen die Monate und viele werben damit, dass sie zwar Verlustmonate haben, aber keine Verlustquartale. Die Ursache, warum eine langfristige Investition begehrenswerter und risikoarmer ist, ist einfach: je länger die Investition dauert, desto mehr Zeit hat der Manager, um seine Strategie richtig zu entfalten und alle ihre Möglichkeiten auszuschöpfen. Viele dieser Möglichkeiten sind potentiell sehr ertragreich, müssen aber oft den richtigen Zeitpunkt abwarten und einen „langen Atem“ haben.

2.2 Risikofaktoren

Alternative Investments sind schon an sich wesentlich komplexer als die traditionellen Anlageklassen. Dies hängt damit zusammen, dass sie nicht nur die traditionellen Finanzinstrumente, sondern auch „exotische“ Instrumente und jede Menge Derivate sowohl in deren Grundausführung als auch in immer neuen Hybridformen verwenden. Dazu kommen solche Besonderheiten, wie das Leverage, *Short Selling*, Ausnützung der Kursdifferenzen, Konzentration der Investments, Illiquidität, etc. In der Folge sind auch die Risikofaktoren der alternativen Investments wesentlich komplexer und auch umfangreicher, da sie sowohl die Risikofaktoren der traditionellen Anlageformen als auch solche, die nur den Hedgefonds und anderen Alternativen inhärent sind, enthalten. Der rote Faden der Komplexität findet sich auch in der Art wieder, wie die Risikofaktoren der Hedgefonds analysiert werden, wobei dem Zusammenspiel und der Wechselwirkung diverser Risikoformen eine besondere Rolle innewohnt.

Bereits jene Risikofaktoren, die die alternativen Investments mit den Traditionellen teilen, sind mannigfaltig. Zu den wichtigsten zählen:

- Marktrisiko – auch die marktneutralen Strategien sind nie völlig vom Markt unabhängig, doch im Gegensatz zu den meisten traditionellen Investments versuchen die Alternativen größtenteils und meistens mit Erfolg das Marktrisiko – sprich: unerwartete oder widrige Kursentwicklung oder Volatilität – durch diverse Methoden wesentlich zu minimieren
- Allgemeines Risiko, das eine spezifische Gruppe von Finanzinstrumenten auszeichnet (z.B. Industrie-spezifisch)
- Kreditrisiko – die Gefahr, dass die Gegenseite ihre Verpflichtung nicht erfüllt (z.B. bei Durchführung einer Transaktion)
- Ereignisrisiko (*Event Risk*) – verbunden mit außerordentlichen politischen oder ökonomischen Ereignissen, wie zum Beispiel unerwarteter Ausgang von politischen Wahlen, Militärvorfälle oder die Nichterfüllung der von einem Staat verbürgten Garantien
- Unternehmensrisiko – auch eine Art *Event Risk* (*Corporate Event Risk*), aber mit einem bestimmten Unternehmen verbunden (z.B. Bankrotterklärung, Fusion, Übernahme, etc.)
- Operatives Risiko – Ausfall oder Funktionsfehler in der Technologie, in den internen oder externen Systemen, im Management, etc.

Andere Risikofaktoren sind entweder bei den alternativen Investments wesentlich ausgeprägter und gefährlicher als bei den traditionellen Investments, oder sie sind spezifisch für die Hedgefonds und kommen bei anderen Anlageformen nur in Ausnahmefällen vor.

2.2.1 Human Factor – Managerrisiko

So wie die Performance eines Hedgefonds auf den Fähigkeiten seines Managers basiert, so bildet der *Human Factor* auch ein potentielles Risiko – nach Meinung der Autorin[18] ist es sogar jener Risikofaktor, der die meisten Kontrollen erfordert und trotzdem am schwierigsten zu beherrschen ist. Es erfordert viel Erfahrung und Wissen aber auch viel Disziplin, um große

[18] Vgl. Fano-Leszczynski, "Hedgefonds..." – an dieser Meinung hat sich wenig geändert. Managerrisiko gehört eigentlich zu den operativen Risikofaktoren, wie in der weiteren Folge beschrieben, wird aber hier aufgrund seiner Tragweite allen anderen Risiken vorangestellt.

Volumina mit komplizierten Strategien unter nicht weniger komplizierten oder oft widrigen Marktbedingungen zu managen. Die wichtigsten Erfahrungen werden immer gerade in den schwierigsten und von Krisen geschüttelten Zeiten gesammelt. Jene Manager, die nur steigende Märkte erlebt haben, sind oft nur Trittbrettfahrer, und viele von ihnen realisieren es nicht einmal. Es war auch manchmal die eigene Hybris mit allen ihren negativen Auswirkungen auf die Qualität der Arbeit und auf die Selbstkontrolle, die erfolgreiche Manager letztendlich scheitern ließ[19]. Die Behauptung, dass die Erträge der Hedgefonds im großen Ausmaß eine Funktion der professionellen Fähigkeiten ihrer Manager darstellen, ist nicht von der Hand zu weisen. Die finanziellen Anreize, die von den alternativen Investments geboten werden, bilden nicht nur einen Ansporn für noch engagiertere Arbeit und bessere Ergebnisse sondern bergen in sich auch eine potentielle Gefahr. Auf dem Niveau des Hedgefonds ist es vor allem die Performancegebühr, die zum Beispiel zu unüberlegt hohem Leverage und hoher Konzentration der Investments verleiten könnte. Da die Fondsgesellschaft selbst ihre Erträge als einen Prozentsatz der erwirtschafteten Gewinne erzielt, ist es nur verständlich, dass auch die Manager auf ähnlicher Profitbasis entlohnt werden.

Auch in den Banken ist es eine weit verbreitete Vorgangsweise, dass man einem Händler ein gewisses Volumen zuteilt, ihn so gut wie uneingeschränkt mit dem „Geld anderer Leute“ arbeiten lässt und ihn prozentuell auf der Basis der erzielten Gewinne mit einem Bonus belohnt. Der Händler kann leicht zu riskanten Spekulationen verleitet werden, da er von den Gewinnen selbst profitiert, aber die eventuellen Verluste nicht aus der eigenen Tasche decken muss – in der Hedgefonds Industrie wird erwartet und auch verlangt, dass der Manager sein eigenes Geld mitriskiert. Ein konservativ und risikobewusst geführter Hedgefonds muss daher solche Manager aussuchen, die nicht schnellen, spekulativen Gewinnen nachjagen, sondern eine konsequente, dauerhaft kontinuierliche Entwicklung des Hedgefonds, seiner Strategie und Performance gewährleisten können. Je größer der Hedgefonds, umso mehr benötigt er auch interne Kontrollsysteme, um die steigende Anzahl der Manager und Händler im Sinne des Risikomanagements für die Gesamtstruktur zu kontrollieren. Der Fall des Manhattan Fund von Michael Berger hat wiederum veranschaulicht, dass *one-man-shows* unter Umständen noch gefährlicher, weil auf betrügerische Handlung anfälliger, sein können.

---

[19] John Meriweather sollte auf die Frage, was halte er von effizienten Märkten, folgendes geantwortet haben: "***I*** *make the markets efficient*".

Manhattan Fund

Der Österreicher Michael Berger startete seinen Hedgefonds Manhattan Investment Fund Ltd. 1996. Seine Strategie basierte u.a. auf der Einschätzung, dass der Aktienmarkt, speziell der Technologiesektor, überbewertet ist. Der Fonds hielt große Short Positionen in den Internetaktien, die zu dieser Zeit unmittelbar Verluste verursachten. Der Fonds berichtete jedoch große Gewinne und wuchs aufgrund der Kundeninvestments auf ca. US$ 350 Mio. in den ersten 3 Jahren. Am Anfang 2000 hat Berger eine Selbstanzeige erstattet. Bis dahin verlor der Manhattan Fund mehr als US$ 300 Mio. Berger hat bereits 1996 angefangen fiktive Kontoauszüge zu produzieren. Fund Administration Services in Bermuda – der Administrator des Fonds, berechnete die NAVs auf der Basis der echten Kontoauszüge von Bear Sterns Co. (Prime Broker des Fonds) und der gefälschten von Financial Asset Management (dem vermeintlichen zweiten Prime Broker) – gesendet an Bear Sterns von Berger. Der berichtete Wert des Fonds im August 1999 war US$ 427 Mio. obwohl in Wirklichkeit lediglich US$ 28 Mio. vorhanden waren. Die jährlichen Anfragen des Wirtschaftsprüfers des Fonds, Deloitte & Touche, gerichtet an Financial Asset Management wurden an Berger weitergeleitet und von ihm fiktiv beantwortet. Gerichtliche Klage wurde gegen Michael Berger, Bear Sterns, Deloitte & Touche, Fund Administration Services (gehörend übrigens zu Ernst & Young) erhoben. Manhattan Fund unterlag nicht der Kontrolle der Securities and Exchange Commission (SEC).

Der rechtliche Rahmen eines *Offshore* Hedgefonds hingegen gewährt dem Manager eine praktisch uneingeschränkte Freiheit in der Auswahl der Finanzinstrumente und in der Art, mit ihnen zu arbeiten. Hier zwei typische Ausschnitte aus Emissionsprospekten:

„Der Fonds plant, verschiedene Veranlagungsmöglichkeiten und neue Handelsstrategien zu nutzen und hat daher keinen von vornherein festgelegten Standpunkt hinsichtlich der Art oder Anzahl von Investmentgesellschaften oder Managern, durch die Gelder veranlagt werden, der Arten von Papieren, in die investiert werden soll, der geographischen Aufteilung der Anlagen oder der Art der jeweiligen Anlagestrategie. Statt dessen vertritt der Fonds die Ansicht, dass die breite Streuung und der Versuch, die Volatilität des Portefeuilles sowie das Marktrisiko so gering wie möglich zu halten, dadurch erleichtert wird, dass Investmentgesellschaften und Manager an verschiedenen Orten gewählt und mit Geldern des Fonds ausgestattet werden können, die dann mit verschiedenen Strategien in die globalen Finanzmärkte und verschiedene Instrumente investiert werden."

„Der Fonds verfolgt eine Auswahl verschiedener Anlagestrategien, die von der allgemeinen Marktentwicklung abgekoppelt sind. Der Fonds setzt eine oder mehrere folgender Strategien ein: Hedging Strategien auf der Basis von wandelbaren

Wertpapieren, Investitionen in Arbitragegeschäfte mit dem Schwerpunkt auf Unternehmenszusammenschlüssen und -übernahmen, Investitionen in die Wertpapiere von notleidenden Unternehmen, Investitionen in Privatplatzierungen von Publikumsgesellschaften, Investitionen in Wertpapieren, die im Zusammenhang mit Immobilien stehen und verschiedene andere Hedging Strategien. Da solche nicht traditionelle Strategien einen beschränkten Spielraum haben können und oftmals zyklischer Natur sind, verfügt der Fonds über ein ausreichendes Maß an Flexibilität, um, wenn die Situation günstig ist, in eine Strategie zu investieren, und andererseits Engagements zu reduzieren oder sogar zu eliminieren, wenn ein Investitionsbereich überbesetzt wird oder eine problematische Entwicklung zeigt. Der Fonds kann einige diese Investmentstrategien verfolgen, indem er in andere Fonds investiert, die von seinem Subberater oder dessen verbundenen Unternehmen verwaltet werden."

Diese allgemein formulierten Richtlinien öffnen weit die Tore zu idiosynkratischen Risiken, wie zum Beispiel Abhängigkeit von einer Person (die *one-man-show*) oder die unerwünschte Abweichung von der primären Strategie und vom Managementstil.

Die Abweichung von der primären Strategie und vom Managementstil bedarf an dieser Stelle einer weiteren Erörterung: einerseits ist es tatsächlich ein Risiko, dass sich der Manager (zum Beispiel aus Kapazitätsgründen) in einen Investmentbereich begibt, in dem er nicht über eine zumindest annähernd gleichwertige Expertise wie in seiner primären Strategie verfügt und somit seinen Wettbewerbsvorteil („*edge*") verliert, andererseits kann eine Ausweitung auf mehrere Strategien dem Portfolio über schlechte Perioden speziell bei zyklischen Strategien eindeutig helfen, konstantere Erträge zu erzielen. Die Meinungen gehen auseinander, welche Art von „*Style Drift*" potentiell riskanter sein kann:

- die kurzfristige, opportunistische Abweichung, die für relativ kurze Zeit den Diversifikationsvorteil ausnützt, aber für den Investor eindeutig auch ein unerwartetes Risiko darstellt; oder
- die permanente, immer wieder ausgeweitete Abweichung in verwandte Strategiefelder, die längerfristig erweiterte Möglichkeiten und mehr Erfahrung für das Management bringt, allerdings auch von einer Umwertung des Portfolios und ausreichender Information für den Investor begleitet werden soll.

Im Verlauf der Jahre hat sich in der Hedgefonds Industrie eine ziemlich deutliche Tendenz zur Anwendung von multiplen Strategien innerhalb eines Portfolios herauskristallisiert, mit dem Ziel, bessere und konstantere Performance über verschiedene Marktzyklen hinweg zu erreichen. Immerhin investiert man in der Hedgefonds Industrie nicht in eine bestimmte Anlageklasse, sondern vielmehr in die Fähigkeiten des Managers und in seine Investmentmethode und wenn ein erfahrener Arbitrageur sich nicht nur auf eine Art von Arbitrage beschränkt, kann es sehr wohl große Vorteile bei Ausnützung von Marktineffizienz und zusätzliche Risikostreuung für die Investoren bedeuten. Voraussetzung dafür ist große Erfahrung, entsprechende Fähigkeiten und Expertise sowie hohe Flexibilität des Managers. Die Märkte ändern sich im Verlauf der Zeit und starre Restriktionen können zwar manche Risiken beschränken, sie hindern aber den Hedgefonds Manager, nach potentiellen neuen Investmentchancen zu greifen. Die für die meisten Hedgefonds Strategien so wichtigen Unzulänglichkeiten der Finanzmärkte verlieren an Potential oder verschwinden gänzlich, sobald genügend Geld in ihre Ausnützung investiert wurde – es entstehen gleichzeitig neue Möglichkeiten, vielleicht in anderen Bereichen, aber nur für jene Manager, die den „*Style Drift*" auch ohne Risiko für den Investor vollbringen können. Dass eine solche Flexibilität des Managers auch eine Herausforderung für das Risikomanagement und Monitoring darstellt, ist in der Tat eine andere Seite der Medaille.

Die immer größere Anzahl der Hedgefonds in einer weitgehend ungeregelten Industrie muss leider unweigerlich zu Betrugsfällen führen. Zu den bekanntesten Beispielen in den letzten Jahren zählen Michael Berger mit Manhattan Fund und John Natal mit Cambridge Fund. Es sind zum Glück nur seltene, obwohl aufsehenerregende Fälle, jedoch verursachten diverse Performancefälschungen, Fälschungen von geprüften Jahresberichten oder Anwendung des so genannten „Ponzi Schema" schmerzvolle Verluste für die Investoren.

Ponzi Schema ist ein Investmentprogramm, das unrealistisch hohe Erträge anbietet, um Investoren anzulocken. Die Erträge für die ersten Investoren werden von den Einzahlungen der späteren Investoren finanziert (genannt nach Carlo Ponzi, der ein solches Programm in den Jahren nach 1920 propagierte). Es ist auch unter dem Namen „Pyramiden Schema" bekannt, da wie bei einer Pyramide die Basis der leichtgläubigen, neuen Investoren immer breiter sein muss, um die wenigen Investoren an der Spitze zufrieden zu stellen.

Die Anleger sollten sich auch der Tatsache bewusst sein, dass viele Hedgefonds neu gegründete, junge Unternehmen mit neuer und noch nicht bewährter Infrastruktur und/oder mit neuem Investmentteam (manchmal eben *one-man-show*) sind und dass dieses Faktum auch ein potentielles Geschäftsrisiko darstellt.

Das Managerrisiko kann durch diverse Maßnahmen eingeschränkt werden, zum Beispiel durch Trennung der Funktionen, ständiges Monitoring und Controlling (einige davon sind in der Folge mit den operativen Risikofaktoren beschrieben).

Die Hedgefonds-spezifischen Risikofaktoren kann man grob in zwei Gruppen teilen: allgemeine Risikofaktoren und operative Risikofaktoren. Ein weiterer Aspekt ist das systemische Risiko.

2.3 Allgemeine Risikofaktoren der Hedgefonds

Zu den allgemeinen Risikofaktoren kann man folgende Punkte zählen:

- Leverage (nach der Lektüre der früheren Kapitel kaum überraschend, hat aber auch eindeutig positive Seiten)
- Gesamtvolumen – die Grenzen der Kapazität
- Konzentration und die Größe der Einzelpositionen

2.3.1 Leverage

Das Thema des Leverage ist in der Hedgefonds Industrie von größter Bedeutung. Es ist ein typisches und bestimmendes Merkmal vieler Hedgefonds und gleichzeitig eine machtvolle Komponente vieler Strategien. Leverage beeinflusst zumindest drei andere, vordringliche Risikoquellen: Marktrisiko, Kreditrisiko und Liquiditätsrisiko. Die multiplizierende Wirkung des Leverage als Risikofaktor kann nicht überschätzt werden[20]. Die vom Leverage begünstigte Steigerung der Erträge vergrößert auch das potentielle Investmentrisiko und macht in volatilen Märkten den Manager zum Gefangenen. Die zweite Hälfte 1998 hat dies in erbarmungslosen Details mustergültig vorexerziert: nicht einmal die US Treasury Bills sind bei zu hohem Leverage risikoarm.

Der Manager muss bei Anwendung des Leverage vor allem die drei wesentlichen Risikoaspekte – Gesamtmarktexposition des Portfolios, Volatilität der Märkte und Finanzierung des Leverage – erwägen und folgende Grundprinzipien beachten:

- Die Wahrscheinlichkeit und das Ausmaß einer Kursvolatilität des Finanzinstrumentes, das gehebelt wird sowie die wechselseitige Korrelation zwischen mehreren Finanzinstrumenten – der Fall von LTCM hat

[20] Leverage kann, wie bereits beschrieben, auch risikominimierend wirken.

gezeigt, das man auch eventuelle Veränderungen in den Korrelationen nicht außer Acht lassen darf;

- Das mögliche Ausmaß einer potentiell unkorrekten Bewertung eines Finanzinstrumentes – auch wenn noch nicht erkennbar, wobei das Hauptproblem dabei ist, dass meistens ein entsprechend langer *Track Record* für ein bestimmtes Finanzinstrument fehlt. Wenn dieser doch vorhanden ist, so muss man immer damit rechnen, dass ein abnormales und im *Track Record* nicht belegtes Verhalten eines Kurses trotzdem durchaus möglich ist.
- Das Ausmaß der potentiellen Verluste, die aus den obigen Punkten entstehen könnten sowie die potentielle Auswirkung der äußeren, unerwartet negativen Umstände, wie sie z.B. im Jahre 1998 schwerwiegend zum Tragen gekommen sind – erst wenn die Frage, wie viel der Fonds verlieren könnte, beantwortet ist und der potentiell erwartete Verlust sich in akzeptablen Grenzen bewegt, kann man das adäquate Leverage verwenden.

Manager, die Portfolios mit hohem Leverage verwalten, stehen unter besonderem Druck, ihre Wetten immer gewinnen zu müssen – wenn sie bei achtzig Prozent ihrer Transaktionen richtig liegen, kann es trotzdem zu wenig sein. Wenn der Manager die Marktexposition des Portfolios nicht absichtlich erhöhen möchte, sollte grundsätzlich ein höheres Leverage immer von verstärktem Hedging begleitet werden. Manager, die eine externe Finanzierung für das Leverage verwenden, sehen sich wiederholt signifikanten Problemen gegenüber, wenn die Finanzierungsgelder plötzlich ausbleiben[21]. Das gesamte Portfolio kann mitunter gefährdet werden, wenn ein unerwarteter *Margin Call* auf eine große Portfolioposition den Manager zum ungünstigen Verkauf zwingt und die minutiös aufgebaute Strategie nicht vollständig durchgeführt werden kann. Ein Prime Broker will nämlich unter plötzlich erschwerten Marktbedingungen auch nicht unnötig riskieren – viele von ihnen tendieren gerade dann dazu, die Finanzierung zu verweigern oder schlicht und einfach ihre *Haircut*[22] Bedingungen ungünstig zu verändern. Starke Verluste eines Hedgefonds, der das Leverage verwendet, zwingen den Manager die Positionen zu reduzieren – wenn er das nicht tut, erhöht sich das Leverage automatisch. Zum Beispiel

21 MPK Capital Management LLC verlor im Oktober 1998 etliche hundert Millionen US-Dollar, als Solomon Smith Barney (Prime Broker) sich weigerte, bestimmte Wertpapiere weiterhin als Kollateral zu akzeptieren bzw. auf andere Werte Kredite zu gewähren.

22 Die Differenz zwischen dem Marktwert vom Kollateral und der Kredithöhe nennt man im Fachjargon *Haircut*.

beträgt bei einem Hedgefonds von € 100 Millionen Aktivvermögen und € 50 Millionen Eigenkapital das Leverage 2:1 (€ 100 : € 50). Wenn aber das Aktivvermögen auf € 75 Millionen fällt, reduziert sich das Eigenkapital auf € 25 Millionen und das Leverage steigt automatisch auf 3:1 (€ 75 : € 25) – die anfänglich geborgten € 50 Millionen müssen ja zur Gänze zurückbezahlt werden. Die Limite für maximales Leverage werden von den Kreditgeber in guten Zeiten oft allzu großzügig gestaltet. Nach Fällen wie Granite Fund (vor allem ein *Mortgage-backed-securities* Hedgefonds, der 1994 nach dem Verfall der Anleihenmärkte explodierte) oder Long Term Capital Management werden sie meistens drastisch eingeschränkt, was wiederum unverschuldet negative Auswirkung auf andere Hedgefonds hat, obwohl sie ihrerseits die Limits nie ausgeschöpft haben und sich trotzdem neuen Regeln unterordnen mussten.

Das Basel Komitee hat bereits im Januar 1999 festgestellt, dass erstens ein bedachtes und vorsichtiges Risikomanagement der Banken in Bezug auf ihre Verwicklung mit den „hoch fremdkapitalfinanzierten Institutionen" (*Highly Leveraged Institutions* – HLI) einen positiven Einfluss auf die Limitierung oder Minderung des Leverage haben würde, zweitens dass nicht alle Hedgefonds HLIs sind und drittens, dass man Finanzinstitutionen mit hohem Leverage sehr wohl auch im traditionellen Segment finden kann. Es liegt also auch in der Verantwortung der traditionellen Finanzinstitute, ob die Leverage-Spekulationen etwelcher Hedgefonds einen systemischen Effekt haben könnten.

2.3.2 Gesamtvolumen

Ein entsprechend großes Volumen erlaubt dem Hedgefonds besseres Management, bessere Research-Arbeit und bessere Konditionen beim Broker. Verglichen dazu arbeiten kleine Fonds sozusagen fast in der Dunkelheit und kommen weder an die interessantesten Informationen noch an die besten Konditionen heran – dank den Internetbrokern hat sich diese Situation zumindest punkto Konditionen in den letzten Jahren deutlich verbessert. Allerdings hängt das optimale Gesamtvolumen eines Hedgefonds eng mit seiner Strategie und den Märkten, in die er investiert, zusammen. Generell können zum Beispiel die globalen Anleihen- und Währungsmärkte enorm große Volumina bedienen. Manche Nischenstrategien im Bereich von Arbitrage schöpfen hingegen mit relativ kleinen Volumina ihre Kapazitätsgrenzen aus und ihre Ergebnisse könnten sich bei zu viel Geld sehr wohl verschlechtern. Ein großes Volumen macht es jedoch wesentlich schwieriger, entsprechend große Positionen zu bilden und diese auch zu liquidieren. Große Positionen in Derivaten fallen zudem viel leichter der Konkurrenz auf und ihr potentieller Ertrag könnte dann durch Gegenwetten stark verringert oder sogar ganz nivelliert werden. Immer wieder erkennen auch die besten Manager, dass zu viel Geld nicht immer profitabel unter Kontrolle zu halten ist. So haben zum Beispiel solche Hedgefonds Größen wie Bruce Kovner oder Paul Tudor Jones oder auch John Meriweather (einige Zeit vor dem Zusammenbruch seines Long Term Capital Management[23]) signifikante Beträge den Investoren zurückgeschickt, um die Portfolios besser im Griff zu halten. Manche Manager akzeptieren neue Investments auch, wenn sie die Kapazitätsgrenzen überschritten haben. Dies führt entweder zur Verwässerung der Strategie oder zu Änderungen im Investmentstil. Viele Manager erreichen ihre besten Ergebnisse, solange ihre Fonds eher kleiner sind. Werden die Volumina zu groß, greifen die Manager zu folgenden Lösungen:

- Suche nach Investmentmöglichkeiten in verwandten Strategien (z.B. *Fixed-income* Arbitrage und *Convertible* Arbitrage) oder kompletter *Style Drift* zu anderen Strategien;
- Konzentration von großen Volumina auf wenige gute Investmentideen, was das Risiko für den gesamten Fonds steigert;
- Ausweichen auf schlechtere Investments;
- Übergroße Cashpositionen – Verschlechterung der Performance
- Auslagerung eines Teiles der Investments zu anderen Submanagern – nicht immer mit entsprechender Erfahrung, Fähigkeiten, etc.;
- Größerer Zeitaufwand für die Organisation als für das Investmentmanagement.

Die zwei ausschlaggebenden Faktoren für den Erfolg einer Hedgefonds Strategie sind die Begabung des Managers und die Investmentmöglichkeiten am Markt – beide Faktoren sind nicht skalierbar.

2.3.3 Konzentration und die Größe der Einzelpositionen

Die Konzentration und die maximal zulässige Größe der Einzelpositionen gehören zu jenen Freiheiten, die nur den Hedgefonds und nicht den traditionellen Investments beschieden sind – siehe auch Kapitel über die Unterschiede zwischen den beiden Finanzbereichen. Ein Hedgefonds Manager hat oft praktisch freie Hand bei der Gestaltung des richtigen Gleichgewichts zwischen der Konzentration und der immer aus der Sicht des Risikomanagements erstrebenswerten Diversifikation in seinem Portfolio.

[23] LTCM hat im Jahre 1997 circa US$ 2,7 Milliarden an die Investoren zurückgegeben. Die Begründung: „investment opportunities were not large and attractive enough".

Konzentration hat genauso wie das Leverage zweifellos oft sehr positive Seiten, doch eine wirklich gefährliche Situation könnte dann entstehen, wenn Konzentration und Leverage zusammenkommen und der Manager in seiner Einschätzung falsch liegt (wieder einmal LTCM oder der expandierende Anleihenmarkt in 1993, der sich in ein Waterloo in 1994 verwandelte). Es ist dem Gefühl und der Erfahrung des Managers überlassen zu entscheiden, wann eine Position zu groß ist und somit eine zu große, potentielle Gefahr für das Gesamtportfolio bildet. Generell erhöht die Konzentration das Marktrisiko, Liquiditätsrisiko, Ereignisrisiko, etc., hingegen vermindert eine breite Diversifikation in Bezug auf Strategien, Positionen und ihre Korrelation die Exposition zu diesen Risikoquellen.

2.4 Operative Risikofaktoren der Hedgefonds

Das operative Risiko kommt überall dort vor, wo potentielle Verluste durch Menschen (*Human Factor* intern oder extern – wie bereits beschrieben), durch Prozesse oder Abläufe (Fehler in Modellen oder Systemen), aufgrund der Technologie (IT-Programme, Datenbanken, etc.) oder durch andere externe Faktoren (Naturkatastrophen, Diebstahl, etc.) verursacht werden können. Die drei großen Verlustfälle im Jahre 1997 – Barings, Sumitomo und Daiwa[24] – können auf eine Mischung aus Marktrisiko, operativem Risiko und vor allem mangelnder Kontrolle zurückgeführt werden. Operatives Risiko kann speziell große Institutionen gefährden, in welchen die Abläufe und diverse Interaktionen zwischen den verschiedenen Einheiten und Abteilungen oft sehr komplex sind. Obwohl die Hedgefonds meistens deutlich kleiner und weniger komplex sind als die großen Finanzinstitutionen, unterliegen sie sehr ähnlichen operativen Risikofaktoren und besonders dort, wo es gilt nur eine kleine Marktineffizienz auszunutzen (Arbitrage), können zum Beispiel Abwicklungsfehler die Gewinne zunichte machen.

Zu den operativen Risikofaktoren zählen:

- Liquidität
- Kreditrisiko (aus spezifischen Gründen signifikanter als bei traditionellen Investments)
- Prime Brokerage und die Autorisierung des Trading
- Bewertung der Finanzinstrumente und Transparenz des Portfolios
- Risiko der unkorrekten oder unvollständigen Performanceangaben

[24] Barings: $ 1,3 Mrd., Sumitomo: $2,6 Mrd., Daiwa: $1,1 Mrd. Verlust.

- Rechts-, Verwaltungs- und Aufsichtsrisiko
- Modellrisiko

2.4.1 Liquidität

Die Liquidität bildet einen wichtigen und vielfältigen Risikofaktor – die wesentlichsten Aspekte sind die Liquidität der Fondspositionen und der Fondsanteile und die Liquidität der Finanzierung. Der Risikomanager soll das Portfolio auf die Liquidität der Positionen prüfen, um einschätzen zu können, wie schnell und zu welchem Preis im Vergleich zu ihrem aktuellen Kurs sie geschlossen werden könnten.

Viele Hedgefonds Strategien basieren auf Finanzinstrumenten oder Finanzmärkten, deren Liquidität generell eingeschränkt ist. In Haussemärkten spielt Liquidität als Risikofaktor kaum eine wichtige Rolle. In Baissemärkten hingegen kann es durchaus vorkommen, dass für bestimmte Finanzinstrumente zeitweise überhaupt kein Gebot zu haben ist, oder dass der Markt nicht imstande ist, eine große Position ohne deutlichen Impakt auf die Kurse zu absorbieren[25]. Die Illiquidität kann so schnell und für manche unerwartet kommen, dass sie mitunter sogar zu panikartigen Reaktionen der Manager führt. Besonders anfällig sind die *Emerging Markets*, aber auch in den hochentwickelten Märkten können punkto Liquidität so verlässliche Wertpapiere wie Aktien (und nicht nur die *Small Caps*) zumindest zeitweise illiquide werden[26]. Ein Hedgefonds, der konzentrierte Positionen in illiquiden Wertpapieren hält, ist besonders gefährdet, wenn der Manager auf Grund der Verluste im Nettoinventarwert gezwungen wird, die Positionen zu veräußern.

Ein anderer Aspekt ist die Liquidität, die der Hedgefonds seinen Investoren bietet[27]. Es kann leicht zu einer Fehlanpassung zwischen der Investmentanlage und der Liquiditätsverpflichtung kommen, wenn das Portfolio in Werten angelegt ist, deren Verkauf länger dauert als es die Verkaufsbedingungen für die Fondsanteile tatsächlich bestimmen. Die monatliche (geschweige denn vierteljährliche oder sogar jährliche) Liquidität stellt allerdings für den Anleger ein größeres Risiko dar, als die täglich fälligen traditionellen Investments. Es ist auch ein beruhigendes Gefühl für die meisten Investoren zu wissen, dass sie jederzeit aussteigen können. Doch für einen Hedgefonds selbst ist es umgekehrt: bei jährlicher Liquidität zum

---

25 Diese Erscheinung nennt man *Blockage*: der Markt kann zum gegebenen Zeitpunkt die Liquidation einer großen Position nicht absorbieren, ohne dass ein drastischer Preisverfall in Kauf genommen wird.

26 Zum Beispiel während der Finanzkrise im Jahr 1987.

27 Auch im Kapitel "Dachfonds" umfangreich beschrieben.

Beispiel hat der Fonds genug Zeit, um die Positionen auf geordnete Weise zu liquidieren; bei monatlicher Liquidität kann der Fonds ins Schleudern geraten, wenn die Positionen unbedingt wegen eines großen Rückkaufs verkauft werden müssen. Dies bestraft sowohl den verkaufenden Investor als auch jene, die weiterhin im Fonds bleiben, da die Preise der illiquiden Instrumente stark verfallen können.

Hedgefonds, die Leverage verwenden oder zum Beispiel Fremdfinanzierung für ihre Short Positionen brauchen, können mit der Illiquidität der Finanzierung konfrontiert werden – hier kann man auch die *Margin Calls* der Broker erwähnen (die damit verbundenen Risiken werden auch unter *Kreditrisiko* und *Prime Broker* beschrieben,).

2.4.2 Kreditrisiko

Das Wachstum der Hedgefonds Industrie und immer neue und komplexere Finanzinstrumente teilen dem Kreditrisiko eine immer wichtigere Rolle zu. Die Manager müssen genau überprüfen, mit wem sie die Transaktionen durchführen und ob die Gegenseite imstande ist, die Bedingungen und Verpflichtungen zu erfüllen. Wenn ein Hedgefonds Wertpapiere kauft oder verkauft entsteht automatisch ein Kreditengagement, das um so größer – und riskanter – wird, je mehr sich der Kurs des Wertpapiers von seinem Handelspreis zwischen der Transaktion und ihrem tatsächlichen Settlement entfernt hat. Allerdings ist für die meisten Transaktionen diese Zeitspanne nur gering – zu den riskanteren Ausnahmen gehören zum Beispiel MBS (*Mortgage-backed-securities* – Instrumente für Hypothekenrechte) oder die OTC Instrumente (*Over-the-counter* – direkt gehandelte Instrumente).

Die Finanzierung der Transaktionen kann eine wesentliche Risikoquelle darstellen. Für viele Kauf- oder Verkaufstransaktionen wird normalerweise ein „*Margin*" eingerichtet. Diese Sicherheitsleistung entspricht ungefähr dem Wert der Transaktion, ihre Aufgabe ist aber nicht, den Wert der Position im Hedgefonds an den Wert der Finanzierungsposition zu binden. Bei Veränderungen im Wert erntet der Fonds die Gewinne, muss aber auch die Verluste tragen. Der Hedgefonds ist verpflichtet den gesamten Finanzierungskredit zurückzuzahlen, ohne Rücksicht auf den aktuellen Wert seiner Positionen. Wenn aber der Nettoinventarwert des Fonds dramatisch fällt oder sogar ins Negative rutscht, wird auch die Gegenseite mit Verlustrisiko konfrontiert[28]. Sowohl die Finanzierung der Long Transaktionen als auch der Short Transaktionen birgt in sich ein Kreditrisiko. Wenn ein Hedge-

---

[28] Zum Beispiel wie Bear Sterns im Fall von LTCM: die Verluste des Brokers waren so dramatisch, dass er von der Beteiligung an den durch die FED verordneten Rettungsmaßnahmen befreit wurde.

fonds Wertpapiere vom Händler borgt (Short) und Bargeld als Kollateral hinterlegt, ist der Fonds der nicht abgesicherte Kreditgeber des Händlers beim Fall des Wertpapierkurses und umgekehrt: der Händler ist der nicht abgesicherte Kreditgeber des Fonds bei steigendem Kurs. Ähnlich (obwohl spiegelverkehrt) verhält es sich auch, wenn der Hedgefonds vom Händler Bargeld ausborgt und Wertpapiere als Kollateral hinterlegt.

Das Risiko der Gegenseite ist in den *Emerging Markets* besonders signifikant. Es kann zum Beispiel vorkommen, dass die allgemeinen Rahmenbedingungen scheinbar zufriedenstellend sind, aber ein rechtliches Instrumentarium fehlt, um sie zu exekutieren[29]. Auch viele Finanzinstrumente, die von den Hedgefonds verwendet werden, bergen grundsätzlich ein potentielles Risiko der Gegenseite in sich, zum Beispiel: *Repurchase Agreements (Repos), Swaps* oder *Forwards.* Das Kreditrisiko kann man durch diverse Investmentparameter (unter anderem: Anforderungen für minimale Ratings, Limite für Konzentration, etc.) einschränken.

2.4.3 Prime Broker

Viele Aspekte des Kreditrisikos werden ausgeschaltet, wenn der Hedgefonds einen Prime Broker hat, der sich seinerseits wiederum um die Transaktionsbroker und die Abwicklung der Deals kümmert. Der Prime Broker gewährleistet die Betreuung des Depots, Clearing, Finanzierung und Settlement für die Handelsaktivitäten des Hedgefonds. Die Vorgangsweise bei einer Transaktion beginnt bei der Order, umfasst mehrere Schritte und endet bei der Abwicklung (Settlement). Die Brokerfirmen bieten komplexe und technologisch hochentwickelte Dienste. Allerdings ist es die Sache des Managers, das Leverage und die Marktexposition seiner Positionen beim Broker zu kontrollieren und eigene Limits sowie die Investmentziele einzuhalten. Der Prime Broker führt grundsätzlich jede erwünschte Transaktion durch und meldet sich erst, wenn die *Margin Calls* fällig und die Gefahren für das Portfolio womöglich unanwendbar sind. Es entstehen immer wieder sogenannte „*Short Squeezes*", die man durch Verwendung von nur solchen Finanzinstrumenten, die auch für Leerverkäufe leicht verfügbar sind[30], und durch Limitierung der einzelnen Short Positionen vermeiden kann. Für die meisten Hedgefonds ist es besonders wichtig mit einem Prime Broker zu arbeiten, der einen exzellenten Zugang zu Aktienbeständen hat, welche für *Short Selling* verfügbar sind.

---

29 In Russland wurden auch Fälle von Betrug und Diebstahl der Wertpapiere dokumentiert.

30 Bekannt als "easy-to-borrow" Wertpapiere.

Das Risiko bei der Autorisierung des Trading wurde bereits beim Risikofaktor Mensch angeschnitten und ist nur über verlässliche Kontrollsysteme zu beherrschen. Hilfreich sind auch Limits für verschiedene Arten von Marktexposition und diverse *Stress Tests*, die helfen können, die Wahrscheinlichkeit von erwarteten und unerwarteten Verlusten zu bestimmen.

Round Robin

Wenn ein Wertpapier als Short Position schwer erhältlich ist, kann es zu der sogenannten „*Round Robin*“ Situation kommen, die nichts anderes ist, als Laufen im Kreis[31]: Marktteilnehmer A borgt sich ein Wertpapier vom Marktteilnehmer B, der glaubt, das Wertpapier vom Marktteilnehmer C zu bekommen und an A zu liefern. C ist überzeugt, das Papier an B liefern zu können, weil er es von A gekauft hat, doch um zu liefern muss A auf die Lieferung von B warten... Der Kreis schließt sich und niemand ist tatsächlich im Besitz des gehandelten Instruments.

2.4.4 Bewertung und Transparenz

Die Bewertung eines Hedgefonds Portfolios kann den Administrator vor eine sehr komplexen Aufgabe stellen, wenn man bedenkt in welche mitunter exotische Finanzinstrumente die Hedgefonds investieren können. Die Bewertung kann auch zu einem wichtigen Risikofaktor für den Investor auswachsen. Etwas paradox mutet dabei die Tatsache an, dass viele der Hedgefonds Strategien gerade die unkorrekte oder ineffiziente Marktbewertung diverser Finanzinstrumente als Ertragsquelle ausnutzen.

Die NAV (*Net Asset Value*) Berechnung eines Hedgefonds spiegelt kaum so wichtige Faktoren wieder, wie die Größe der Positionen oder ihre niedrige Marktliquidität oder die Komplexität mancher Derivativinstrumente. Die Finanzinstrumente werden in folgende Gruppen zum Zweck der Bewertung zusammengefasst:

- Gelistete Wertpapiere, die auf einer anerkannten Börse notieren – Aktien, Anleihen, Derivativinstrumente
- OTC (*Over-the-counter*) Wertpapiere ohne Börsennotierung – besonders oft bei Derivativinstrumenten[32]

---

[31] Ähnlich den Ringversuchen in der Technik.

[32] Siehe Kapitel über Derivativinstrumente.

- Selten gehandelte Wertpapiere – gehandelt sowohl auf einer Börse (ohne tägliche Kursbildung) als auch OTC.

  Subjektive Sonderfälle bilden zum Beispiel folgende Situationen:

- Bewertung beim *Blockage*
- Bewertung, wenn der Hedgefonds einen großen Prozentsatz vom Gesamtbestand eines Finanzinstrumentes besitzt und die Quotierung des Preises nicht objektiv zu prüfen ist
- Bewertung der illiquiden Positionen – kann auch einen Interessenkonflikt verursachen. Aggressivere, also für den Fonds bessere, höhere Bewertung der illiquiden Positionen findet zu Gunsten der existierenden Investoren und auf Kosten der neuen Kunden statt. Investoren, die gerade ihre Anteile verkaufen, bekommen einen höheren Preis ausbezahlt. Konservative Bewertung hat die umgekehrte Auswirkung, was auch nicht wirklich optimal erscheint. Aggressive Bewertung ist auch für den Manager günstiger, da er höhere Performance aufweisen kann und somit eine höhere Performancegebühr bekommt

Laut einer Untersuchung von CMRA (Capital Market Risk Advisors[33]) können die Preisunterschiede für illiquide Wertpapiere bis zu über 40% rangieren. In etlichen Fällen von gut dokumentierten Zusammenbrüchen der bekannten Hedgefonds gab es aggressive Bewertung der illiquiden Positionen, die sich später als viel zu hoch erwiesen hat. Frühere Rückkäufe wurden zudem durch den Verkauf der liquiden Positionen gedeckt, was den Anteil an illiquiden Instrumenten im Portfolio stark erhöhte. Wenn die Überbewertung eines solchen Portfolios nach unten korrigiert werden musste, geschah dies auf Kosten der verbliebenen Investoren. Eine zu aggressive Bewertung der illiquiden Finanzinstrumente wirft letztendlich ein negatives Licht nicht nur auf die gesamte Hedgefonds Industrie, sondern auch auf ihre Dienstleistungsanbieter, speziell den Administrator und den Wirtschaftsprüfer. Für einen Investor ist es nicht möglich, das Verhalten des Managers in dieser Hinsicht selbst einzuschätzen, es sei denn, der Investor hat unabhängige Kontakte zum Administrator, Wirtschaftsprüfer oder zum Broker des Fonds (eventuell *Market Maker*), und sie nehmen ihre Aufgaben genau genug, um sich nicht nur auf die Bewertung des Managers zu verlassen. Die Voraussetzung wäre allerdings, dass der Broker oder die Depotbank die Bewertung selbst überprüfen und nicht nur die Angaben des Managers kritiklos wiedergeben und weiterleiten. Die Hedgefonds die hohe Provisionen zahlen, sind allerdings begehrte Kunden der

---

33 www.cmra.com.

Brokerfirmen und nicht jeder Broker ist gewillt, sich in Kontroversen über Offenlegung des Portfolios und Performancebemessung zu engagieren.

Mit der Bewertung der Finanzinstrumente hängt auch die Transparenz eines Portfolios zusammen. Im optimalen Fall sollten die Informationen über alle täglich durchgeführten Transaktionen und die tägliche Bewertung der einzelnen Instrumente verfügbar sein. Zudem soll sie nicht vom Manager selbst, sondern vom Prime Broker oder von der Depotbank kommen. Bei manchen Strategien ist eine tägliche Bewertung nicht möglich oder einfach nicht praktikabel und andererseits würden viele Manager einem solchen Niveau der Transparenz aus bereits erwähnten – und zumindest zum Teil verständlichen – Gründen nicht zustimmen.

2.4.5 Risiko der Performanceangaben

Die Datenquellen, Indizes und Benchmarks für traditionelle Investments sind klar bestimmt, allgemein bekannt und verlässlich – nicht so bei Hedgefonds. Die Ergebnisse einer Studie im Bereich der Hedgefonds Industrie hängen meisten davon ab, welche Datenbank als Quelle verwendet wurde. Die noch relativ kurze Geschichte der Hedgefonds – die meisten Performancezahlen stammen aus den Neunziger Jahren, schon deutlich weniger Angaben reichen in die Achtziger zurück – führt zu weiteren Verzerrungen[34]. Ein anderes Problem ist die sogenannte „*Survivorship Bias*“ – jene Hedgefonds, die gezwungen wurden zu schließen, werden einfach in der Datenbank gelöscht und belasten die Performance ihrer Strategiegruppe nicht. Das führt dazu, dass die Gesamtergebnisse der „Überlebenden“ um geschätzte 2% - 3% höher ausfallen können. Die Datenbanken der Hedgefonds sind auch aus dem Grund unvollständig, dass nicht alle Manager bereit sind, ihre Performancezahlen zu Verfügung zu stellen (dies betrifft zum Beispiel viele der geschlossenen Hedgefonds).

Der Hedgefonds-spezifische Ansatz der absoluten Erträge (*Absolute Returns*) führt zu weiteren Problemen in der Performancebemessung: es ist praktisch unmöglich, für die Hedgefonds Industrie einen ähnlich verlässlichen und objektiven Referenz-Maßstab (Benchmark) zu schaffen, wie bei den traditionellen Investments. Auch die diversen Kennzahlen für die risikobereinigten Ergebnisse (zum Beispiel Sharpe Ratio) können nicht alle Aspekte der von ihrer Natur aus unterschiedlichen Strategien und Investmentmethoden vollständig erfassen. Die historischen Performancezahlen sollen also nicht die alleinige Grundlage für die Analyse einer Strategie

[34] Nach den anhaltend bullischen Märkten in den Neunziger hat die Baisse um die Jahrtausendwende zu einer willkommenen Objektivierung der Daten beigetragen.

oder eines Managers bilden, sondern müssen von anderen Kriterien begleitet werden.

2.4.6 Rechts-, Verwaltungs- und Aufsichtsrisiko

Das Rechtsrisiko kann sich einerseits auf Situationen beziehen, wo der Manager seine Ansprüche nur auf dem Wege langer Prozesse geltend machen kann – kommt speziell bei illiquiden Strategien vor[35], andererseits kann der Investor selbst kaum den Manager belangen, da die Dokumente des Hedgefonds so gut wie alles erlauben und der Manager praktisch für nichts, außer für grobe Fahrlässigkeit und Betrug, haftet[36]. Der Hedgefonds Investor muss sich auf die Verwaltung des Fonds verlassen: vor allem auf den Administrator und auf den Wirtschaftsprüfer. Dass dies nicht immer gut geht, hat der Manhattan Fund bewiesen, wo der Manager Michael Berger über längere Zeit falsche Finanzergebnisse unbehelligt den Prüfern lieferte.

Die Aufsichtsfunktion der Finanzbehörden in den *Offshore* Jurisdiktionen der meisten Hedgefonds lässt oft viel zu wünschen übrig, allerdings bieten diese Domizile vor allem Steuer- und Rechtsvorteile, die man sonst *Onshore* nicht haben kann. Eine drastische Änderung dieser Vorteile, um sich zum Beispiel den internationalen Standards besser anzupassen, könnte nicht nur für den Fondsmanager, sonder vielmehr für die Investoren sehr schädigend sein.

2.4.7 Modellrisiko

Das Modellrisiko ist zum Beispiel mit einem unvollkommen entwickelten oder unzureichend erprobten Computermodell für eine bestimmte Strategie verbunden[37]. Dieser Risikofaktor betrifft vor allem die Managed Futures Fonds, die auch zu den alternativen Investments gehören (aber nicht zu den Hedgefonds). Ansonsten sind davon alle Hedgefonds Strategien betroffen, die als Grundlage der Investmententscheidungen ein quantitatives Computermodell verwenden.

---

35 Z.B. bei *Distressed Securities* oder bei *Regulation D* Strategie.

36 Auch hier wird langsam ein Übergang bei den zuständigen Gerichten von der Haltung "*Caveat Emptor*"- wo der Käufer die Schuld beweisen müsste, zu "*Caveat Vendor*" – wo der Verkäufer die Unschuld nachweisen muss, beobachtet.

37 "Bessere Modelle können Albträume verursachen" – Nassim Taleb, in: "Dynamic Hedging",1997.

Risikomanagementregel: es ist besser ein bewährtes Modell zu verbessern, als mit einem weiterentwickelten, aber neuem Modell zu operieren. Es ist besser ein Modell mit der kleinsten Parameteranzahl, die geschätzt werden müssen, zu verwenden.

Das Risikomanagement bei operativen Risikofaktoren bedeutet vor allem das Einrichten diverser Kontrollmechanismen. Dazu gehören beispielhaft:

- Monitoring – ständige Überprüfung der Einhaltung aller vorgegebenen Anlageziele, Vorgangsweisen und etwaigen Restriktionen
- Trennung der Funktionen – die Verantwortung fürs Trading soll vom Clearing, von der Buchführung und vom Risikomanagement separiert werden (eine der wichtigsten Regeln für alle Finanzinstitutionen, unabhängig von deren Größe)
- Klare Risikomanagement-Richtlinien und Kapitalpolitik sollen festgelegt und vom Führungsmanagement laufend überprüft werden
- Interne und externe Wirtschaftsprüfung soll regelmäßig die Abläufe auf potentielle Schwachstellen untersuchen
- Manager sollen auf Basis der risikobereinigten Ergebnisse und nicht auf Basis der puren Performance entlohnt werden
- Risikomanagement und Buchführung sollen einen Leistungslohn unabhängig von den Erfolgen der Traders erhalten
- Portfoliopositionen und Kurse sollen von mindestens zwei Quellen unabhängig bestätigt werden und die für die Durchführung der Transaktionen autorisierten Personen sollen allen beteiligten Seiten in Form von Listen bekannt werden

In vielen kleinen Hedgefonds ist der Wertpapierhändler gleichzeitig sein eigener Risikomanager, und nur die Festlegung und strikte Einhaltung der Risikorichtlinien (zum Beispiel maximale zulässige Exposition, maximale Konzentration, *Stop-loss* Limite, etc.) kann die potentiellen Risiken minimieren[38].

2.5 Systemisches Risiko

Zum Schluss sollte man noch das systemische Risiko erwähnen – es handelt sich dabei nicht um eine Art von Risiko, das für die Investoren eine direkte Auswirkung haben könnte, sondern vielmehr um die angebliche,

[38] Es ist mit ein Grund, warum viele Manager als Begründung ihres Erfolges die Investmentdisziplin nennen.

potentielle Gefährdung der Finanzmärkte durch die Hedgefonds. Die Behauptungen der traditionellen Seite der Finanzwelt, dass die alternative Seite die Finanzmärkte stark gefährden kann, sind zwar maßlos übertrieben, doch wie wir am Beispiel von Long Term Capital Management gesehen haben, kann der plötzliche Zusammenbruch einer entsprechend großen Institution zu einem ökonomischen Schock und einer Kettenreaktion führen und andere Finanzinstitutionen mit sich ziehen – wenn nicht rechtzeitig ausreichende Schritte unternommen werden. Der Fall von LTCM ist beispielhaft für das systemische Risiko, sollte aber nach menschlichem Ermessen nicht so leicht wieder vorkommen.

2.6 Instrumente des modernen Risikomanagements – Value-at-Risk

Aus der Palette der diversen Methoden des modernen Risikomanagements wird hier die – vielleicht verlässlichste, aber jedenfalls meistens angewandte – quantitative Methode, genannt *Value-at-Risk* (VaR) beschrieben. Diese Methode wurde ursprünglich von J. P. Morgan entwickelt und als ein internes Risikomanagement-Instrument für die Portfolios seiner Kunden angewandt. VaR berechnet die Größe des maximalen Verlustes bei einem bestimmten Zeithorizont und bestimmten Zuversichtsniveau. Kurz gesagt ist es eine mathematisch-wissenschaftliche Fassung dessen, was jeder kleine Händler seit der Antike, neben der potentiellen Profitberechnung, für sich überlegen konnte: „Wenn ich etwas kaufe (sprich: investiere), wie viel kann ich verlieren, bevor ich es wieder verkaufen kann?“.

VaR ist kein fehlerloses Instrument, doch derzeit noch immer eine der besseren Methoden, die man relativ universell einsetzen kann[39]. Vor der Einführung von VaR konnte man zwei diametral unterschiedliche Positionen in Wertpapieren (zum Beispiel US-Aktien und russische Staatsanleihen) im selben Portfolio nicht vergleichen – VaR ermöglicht hingegen die einheitliche Risikobemessung quer durch diverse Anlageklassen und diverse Arten von Wertpapieren. Obwohl VaR eine Folgeentwicklung der Modernen Portfolio Theorie (MPT) ist, bringt diese Methode eine Reihe anderer Aspekte mit sich. Vereinfacht gehören zu den wichtigsten die folgenden:

[39] Dies klingt vielleicht schon ironisch aber schließlich kann auch die Einschätzung des Risikos zum Risikofaktor werden – je mehr diverse Parameter, desto größer die Gefahr, dass die entstandene Risikodarstellung auch irreführend sein könnte.

- MPT beschränkt sich grundsätzlich auf das Marktrisiko, VaR kann auch für einige andere Risikofaktoren angewandt werden
- MPT bestimmt das Risiko durch die Standardabweichung (*Standard Deviation*) der Erträge, VaR konzentriert sich bei der Risikobeschreibung auf den maximalen möglichen Verlust
- MPT bedient sich grundsätzlich einer Berechnungsmethode (*Variance-Covariance*), VaR kann auch auf andere Arten berechnet werden (z.B. historische Methode oder Monte Carlo Simulation)

VaR kann man sowohl auf das gesamte Portfolio, als auch nur auf seine bestimmten Teile, wie zum Beispiel Asset Klassen, Sektoren, Gruppen von Finanzinstrumenten oder geographische Regionen anwenden. Der Risikomanager muss die zwei wichtigsten Parameter für die VaR Berechnung definieren: den Zeithorizont (z.B. 1 Jahr) und das Zuversichtsniveau (z.B. 75% Wahrscheinlichkeit). Ein einfaches, kurzfristiges Beispiel wäre 99% Zuversicht für 1-Tag-Zeitperiode. Als nächster Schritt erfolgt die Zuordnung der Finanzinstrumente zu den diversen, für sie zutreffenden Risikofaktoren. Eine Aktie wäre zum Beispiel dem Marktrisiko und dem idiosynkratischen Risiko zugeordnet, für ein festverzinsliches Instrument müsste man hingegen das Risiko der Zinsveränderung und der Laufzeit einkalkulieren. Eine der gängigen Methoden für die Zuordnung der Finanzinstrumente zu den Risikofaktoren ist die Methode mit Hilfe der Geldflüsse (*Cash Flows*), die der Investor sofort oder zu einem bestimmten Zeitpunkt in der Zukunft erhalten kann[40]. Nach der Zuordnung erfolgt die Berechnung von Volatilitäten und Korrelationen der Risikofaktoren (genannt *Covariance Matrix*). Die Wissenschaft bietet diverse Methoden der Berechnung von Volatilität (als *Variance*) und Korrelation (als *Covariance*). Erst nach diesen Vorbereitungen wird Value-at-Risk kalkuliert. Die drei meist verbreiteten Berechnungsmethoden sind[41]:

- Parametrischer Ansatz
- Historische Simulation
- Monte Carlo Simulation

---

[40] Die Grundlage dafür ist die Annahme, dass man jedes Finanzinstrument durch ihm zuordnendbare Geldflüsse definieren kann.

[41] Die Methoden werden nur kurz erwähnt – eine detaillierte Behandlung würde den Rahmen dieses Buches übersteigen.

2.6.1 Parametrischer Ansatz

Vielleicht ist es die einfachste Art, daher auch nicht immer anwendbar – sie funktioniert am besten bei Instrumenten mit dem Marktbewertungsansatz (*Mark-to-Market*), setzt aber voraus, dass die Ertragsverteilung nur normal und das Verhältnis zwischen den Risikofaktoren und Wertpapieren im Portfolio nur linear erfolgt[42].

2.6.2 Historische Simulation

Diese Methode basiert ausschließlich auf den historischen Ergebnissen und auf der historischen Ertragsverteilung. Der Vorteil ist, dass man keine hypothetischen Annahmen verwenden muss, der Nachteil hingegen, dass das historische Preisverhalten in der Zukunft nicht unbedingt relevant bleibt.

2.6.3 Monte Carlo Simulation

Die Monte Carlo Methode führt die volle Wertbestimmung der Instrumente bei unterschiedlich simulierten Situationen für die zugeordneten Risikofaktoren (Zufallsgenerator) durch. Im Gegensatz zur parametrischen Methode wird das mögliche, nicht lineare Verhältnis zwischen den Risikofaktoren und Wertpapieren voll berücksichtigt. Alle Positionen im Portfolio werden unter jeweiligem Simulationsszenario neu bewertet und VaR wird aus so entstandenen Tausenden von Iterationen errechnet[43]. Die Monte Carlo Simulation ist – wenn auch nicht vollkommen – die verlässlichste Methode, allerdings verlangt sie einen sehr großen rechnerischen Aufwand.

Man sollte hier betonen, dass jede Methode der VaR Berechnung (wie auch andere mathematische Modelle) diverse Fehler haben kann. VaR kann irreführende Ergebnisse liefern, wenn die verwendeten Parameter nicht stabil genug sind – Volatilitäten und Korrelationen sind alles andere als stabil und neigen speziell zu verstärkten Veränderungen, wenn die Marktsituation am unsichersten ist. Dies führt oft zu Situationen, in denen VaR nicht imstande ist das Risiko des Portfolios zu beschreiben. Aus diesem Grund ist es wichtig, regelmäßig Rückrechnungen und Modellverifizierungen durchzuführen. VaR ist sehr stark von den diversen Annahmen abhängig, die für die Berechnung notwendig sind. Zu den größten Proble-

---

[42] Die bekanntesten Methoden sind: die Delta Methode (basierend auf *Variance-Covariance* Berechnung) und ihre Erweiterung, die Delta-Gamma Methode.

[43] Eine einfachere Version verlässt sich auf Teilerhebung anstatt Tausende von neuen Wertbestimmungen durchzuführen.

men gehört die Verteilung der Erträge, da weder extreme Gewinne noch extreme Verluste berücksichtigt werden können und nur jene Verluste gemessen werden, die relativ regelmäßig vorkommen. In der Hedgefonds Industrie ist die unregelmäßige Distribution für viele Strategien und Instrumente (speziell Derivative) aber sehr häufig der Fall. Für *Worst Case Scenario* ist VaR nicht geeignet. Die bei weitem schlimmsten Verluste, die immer wieder die größten Kapitalmärkte gefährden – es genügt 1987 Aktienmarktkrise, 1990 Nikkei Krise, 1995 Mexikokrise, 1997 Asienkrise, 1998 Russland und LTCM Katastrophe[44] zu erwähnen – werden von VaR nicht erfasst. Auch der Einfluss des Leverage wird nicht korrekt berücksichtigt – die Investoren von LTCM haben es auf die harte Tour lernen müssen. Die Korrelationen und Volatilitäten Berechnung in VaR basiert auf historischen Ergebnissen und setzt voraus, dass sich deren Muster auch künftig wiederholen werden, was nicht unbedingt der Fall sein muss. Und letztendlich kann VaR großteils über das systemische (marktbezogene) Risiko Aussagen treffen und kann das unsystemische (marktunabhängige) Risiko viel weniger berücksichtigen.

Für die Einschätzung des Marktrisiko sollte man als Ergänzung zu VaR den Beanspruchungstest (*Stress Testing*) vor allem deshalb durchführen, weil die unter normalen Marktkonditionen errechneten Korrelationen sich während einer Krise meistens Richtung +1 (positive Korrelation) oder -1 (negative Korrelation) bewegen und so die Reaktion des Portfolios auf die Marktentwicklung total verändern[45]. Die einfachsten und sehr wichtigen Fragen, die ein Beanspruchungstest beantworten soll, sind zum Beispiel: wie wäre die Auswirkung auf das Portfolio, wenn alle Korrelationen zum Wert 1 (plus oder minus) gehen?; wenn die Geld-Brief-Spannen (*Bid-ask Spread*) sich vergrößern?; wenn die *Haircuts* vom Broker erhöht werden? Ein Beanspruchungstest soll auf der Investmentnatur des Portfolios basieren und auch den Zeithorizont berücksichtigen. Der Ansatz dabei kann sehr variieren von zum Beispiel Untersuchung der historischen Finanzereignisse (Krise von 1987, Russland/LTCM in 1998, Internet Blase 2000, Anschlag vom 11. September 2001), über extreme Szenarios für die Standardabweichung bis zu Institutions-spezifischen *worst cases*. Die historischen Ereignisse werden auf die aktuellen Portfolios übertragen um zu sehen, wie sich ihre Wiederholung auswirken würde.

---

[44] LTCM löste auch die größten Zweifel an Verlässlichkeit von VaR aus, da diese Berechnung dort angewendet wurde – das Problem war aber nicht so sehr VaR und die Risikobewertung selbst, sondern eher das von den Managern betriebene „*gaming the system*".

[45] *Stress testing* kann speziell für die Arbitrage Strategien von Bedeutung sein.

2.7 Risikofaktoren in diversen Hedgefonds Strategien

Diverse Hedgefonds Strategien sind im substantiell unterschiedlichen Ausmaß den unterschiedlichen Risikofaktoren ausgesetzt. Das *Short Selling* Risiko kommt in fast allen Strategien vor – Ausnahmen sind zum Beispiel *Distressed Securities* und öfter auch *Emerging Markets.*

2.7.1 Fixed-income Arbitrage

Diese Strategie kann grundsätzlich ihre wichtigste Risikoquelle – die Veränderungen in den Zinsraten – recht gut neutralisieren, indem sie Portfolios mit einer Gesamtduration nahe Null strukturiert. Erhebliche Rolle spielt das Kreditrisiko und das relativ hohe Leverage, das unter Umständen schnell zu enormen Verlusten aufgrund der *Margin Calls* führen kann. Das Modellrisiko verbunden mit der Anwendung von komplizierten Computerprogrammen verlangt ständige Anpassung des Modells an die Dynamik des Finanzmarktes. Das Liquiditätsrisiko soll durch ausreichende Finanzierung und adäquate Höhe des Leverage kontrolliert werden. Manche festverzinsliche Instrumente, wie zum Beispiel die *Mortgage-backed Securities* (MBS) tragen ein idiosynkratisches Risiko, das schwierig zu hedgen ist.

2.7.2 Convertible Arbitrage

Diese Form der Arbitrage arbeitet vor allem mit der Long Volatilität und ist deswegen dem Vega Risiko der unerwarteten Veränderungen in der Volatilität ausgesetzt[46]. Die Absicherung kann lediglich durch Sektor- und Emittentendiversifizierung erfolgen. Die meisten Manager versuchen ihr Portfolio gegen das Zinsrisiko der Anleihenkomponente abzusichern und Delta-neutral zu gestalten, um das Marktrisiko der Aktienkursveränderungen zu eliminieren. Stark ausgeprägt ist das Kreditrisiko und unter widrigen Bedingungen auch das Liquiditätsrisiko.

2.7.3 Equity Market-neutral

Die rudimentäre Voraussetzung im Risikomanagement ist hier die breite Diversifizierung. Die Auswahl der Positionen muss aus einer enormen Zahl der gelisteten Firmen erfolgen und erfordert strikte und genaue Kriterien. Statistische Arbitrage ist zusätzlich auf maximale Liquidität angewiesen und verwendet prinzipiell quantitative Computermodelle (Modellrisi-

[46] Siehe Kapitel über *Convertible* Arbitrage.

ko). Die breite Diversifizierung führt zu hohem Portfolio *Turnover* und zu operationalem Risiko.

2.7.4 Merger Arbitrage

Das Ereignisrisiko ist bei dieser Strategie vordergründig – unerwartete *Events* können große Verluste verursachen. Als Absicherung fungiert auch hier die Streuung und Limitierung der Einzelpositionen. Die Strategie verwendet auch öfter Leverage. Liquidität ist als Risikoquelle nicht ausschlaggebend, solange die involvierten Firmen über ausreichend große Marktkapitalisierung verfügen.

2.7.5 Distressed Securities

Diese Strategie gehört zu jenen mit der schlechtesten Liquidität – es kann vorkommen, dass die Positionen auf Jahre illiquide bleiben. Abhilfe bringt lediglich die möglichst breite Diversifizierung. Zudem sind das Kreditrisiko und speziell das Bewertungsrisiko besonders signifikant. Die Kapazität dieser Strategie kann mitunter schnell an ihre Grenzen stoßen.

2.7.6 Macro Investment

Das Risikoprofil dieser Strategie enthält so gut wie alle Arten von Risiko, inklusive das Marktrisiko, das vielleicht am stärksten unter allen Hedgefonds Strategien hier zu tragen kommt. Die Portfolios sind sehr direktional und opportunistisch gestaltet und nur die Diversifizierung bringt eine gewisse Absicherung, obwohl gerade in der *Macro* Strategie die höchste Konzentration der Positionen zu finden ist.

2.7.7 Equity Hedge (Equity Long/Short)

Am wichtigsten scheinen hier die Nettoexposition zu sein – Long oder Short, und die Subjektivität der Aktienauswahl. Liquiditätsrisiko wird durch Investments in *Large-caps* umgangen. Für einzelne Positionen werden *Stop-loss* Limits und Ertragsziele festgelegt. Firmenspezifisches Risiko wird durch traditionelle Fundamentalanalyse gemanagt.

2.7.8 Equity Market Timing

Diese Strategie gehört zu den am wenigsten komplizierten unter den Hedgefonds Strategien und verlässt sich meistens auf relativ simple Indikatoren, wann eine Position gebildet oder geschlossen werden soll. Häufiges Trading der Positionen kann zu verstärktem operationalem Risiko führen.

Diese Strategie kann manchmal Kapazitätsprobleme haben (meistens wegen diverser Restriktionen).

2.7.9 Short Selling

Diese Strategie hat paradoxerweise die gleichen Risikofaktoren wie *Long-only* Investment nur mit spiegelverkehrter und oft verstärkter Wirkung. Es sind vor allem das Marktrisiko und idiosynkratische Aspekte des Ereignisrisikos. Unterschiedlich sind hingegen das operationale Risiko und Kreditrisiko jedes *Short Selling* (zum Beispiel „Short Squeezes") und Liquiditätsrisiko.

2.7.10 Emerging Markets

Zu den typischen Aspekten, wie zum Beispiel das Liquiditätsrisiko oder operationales Risiko, kommen hier noch das Rechtsrisiko und die wirtschaftspolitischen Faktoren im breitesten Sinne.

2.8 Schlusswort

Der Zusammenbruch von Long Term Capital Management hat auch einen weiteren Aspekt des Risikos geprägt: „Eisberg Risiko" – das bekannt geglaubte Risiko kann im Falle einer Krise ungeahnte Ausmaße und Formen annehmen. Dies erteilte den Hedgefonds Investoren – sowohl den bestehenden als auch den potentiellen – eine lehrreiche Lektion, was man auch bei wenig Erfahrung auf jeden Fall beachten sollte:

- Vergangene Performance ist keine Garantie für die künftigen Erträge;
- Investieren in eine *Black Box* gibt keinen Aufschluss über das Risiko und keine Möglichkeit des aktiven Risikomanagements;
- Leverage kann das Risiko wesentlich vergrößern;
- Wenn die Marktliquidität nicht vorhanden ist, sind auch *Long* Positionen gefährlich;
- Bei manchen Strategien sollte man einen „langen Atem" haben, da sie nur unter bestimmten Marktkonditionen und nur als langfristiges Investment ertragreich sind.

Ein Risikomanager in der Hedgefonds Industrie muss jedenfalls die Wechselbeziehung und gegenseitige Beeinflussung von zumindest Marktrisiko, Managerrisiko, Kreditrisiko, Risiko der Bewertung, Leverage und Liquidität verstehen und implementieren können. Viele Investmentgesellschaften tragen dem Rechnung in Form eines ganzheitlichen oder unternehmensweiten Risikomanagements. Die in diesem Kapitel und im Kapitel über die Bewertung der Hedgefonds[47] beschriebenen Risikofaktoren machen es hinreichend klar, dass Risikomanagement zu den wichtigsten, sehr komplexen Aspekten eines Hedgefonds gehört und mindestens genauso hohe Priorität genießen soll, wie die Performanceergebnisse. Das Ziel des Risikomanagements in der Hedgefonds Industrie bedeutet aber nicht nur die Einschränkung der potentiellen Gefahren, sondern auch die Entscheidung, welche Risikobereitschaft für welche Performanceerwartungen zu akzeptieren sei.

3. Alternative Investments aus Kundensicht

People who lose money like to blame someone else
Leslie Rahl, CMRA

Warum soll man in Hedgefonds investieren? Wie fast alles in der Hedgefonds Industrie, ist auch die Antwort auf diese Frage nicht ganz einfach. Die traditionellen Medien berichten vor allem – wie könnte es anders sein – über die traditionellen Investments und widmeten sich bis dato vermehrt den Hedgefonds, wenn gerade einer von ihnen explodiert war oder ein Manager ein Bravourstück geliefert hatte. Ein Routinesatz war immer die Beschreibung, dass die Hedgefonds verschlossene, nicht registrierte Investmentvehikel für sehr vermögende Kunden sind. Sonst machte es in der Meinung der traditionellen Medien wenig wirtschaftlichen Sinn, über Investments zu berichten, deren Kundschaft aufgrund der hohen Mindestbeträge stark limitiert ist. Das hat sich in den Jahren nach dem Einbruch der Aktienhausse verändert und die Finanzpresse bringt immer wieder interessante und wertvolle Informationen über die alternativen Investments.

Beginnen sollte man vielleicht damit, dass die Hedgefonds mittlerweile ein essentieller Teil der globalen Finanzwirtschaft geworden sind und nicht mehr nur ein Thema für aufregende Zeitungsartikel. Die Hedgefonds repräsentieren den innovativsten und am schnellsten expandierenden Bereich des modernen Investments, sozusagen ein „*Cutting Edge*“ des aktiven Investmentmanagements. Zudem bilden die Hedgefonds eine echte Diversifizierung eines Portfolios mit dem Vorteil, dass sowohl ihre Ertragsquellen als auch ihre Risikoquellen sich von jenen der traditionellen Investments

[47] Im Kapitel “Dachfonds” sind weitere spezifische Risikoaspekte ausführlich beschrieben.

diametral unterscheiden. Die Hedgefonds gedeihen erfolgreich dank Anbieten solcher Risiko/Ertrag Parameter, die bei den konventionellen Investments nicht zu finden sind.

Die Hedgefonds Industrie ist äußerst heterogen in Hinsicht auf die Strategien, Märkte, Manager, Investmentansätze und -methoden, Finanzinstrumente, Performance und Risikoquellen, etc. Es ist kein Investment für Jedermann. Für die meisten Investoren sind die Hedgefonds aus unterschiedlichen Gründen nicht geeignet, auch wenn manche alternativen Investments durch kleine Stückelungen und sogar diverse Ansparprogramme die breiteste Anlegerschicht zu erreichen versuchen. Man könnte zwar behaupten, dass sie das Verlustrisiko des Fonds auf eine große Kundenzahl „diversifizieren", die Tatsache aber bleibt, dass praktisch kaum einer der kleinen Anleger nur annähernd eine Ahnung hat, was sein Investment in Wirklichkeit ist. Dies widerspricht allen Grundsätzen und gesetzlichen Richtlinien der gewissenhaften Kundenberatung. Marktschreierisches Prahlen mit überdurchschnittlicher Performance sollte im Marketing der Hedgefonds und anderer alternativen Investments nichts zu suchen haben.

Historisch bildeten die reichen Privatanleger die erste Investorengruppe für die Hedgefonds. Mit der Zeit, speziell nach dem Einbruch der traditionellen Märkte, kommen immer mehr institutionelle Investoren zur Einsicht, dass die Hedgefonds keine Geldvernichtungsmaschine sondern ein Investment mit sehr interessanten Parametern sein können. Als problematisch werden weiterhin die Transparenz, Liquidität und Risikokontrolle angesehen – genau diese Aspekte sind die Gründe für die Zurückhaltung mancher Großkunden. Oft werden auch die hohen Gebühren beanstandet, insbesondere die Performancegebühr – die institutionellen Kunden sind nicht immer einverstanden, dass sie ein fünftel aller Erträge an den Manager abgeben sollen, aber die Verluste zu 100% selbst tragen müssen[48]. Große institutionelle Investoren können jedoch durchaus verlangen, dass ihre Gebühren reduziert werden oder dass ein Teil rückerstattet wird, wenn die Performance ihre Ziele verfehlt.

Die institutionellen Investoren haben ähnlich langfristige Investmentziele, wie die vermögenden Privatkunden, ihre Risikobereitschaft ist aber deutlich niedriger und die Konsistenz der Erträge ist für sie noch wichtiger. Die Identifizierung von Risikoquellen, die Bewertung von Risikoparametern und das Risikomanagement haben (sollten haben) für die institutionellen Anleger die höchste Priorität und sind der Schlüssel für die Hedgefonds Industrie zu den künftig wachsenden Investments. Viele Spezialisten sind der Meinung, dass die institutionellen Investoren immer besser erkennen werden, dass kleinere Gewinne in fallenden Märkten oft wichti-

48 *High Water Mark* mildert diese Bedenken, hilft aber auch nicht immer.

ger sind als große Gewinne in steigenden Märkten und werden in der nächsten Zukunft intensiver in die *Skill-based* Hedgefonds investieren[49].

Im Jahre 2001 habe ich geschrieben:

„In den himmelhoch steigenden Aktienmärkten der Neunziger Jahre, als fast ein jeder Durchschnittsmanager 25 Prozent und die besseren Manager 30 Prozent und mehr Jahresperformance erreichten, war es schwierig, die Anleger für die Hedgefonds mit absoluten Erträgen von rund 15 Prozent zu interessieren. Das Argument der kontinuierlichen Performance und kumulierten Erträge hat nur wenig Anklang gefunden. Speziell die institutionellen Investoren, wohl wissend, dass etwaige Vorstöße in die Welt der alternativen Investments unter Umständen karriere-schädigend sein können, hatten beim Anblick des Emissionsprospektes eines Hedgefonds meistens nur die Warnung *caveat emptor* im Sinne. Leider war die hochkarätige Niederlage von Long Term Capital Management für viele potentielle, institutionelle Investoren die erste Einführung in die Welt der Hedgefonds und gab ihnen einen nachhaltig prägenden, negativen Eindruck. Wie schon John Maynard Keynes bemerkte, ist es besser konventionell zu scheitern, als unkonventionell zu gewinnen. Der Status der traditionellen Investments gewährt allgemein bekannte, leicht verständliche und nachvollziehbare Performance. Die alternativen Investments hingegen verlangen vom potentiellen Investor viel komplexeres Wissen, das er nicht in der Schule gelernt haben konnte[50]. Dieser Mangel an kompetentem Wissen und an Erfahrung im Umgang mit der dynamisch expandierenden Hedgefonds Industrie bildet oft eine Barriere, die schwer zu überwinden ist. Es ist nur allzu verständlich, dass man nicht in etwas Unbekanntes investieren will. In der Finanzwelt ist noch immer die Meinung verbreitet – und sie stimmt auch meistens – dass ein Asset Allocation Manager einen Verlust von 1 Milliarde Euro in traditionellen Investments vor seinem Aufsichtsrat viel leichter und plausibler rechtfertigen kann, als einen Verlust von 1 Million Euro im alternativen Sektor. Dies wird als „*hot issue*“ gehandelt und kann den Manager seinen Job kosten. Die meisten institutionellen Anleger bevorzugen traditionell die relativen Erträge (im Vergleich zu einer Benchmark) vor den absoluten Erträgen eines Hedgefonds “[51].

Daran hat die Entwicklung der letzten Jahre nur zum Teil etwas geändert, obwohl das Paradigma der *Black Box* sich als überraschend persistent und langlebig erwiesen hat. Allerdings, setzt sich auf den Vorstandsebenen der institutionellen Investoren immer öfter die Meinung durch, dass die Hedgefonds ein akzeptables Investment und ihre Techniken nützliche Investmenttools sein können, insbesondere für die Erhöhung der Erträge und

[49] Vgl.: Ineichen, “Hedge Funds. Bubble or New Paradigm?”, 2001.

[50] Tatsache ist, dass Manager in höheren Positionen im Alter zwischen 35 und 45 Jahren viel kompetenter und offener für alternative Investments sind als ihre älteren Kollegen, insbesondere Aufsichtsräte im Pensionsalter.

[51] Fano-Leszczynski, “Hedgefonds...”.

die Limitierung des Marktrisikos. Die Frage ist nicht nur, ob ein Hedgefonds Investment karriereschädigend sein kann, sondern auch ob das unbegründete Unterlassen eines Hedgefonds Investment nicht eine ähnliche Auswirkung mit der Zeit haben könnte.

> Eine „**Randbemerkung**" über Banken:
>
> Der Niedergang von Long-Term Capital Management (und später im kleineren Ausmaß jener von Manhattan Fund) hat das Engagement der sogar sehr konservativen Banken, wie die Schweizer UBS, in Hedgefonds Industrie zu Tage gebracht. Die hochspekulativen Derivativgeschäfte in der Barings Bank, die zu ihrem Bankrott geführten, zeigten einen anderen Aspekt. Ein Bericht von General Accounting Office (GAO) hat gezeigt, dass Investmentbanken, wie z.B. Goldman Sachs, Solomon Brothers oder Merrill Lynch höheres Leverage verwendet haben als LTCM.

Trotz der starken Investitionszuflüsse in die Hedgefonds Industrie in den letzten Jahren ist ein Investment dieser Art für viele institutionelle Investoren eher eine allgemeingeschäftliche als eine finanzielle Entscheidung. Viele glauben, dass damit primär ein Geschäftsrisiko verbunden sei, das erörtert gehört, bevor man sich – erst sekundär – dem Investmentrisiko zuwendet. Ganz oben auf der Liste steht sicherlich das Reputationsrisiko, dem man im Falle einer LTCM, Manhattan oder Maricopa – Neuauflage ausgesetzt wäre. Hat ein institutioneller Investor den Zugang zu Risikoinformationen, die ihm die Erfüllung seiner Treuhand-Pflichten zwar ermöglichen sollen, die er aber nicht versteht und nicht implementieren kann, dann wächst seine Verantwortung und die Erklärung nichts gewusst zu haben, ist schwer zu akzeptieren. Dabei wären die Hedgefonds mit absoluten Erträgen als Investmentziel und kaum Korrelation mit den traditionellen Anlageklassen geradezu prädestiniert, ein wichtiges Investment in den Portfolios von Versicherungen und Pensionskassen zu bilden. Eine interessante Merkwürdigkeit am Rande des oft seltsamen Verhältnisses zwischen Hedgefonds und institutionellen Kunden ist, dass der Staat New York, in dem der größte Wertpapiermarkt zu Hause ist, den dort ebenfalls angesiedelten Pensionskassen per Gesetz Investments in Hedgefonds untersagt.

UBS und LTCM[52]

John Meriweather besuchte UBS in Zürich bereits in 1994, um die Bank als einen Investor zu gewinnen. Der Vorstand von UBS winkte damals ab: kaum Track Record, keine klare Strategie, außerdem versuchte LTCM bei fast allen größeren Banken Geld zu beschaffen.

Ende 1995 performte der Fonds exzellent und war für neue Investoren geschlossen. Trotzdem versuchten manche Finanzinstitute über Vermittler in London oder Zürich die LTCM-Anteile auf dem Sekundärmarkt zu ergattern und waren bereit, ein höheres Agio zu zahlen. Nirgends war die Nachfrage so groß wie bei UBS – lange Zeit aber erfolglos. Im Jahre 1996 kam Myron Scholes von LTCM auf eine Idee: UBS könnte mehr als 1 Milliarde US$ in den Fonds investieren. Zuerst aber würde der LTCM der UBS US$ 320 Millionen für eine siebenjährige Option auf US$ 800 Millionen in Anteilen des Hedgefonds zu einem fixen Preis abkaufen. Für die General Partners bei LTCM war das eine Möglichkeit, hohe Steuern zu vermeiden. Vorstand der UBS war überglücklich und der Deal wurde in einer *slide show* als der beste Deal des Jahres inkludiert.

1998 hat UBS kolportierte US$ 680 Millionen bei LTCM verloren

Die Finanzmärkte ändern sich aber nach eigenen Regeln und so kam mit der Baisse des neuen Jahrtausends das vermehrte Interesse an Investments, die auch in negativen Märkten gute Performancezahlen liefern können. Dies hat ein enormes Wachstum der Hedgefonds Industrie begünstigt – immer mehr Manager starteten eigene Hedgefonds, *Mutual Fund* Firmen gründeten Hedgefonds für ihre reichsten Kunden, Investmentbanken fingen an, aggressiv neue Manager zu suchen, um komplexe Hedgefonds Strategien anbieten zu können und sogar die kommerziellen Banken folgten dem Trend und gründeten eigene Dachfonds für die alternativen Investments.

Die Kunden entscheiden sich für ein Investment in der Hedgefonds Industrie aus etlichen Gründen – die wichtigsten davon sind:

- Erhöhung der Performance
- Stabilisierung der Portfolioerträge durch absolute Erträge
- Diversifizierung der Ertragsquellen
- Diversifizierung der Risikoquellen
- Risikoreduktion

[52] The Wall Street Journal, 16. November, 1998, "All Bets are Off", hier zitiert nach: Fano-Leszczynski, "Hedgefonds…".

Insbesondere die diversifizierende und stabilisierende Auswirkung einer Beimischung von einem guten alternativen Investment auf das private oder institutionelle Portfolio wird immer mehr erkannt. Manche professionelle Investmentmanager haben zudem eine Art „Abneigung“ gegenüber dem Marktrisiko, weil dies die Exposition zu einer zufälligen Entwicklung ist. Diese Profis schätzen insbesondere jene Hedgefonds Strategien, in welchen Manager-Alpha vom Markt-Beta isoliert ist[53]. Im Allgemeinen haben die Hedgefonds gute und konsistente Performanceergebnisse im Vergleich zu traditionellen Investments erreicht – der historischen Performance ist deshalb immer ein prominenter Platz in den Marketingunterlagen zugeordnet. Die Stilkonsistenz und die Marktunabhängigkeit sind womöglich jene Eigenschaften, die den Hedgefonds in Zukunft erlauben werden, große Investments der institutionellen Kunden anzuziehen. Die Attraktivität der alternativen Investments für die Anleger machen folgende Aspekte aus:

- Keine, niedrige oder negative Korrelation mit traditionellen Investments sowohl in steigenden als auch in fallenden Märkten
- Attraktive, konsistente, dem Risiko angepasste Performance
- Größere, globale Diversifikation und Steigerung der Erträge
- Minderung der Volatilität des Gesamtportfolios

Besondere Aufmerksamkeit wird jenen alternativen Investments gewidmet, die Investmentstrategien verfolgen, in denen das Können und die Fähigkeit des Managers unabhängig von der Marktentwicklung absolute positive Ergebnisse zu erzielen, im Vordergrund stehen. Risikoaverse Anleger bevorzugen Hedgefonds, deren Erträge durch disziplinierten Investmentprozess und nicht durch die Exposition zu einer bestimmten Anlageklasse generiert werden. Vordergründige Bedeutung hat eine strenge und konsequente Risikokontrolle und die Konsistenz und Kontinuierlichkeit der Erträge. Außerdem sollte man unterstreichen, dass die Hedgefonds vor allem als Beimischung zu einem bereits existierenden Portfolio aus Aktien und Anleihen erachtet werden und nicht als ein „*Stand Alone*“ Investment. Und gerade im Kontext eines traditionellen Portfolio kommen die Vorteile der Hedgefonds am besten zu tragen – sei es als Performanceverbesserung oder als Risikoreduzierung. Wenn sich ein Investor wünscht, den vorhandenen Volatilitätslevel beizubehalten, aber den Gesamtertrag zu erhöhen, sollte er als Beimischung einen Hedgefonds wählen, dessen Strategieziel eine überdurchschnittlich hohe Performance ist. Ist ein Investor mit dem Portfolioertrag hingegen zufrieden, möchte aber den allgemeinen Risiko-

[53] Vgl. Ineichen, "The Alpha in Fund of Hedge Funds", 2002.

level reduzieren, sollte er einen marktneutralen und risikodiversifizierenden Hedgefonds beimischen. Institutionelle Investoren fangen oft damit an, dass sie um ein traditionelles Kerninvestment aktiv gemanagte Hedgefonds als sozusagen Satelliteninvestments platzieren (es ist der Kern-Satelliten Ansatz).

Sowohl die institutionellen als auch privaten Investoren benötigen exakte Informationen über die Risikoparameter vor allem aus drei elementaren Gründen:

- um die Verantwortung des Treuhänders wahrnehmen zu können (Banken, Vermögensverwalter, etc.)
- um das Risiko des gesamten Portfolio zu bestimmen
- um festzustellen, ob die erwünschte Diversifizierung erreicht wurde

Der Blick auf das Risikomanagement eines Hedgefonds soll aber nicht diesen Bereich isoliert, sondern immer in der Verbindung mit der Komplexität der Strategie betrachten, um feststellen zu können, ob das Risiko konsistent mit der Strategie gemanagt wird.

In den vorhergehenden Kapiteln wurden unterschiedlichste Aspekte der Hedgefonds beschrieben und ihre Strategien nach diversen Kriterien klassifiziert und aufgeteilt. Aus Kundensicht kann man noch einen Aspekt hinzufügen, nämlich die Aufteilung der Hedgefonds Industrie auf:

- Unabhängige Hedgefonds, die sowohl als Einzelfondsprodukte oder als eine Gruppe verwandter Fondsprodukte angeboten werden können
  - gegründet und gemanagt von individuellen Managern (Partnern)
  - Manager hat üblicherweise hochrangige, institutionelle Investmentvergangenheit und Erfahrung
  - Manager investiert eigenes Geld
  - Manager hat meistens hohe Reputation und hohen Bekanntheitsgrad in der Industrie
- Institutionelle Hedgefonds, die entweder von spezialisierten Institutionen angeboten werden, oder von solchen, die auch über eine große Palette der traditionellen Investmentfonds verfügen
  - Management und Controlling erfolgt innerhalb einer Finanzinstitution (Investmentbank, Brokerfirma, kommerzielle Bank etc.)

- Zielgruppe sind institutionelle Kunden und seltener vermögende Privatkunden[54]
- die Finanzinstitution versorgt den Fonds meistens mit dem Startgeld (seed money) und fungiert als Sponsor
- sehr oft wird die Dachfonds-Struktur verwendet

Die kleineren, unabhängigen Hedgefonds sind meistens wesentlich flexibler und überwiegen in der Industrie, doch die Anzahl der institutionell geführten Fonds steigt kontinuierlich. Oft sind es Multi-Manager oder Multi-Strategie Hedgefonds mit der Struktur eines Dachfonds. Aus der Sicht eines nicht allzu sehr erfahrenen Kunden haben die institutionellen Hedgefonds den entscheidenden Vorteil, dass die *Due Diligence* sowie Controlling und Monitoring von der jeweiligen Finanzinstitution durchgeführt wird. Der Kunde kann sich also darauf verlassen, dass zumindest alle rechtlichen und organisatorischen Voraussetzungen erfüllt wurden und die Entwicklung des Hedgefonds regelmäßig kontrolliert wird[55]. Trotzdem muss jeder potentielle Investor (mit Hilfe seines Investmentberaters) für sich selbst entscheiden, wie, welche und in welchem Ausmaß die alternativen Investments in sein Portfolio passen.

Die eigenen Investmentziele für die alternativen Investments zu definieren ist relativ einfach: die meisten Anleger fokussieren die stabilen Erträge, niedrige Volatilität, negative Korrelation, Unabhängigkeit von den traditionellen Märkten. Die spekulativen *Highflyer* wie zum Beispiel die *Macro* Fonds werden viel seltener gesucht, meistens von den wirklich Reichen und Eingeweihten.

Es wurde auch bereits die Bedeutung des Zeithorizonts eines Anlegers (siehe Kapitel über das Risiko) behandelt. Hedgefonds sollen als langfristige Investments angesehen werden und der Zeithorizont eines institutionellen Investors unterscheidet sich deutlich von dem eines Privatkunden. Eine Institution kann sich einen Zeithorizont von 25 Jahren oder länger leisten. Ein Privatkunde hingegen hat ab einem gewissen Alter einfach keine Zeit mehr dazu und wenn er noch jung genug ist, entweder kein Kapital oder schlicht keine Geduld.

Bei der Frage nach dem Betrag, den man in die alternativen Investments anlegen möchte, sollte man von der Überlegung ausgehen, dass die Hedge-

---

54 Die Privatkunden machen zwar bis zu 80% der Aktionäre der Hedgefonds aus, doch die institutionellen Kunden sind die tatsächlichen „*Big Spenders*“ mit großen Investments.

55 In volle Sicherheit kann sich der Kunde trotzdem nicht wiegen: die Fondsgesellschaft haftet nur für das Vermögen der Gesellschaft selbst, für die Kundengelder als Sondervermögen wird hingegen nicht gehaftet.

fonds eine Beimischung des Portfolios und nicht sein Hauptinvestment bilden werden. Es hängt daher immer von der Situation, Zielen und Bedürfnissen des sowohl privaten als auch institutionellen Anlegers ab, wie groß sein Investment in einen oder mehrere Hedgefonds sein sollte. Üblicherweise werden Investitionen von 10% des Gesamtportfolios empfohlen, was in vielen Fällen auch mit dem rechtlich erlaubten Rahmen für solche Investments zusammenhängt, obwohl sorgfältig und professionell ausgesuchte Hedgefonds auch bis zu 20% oder 25% des Portfolios ausmachen könnten. Bei einem Investment von weniger als 10% würde die erwartete stabilisierende und diversifizierende Auswirkung nicht relevant zu tragen kommen. Die erwähnten Investmentobergrenzen, verbunden mit den hohen Mindestinvestitionen der meisten Hedgefonds, sortieren zwangsläufig die weniger betuchten Kunden aus (davon auch viele kleine institutionelle Kunden) und liefern nochmals die Bestätigung, dass die Hedgefonds keine Variante für monatliche Ansparprogramme sind. Mehrere akademische Studien bestätigten den Diversifizierungsvorteil der Hedgefonds in einem traditionellen Portfolio. Manche haben aber auch festgestellt[56], dass die Erwartungen der Investoren oftmals zu hoch sind: erstens wirkt die Diversifizierung nicht bei extrem negativen Märkten; zweitens erhöht Investment in ein Portfolio von z.B. mehr als 50 großen Hedgefonds die VaR[57]. Aus diesem Grund ist es illusorisch, ein Schema für den optimalen Hedgefonds Anteil in einem Portfolio zu suchen. Der Nutzen einer Beimischung variiert von Fall zu Fall und hängt davon ab, wie das traditionelle Portfolio selbst zusammengestellt ist, welche Hedgefonds Strategie ausgewählt wird und welche Risikobereitschaft der Investor hat.

Wesentlich schwieriger gestaltet sich die Suche nach dem richtigen Hedgefonds und dabei kommt man um die qualitative und quantitative Analyse nicht umhin (beschrieben im Kapitel über die Bewertung der Hedgefonds). Die institutionellen Investoren sind für den Anfang gut beraten, einen professionellen Investmentberater, der sich in der Hedgefonds Industrie spezialisiert und bereits Erfahrung vorweisen kann, zu suchen oder in einen Dachfonds zu investieren, der von einer Finanzinstitution verwaltet wird. Die meisten Hedgefonds Investoren sind auch fachlich nicht imstande, genügend Aufwand der Selektion der Strategien und der Manager zu widmen und sollen diese Aufgabe an die Investmentberater delegieren. Ein Dachfonds ist auch immer ein guter Anfang für einen Privatkunden und oft die einzige Möglichkeit, auf diesem Umweg der kleineren Mindestinvestments in die Hedgefonds Industrie zu investieren. Die

---

56 Z.B. Favre, Galleano, "Portfolio allocation with Hedge funds, HEC University of Lausanne, 2000.

57 Siehe das Kapitel über Risiko.

Dachfonds bieten auch bessere Risikoparameter, da sie unter mehreren Subfonds zusätzlich diversifizieren. Verglichen mit einem einzelnen Hedgefonds hilft ein Dachfonds die Erträge zu steigern und gleichzeitig das Risiko zu minimieren. Eine richtige Auswahl an Subfonds kann oft die Ergebnisse eines einzelnen Hedgefonds outperformen und dies bei niedriger Volatilität. Wichtig ist jedoch die sorgsame Streuung unter den Subfonds und ihre gegenseitige Korrelation (beschrieben im Kapitel über die Dachfonds).

Bei den Investoren, die selbst eine breitere Perspektive auf das Risiko des Hedgefonds Investments haben, treten häufig folgende Bedenken auf:

- Betrug – dieses Risiko betrifft alle Arten des Investments. In den Hedgefonds können jedoch aufgrund des ausgeprägten Fokus auf einen bestimmten Manager einerseits und aufgrund der nicht vorhandenen strikten Regelungen der Hedefonds anderseits die Möglichkeiten des Betrugs wahrscheinlicher und die Auswirkungen schwerwiegender sein als bei den traditionellen Investments[58]
- Signifikant großer Verlust im Wert des Portfolios – könnte entweder durch eine Abweichung von der Strategie (*Style Drift*) oder durch bekannte oder vorher nicht bedachte Risikofaktoren verursacht werden
- Unterperformance des Investments – meistens verursacht durch zu hohe Erwartungen, die von der Strategie nicht erfüllt werden können (zumindest nicht unter allen Marktbedingungen). Jeder Hedgefonds Strategie kann man einen erwarteten Durchschnittsertrag zuordnen und die potentiellen Investoren sollten sich mehr dem Verständnis der Grundprinzipien einzelner Strategien widmen als der rastlosen Suche nach dem besten Manager

Das Risikomanagement, das vom Investor oder seinem Investmentberater durchgeführt wird, soll aktiv sein, speziell wenn die Risikolimits überschritten werden, wenn das Portfolio eine unerwünschte Exposition hat oder wenn externe Ereignisse die Risikoparameter von gewissen Portfoliopositionen vergrößern. Das pro-aktive Risikomanagement umfasst folgende Punkte:

- Regelmäßige Konversation mit dem Manager über die Entwicklung der Strategie und potentielle neue Risikofaktoren

[58] Letztendlich der optimale Weg, die Möglichkeiten des Betrugs zu limitieren ist die Trennung des Managers vom Geld über ein *Managed Account* – siehe Kapitel über die Strukturen.

- Erklärung etwaiger für die Strategie unüblicher Positionen
- Festlegung der Risiko- und Expositionslimits sowie der *Stop-loss* Limits
- Limit und Kontrolle von Leverage und Margenanforderungen
- Kündigung des Managers oder Verkauf des Investments bei Verletzung der Investmentrichtlinien oder bei problematischen Vorgangsweisen, Gerichtsverfahren, Strafen seitens der Aufsichtsbehörden, etc.

Für die fortgeschrittenen Anleger[59], die sich selbst die richtige Auswahl zutrauen, gibt es, speziell im Internet[60], eine Menge an Informationen, vor allem für die quantitative Analyse sowie auch viele Hintergrundgeschichten, die bei der qualitativen Analyse hilfreich sein können. Man soll aber bei den historischen Performancedaten Vorsicht walten lassen: Long-Term Capital Management hatte bis zum Zeitpunkt seines Untergangs einen exzellenten *Track Record* und niedrige Volatilität[61]. Die Performancedaten allein sagen noch gar nichts über das Risiko oder über die künftigen Perspektiven und potentiellen Fallen aus. Mindestens genauso wichtig ist zu verstehen, wie die Performance erzielt wurde, das heißt, welche Ertragsquellen genützt wurden. Zudem kann es durchaus vorkommen, dass ein Manager ausgezeichnete Zahlen bei ganz geringem Volumen erzielt und nicht imstande ist die gleiche Performance bei z. B. Euro 25 Millionen zu wiederholen entweder, weil die Strategie nur für eine Investmentnische entworfen wurde oder der Manager kein *Back Office* hat und mit der Organisation überfordert ist.

Besonders die institutionellen Investoren haben oft mit der quantitativen Analyse ihre liebe Not, weil sie diese von der falschen Seite betrachten. Sie sind gewohnt, die traditionellen Investments nach den Performancezahlen im Vergleich zu einer Benchmark zu interpretieren. Bei den Hedgefonds ist es weder so einfach noch so eindeutig und es gibt auch Risikofaktoren, die sich nicht quantifizieren lassen. Der Vergleich mit einer traditionellen Benchmark ist nur bedingt sinnvoll. Hedgefonds Indizes sind da schon besser aber sie umfassen nur gewisse Gruppen, und zwei Hedgefonds mit theoretisch ähnlicher Strategie können sich trotzdem deutlich unterscheiden (siehe Kapitel über die Hedgefonds Indizes). Zudem verraten die Hedgefonds manchmal sogar zu Recht nicht alle ihre Geheimnisse – wer volle Transparenz ohne wenn und aber verlangt, der soll bei traditio-

---

[59] Die Autorin ist überzeugt, dass die Hedgefonds vor allem gekauft und nicht verkauft werden sollen – d.h. der Kunde sollte überzeugt sein, dass ein Hedgefonds ein richtiges Investment für ihn ist.

[60] Hier die Internetadressen zu listen wäre sinnlos, da ständig neue dazukommen – jede Suchmaschine liefert eine lange Liste der entsprechenden Websites.

[61] Kein Wunder, dass diese Daten so viele seriöse Investoren verzaubert haben.

nellen Fonds bleiben. Dies ist auch dann zu empfehlen, wenn ein Investor zu wenig Zeit oder nicht genug Wissen hat, um pures Glück eines Managers von professionellem Fachkönnen unterscheiden zu können.

Die Prioritäten der institutionellen Investoren und die der Hedgefonds gehen oft auseinander. Die Capital Market Risk Advisors (CMRA) haben folgende Gegenüberstellung zusammengefasst:

- Ein institutioneller Investor hat strikte Richtlinien des Risikomanagements – das Mandat des Hedgefonds Managers nach eigenem Ermessen zu agieren ist sehr umfangreich und der Manager soll nach seinen Ergebnissen beurteilt werden
- Ein institutioneller Investor soll alle Risikofaktoren des Hedgefonds kennen und verstehen – viele Strategien sind proprietär und die Offenlegung kann sie gefährden
- Die Hedgefonds für institutionelle Investoren müssen hohe qualitativen Kriterien erfüllen; wie Infrastruktur, Stabilität, definierte Abläufe, die nicht von nur einer Person abhängen – für die Hedgefonds sind Risikomanagement, Compliance und behördliche Aufsicht nachteilig für die Performance

Hier ist eben die Hedgefonds Industrie gefordert, etwas mehr für die Transparenz und Nachvollziehbarkeit ihrer Strategien als auch für die Bildung der Investoren zu unternehmen, wenn sie so richtig an die Gelder der „*Big Spenders*" kommen will.

Jeder Investor soll unbedingt die schriftlichen Dokumente eines Hedgefonds seiner Wahl lesen. Zugegeben: es ist keine einfache Aufgabe, weil ein Emissionsprospekt vor kleineren und größeren Katastrophenszenarien strotzt und eigentlich alle potentiellen Kunden entmutigen müsste. Die Prospekte dienen allerdings dem Schutz der Fondsgesellschaften selbst und nicht dem Schutz der Anleger und werden von Rechtsanwälten nach dem Motto: „Sagt bloß, wir haben euch nicht gewarnt!" geschrieben. Einen populären Spruch paraphrasierend, sollte der potentielle Investor zwei Fragen für sich selbst beantworten. Die erste Frage lautet: Kann ich bei dieser Performance gut essen? Und die zweite: Kann ich bei diesem Risiko gut schlafen? Speziell die institutionellen Investoren sollen beachten, ob der Emissionsprospekt klare Investmentrichtlinien und -methoden sowie die Beschreibung aller erforderlichen Prozeduren enthält. Ein Hedgefonds, der keine Richtlinien definiert, muss auch keine befolgen und im Falle von Ungereimtheiten – oder bei wirklich schwerwiegenden Problemen – ist ein

Gerichtsverfahren kaum möglich[62]. Andere Bedenken institutioneller Investoren betreffen das potentielle Unvermögen, den lokalen gesetzlichen Anforderungen zu entsprechen, sodass die institutionellen Kunden eher dazu neigen, ein Mitläufer oder Nachfolger als ein Wegbereiter in Hedgefonds Investments zu sein. Eine Veränderung dieser Haltung kommt jetzt durch die vielen institutionellen Neugründungen von Dachfonds, die in die Hedgefonds investieren, zustande.

Die Kriterien für die *Top-down* quantitative Analyse und Fondssuche über eine Datenbank im Internet sind allein nicht schwierig zu definieren, zum Beispiel:

- Bestimmen der Strategie (Single oder auch Dachfonds)
- Länge des historischen *Track Record* (z.B. 5 Jahre), damit keine Verzerrung der Auswahl entsteht
- Durchschnittlicher Jahresertrag – z.B. Minimum 10%
- Bestimmte minimale Werte für Sharpe Ratio (ev. auch Sortino Ratio und max. *Drawdown*)

In dieser Reihenfolge engt jeder Punkt die Auswahl weiter ein. Wenn man mit den Hedgefonds die Diversifizierung des *Long-only* Portfolios beabsichtigt, kann man noch ein weiteres Kriterium beifügen: negative (oder zumindest neutrale) Korrelation mit einem breiten Aktienindex. Die nach dieser Auswahl verbleibenden Hedgefonds sollen das Beste vom Besten sein – die Frage ist allerdings: sind sie noch für neue Kunden offen?

Nachdem der Kunde überzeugt ist, dass ein Hedgefonds seinen spezifischen Investmentanforderungen entspricht, sollte er außer der Investmentstrategie und -methode vor allem folgende Punkte beachten:

- Gebühren und Kosten des Fonds
- Liquidität – insbesondere wann werden die Rückkäufe akzeptiert und wann nach der Einreichung wird das Geld überwiesen
- Anwendung des Leverage – in welchem maximalen Ausmaß
- Volumen des Fonds – wie viel Geld kann die Strategie managen
- Substantielle Eigeninvestition des Fondsmanagers oder seiner Partner
- Berichte des Fonds – wie oft werden sie vom Wirtschaftsprüfer geprüft
- Dienstleistungsanbieter des Fonds – Broker, Depotbank, Investmentberater, Rechtsanwalt, Wirtschaftsprüfer, etc.

---

[62] Man kann nicht klagen, dass der Fonds keine Richtlinien hatte, sehr wohl aber, wenn er vorhandene nicht befolgte – Merrill Lynch Investment Management hat dies vor nicht allzu langer Zeit "auf die harte Tour" lernen müssen.

- Börselisting
- Besteuerung des Fonds im Land des Kunden
- Absicherung des Wechselkursrisikos (wenn notwendig, z.B. US$/€)

Speziell die institutionellen Anleger sollten sich vor einer signifikant großen Investition folgendes zusichern lassen:

- Reguläre Kommunikation mit dem Management
- Liquidität und mindestens vierteljährliche Rückkäufe
- Unabhängiges Monitoring, Bewertung und Kursberichte
- Bewertung des Kreditrisikos

Nachdem ein Investment getätigt wurde, kann sich der Aktionär nur dann zurücklehnen, wenn er andere für sich arbeiten lässt, zum Beispiel einen Investmentberater oder einen Dachfonds Manager. Monitoring und Controlling eines bestehenden Investments ist nämlich eine kontinuierliche Aufgabe, die weiterhin aus den qualitativen und quantitativen Aspekten besteht. Die qualitative Analyse muss bei den Hedgefonds immer weitergehender sein als bei traditionellen Investments. Die typische quantitative Analyse der traditionellen Investments ist wiederum nicht 1 zu 1 auf die Hedgefonds übertragbar. Für beide Analysen ist der Zugang zu verlässlichen Informationen am wichtigsten, da die Hedgefonds bei weitem nicht so offen sind wie die traditionellen Investmentfonds und sogar die Performance nur in größeren, meistens monatlichen Zeitabständen geprüft werden kann.

Zu den häufigsten Warnsignalen, das Hedgefonds Investment aufzulösen – außer der unzureichenden Performance über längere Perioden – gehören unter anderem folgende Ereignisse:

- Fondsberichte erscheinen ungeprüft vom Wirtschaftsprüfer (betrifft die Jahresberichte, unterjährige Berichte sind meisten ungeprüft)
- Organisatorische Veränderungen
- Management ist für periodische Diskussionen nicht verfügbar
- Der General Partner zieht einen großen Teil seines Investments zurück oder verlässt das Management; Veränderungen in wichtigsten Positionen des Managements
- Signifikante Veränderungen in der bisherigen Strategie, *Style Drift*
- Sehr große, plötzliche Veränderungen des Fondsvolumens – sowohl nach unten wie nach oben

- Veränderungen in den Finanzmärkten, die die zyklischen Chancen einer bestimmten Strategie auf Gewinne reduzieren
- Überschreitung der Risikoparameter, des Leveragelimits oder nicht Einhaltung der Portfoliodiversifizierung
- Negative Veränderungen in der Liquidität der Portfoliopositionen;
- Begründeter Verdacht auf Betrug

Auf keinen Fall soll man ein langfristiges Hedgefonds Investment hingegen aufgeben, wenn zum Beispiel ein Hedgefonds mit dem Ziel der absoluten Erträge in einem Haussejahr weniger Performance bringt als die traditionellen Aktienfonds mit ihren relativen Ertragszielen.

Zusammenfassend kann man den Investmentprozess in vier Schritten beschreiben[63]:

1. Planung des Investments – in diesem Schritt soll der potentielle Anleger seine Investmentziele, Risikobereitschaft und Investmentparameter für sein Gesamtportfolio und für die einzelnen Hedgefonds definieren
2. Wahl der Struktur und der Strategie – hier soll der Anleger die rechtliche und organisatorische Struktur (die auch seine steuerlichen Anforderungen berücksichtigt) auswählen und sich für eine Strategie, die die vorgegebenen Investmentziele erfüllen könnte, entscheiden
3. Auswahl der Hedgefonds – in diesem Schritt erfolgt die Suche nach einem Hedgefonds oder einem Investmentmanager, der den zuvor bestimmten Zielen und Parametern entspricht
4. Monitoring und Controlling – wie wir bereits wissen, ist dies ein kontinuierlicher Prozess, der erst mit dem Verkauf der Hedgefonds-Anteile endet

Egal, wie man die Hedgefonds betrachtet – als optimierende Beimischung oder als strategische Allokation – Faktum ist, dass sie den Horizont eines Investors wesentlich erweitern, indem sie die Anwendung von sowohl zusätzlichen Investmentstilen als auch von neuen Investmentstrategien erlauben. Man soll dabei nicht vergessen, dass es nicht ein Investment in eine Anlageklasse – ähnlich den traditionellen Assets – ist, sondern ein Investment in eine bestimmte Strategie und, *last but not least*, ein Investment in den Manager. Auf seiner Fähigkeit, die Strategie konstant, diszipliniert und konsequent zu implementieren, beruht der Erfolg eines Hedgefonds. Dies richtig einzuschätzen ist eine Herausforderung sogar für fortgeschrittene Investoren.

---

[63] Vgl.. Fano-Leszczynski, “Hedgefonds…”.

4. Hedgefonds in der Globalen Finanzindustrie

„Market history indicates that even painful lessons recede from memory with time“
The President's Working Group on Financial Markets

Spätestens seit dem Zusammenbruch von Long-Term Capital Management sind die Hedgefonds ein öffentlicher Begriff und es ist seitdem auch den Behörden klar, dass die Hedgefonds eine ungewöhnlich große Freiheit genießen. Jedes entwickelte Land hat eigene gesetzliche Verordnungen und Bestimmungen für die traditionellen Finanzinstitutionen, wie Banken, Investmentbanken, Investmentfonds, Brokerfirmen, Versicherungen, etc. Das Ziel dieser Gesetzgebung ist:

- Schutz der Investoren vor unprofessionellen Anbietern, Missbrauch, etc. durch Registrierung oder Lizenzierung, Mindeststandards für die Zulassung, Offenlegung, Kapitalanforderungen etc.
- Minderung des systemischen Risikos durch die Wahrung der Integrität des Finanzsystems, der Preisstabilität, etc.

Das enorme Wachstum der Hedgefonds Industrie in den letzten Jahren lässt manche Beobachter meinen, dass sie sich einer kritischen Phase der Konsolidierung und Institutionalisierung bereits nähert – ähnlich jener der traditionellen Investmentfonds Jahre zuvor.

Die Hedgefonds haben generell sehr große Freiheit in der Implementierung ihrer Investmentstrategien. Sie haben ein offenes Mandat für jede Art von Finanzinstrumenten, keine vorgeschriebenen Grenzen fürs Leverage, *Short Selling* oder für die Verwendung von Derivativinstrumenten. Dieses hohe Maß an Freiheit und Flexibilität ist von entscheidender Bedeutung für die Effizienz und für die Investmenterfolge der Hedgefonds Industrie. Aus diesem Grund versuchen die Hedgefonds eine Befreiung von der gesetzlichen Registrierung der Investmentfonds zu erreichen und wählen solche rechtlichen Strukturen, die ihnen erlauben, außerhalb der direkten behördlichen Aufsicht zu agieren. Das trägt, *nota bene*, zu der Komplexität der Hedgefonds Strukturen bei.

Nichts macht allerdings die Behörden und die Investoren misstrauischer als dieser Freiraum der alternativen Investments. Die Kritiker der Hedgefonds sollen jedoch beachten, dass eine Befreiung von der Registrierung wiederum andere Restriktionen und Einschränkungen mit sich bringt – „unregistriert“ zu sein bedeutet keinen „gesetzlosen“ Zustand. Der allgemeine Ruf nach einer direkten Regulierung ertönte besonders laut nach dem Fall von LTCM – auch von politischer Seite – und bildete zum Beispiel ein wichtiges Thema im Bericht der President's Working Group on Financial Markets.

Nach reiflicher Überlegung sind die meisten internationalen Finanzbehörden und Gesetzgeber zu dem Schluss gekommen, dass etwaige Versuche die Hedgefonds Aktivitäten direkt gesetzlich zu bestimmen, die beabsichtigten und erwünschten Ziele womöglich verfehlen würden. Die President's Working Group schrieb in ihrem Bericht:

> „Direkte gesetzliche Bestimmung der Hedgefonds. Für Hedgefonds mit hohem Leverage könnten die gesetzlichen Einschränkungen, wie Kapitalanforderungen, die Höhe des Leverage und die Wahrscheinlichkeit eines Versagens mit systemischen Implikationen effektiver reduzieren. Es ist allerdings möglich, dass eine solche Gesetzgebung die Hedgefonds Firmen mehr in Richtung der *Offshore* Domizile treiben und die behördliche Aufsicht weniger effektiv machen würde. Zudem, direkte Regulierung der Hedgefonds könnte eine erhebliche Herausforderung punkto Kosten und Wirksamkeit darstellen. Aus diesem Grund glauben wir, dass (andere) Maßnahmen besser die Bedenken bezüglich des systemischen Risiko ausräumen würden, ohne begleitende Kosten einer direkten Regulierung der Hedgefonds."

Die Einführung von gesetzlichen Bestimmungen für die Hedgefonds Industrie könnte zudem verursachen, dass man entweder die Hedgefonds ihres „*Cutting Edge*" berauben würde oder die noch relativ klaren Grenzen zwischen den alternativen Investments und den traditionellen Investments zusehends verschwimmen würden – beides würde die Intentionen der Aufsichtsbehörden konterkarieren. Die im obigen Zitat angedeuteten Maßnahmen sollten signifikant höhere Anforderungen betreffend die Transparenz der verwalteten Volumina der Hedgefonds, der Risikoquellen und deren Parameter bedeuten: „Zur Zeit sind der Umfang und die Aktualität der Informationen über die Finanzaktivitäten der Hedgefonds limitiert. Hedgefonds sollen aufgefordert werden, zusätzliche und zeitaktuellere Daten zu veröffentlichen".

Die Schlussfolgerung der Überlegungen war, dass allein konsequente Offenlegungsbestimmungen viel effektiver zu den gewünschten Ergebnissen führen würde als direkte Gesetzgebung.

Die Institutionalisierung und strikte Gesetze erfüllen auch kaum ihre Funktion, wenn sie nicht korrekt befolgt werden, und meisten kann man nicht nur eine Seite tadeln, wie die President's Working Group richtig bemerkte: „Hedgefonds und andere Finanzinstitutionen können kein signifikantes Leverage erreichen, ohne die Kredite und des Clearing Service der großen kommerziellen Banken und Investmentbanken, die das Zentrum des Wertpapier- und Derivativmarktes bilden. (...) Die Selbstzufriedenheit in ökonomisch günstigen Perioden trug auch zu einer Atmosphäre bei, die die Quelle ungenauer Überprüfungen und exzessiv liberaler Kreditvergabe war". Der Bericht empfahl nicht nur, dass den Hedgefonds eine größere Angabepflicht augerlegt werden sollte, sondern dass auch die traditionellen Finanzinstitutionen wie Banken ihren Aktionären und der breiteren Investmentöffentlichkeit mehr Informationen über ihr Engagement in Hedgefonds Investments und Hedgefonds-ähnliche, proprietäre Strategien zugänglich machen sollten. Auch das Basel Komitee adressierte die „Sünden" der Banken, wie exzessive Kreditvergabe (Leverage), inadäquates Monitoring und *Due Diligence* Prozeduren oder die Akzeptanz von Kollateral ohne Rücksicht auf seine potentielle Illiquidität unter widrigen Marktkonditionen.

Die Institutionalisierung der Hedgefonds Industrie würde auch bewirken, dass sie eine breite, öffentliche Akzeptanz erreichen würde – das weckt einige Bedenken, weil die Hedgefonds als Investmentalternative nie für wirklich breite Massen gedacht waren und es bleibt abzuwarten, wie sie sich in neuem Rahmen bewähren würden.

Was aber soll die „Institutionalisierung" genau bedeuten? Wie einer der Manager von CalPERS zitiert wird: „Wir meinen nicht unbedingt die Inhaftierung dieser Leute"[64]. Sollte es aber die Einführung von Industriestandards bedeuten, wäre es absolut erwünscht. Einer der wichtigen Schritte auf diesem Weg war die Erstellung von „Sound Practices for Hedge Fund Manager" durch Managed Funds Association (MFA). Bereits in der Übersicht wurden u.a. folgende Punkte hervorgehoben:

- Vorteile der Hedgefonds. Hedgefonds liefern substantielle Vorteile für Investoren und für die Märkte, die durch die behördlichen Rahmenbedingungen mit reduzierten gesetzlichen Auflagen anerkannt wurden
- Gemeinsamkeit der Hedgefonds Strategien und jener der anderen großen Institutionen. Hedgefonds sind in zunehmendem Maße den großen institutionellen Händlern, wie kommerzielle Banken und Investmentbanken ähnlich und mit ihnen zusammenhängend, und diese Institutionen tendieren dazu wesentlich größere Positionen zu halten als jene der Hedgefonds

Eine Zwischenfrage drängt sich hier auf: wieso werden die Hedgefonds so gefürchtet oder sogar verpönt und die traditionellen Finanzinstitutionen,

[64] Mark Anson: "We do not necessarily mean the incarceration of those individuals".

die „großen Brüder“ und Konkurrenten der Hedgefonds nicht? Ich ziehe vor, diese Frage hier unbeantwortet zu lassen.

Die Hedgefonds Industrie erfüllt mittlerweile bedeutende ökonomische Funktionen in der globalen Finanzwirtschaft. Dazu gehören zum Beispiel die Kapitalbildung, Steigerung der Effizienz und der Transparenz (sic!) der Finanzmärkte, Bereitstellung der Liquidität oder Risikoverlagerung:

- Kapitalbildung, also der Zugang zum Kapital für die Unternehmen wird vor allem von den Aktienstrategien *Long/Short Equity* und *Equity Market Timing* erfüllt – es ist immerhin die primäre Funktion der Aktienmärkte
- Steigerung der Effizienz und der Transparenz der Finanzmärkte erfolgt vor allem mit Hilfe von Arbitrage Strategien: *Fixed-income* Arbitrage, *Convertible* Arbitrage, *Merger* Arbitrage und auch von *Equity Market-neutral* – alle diese Strategien versuchen, die Fehlbewertungen und die Ineffizienzen der Märkte auszunützen und tragen entscheidend zu dessen Verschwinden bei. Sie reduzieren auch die Geld-Brief-Spannen (*Bid/Ask Spreads*) und können die Kursschwingungen mäßigen. *Short Selling* hingegen kann die Überbewertung der Märkte einschränken
- Bereitstellung der Liquidität bedeutet vor allem die Beschaffung eines Marktes für weniger liquide Investments und wird vor allem von *Distressed Securities*, *Emerging Markets* oder manchen Arbitrage Formen (z.B. *Convertible Debenture* Arbitrage) erfüllt
- Risikoverlagerung *erfolgt* vor allem durch die Anwendung von Derivativinstrumenten wie Futures, Optionen, Forwards, etc.

Manche Fachleute meinen, dass die Hedgefonds Industrie immer stärker gesetzlichen Regulationen unterliegen wird, viele andere aber behaupten nicht zu Unrecht, dass der Einfluss und die Interventionsmöglichkeit des Gesetzgebers sowohl den Hedgefonds als auch den Investoren schaden wird. Die Hedgefonds haben nun einmal den Charakter eines eher privaten Investmentvehikels und solange sich die Anleger dessen bewusst sind, sollen sich die Versuche der gesetzlichen Regulierung eher in kleinerem Rahmen halten. Die strenge Institutionalisierung der Hedgefonds ist höchstwahrscheinlich weder notwendig noch erwünscht und auch nicht praktikabel, wenn man bedenkt, dass die meisten von ihnen *Offshore* domiziliert sind und für lokale Bestimmungen in Europa oder USA nicht direkt erreichbar. Was hingegen eine unbedingte Notwendigkeit für die Aufsichtsbehörden sein soll, wäre die Gewährleistung, dass die Aktivitäten der Hedgefonds Manager weder unerfahrene Anleger noch die Integrität der Finanzmärkte schädigen könnten.

SCHLUSSWORT

„Hedge funds are on their way to become the next big thing in the investment management"
François-Serge Lhabitant, HFR

Im Herbst 1998 sahen viele Marktteilnehmer die Tage der Hedgefonds Industrie gezählt, aber: „the markets always have the way to make proud humble"[1] und mittlerweile sind die Hedgefonds ein etablierter Bestandteil der modernen Finanzwelt geworden, auch wenn sie, verglichen mit den traditionellen Investments, eine noch immer relativ kleine Marktkapitalisierung beanspruchen[2]. Alternative Investments in allgemeinen und speziell die Hedgefonds haben in den letzten Jahren exzellente Ergebnisse mit besonders attraktivem Risiko – Ertrag Verhältnis erzielt. Die Investorengruppe von anfänglich Privaten erweitert sich immer mehr in Richtung der institutionellen Anleger. Dieser Trend ist bereits deutlich ausgeprägt und der Einfluss der institutionellen Investoren auf die Hedgefonds Industrie wird sicherlich signifikante Ausmaße annehmen, wenngleich es kein schneller Prozess sein kann. Begleitet wird dieser Prozess von steigendem Wissen über die einzelnen Strategien und ihre spezifischen Risiko- und Ertragsparameter auf der Seite der Anleger und von mehr Informationsfluss und Transparenz auf der Seite der Hedgefonds. Zugleich betrachten immer mehr Investoren das Risikomanagement als entscheidend für ein Hedgefonds Investment. Die drei wichtigsten Säulen des Risikomanagements sind das Verständnis der Strategie, Manager *Due Diligence*, und ständiges Monitoring. Aktives Risikomanagement ist aber nicht automatisch mit positiver Performance gleichzustellen. Jede Strategie ist bestimmten Risikofaktoren ausgesetzt und auch die marktneutralen Investmentstile sind nicht frei von den Auswirkungen der adversen Marktentwicklungen. Das Ziel des Risikomanagements ist das bewusst ausgewählte Risiko vom unerwünschten, spekulativen Risiko zu unterscheiden, sein Ausmaß zu kontrollieren und es zu diversifizieren. Man soll grundsätzlich nur in jene Strategien investieren, bei denen man versteht, wo die Ertragsquellen liegen und auf welche Weise die Performance erzielt wurde.

---

[1] Robert Jaeger, Evaluation Associates Capital Markets, Inc.

Institutionelles Investing hat zufolge, dass die Hedgefonds mehr Disziplin, vor allem in der Risikoexposition, klare Investmentparameter mit nachvollziehbaren Transaktionen, sowie unabhängige Bewertung und unabhängiges Monitoring des Portfolios aufweisen müssen. Große Finanzinstitutionen führen verstärkt ihre eigenen Dachfondsstrukturen für Hedgefonds Investments ein, um so ihren Kunden den Zugang zur Hedgefonds Industrie zu erleichtern. Dies wiederum bringt den Hedgefonds neue Volumina. Es entsteht die Frage, ob sich die Hedgefonds auf diesem Wege zum Masseninvestmentprodukt entwickeln werden, und ob es tatsächlich soweit kommen soll und kann, dass die Hedgefonds ein Standardinvestment in jedem diversifizierten Portfolio sein könnten.

Die Strukturen der Hedgefonds werden sich weiterhin von jenen der traditionellen Investments unterscheiden, man kann jedoch auf beiden Seiten – auf der traditionellen und auf der alternativen – sowohl Konzessionen als auch gewisse Angleichungen erwarten. Manche Experten sehen bereits jetzt in dem Trend, dass auch traditionelle Finanzinstitutionen bemüht sind ihren Kunden *Absolute-return* Produkte anzubieten, eine Art von „Institutionalisierung“ der Hedgefonds. Es ist der Trend von den *Market-based* zu den *Skill-based* Strategien, der die institutionellen Investoren immer stärker überzeugt.

Die Hedgefonds Industrie hat seit ihren Anfängen eine beschleunigte Entwicklung und ein enormes Wachstum erlebt und doch hat sie erst einen relativ kleinen Teil ihres Weges zurückgelegt. Mit der fortschreitenden Entwicklung der Finanzmärkte und der Entstehung immer neuer Finanzinstrumente werden sich auch die Strategien der Hedgefonds entwickeln, verändern und es werden sich sicherlich auch neue Formen, neue Substrategien und neue Nischenstrategien herausbilden. Es ist zu erwarten, dass die Kunden der Hedgefonds Industrie vermehrt die marktneutralen, gut abgesicherten Strategien mit kontinuierlicher und konsistenter Performance nach dem Motto „*staying rich*“ bevorzugen werden. Die Konsistenz des Investmentstils und die Marktunabhängigkeit sind genau jene Faktoren, die die institutionellen Investoren zunehmend zu Hedgefonds Investments überzeugen werden. Die hoch spekulativen, aggressiven „*getting rich*“ Strategien mit hohem Gewinnpotential und genauso hohem Risiko bleiben einer vergleichbar kleineren Gruppe der Investoren vorbehalten, wenngleich ihre Assets eine recht signifikante Größe beanspruchen werden.

Manche Beobachter der Finanzmärkte sehen in den wachsenden Volumina der Hedgefonds eine Blase, die früher oder später platzen müsste. Ei-

[2] Einer aktuellen Schätzung zufolge beträgt die Marktkapitalisierung der börsengehandelter Aktien ca. 20.000 Milliarden US$, jene der Hedgefonds hingegen lediglich 600 Milliarden (FAZ, Jan. 2004).

ne Investmentblase entsteht, wenn der Investmenthorizont expandiert, die Erwartungen in die Höhe schnellen, die Investoren auf logisches Denken vergessen und alle dasselbe tun zur gleichen Zeit. Andere Finanzfachleute wiederum sehen in den marktneutralen Strategien ein neues Investmentparadigma im modernen Asset Management. Die Wahrheit liegt wahrscheinlich irgendwo zwischen den beiden Meinungen. Einerseits sind die Performanceerwartungen der Hedgefonds Investoren oft überhöht, anderseits bilden der Fokus auf die absoluten positiven Erträge und ein anderes Risikoverständnis eine diversifizierende Bereicherung der Investmentmöglichkeiten und eine – immer mehr unverzichtbare – Ergänzung der traditionellen Anlageformen.

Es gibt eigentlich kaum Anzeichen, die das Wachstum der Hedgefonds als potentiell gefährliche Blase interpretieren ließen. Die Industrie der Alternativen Investments ist sehr heterogen, die bestens diversifizierten Strategien umfassen ein sehr breites Spektrum an Finanzinstrumenten und viele können sich auch unter extremen Marktbedingungen behaupten – eine Blase hingegen bedarf homogener Konzentration. Es ist zwar schwierig, das Vermögen der Hedgefonds genau zu schätzen, allerdings beträgt es noch immer nicht mehr als ca. 2% der globalen Finanzmärkte. In diesem Aspekt erscheinen die Klagen mancher traditioneller Manager, dass die Hedgefonds ihnen Verluste verursachen, eher als eine schwache Ausrede. Zugegeben: Hedgefonds sind eine Herausforderung nicht nur für ihre Manager sondern auch für die Investoren. Die Hedgefonds Industrie wird sich zweifellos entwickeln, verändern und weiterhin expandieren. Fälle, wie jene des LTCM[3], wird man zwar nie ausschließen können, doch sowohl die Hedgefonds als auch die Investoren lernen dabei eine wichtige Lektion, was exzessives Leverage, illiquide Märkte und blindes Investment bedeuten können. Die Manager und die Investoren lernen dabei die Stärken und die Schwächen diverser Strategien in Krisensituationen kennen.

Und da das Portfoliomanagement speziell im institutionellen Bereich immer mehr zum Risikomanagement mutiert, verändern sich auch die Investmentmethoden und Investmentstile. Die Debatte um die potentielle Blase oder das Entstehen eines neuen Investmentparadigma ist noch lange nicht entschieden, allerdings wäre es bereits jetzt schwierig, in der heutigen Finanzwelt die Hedgefonds nur als Kurzzeit -Phänomen zu betrachten. Sehr wahrscheinlich ist hingegen ein konstantes Wachstum dieser dynamischen Form der modernen Finanzwelt.

---

[3] Man muss allerdings zugeben, dass erst der dramatische Sommer 1998 aus den Hedgefonds ein „*topic du jour*“ gemacht hat.

Anhang

Charts

Equity Strategien

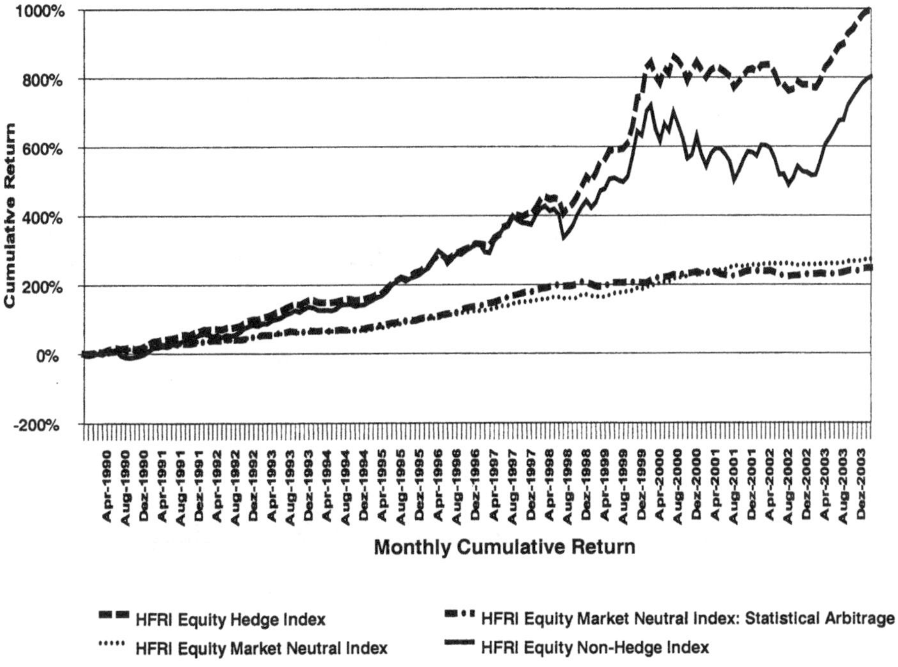

Vergleich verschiedener Equity-bezogener Hedge-Strategien

Convertible Arbitrage vs. Convertible Bond Index

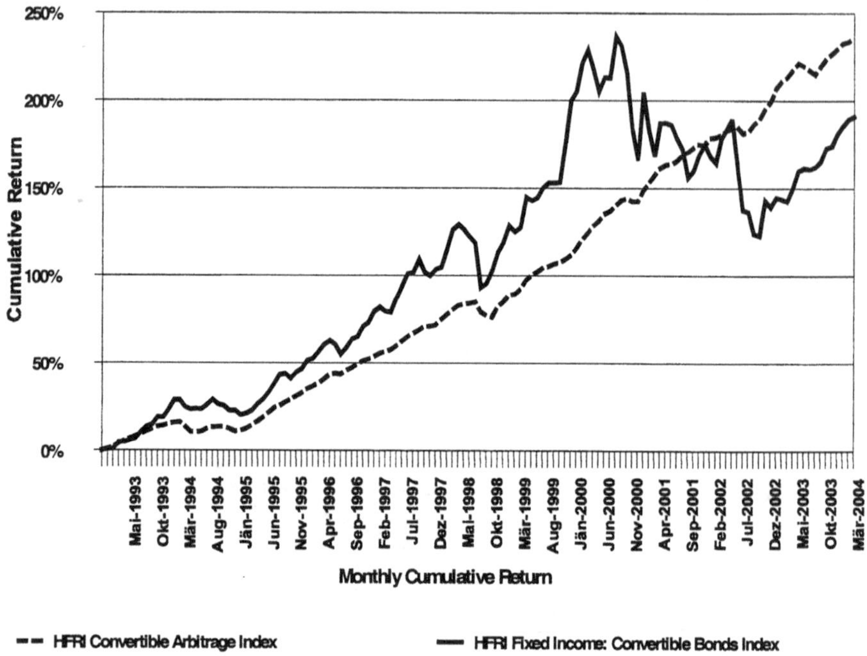

Vergleich Convertible Bonds mit Convertible Bond Arbitrage

Vergleich Fixed-Income Strategien

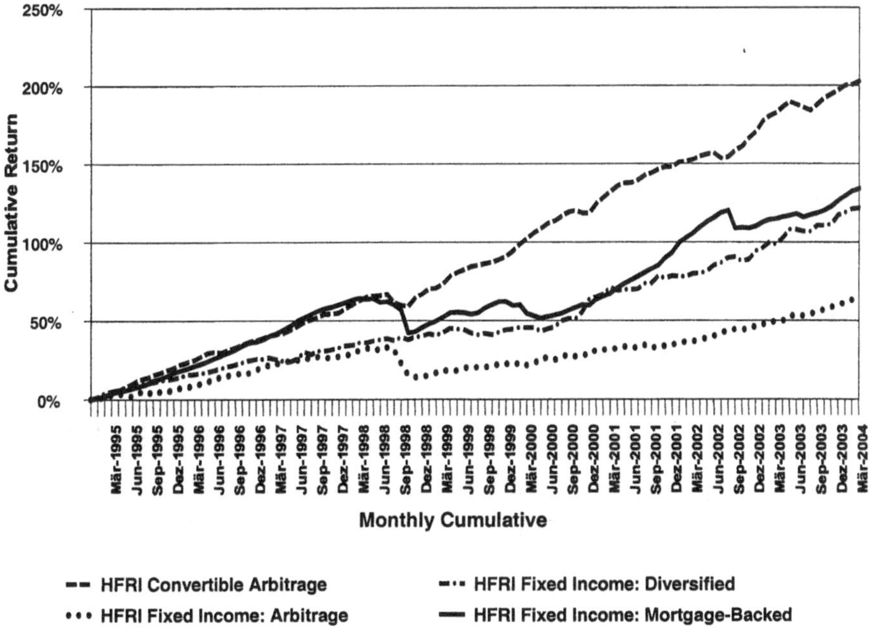

Vergleich verschiedener Fixed-income-Strategien

Opportunistische Strategien

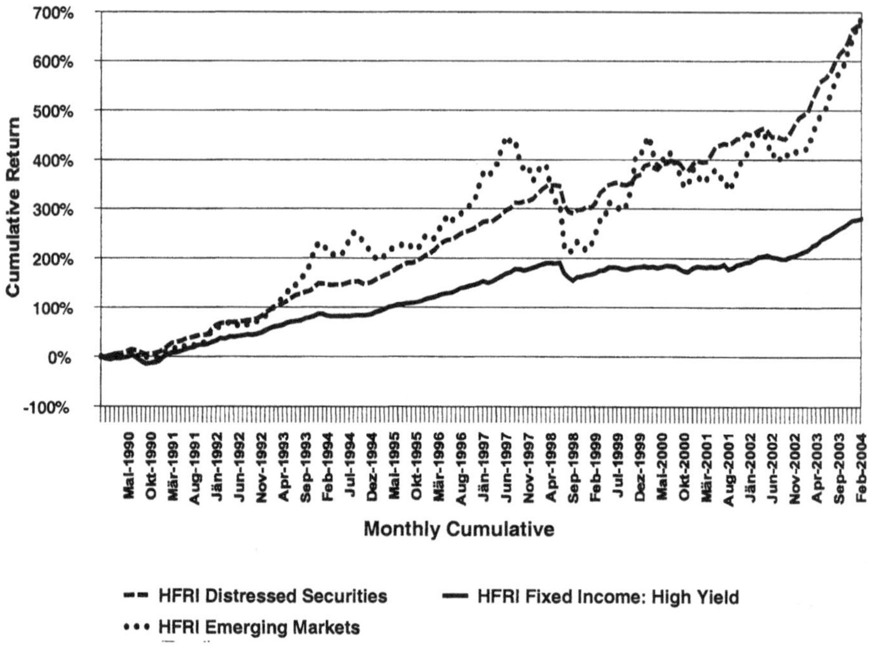

Strategien, die in besonders risikobehaftete Wertpapiere investieren

Ereignisorientierte Strategien

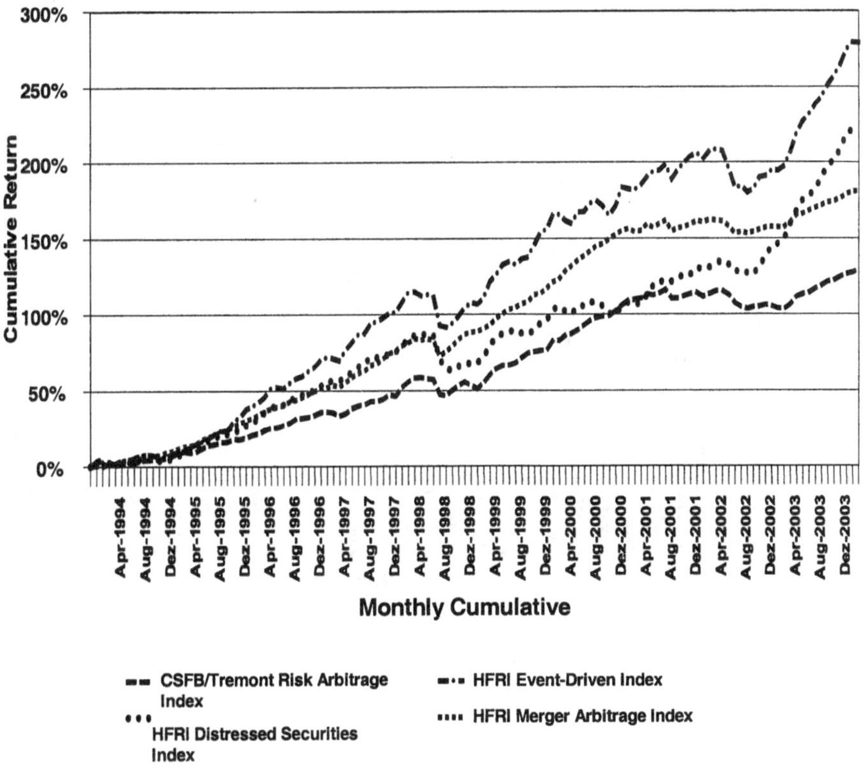

Vergleich von Hedge-Strategien, die Gewinne aus unternehmensspezifischen Ereignissen zu generieren versuchen

Dach-Hedgefonds-Strategien

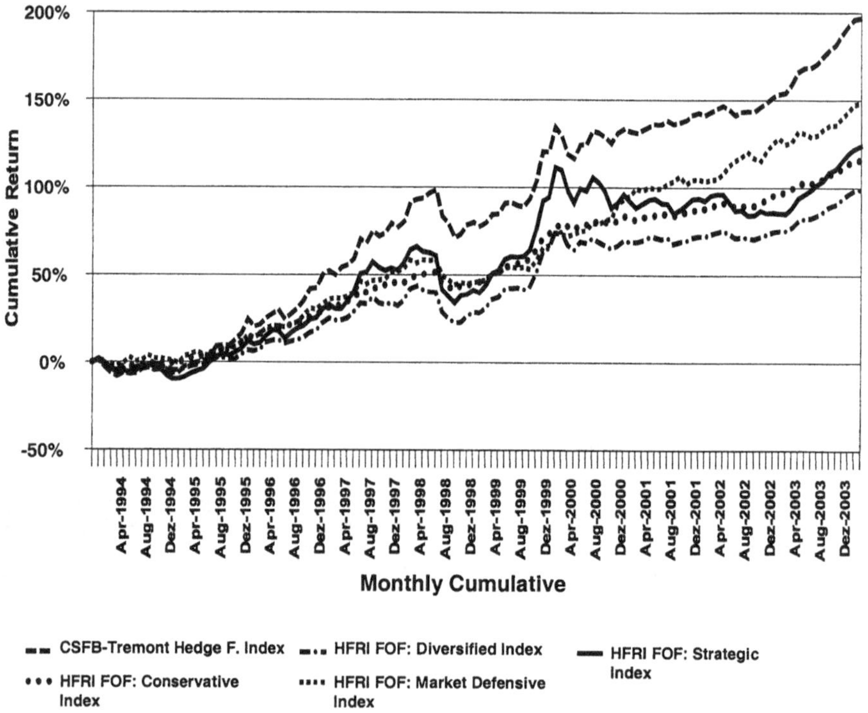

Vergleich unterschiedlicher Hedgefonds-Strategien auf Dachfonds-Ebene und Gegenüberstellung zum CSFB/Tremont Hedgefonds Index (Single Fonds)

Renten, Hedge, Managed Futures

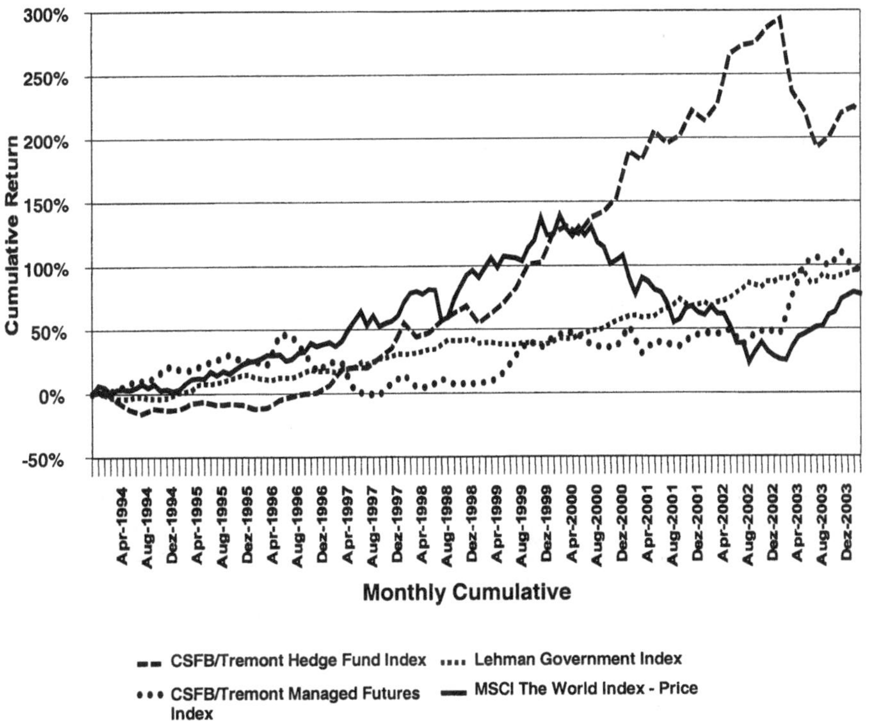

Vergleich der Hedgefonds, Futures Fonds, US-Staatsanleihen, Aktien (Welt)

Übernahme Sanofi-Synthelabo vs. Aventis

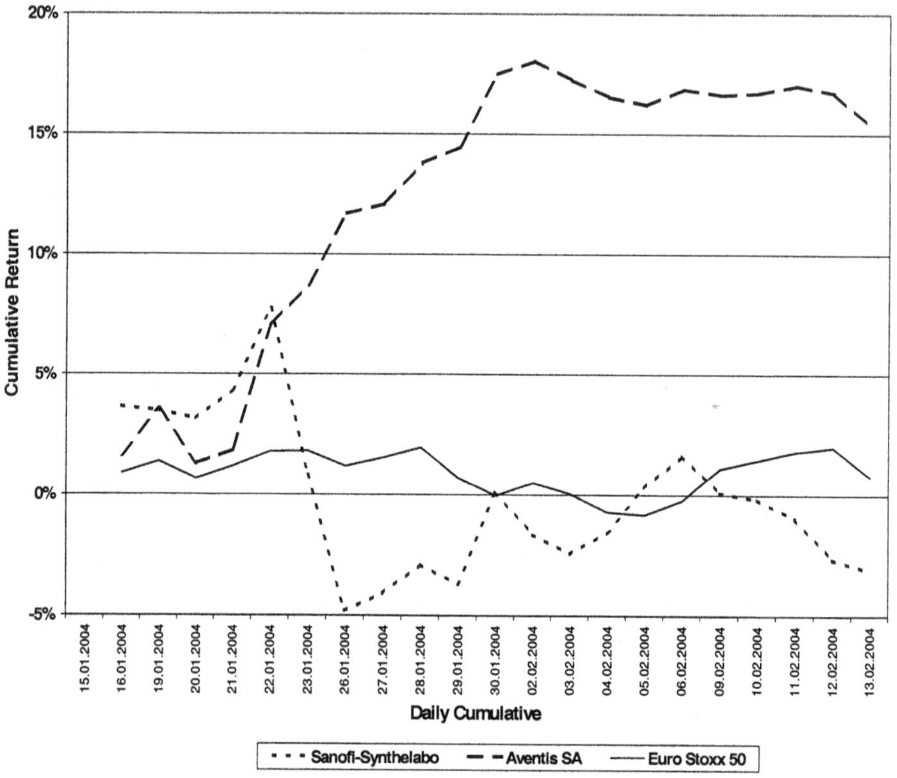

Fallbeispiel Merger Arbitrage am Beispiel Aventis und Sanofi-Synthelabo: Im klassischen Fall fällt die Aktie des übernehmenden Konzerns (Sanofi-Synthelabo), während die Aktie des übernommenen Unternehmens (Aventis) steigt

Arbitrage-Strategien

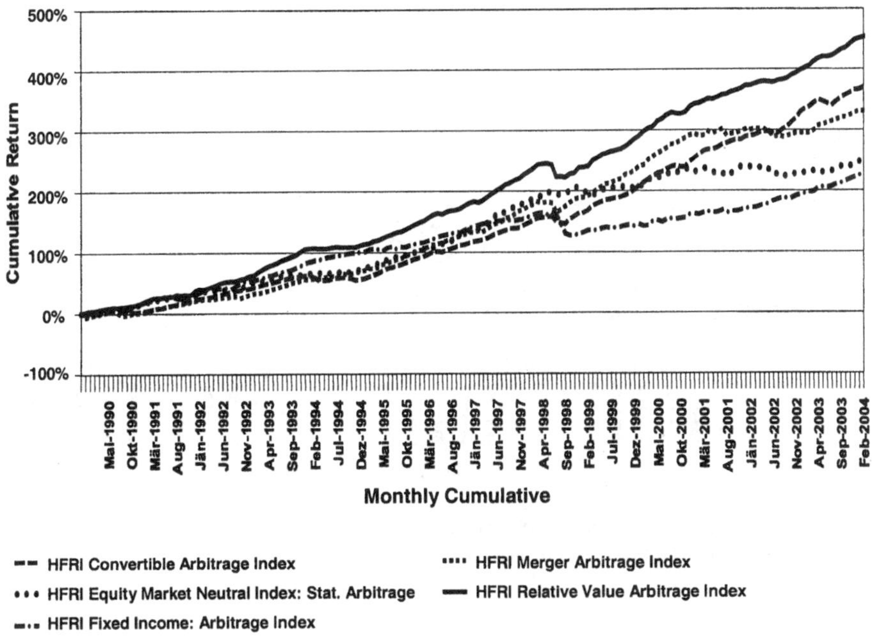

Vergleich verschiedener Arbitrage-Strategien

Vergleich Aktien, Hedge Funds, Futures Funds

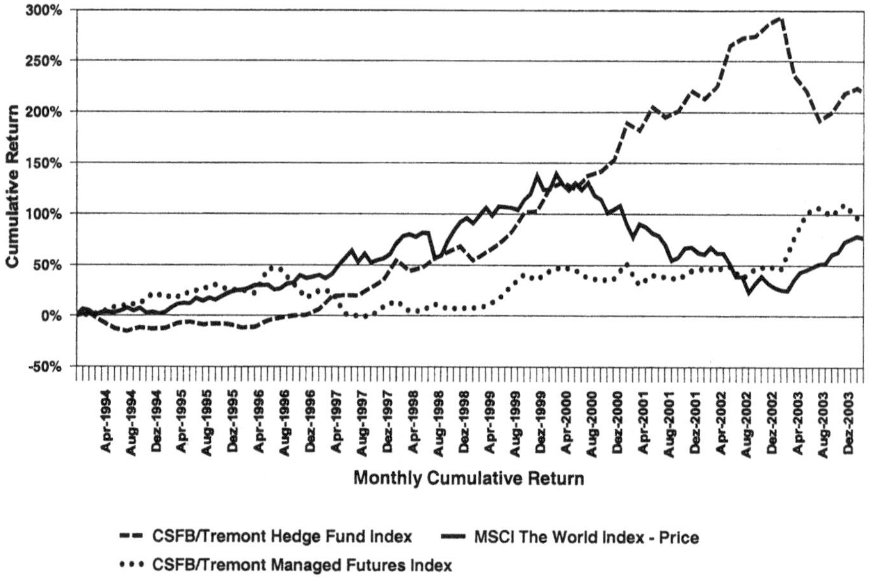

Vergleich Hedgefonds, Futures Funds und Aktien (Welt)

Indexanbieter im Vergleich

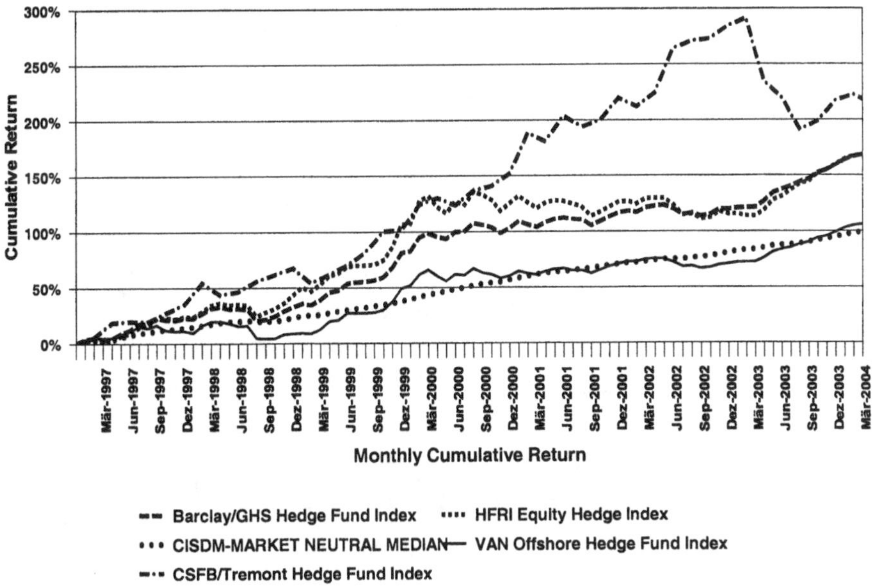

Ausgewählte Hedge-Indizes verschiedener Anbieter zeigen zum Teil starke Abweichungen in der Performance

Erstellung eines repräsentativen synthetischen Hedgefonds-Dachindex

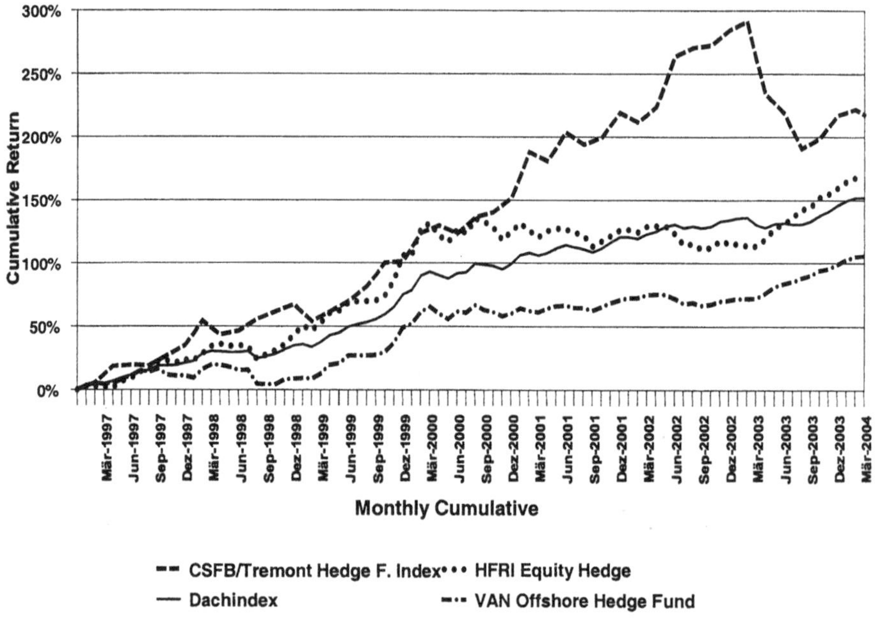

Erstellung eines repräsentativen Dachindex aus mehreren bestehenden Hedge-Indizes und Vergleich mit diesen

Standardabweichung für 12 Monats-Intervalle

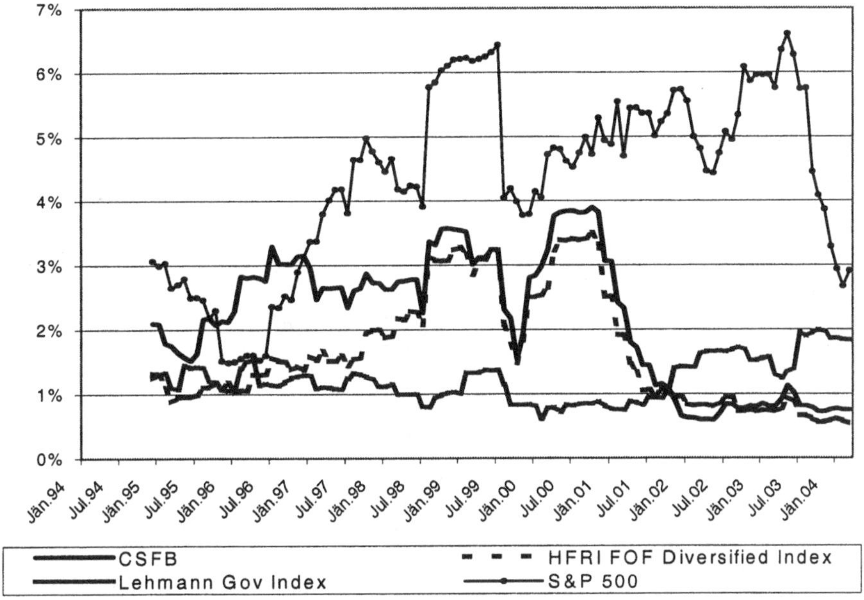

Vergleich der Standardabweichung verschiedener repräsentativer Indices für Zeitfenster von jeweils 12 Monaten

Investitionen in Hedgefonds

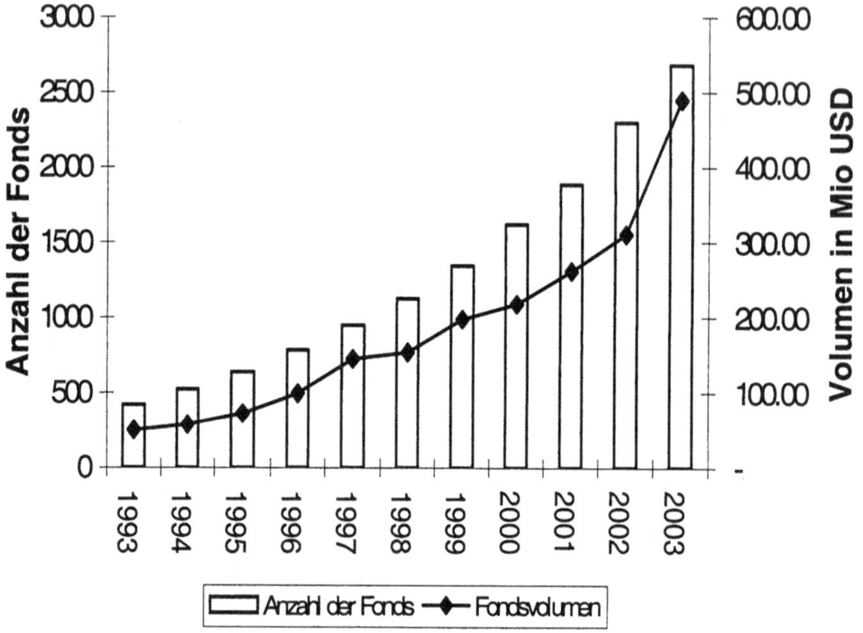

Entwicklung der Anzahl bzw. des Gesamtvolumens der Hedgefonds seit 1993 an Hand der TASS Datenbank

Renditen von 12 Monatsintervallen

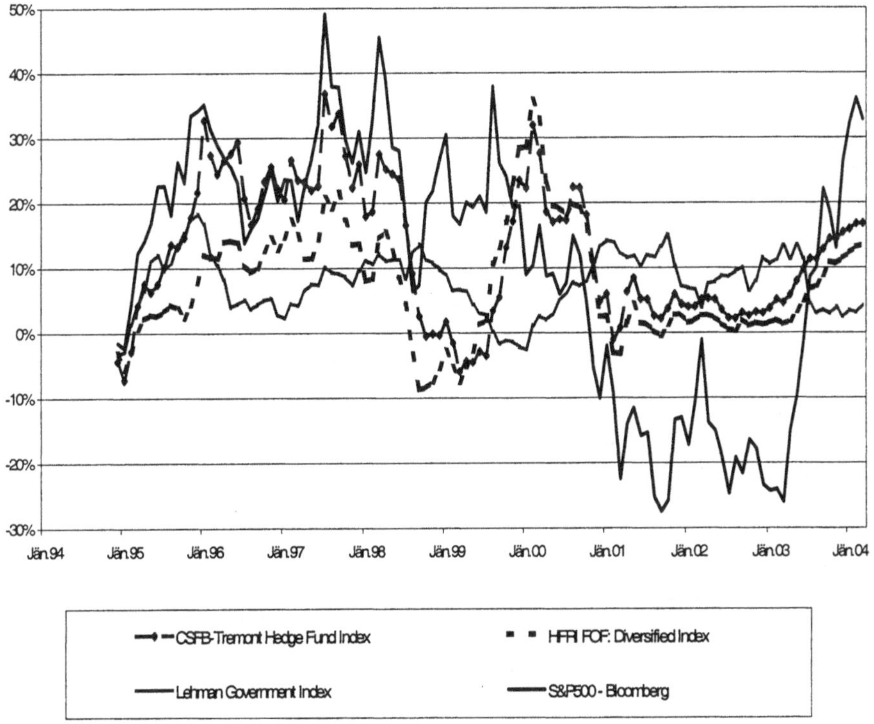

Vergleich der Rendite verschiedener repräsentativer Indices für Zeitfenster von jeweils 12 Monaten

Risk – Return Vergleich

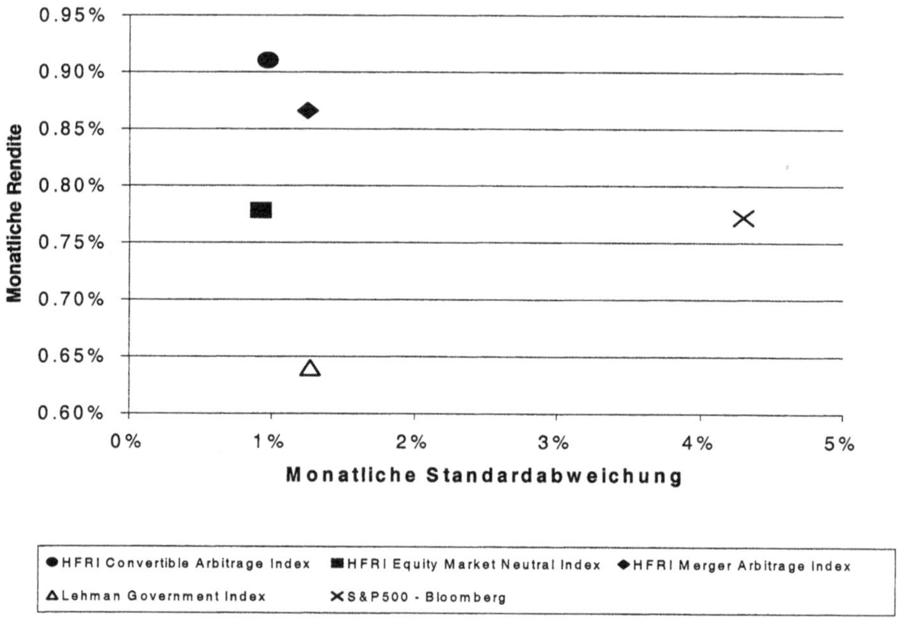

Vergleich der monatlichen Rendite mit dem dafür eingegangenen Risiko an Hand der monatlichen Standardabweichung von verschiedenen repräsentativen Indices

Hedgefonds in Deutschland – Das Investmentmodernisierungsgesetz

Das Investmentmodernisierungsgesetz wurde am 28. November 2003 im Bundesrat verabschiedet und ist zum 1. Januar 2004 in Kraft getreten[1]. Das Investmentmodernisierungsgesetz erlaubt auch die erstmalige Aufnahme von Hedgefonds in das deutsche Investmentrecht. Damit können nicht nur die institutionellen Investoren aber auch Privatanleger in Deutschland in Hedgefonds investieren.

Die Deutsche Schutzvereinigung für Wertpapierbesitz schreibt dazu:

> „Dabei möchten wir betonen, dass eine unmittelbare Anlage in Hedgefonds allein für den informierten und spekulativ ausgerichteten Anleger geeignet ist und nur diesem zugänglich sein sollte. (...) Den Nachweis über die erforderlichen Kenntnisse hinsichtlich der einschlägigen Risiken und Gefahren eines unmittelbaren Investments in Hedgefonds sollte der Privatanleger dem jeweiligen Vermittler oder aber der Emittentin des Fonds gegenüber schriftlich erbringen oder bestätigen müssen“[2].

Das Investmentmodernisierungsgesetz unterscheidet zwischen Sondervermögen mit zusätzlichen Risiken (Single Hedgefonds) und Dach-Sondervermögen mit zusätzlichen Risiken (Dachfonds), für die unterschiedliche Bestimmungen gelten. Den Hedgefonds sind sowohl Leerverkäufe als auch die unbeschränkte Kreditaufnahme und der Einsatz von Derivaten zur Erzielung von Hebeleffekten erlaubt. Außerdem dürfen Single Hedgefonds stille Beteiligungen und sonstige Unternehmensbeteiligungen (wenn deren Verkehrswert ermittelt werden kann), sowie Edelmetalle und an organisierten Märkten gehandelte Warenterminkontrakte erwerben. Ausgenommen ist hingegen eine direkte Anlage in Rohstoffe. Der Anlegerschutz verlangt, dass die Hedgefonds (Single) nicht öffentlich vertrieben werden dürfen. So dürfen z.B. keine Prospekte für Single Hedgefonds aufliegen und die Werbung in den Massemedien ist nicht erlaubt. Anteile an Dachfonds dürfen hingegen öffentlich vertrieben werden. Privatanleger können auch Hedgefonds Zertifikate erwerben. Im Gegensatz zu den Dachfonds hat ein Hedgefonds Zertifikat den Vorteil, dass der Ertrag nach 12 Monaten steuerfrei ist. Außerdem unterliegen Hedgefonds Zertifikate bei der Auswahl der Single Hedgefonds keinen Restriktionen.

---

1 Gesetzestext: www.bundesfinanzministerium.de

2 www.dsw-info.de

Darüber hinaus wurde auf die Beschränkung verzichtet, dass Dachfonds nicht mehr als 40% ihres Wertes in Subfonds mit der gleichen Anlagestrategie investieren dürfen. Außerdem sah der Entwurf vor, dass Dachfonds nicht in mehr als zwei Subfonds vom gleichen Emittenten oder von demselben Fondsmanager anlegen dürfen. Nun dürfen Dachfonds in der Zukunft in mehr als zwei Subfonds von ein und demselben Anbieter investieren. Die Dachfonds dürfen auch ausschließlich in Fonds der eigenen Gesellschaft investieren, vorausgesetzt dass die Subfonds von unterschiedlichen Fondsmanagern mit unterschiedlichen Anlagestrategien gemanagt werden. Begründet wurde die Änderung damit, dass man die Marktchancen deutscher Anbieter verbessern wolle. Auf die börsentägliche Ermittlung des Wertes des Dachfonds wurde verzichtet und die Übermittlung der Vermögensaufstellung der Kapitalanlagegesellschaft an die Bundesanstalt für Finanzdienstleistungsaufsicht soll nun nicht täglich, sondern regelmäßig erfolgen.

In den diversen Kommentaren zum Investmentmodernisierungsgesetz fand ich im Internet auch diesen:

> „Einzel-Hedgefonds beinhalten ein hohes Risiko, denn diese Ziel-Hedgefonds schließen Wetten (z.B. Optionsgeschäft, Warentermingeschäft) auf fallende oder steigende Kurse in der Zukunft ab. Dabei setzen die Manager der Ziel-Hedgefonds auf bestimmte Strategien mit hochgestochenem Namen, wie zum Beispiel Long-Short-Equity."[3]

Der erste Satz ist schlicht und einfach falsch, da er nur einen Aspekt der Strategien und Möglichkeiten herausreißt und zur alleinigen Strategieoption der Hedgefonds erhebt. Der zweite Satz klingt nach einem schmollenden Verfechter der traditionellen Investmentfonds.

Zusammenfassung der wichtigsten Änderungen gegenüber dem ursprünglichen Entwurf:

- Privatanleger dürfen in Single Hedgefonds investieren. Aus Gründen des Anlegerschutzes darf der Vertrieb aber nicht öffentlich, sondern ausschließlich als Privatplatzierung über Kreditinstitute sowie registrierte Finanzdienstleister erfolgen.
- Die Beschränkung der Anlage von Dachfonds (Dach-Sondervermögen) mit zusätzlichen Risiken in nicht mehr als 40% des Wertes des Dachfonds in Subfonds mit gleicher Anlagestrategie wurde aufgehoben.

---

3 www.finanztip.de

- Alle Subfonds können vom gleichen Emittenten stammen, müssen aber unterschiedliche Fondsmanager mit unterschiedlichen Anlagestrategien haben
- Auf die börsentägliche Ermittlung des Wertes des Sondervermögens mit zusätzlichen Risiken wurde verzichtet.
- Die Übermittlung der Vermögensaufstellung der Kapitalanlagegesellschaft an die Bundesanstalt für Finanzdienstleistungsaufsicht soll nicht börsentäglich, sondern regelmäßig erfolgen.
- Die Pauschalbesteuerung wird auf die nicht nachgewiesenen Tatbestände beschränkt.

Ausgewählte Literatur

Bekier, Matthias; Marketing of Hedge Funds, Bern 1996

Basel Komitee; Banks' Interactions with Highly Leveraged Institutions, 1999

Bogle, John; Bogle on Mutual Funds, New York 1996

Boucher, Mark; The Hedge Fund Edge, New York 1998

Calamos, John P.; Convertible Securities, New York 1998

Chandler, Beverly; Investing with the Hedge Fund Giants, London 1998

Connoly, Kevin B.; Buying and Selling Volatility, Chichester 1997

Connors, Larry, Blake Hayward; Investment secrets of a Hedge Fund Managers, Chicago 1995

Connors, Larry, Raschke, Linda; Street Smarts, Malibu 1995

Fano-Leszczynski, Ursula; Hedgefonds. Praxishandbuch, Wien 2001

Gastineau, Gary L., Kritzman, Mark P.; The Dictionary of Financial Risk Management, New York 1999

Ineichen, Alexander M.; Hedge Funds: Bubble or New Paradigm?, 2001

Ineichen, Alexander M.; The Alpha in Fund of Hedge Funds, 2002

Jorion, Philippe; Risk Management Lessons from Long-Term Capital Management, 2000

Lake, Roland A. (Hrsg.); Evaluating and Implementing Hedge Fund Strategies, Euromoney Books 1996

Lavinio, Stefano; The Hedge Fund Handbook, New York 2000

Lowenstein, Roger; When Genius failed, New York 2000

Managed Funds Association; Sound Practices for Hedge Fund Manager, 2002

Nelken, Izzy (Hrsg.); Handbook of Hybrid Instruments, Chichester 2000

O'Shaugnessy, James; What works on Wall Street, San Francisco 1996

Peters, Edgar; Chaos and Order in the Capital Markets, New York 1991

Schachter, Barry (Hrsg.); Intelligent Hedge Fund Investing, London 2004

Soros, George; Alchmy of Finance, New York 1994

Staley, Kathryn F.; The Art of Short Selling, New York 1997

Temple, Peter; The Courtesans of Capitalism, Chichester 2001

The President's Working Group on Financial Markets; Hedge Funds, Leverage, and the Lessons of Long-Term Capital Management, 1999

Warwick, Ben; Searching for Alpha, New York 2000

GLOSSAR

1-Monats-Hoch	Der höchste monatliche Ertrag, der während einer bestimmten Periode erzielt wurde (in Prozent).
1-Monats-Tief	Der niedrigste monatliche Ertrag, der während einer bestimmten Periode erzielt wurde (in Prozent).
Abwicklung (Settlement)	Durchführung (geld- und stückmäßig) der Wertpapiertransaktionen.
Agio (Aufgeld, Aufschlag)	Betrag, um den der Kaufpreis eines Wertpapiers über seinem Kurs liegt.
Alpha	Der Alpha-Wert eines Investments (oder eines Portfolios) misst den erzielten Ertrag verglichen zu jenem Ertrag, der aufgrund des systematischen Risikos dieses Investments zu erwarten wäre.
Alternative Investments	Investments in nicht-traditionelle Finanzinstrumente, -strategien, -kategorien, etc., speziell jene, deren Erträge kaum mit den Ertragsquellen der traditionellen Investments (vor allem Aktien- und Anleihenmärkte) korrelieren.
Am Geld (*at-the-money*, ATM)	Die Optionen (*Calls* und *Puts*) liegen am Geld, wenn ihr Ausübungspreis und der Kurs ihres Basiswertes gleich sind.
American Depository Receipts (ADRs),	US-Finanzinstrumente, die ein Investment in einem ausländischen Unternehmen zertifizieren und auf den Börsen gehandelt werden.

Arbitrage	Geschäft, das Preisunterschiede (meist temporäre) für dieselben oder ähnlichen Produkte an verschiedenen Märkten zur Gewinnerzielung ausnutzt
Ask (Briefkurs)	Kurs zu dem Wertpapiere, Devisen, etc. zum Verkauf angeboten werden
Aus dem Geld (*out-of-the-money*, OTM)	Verhältnis des Ausübungspreises einer Option zum Kurs des Basiswertes: ein *Call* ist aus dem Geld, wenn der Ausübungspreis über dem Kurs des Basiswertes liegt; ein *Put* ist aus dem Geld, wenn der Ausübungspreis unter dem Kurs des Basiswertes liegt
Ausübung	Eine Option wird ausgeübt, wenn gemäß der Bedingungen der Basiswert gekauft (*Call*) oder verkauft (*Put*) wird.
Ausübungspreis (*Strike Price, Exercise Price*)	Preis, zu dem bei Ausübung einer Option der Basiswert gekauft, bzw. verkauft wird.
Baisse	Andauernder, allgemeiner Kursrückgang auf den Börsen.
Basispunkt	Ein hundertstel Prozentpunkt (1 Prozent = 100 Basispunkte).
Bear market	Finanzmarkt mit negativer Tendenz.
Bearish	Einstellung oder Handeln in Erwartung fallender Kurse.
Benchmark	Ein Vergleichskriterium für die Performance diverser Ablageformen, z.B. die Performance eines Portfolios bestehend aus US-Aktien kann im Vergleich zum US-Aktienindex (Dow Jones oder S&P500) gemessen werden.
Bid (Geldkurs)	Kurs, zu dem die Wertpapiere, Devisen etc. zum Kauf nachgefragt werden.

Black & Scholes-Modell	Das bekannteste mathematische Modell zur theoretischen Berechnung von Optionspreisen (genannt nach US-amerikanischen Professoren und Nobelpreisträgern Fischer Black and Myron Scholes).
Blockage	Eine Marktsituation, wenn der Markt zum gegebenen Zeitpunkt die Liquidation einer großen Position nicht absorbieren kann, ohne dass ein drastischer Preisverfall in Kauf genommen wird.
Blue chips	Bezeichnung für die meistgehandelten, höher kapitalisierten Aktien einer Börse.
Bottom-up	Aktien-Investmentfonds-Anlagestrategie, bei der zunächst einzelne Unternehmen nach ihrem Wachstumspotential analysiert werden
Broker	Wertpapierhändler, der im Auftrag eines Kunden Wertpapiergeschäfte ausführt.
Bull Market	Finanzmarkt mit positiver Tendenz.
Bullish	Einstellung oder Handeln in Erwartung steigender Kurse.
Business Day (Geschäftstag)	Tag, an dem Banken und Börsen offen sind.
Call (Kaufoption)	Verbrieftes Recht den Basiswert innerhalb eines festgelegten Zeitraumes (Laufzeit) zu einem bestimmten Preis (Ausübungspreis) zu kaufen (→ Option).
Callable Securities	Wertpapiere (Anleihen, Optionsscheine, etc.), die der Emittent vom Markt zurückziehen kann (meistens an bestimmte Konditionen gebunden).

CAPM – Capital Asset Pricing Model	Ein Modell für die Bewertung von Assets, das vor allem das Verhältnis zwischen dem erwarteten Risiko und dem erwarteten Ertrag beschreibt.
Chart	Darstellung einer Kursentwicklung in graphischer Form (Diagramm).
Chartanalyse	Technische Analyse der vergangenen Kursverläufe, um Rückschlüsse auf künftige Entwicklung zu ziehen.
Clearing	Zentrale Abrechnung von Zahlungs- und Lieferungsforderungen aus Wertpapiergeschäften, um durch gegenseitiges Aufrechnen dieser Forderungen möglichst wenig Aufwand zu verursachen.
Closed-end Fund (geschlossene Fonds)	Ein Investmentfonds, der keine neuen Anteile (*Shares*) begibt und deren Mittel durch den Verkauf einer bestimmten, von vornherein begrenzten Anzahl von Anteilen aufgebracht werden – der Erwerb der Anteile ist nur im Sekundärhandel (Börse) möglich.
Closing	Schlusskurs, d.h. der letzte Kurs des Tages oder z.B. Schluss eines Zeichnungstermins.
Collar	Vertragliche Vereinbarung einer Zinsobergrenze und einer Zinsuntergrenze, bezogen auf einen nominellen Kapitalbetrag.
Compounding	Re-Investment aller periodischen Erträge in nachfolgenden Perioden – erwirtschaftet Zinseszinsen und erhöhte kumulierte Erträge.
Convertible security	Wertpapier, das man in ein anderes umwandeln kann (zum Beispiel eine Wandelanleihe).

Covered (gedeckt)	Bezeichnung für die Position eines Stillhalters: z.B. beim *Call* soll der Aussteller die Aktien (Basiswerte) besitzen, beim *Put* die Barmittel.
Covered Call Writing	Das Ausstellen einer *Call* Option, die durch den Besitz der Basiswerte gedeckt ist.
Currency Forward	→ „*Forward*".
Currency Future	→„*Future*".
Currency Risk (Wechselkursrisiko)	Risiko verbunden mit einer ungünstigen Entwicklung der Wechselkurse (*foreign exchange rates*).
Delta	Ein Sensitivitätsfaktor, der die absolute Veränderung des Optionspreises darstellt, wenn sich der Kurs des Basiswertes um eine Einheit verändert (→ Greeks).
Delta Hedge	Eine Strategie im Risikomanagement, wenn der Delta-Wert eines Portfolios durch entsprechende Positionen Null ist (Delta-neutral).
Delta Neutral	Absicherung einer Option gegen das Delta-Risiko – es bedeutet, dass sich der Optionswert nicht verändern wird, wenn der Preis der zugrundeliegenden Wertpapiers steigt oder fällt.
Delta-Gamma-Hedge	Eine risiko-neutralisierende Position, bestehend teilweise aus kurzfristigen Optionen, die das Marktrisiko der primären Position neutralisiert.
Delta-Gamma-Kappa-Rho-Hedge	Ein komplexes Hedging, das zumindest zwei Optionen mit unterschiedlichen Verfallsterminen enthält.
Depot	Ein Konto, auf dem die Wertpapiere bei einem Kreditinstitut (Bank) verwahrt werden.

Depotbank	Kreditinstitut (Bank), das Wertpapiere für andere Marktteilnehmer verwahrt.
Depotgebühr	Gebühr für die Verwahrung von Wertpapieren auf einem Depot.
Derivat	Ein Finanzinstrument, das von Wertpapieren abgeleitet wird, z.B. Option, Future, Swap, etc.
Disagio (Abgeld, Abschlag)	Betrag , um den der Kaufpreis eines Wertpapiers unter seinem Kurs liegt.
Diskontbroker	Broker, der für die Durchführung der Wertpapiertransaktionen deutlich niedrigere Gebühren als der offizielle Satz verrechnet.
Diversifikation	Streuung, d.h. ausgewogene Aufteilung des Vermögens auf diverse Investmentformen.
Dividende	Der Teil des Gewinnes, der an die Aktionäre ausbezahlt wird.
Dow Jones Industrial Average Index (Dow Jones Index)	Der bekannteste US-Aktienindex von 30 wichtigsten Industrieunternehmen der New York Stock Exchange – besteht seit 1897.
Due Diligence (gebührende Sorgfalt)	Genaue und umfangreiche Prüfung eines Unternehmens (einer Investment- oder Fondsgesellschaft, etc.) vor der Entscheidung über ein Investment (Übernahme, Beteiligung, etc.).
Duration	Ein Zeitpunkt während der Restlaufzeit einer Anleihe, zu dem sich deren Kurs- und Wiederveranlagungsrisiko ausgleichen. Die Duration dient der Risikomessung einer Anleihe.
Dynamische Absicherung	Bei einer dynamischen Absicherung werden → *Stop-loss* Limite d.h. Kauf- oder Verkaufslimite dynamisch an den aktuellen Kurs angepasst.

Efficient Market	Finanzmarkt, auf dem die Kurse (Preise) der Finanzinstrumente all öffentlich zugänglichen Informationen widerspiegeln.
Emerging Market (Schwellenländer)	Generell alle Märkte, auf die der öffentliche Handel mit Wertpapieren erst nach ca. 1970 zugelassen wurde (manchmal bezieht sich die Bezeichnung auf alle Märkte außer den 10 größten Wertpapiermärkten der Welt).
Emission	Ausgabe von neuen Wertpapieren, z.B. Aktien, Anleihen, etc.
Emittent	Herausgeber von Wertpapieren. Bei Aktien ist es ein Unternehmen; bei Anleihen kann es ein Unternehmen, öffentliche Körperschaften, den Staat und andere Institutionen sein.
EURIBOR (European Interbank Offered Rate)	Kurzfristiger Zinssatz am Euro-Geldmarkt – Referenzzinssatz für den Geldmarkt der Euroländer.
Euroclear	Internationales Clearing-Haus für die Endabrechnung der US$-Finanzprodukte.
Extrinsic value	Der Zeitwert einer Option (Optionspreis abzüglich des inneren Wertes → *Intrinsic Value*)
FED (Fed)	Abkürzung für *Federal Reserve Board*; die US-Notenbank.
FIBOR (Frankfurt Interbank Offered Rate)	Kurzfristiger Referenzzinssatz, der im Zwischenbankenhandel am Frankfurter Geldmarkt angewendet wird.
Financial Engineering	Entwicklung und kreative Anwendung der Finanztechnologie, um Finanzprobleme zu lösen und Finanzmöglichkeiten zu nutzen.

Floater

Variabel verzinstes Finanzinstrument, dessen Verzinsung sich nach den aktuellen Marktwerten orientiert.

Floor

Vertragliche Vereinbarung einer festen Zinsuntergrenze.

Fund picking

Individuelle Auswahl von Fonds, die sich besser nach eigener Einschätzung besser entwickeln werden, als andere Fonds des gleichen Segments.

Forward

Ein Termingeschäft, das zwischen dem Käufer und Verkäufer direkt abgewickelt wird (d.h. nicht über die Börse).

Future

Ein Termingeschäft; Verpflichtung, zu einem bestimmten Zeitpunkt einen bestimmten Basiswert (z. B. Aktie, Anleihe, Ware, etc.), zu einem im voraus festgelegten Preis zu kaufen oder zu verkaufen.

Gamma

Ein Sensitivitätsfaktor, der die Veränderung des Delta-Wertes beschreibt, wenn sich der Kurs des Basiswertes um eine Einheit verändert (→ Greeks).

Genussschein

Ein Genussschein verbrieft das Genussrecht (Anteil) am Reingewinn oder am Liquidationserlös eines Unternehmens.

Greeks (Sensitivitätsfaktoren)

Darstellung der Veränderungen der Optionspreise in absoluten Zahlen (→ Delta, → Gamma, → Theta, Kappa, Lambda, → Vega, → Rho, Sigma, Tau, Zeta – werden oft beim Hedging verwendet zum Beispiel → Delta-Gamma-Hedge oder → Delta-Gamma-Rho-Hedge).

Haircut

Differenz zwischen dem Marktwert vom Kollateral (Deckung) und der Kredithöhe.

Haltekosten
Kosten, die durch den Besitz einer Wertpapierposition entstehen.

Hausse
Anhaltende, positive Tendenz (Kurssteigerung) an der Börse – wird auch *Bull Market* oder *Bullish* genannt.

Hebel
→ Leverage.

Hedging
Bildung einer sekundären Position, um das Risiko, das mit der primären Position verbunden ist zu reduzieren (in selteneren Fällen zu eliminieren).

Hedge Ratio
Absicherungsverhältnis, das angibt, wie viele Absicherungspositionen (Derivate, Short Positionen, etc.) relativ zur Anzahl der Basiswerte angelegt wurden.

High Water Mark
Der relative Höchstand eines Fonds, der nach einem Verlust überstiegen werden muss, bevor der Manager die Performancegebühr verrechnen kann.

Historische Performance
Die Performance eines Fonds in der Vergangenheit – bei Neugründungen hypothetisch zurückgerechnet.

Hurdle - Hard Hurdle - Soft Hurdle
Ein bestimmter Prozentsatz (Mindestertrag eines Fonds), unter dem die Erträge der Performancegebühr nicht unterliegen. *Soft hurdle* bedeutet, dass die Performancegebühr von den gesamten Erträgen berechnet wird, sobald das Mindestlimit der jährlichen Performance erreicht wird. *Hard hurdle* bedeutet, dass ausschließlich der Ertrag über dem Mindestlimit der Performancegebühr unterliegt.

Hybrid Security
Wertpapier, das die Eigenschaften von mehr als nur einem Finanzinstrument (Asset Klasse) verbindet – z. B. Wandelanleihen (*Convertible Bonds*).

Illiquid	Ein Finanzinstrument ist illiquid, wenn es schwer zu kaufen oder zu verkaufen ist ohne sehr signifikante Preiseinbuße.
Im Geld (in-the-money)	Eine *Call* Option liegt im Geld, wenn der Kurs des Basiswertes sich über dem Ausübungspreis befindet. Eine *Put* Option ist hingegen im Geld, wenn der Kurs des Basiswertes unter dem Ausübungspreis liegt.
Indexfonds	Ein Indexfonds verfolgt das Ziel, die Zusammenstellung eines bestimmten, repräsentativen Index exakt nachzubilden und gleichzeitig seiner Performance zu folgen.
Indexoption	Eine Option (*Call* oder *Put*), deren Basiswert ein Index (z.B. Aktienindex) ist
Insider	Eine Person, die Zugang zu vertraulichen Informationen aus dem Wertpapiergeschäft (Insiderinformation) hat. Der Gebrauch solcher Informationen könnte den Kurs des Wertpapiers erheblich beeinflussen.
Institutionelle Anleger	Juristische Personen – Kapitalanlagegesellschaften (Fondsgesellschaften), Banken und große Unternehmen (z. B. Pensionskassen oder Versicherungen), die hohe Geldbeträge, meistens längerfristig veranlagen.
Intrinsic Value (Innerer Wert)	Bei Optionen: der innere Wert wird als Differenz zwischen dem Ausübungspreis und dem Kurs des Basiswertes dargestellt.
Inventarwert (Net Asset Value – NAV)	Der Preis eines Fondsanteiles, errechnet auf der Grundlage des Fondsvermögens für einen bestimmten Stichtag.
ISIN – International Securities Identification Number	Individuelle Wertpapier-Kennnummer mit internationaler Gültigkeit.

Jensen Ratio	Misst den Ertrag über dem erwarteten Ertrag (berechnet anhand von CAPM) – es ist sozusagen das Alpha eines Investments.
Junk bonds	Hochriskante aber auch hochverzinste Anleihen von Schuldner mit geringer Bonität und schlechtem Rating.
Kapitalmarkt	Der Markt für langfristige Finanzierungen.
Know-Your-Customer (KYC) Regel	Bedingung, dass der Broker/Dealer seinen Kunden und dessen Investments kennen soll und verpflichtet ist, ihm von besonders spekulativen Transaktionen abzuraten.
Kollateral (Deckung, Sicherheit)	Ein Wert (Bargeld, Wertpapier, etc.), der als Sicherheit für Kredite, derivative Transaktionen oder *Short Selling* dient.
Konsortialbanken	Kreditinstitute, die ein Konsortium (Syndikat, z.B. Emissionssyndikat) bilden.
Konsortium	Ein Syndikat, gebildet von einer Gruppe der Kreditinstituten. Ein Emissionssyndikat wird z.B. gebildet um eine Wertpapieremission für ein Unternehmen durchzuführen.
Kontrakt	Ein börsegehandelter Vertrag.
Kontraktvolumen	Anzahl der gehandelten Kontrakte.
Konversion	Umwandlung eins Forderungspapiers (z. B. Anleihe oder Pfandbrief) in ein anderes Wertpapier mit veränderten Bedingungen.
Korrelation	Verhältnis von z. B. einem Finanzinstrument zu anderen Finanzinstrumenten, zum Index oder zum Markt.

Korrelationsrisiko	Risiko, dass die Korrelation zwischen z.B. zwei Positionen im Portfolio sich unerwartet ändern wird.
Kreditrisiko	Risiko, dass der Partner in einer Finanztransaktion (z.B. bei Derivaten, etc.) seine Pflichten (.z.B. Lieferung eines bestimmten Finanzinstrumentes zu einem bestimmten Preis) nicht erfüllen wird.
Kumulierte Performance	Gesamtperformance eines Wertpapiers (Fonds) seit Emission.
Large Caps	Bezeichnung für Unternehmen mit hoher Marktkapitalisierung.
Leerverkauf	Verkauf eines Wertpapiers ohne es physisch zu besitzen (Short Position) – das leerverkaufte Papier muss zum späteren Zeitpunkt vom Leerverkäufer geliefert werden.
Leverage	Ein durch Kredite oder Derivate, etc. beschaffener Betrag, der zusammen mit dem eigenen Kapital investiert wird, um die potentiellen Erträge zusätzlich zu steigern (bei negativem Ergebnis eines Investments steigert der Leverage auch die Verluste).
LIBOR (London Interbank Offered Rate)	Kurzfristiger Referenzzinssatz, der im Zwischenbankenhandel am Londoner Geldmarkt angewendet wird.
Limit order (limitierter Auftrag)	Ein Kaufs- oder Verkaufsauftrag mit Angabe eines Preislimits.
Liquidität	Die Möglichkeit, die Finanzinstrumente auf dem Markt schnell (und günstig) zu kaufen oder zu verkaufen.
Long	Kauf von Finanzinstrumenten zur Bildung einer Inhaberposition (Long Position).

Margin	Sicherheitsleistung, die für bestimmte Positionen in bestimmten Finanzinstrumenten bei der Clearingstelle hinterlegt werden muss (z. B. Futures- oder Short Position).
Margin Call	Aufforderung, die Sicherheitsleistung (*Margin*) zu erhöhen, falls diese aufgrund der Marktentwicklung unterschritten wird.
Marked-to-market	Periodische Anpassung (börsentäglicher Bewertungsvorgang) des *Margin Account* oder offener Positionen an den Marktwert der gehaltenen Instrumente (z.B. Futures Kontrakte).
Market Maker	Marktteilnehmer, deren Aufgabe ist während der Börsezeit verbindliche An- und Verkaufskurse zu stellen sowie die Liquidität am Markt sicherzustellen.
Medium Caps (Mid Cap)	Bezeichnung für Unternehmen mit mittlerer Marktkapitalisierung.
Micro Caps	Bezeichnung für Unternehmen mit minimaler Marktkapitalisierung.
Mindestzeichnung (Mindestinvestmentsumme)	Der minimalste Betrag, mit dem sich ein potentieller Anleger am Eigenkapital einer Fondsgesellschaft beteiligen muss.
Mutual Fund	Offener Wertpapierinvestmentfonds (amerikanisch).
Naked position	Eine Position, die durch keine Sekundärposition (Wertpapiere, Bargeld, Derivate, etc.) abgesichert ist .
Net Asset Value NAV	→ „Nettoinvertarwert“.
Nikkei Index	Japanischer Aktienindex.

Nostrogeschäft	Wertpapiergeschäft, das von einer Bank auf eigene Rechung durchgeführt wird.
Nullkuponanleihe (zerobond)	Ahnleihe ohne jährliche Zinszahlungen.
Offshore	Bezeichnung für Jurisdiktionen meistens kleiner Inselstaaten mit besonders günstigem Gesellschafts- und Steuerrecht.
Open-ended (Fonds)	Investmentfonds, der fortlaufend neue Anteile begibt (bei Neuzeichnungen) und verpflichtet ist die Anteile von den Kunden zurückzukaufen.
Option	Termingeschäft, das das Recht garantiert innerhalb eines bestimmtes Zeitraumes einen bestimmten Basiswert zu einem fixen Preis zu kaufen (*Call*) oder zu verkaufen (*Put*). Es besteht keine Ausübungsverpflichtung.
Option Hedge	Absicherungsstrategie, in welcher der Investor mehr als eine risikoneutralisierende Option für jede Basiseinheit verkauft.
Order	Auftrag Wertpapiere zu kaufen oder zu verkaufen.
Outperformer	Fonds, die in einem bestimmten Betrachtungszeitraum eine bessere Performance (Wertentwicklung) als ihr Vergleichsindex /ihre → Benchmark erzielen.
OTC Markt (over-the-counter market)	Außerbörslicher Handel mit Wertpapieren, Devisen, etc.
Pairs trading	Gleichzeitige Bildung einer Short und einer Long Position im selben Industriesektor (zwecks gegenseitiger Absicherung).

Partizipationsschein

Inhaberpapier, das dem Besitzer die Beteiligung am Vermögen und Geschäftserfolg eines Unternehmens ermöglicht, jedoch mit eingeschränkten Rechten.

Performance

Positive oder negative Wertentwicklung einer Vermögensanlage (Wertpapier, Fonds, Portfolio, etc.) üblicherweise in Prozent für einen bestimmten Zeitraum ausgedrückt.

Portfolio

Sämtliche Wertpapierveranlagungen (ev. Immobilien oder Grundbesitz) eines Kunden oder eines Fonds – die Zusammensetzung eines Depots, die Summe der Anlageinstrumente eines Fonds.

Protective Put

Put Option als Sekundärposition zur Absicherung der Primärposition (des Basiswertes).

Put (Verkaufsoption)

Verbrieftes Recht den Basiswert innerhalb eines festgelegten Zeitraumes (Laufzeit) zu einem bestimmten Preis (Ausübungspreis) zu verkaufen.

Put-Call-Parität

Arbitragebezeichnung zwischen *Call* Option, *Put* Option, Ausübungspreis und Basiswert (*Call* Preis minus *Put* Preis ergibt den Kurs des Basiswertes minus Ausübungspreis nach Zinsen).

Put-Call-Ratio

Verhältnis von gehandelten *Puts* und *Calls*.

Puttable Securities

Wertpapiere (Anleihen, Optionsscheine, etc.), die der Käufer an den Emittenten vorzeitig verkaufen kann (meistens an bestimmte Konditionen gebunden), üblicherweise zum Nominalwert.

Random Walk Hypothese	Eine Variante von der → Efficient Market Hypothese: es wird angenommen, dass die Aktienkurse einem Zufallsprinzip folgen, was bedeutet, dass die historische Kursentwicklung nicht aussagekräftig für die Zukunft ist.
Rating	Beurteilung von Wertpapieremittenten nach ihrer wirtschaftlichen Situation. Die bekanntesten Rating-Agenturen sind Standard & Poor's und Moody's.
Rechenwert	→ Nettoinventarwert.
Redemption	Rückkauf/Verkauf der Fondsanteile.
Referenzzinssatz	Kurz- oder mittelfristiger, repräsentativer Zinssatz, an dem sich die Veränderungen anderer Zinssätze orientieren.
Rendite	Ertrag eines Wertpapiers, ausgedrückt in Prozent des investierten Kapitals.
Return	Ertrag.
Rho	Sensitivitätsfaktor: Veränderung im Preis der Wandelanleihe bei Zinsbewegungen.
Risikofreier Zinssatz	Zinsertrag aus den Veranlagungen in sog. risikolose Wertpapiere (z.B. Bundesanleihen oder Treasury Bills).
Risikokapital	→ Venture Capital.
Risikostreuung	Aufteilung des Risikos auf mehrere, diverse Positionen (Wertpapiere) unterschiedlicher Emittenten, etc.
Risk-adjusted return	Eine Methode der Risikoanalyse, die verlangt, dass risikoreichere Instrumente höhere Erträge bringen sollen, als die risikoarmen Instrumente.

Rocket Scientist	Journalistische Bezeichnung für Entwickler vor allem der Risikomanagement Produkten (manchmal negativ).
Sekundärmarkt	Markt (meistens Börse), auf dem sich die Wertpapiere im Umlauf befinden.
Sensitivitätsfaktoren	→ Greeks.
Settlement	→ Abwicklung.
Sharpe Ratio	Eine Kennziffer, die angibt, welcher risikofreie Anlagemehrwert durch Fondsveranlagung erzielt - wird der Ertrag über der risikofreien Rate wird durch die Standard Deviation dividiert (vergleicht den Ertrag mit der Volatilität der Performance).
Short, Short Selling	Leerverkauf von Finanzinstrumenten (ohne dieser tatsächlich zu besitzen - Short Position).
Small Caps	Bezeichnung für Unternehmen mit kleiner Marktkapitalisierung.
Sondervermögen	Kapital und die damit angeschafften Vermögensgegenstände einer Investmentgesellschaft (erhalten gegen Ausgabe von Anteilscheinen). Das Sondervermögen muss von dem eigenen Vermögen der Investmentgesellschaft getrennt gehalten werden. Das Sondervermögen haftet nicht für Verbindlichkeiten der Investmentgesellschaft.
Sortino Ratio	Eine Kennziffer, die den Ertrag mit der Volatilität der Performance vergleicht - der Ertrag über der risikofreien Rate wird durch die *Downside Deviation* dividiert.
Spot price	Preis eines Finanzinstruments für sofortige Lieferung.

Spread	Kursunterschied zwischen Geldkurs und Briefkurs.
Standard & Poor's 500 Index	Amerikanischer Aktienindex, wird oft als repräsentative Benchmark für den US-Markt herangezogen.
Standard Deviation	Definiert das Risiko als eine Variable der Erträge. Je niedriger die Standard Deviation (ausgedrückt in Prozent), desto niedriger auch das Risiko.
Stillhalter	Der Stillhalter einer Option hält die entsprechende Short Position: *short Call* oder *short Put.*
Stock Picking	Individuelle Auswahl von Aktien, die sich besser nach eigener Einschätzung besser entwickeln werden, als andere Aktien.
Stop-loss Limit	Ein Verkaufsauftrag, der automatisch an die Börse gegeben wird, wenn ein bestimmter Wertpapierkurs erreicht bzw. unterschritten wird.
Strukturiertes Produkt/ Instrument	Meistens ein → OTC Finanzinstrument, gestaltet speziell für die Bedürfnisse einer Investorengruppe.
Subscription	Zeichnung der Anteile eines Fonds.
Swap	Tausch der Zahlungsverpflichtungen (z.B. Tausch der Kredite in verschiedenen Währungen, etc.).
Swaption	Option auf einen bestimmten Swap, dem ein bestimmter Kapitalbetrag zugrunde liegt.
Synthetische Position	Nachbildung einer Grundposition durch eine Kombination von Basiswerten, Futures oder Optionen.
Systemisches Risiko	Marktrisiko.

Termingeschäft	Ein Wertpapiergeschäft, dessen Erfüllung zu einem späteren, vereinbarten Zeitpunkt erfolgt. Unbedingte Termingeschäfte werden mit Futures und Forwards, bedingte Termingeschäfte mit Optionen durchgeführt.
Terminmarkt	Markt, auf dem die Erfüllung der Termingeschäfte erfolgt.
Thesaurierende Fonds	Investmentfonds, die keine Ausschüttungen vornehmen, sondern die Gewinne immer re-investieren
Theta	Sensitivitätsfaktor: beschreibt die Veränderung des Optionspreises, wenn sich die Restlaufzeit um einen Kalendertag verkürzt (→ Greeks).
Tick, Ticksize (Up-tick, Down-tick)	Das kleinste Preisintervall bei Kursbewegungen auf der Börse (*Uptick*: steigend, *Downtick*: fallend).
Timing	Investment oder Ausstieg zum richtigen Zeitpunkt in Finanzmarktgeschehen.
Top-down	Gegenteil zu → Bottom-up. Ausgehend von der Gesamtentwicklung einer Volkswirtschaft sowie der jeweiligen Branche wird versucht, auf die Entwicklung eines einzelnen Unternehmens sowie dessen Aktienkurses zu schließen.
Total return	Gesamtertrag (z.B. seit Emission oder für einen bestimmten Zeitraum) in Prozent.
Trader, Trading	Wertpapierhändler, der die Geschäfte auf eigene Rechnung durchführt (im Gegensatz zum Broker, der im Auftrag des Kunden handelt).

Treasury Bills	Kurzfristige Anleihen emittiert von US Treasury (Laufzeit von 13 bis 52 Wochen).
Treasury Bonds	Langfristige Anleihen emittiert von US Treasury (Laufzeit bis zu 30 Jahren).
Treynor Ratio	Eine Kennziffer, die den Ertrag eines Portfolios mit dem systemischen Risiko vergleicht, das als Beta ausgedrückt wird.
Umbrella Fonds (Regenschirm)	Anlagemöglichkeiten in verschiedenen Einzelfonds unter einem gemeinsamen Schirm der gleichen Investmentgruppe.
Unsystemisches Risiko	Spezifisches Risiko, das mit einem bestimmten Investment oder Finanzinstrument verbunden und vom Markt unabhängig ist.
Vega	Sensitivitätsfaktor: beschreibt die Veränderung des Optionspreises, wenn sich die Volatilität des Basiswertes um einen Prozentpunkt verändert (→ Greeks).
Venture Capital (Risikokapital)	Beteiligungskapital, das in (meist) junge Unternehmen mit großen Entwicklungschancen investiert wird.
VIBOR	Kurzfristiger Referenzzinssatz, der im Zwischenbankenhandel am Wiener Geldmarkt angewendet wird.
Volatilität	Schwankungsbreite eines Kurses (Aktie, Fonds, etc.) für einen bestimmten Zeitraum.
Volumen	Bei Investmentfonds der gesamte, im Fonds von Aktionären investierte Betrag.

Wandelanleihe

Festverzinsliche Anleihe eines Unternehmens mit einem Umtauschrecht auf Aktien dieses Unternehmens (Wandelrecht).

Weekend effect

Eine leichte Tendenz im US-Aktienmarkt zum Steigen am Freitag und Fallen am Montag.

Wertpapierkennnummer (WPKN oder WKN)

Zahl, mit der jedes Wertpapier EDV-mäßig erfasst wird.

YTD (year-to-date)

Englische Abkürzung, die den Zeitraum seit Jahresanfang bis zum aktuellen Zeitpunkt bezeichnet (Performance YTD – Performance seit Jahresanfang).

Zeitwert

→ *Intrinsic Value.*

Zerobond

→ Nullkuponanleihe.

Druck:	Strauss GmbH, Mörlenbach
Verarbeitung:	Schäffer, Grünstadt

Kolibri 360 GmbH
Ferdinand-Jühlke-Straße 7
99095 Erfurt, Deutschland
produktsicherheit@kolibri360.de